Das Buch

Die Affäre Dreyfus aus den neunziger Jahren des vorigen Jahrhunderts ist in der Erinnerung Frankreichs und der westlichen Demokratien noch immer lebendig als einer der größten politischen Skandale; er erschütterte die Autorität des Staates, niemand blieb unbeteiligt. Daß der Hauptmann Alfred Dreyfus, Elsässer und Jude, obwohl völlig unschuldig, 1894 wegen Hochverrats zu lebenslanger Verbannung auf der Teufelsinsel verurteilt wurde, geht nicht auf einen Justizirrtum zurück, sondern auf eine Verschwörung im französischen Generalstab, wo man sich bewußt einer Fälschung bediente.
Unser Band verfolgt an Hand von Aufzeichnungen und Prozeßberichten, Protokollen und Briefen und mit ausführlichem Kommentar sehr genau den Verlauf dieser Staatsaffäre, die ein Lehrstück bleibt für die zerstörerische Macht ideologischer Verblendung und Diffamierung, des Antisemitismus und Chauvinismus und für das Willkürrecht einer höchsten militärischen Autorität.

Der Herausgeber

Dr. Siegfried Thalheimer (1899–1977) war Publizist und freier Schriftsteller. 1958 veröffentlichte er sein großes Werk ›Macht und Gerechtigkeit‹, 1959 sein vieldiskutiertes ›Gespräch über Deutschlands Zukunft‹.

Die Affäre Dreyfus

Herausgegeben
von Siegfried Thalheimer

Deutscher
Taschenbuch
Verlag

dtv

Originalausgabe
1. Auflage März 1963
2. Auflage März 1986: 26. bis 33. Tausend
Deutscher Taschenbuch Verlag GmbH & Co. KG,
München

Umschlaggestaltung: Celestino Piatti
Umschlagfoto: Ullstein
Gesamtherstellung: C. H. Beck'sche Buchdruckerei,
Nördlingen
Printed in Germany · ISBN 3-423-02954-4

Inhalt

Vorwort

Angesichts der Affäre Dreyfus weiß sich der Historiker vor eine seltene und große Schwierigkeit gestellt. Den Kern der Angelegenheit bildet eine frei erfundene Anklage, die sich nur auf Fälschungen stützt. Das Verbrechen wurde unter der Führung und tätigen Mithilfe der höchsten militärischen Autoritäten begangen. Es war das Werk einer verschwörerischen Gruppe, die tatsächlich durch einen Schwur zur Geheimhaltung und Verteidigung der Untat verpflichtet war. Als die Seele des Unternehmens erscheint der General Mercier, der Kriegsminister des Prozesses Dreyfus.

In seinen nachgelassenen Papieren berichtet der Oberst du Paty de Clam, daß ihm zur Zeit des Zola-Prozesses gewisse Zweifel an der Sache gekommen wären, die der Generalstab so hartnäckig verteidigte. Das bedeutet, er glaubte nicht mehr an die Möglichkeit und Nützlichkeit, den vorgetäuschten Verrat des Hauptmanns Dreyfus weiterhin zu behaupten. Er sagte zu dem General Gonse, seinem Mitverschworenen: »Wozu das alles? Man weicht zurück, um besser springen zu können. Machen wir ein für allemal die Revision, indem wir, Sie wissen was, enthüllen. Dann wird Dreyfus freigelassen, bekommt einen Orden, und wir haben Ruhe!«

Gonse berichtete diese Unterhaltung dem General de Boisdeffre. Du Paty de Clam wurde gerufen, und es gab einen heftigen Auftritt, der mit einer scharfen Zurechtweisung endete: »Sie haben nicht das Recht, ein solches Geheimnis preiszugeben. Ich begreife nicht, wie ein derartiger Gedanke einem Edelmann kommen konnte. Allein der General Mercier kann Sie von Ihrem Eid entbinden.« (Marcel Thomas, ›L'Affaire sans Dreyfus‹, Paris 1961, S. 183)

Es bedurfte nicht dieses Zeugnisses, um die Träger der falschen Anklage als die Mitglieder einer Verschwörung zu entdecken, denn auf diese weisen unzählige Tatsachen hin; aber für den tatsächlich geleisteten Schwur ist du Patys Erzählung eine wichtige Bestätigung.

Dieser Ursprung der Affäre ist das »Gesetz«, unter dem sie

sich entwickelt. Als die Unschuld des Hauptmanns Dreyfus entdeckt wird und eine Bewegung zu seinen Gunsten entsteht, verbürgen sich die Verschwörer, die sich in den höchsten Befehlsstellen der Armee befinden, für seine Schuld – und in ihrem Gefolge das ganze Offizierskorps und der weitaus größere Teil der Nation. Die zweifelhaft gewordenen Schuldbeweise werden ergänzt durch neue, die nicht weniger gefälscht oder verfälscht sind als die alten. Der Gegenstand des Streits ist vollständig unwirklich und dennoch »wirklichkeitsnah«, weil Dreyfus eine Rolle angedichtet wird, die der Major Esterhazy als Lockspitzel bei dem deutschen Militärattaché vorgetäuscht hat.

Mystifiziert von den Verschwörern sind beide Parteien – wenn auch nicht auf die gleiche Weise. Die Dreyfusisten zogen nicht die letzten Folgerungen aus den bekanntgewordenen Tatsachen und glaubten gegen alle Wahrscheinlichkeit, der Hauptmann Dreyfus sei einem Justizirrtum (nicht einer erfundenen Anklage) zum Opfer gefallen. Die Gründe dieser Entschlossenheit, die Wahrheit nicht zu sehen, sind unschwer zu entdecken.

Die falsche Anklage an sich hätte nicht viel bedeutet. Vielleicht wäre sie der Stoff eines aufregenden Kriminalfalls geworden, aber niemals ein einschneidendes politisches Ereignis. Erst der Mißbrauch der amtlichen Autorität, der hochverräterische Angriff auf die Grundlagen der politischen und gesellschaftlichen Ordnung, schuf die Bedingungen einer Auseinandersetzung, welche die Republik in ihren Grundfesten erschütterte. Weil das Interesse der Verschwörung mit dem der Armee verschmolz, entstand aus dem Bündnis des Militarismus mit den konservativen und den cäsaristischen Mächten die in die Zukunft weisende nationalistische und autoritäre Bewegung. Diese machte die falsche Anklage gegen den Hauptmann Dreyfus zu ihrer Sache. Und man sage nicht voreilig, es sei im guten Glauben geschehen! Denn was man in Wahrheit mit gewalttätigen Mitteln durchsetzen wollte, war das Willkürrecht der höchsten militärischen Autorität, der Nation das Dogma der Schuld des Hauptmanns Dreyfus zu diktieren. Dieser Gewaltstreich wäre nur das Vorspiel des politischen Umsturzes gewesen, der die Republik in einen faschistischen Staat verwandelt hätte.

Die Dreyfusisten wollten unter keinen Umständen über die passive Verteidigung der Republik hinausgehen, um nicht die Institution der nationalen Verteidigung zu schwächen. Als Politiker verkörperten sie die Trägheit der bestehenden Ordnung, die im republikanischen Bewußtsein des Volkes fest verankert war. Die gewalttätigen, immer angreifenden, immer siegenden Nationalisten waren ohne festen Zusammenhalt, ohne Führung und ohne ein klares politisches Ziel. Sie erschöpften ihre ungeheueren Machtmittel in Kämpfen, die keine Entscheidung bringen konnten. Nicht zuletzt scheiterten sie an der Unvertretbarkeit ihrer Sache. Triumphierten am Ende die Dreyfusisten? Sie waren zufrieden mit dem Erlöschen des nationalistischen Fiebers und trugen Sorge, daß ihr Sieg keine vernichtende Niederlage für die Feinde wurde.

Dieser kurze politische Überblick erleichtert es, die Schwierigkeiten des Geschichtsschreibers zu verstehen. Weil der leidenschaftliche Streit nicht wirklich ausgetragen wurde und keine klare Entscheidung brachte, ist die Wahrheit über die Affäre nie ans Tageslicht gezogen worden. Die siegenden Dreyfusisten wünschten nicht weniger als die besiegten Nationalisten, daß die Wahrheit für immer begraben bliebe. Die Revisionsverfahren, die das Unrecht an Dreyfus hätten wiedergutmachen sollen, wurden auf eine Weise beeinflußt und gelenkt, daß die arglistigen Ankläger ohne Furcht vor Bloßstellung und Strafe ihre Anschläge wiederholen konnten.

Die Grundlagen ihrer falschen Beschuldigung wechselten im Laufe der Jahre mehrere Male. Die meisten Täuschungen wurden früher oder später entdeckt, aber auch durch neue ersetzt. Der Geschichtsschreiber sieht sich einer Dokumentation von Machwerken gegenüber und in ein Drama verwickelt, das von einer unentwirrbaren Täuschung handelt und in dem es nur Täuscher und Getäuschte gibt.

Anmerkung der Redaktion: Die in eckigen Klammern stehenden Ziffern in den einleitenden Texten verweisen auf die abgedruckten Dokumente.

Die wichtigsten Daten

1894

20. Juli	Marie-Charles-Ferdinand Walsin-Esterhazy, Major im 74. Infanterieregiment, erscheint zum erstenmal in der deutschen Botschaft und bietet dem Militärattaché, Oberstleutnant Max von Schwartzkoppen, seine Dienste an.
21. Juli	Ein Brief Esterhazys gelangt an Schwartzkoppen; es ist in ihm von einer bereits angekündigten Reise und von Auskünften über Rußland die Rede.
27. Juli	Esterhazy erscheint wieder bei Schwartzkoppen, gibt vollständige Auskunft über sich und verlangt für seine Dienste 2000 Francs monatlich.
3. Aug.	Schwartzkoppen sucht den Leiter des deutschen Nachrichtendienstes auf, der sich auf Urlaub in Michelstadt im Odenwald befindet, um mündlich über Esterhazy zu berichten.
13. Aug.	Dritter Besuch Esterhazys in der deutschen Botschaft.
15. Aug.	Schwartzkoppen kauft von Esterhazy den Plan der Mobilmachung der Artillerie für 1000 Francs.
1. Sept.	Esterhazy überbringt Schwartzkoppen drei Schriftstücke betreffend 1. die Bedeckungstruppen und 2. das kurze 120-mm-Geschütz; außerdem 3. das vervielfältigte Schießbuch der Artillerie.
5. Sept.	Esterhazy liefert Schwartzkoppen einen Bericht über die Artilleriemanöver bei Sissonne.
6. Sept.	Esterhazy läßt in der deutschen Botschaft eine Arbeit über die geplante Expedition nach Madagaskar für Schwartzkoppen zurück.
24. Sept.	Reise Schwartzkoppens nach Berlin; er kehrt am 9. Oktober zurück.
Ende Sept.	Das Nachrichtenbüro legt das Bordereau vor.
Anfang Okt.	Die photographischen Wiedergaben des Bordereaus werden an die Chefs der Büros des Generalstabs verteilt. Im vierten Büro wird der Verdacht geäußert, der Artilleriehauptmann Alfred Dreyfus, Generalstabsoffizier, abkommandiert zum Großen Generalstab, könnte der Schreiber des Bordereaus sein.

11. Okt. Mercier unterrichtet den Ministerpräsidenten, den Außenminister und den Justizminister, daß er auf der Spur eines Verräters im Generalstab sei.

13. Okt. Der Schriftsachverständige der Banque de France, Gobert, lehnt es ab, dem Hauptmann Dreyfus das Bordereau zuzuschreiben.

Mercier läßt Dreyfus für den 15. Oktober (Montag) unter einem Vorwand ins Kriegsministerium vorladen. Die Zustellung des Befehls erfolgt am 13. nachmittags.

Der Chef des Identitätsdienstes der Pariser Polizeipräfektur, Alphonse Bertillon, liefert am 13. abends ein Gutachten, das Dreyfus als den Schreiber des Bordereaus bezeichnet.

14. Okt. Die Einzelheiten der Verhaftung werden am 14., einem Sonntag, im Kriegsministerium festgelegt, und der Divisionsgeneral Auguste Mercier, der Kriegsminister, unterzeichnet den Haftbefehl. Er ernennt den Major Armand-Auguste-Ferdinand-Marie Mercier du Paty de Clam zum ›officier de police judiciaire‹ und gibt ihm damit den Auftrag, die (administrative) Voruntersuchung durchzuführen.

Major Forzinetti, der Direktor des Militärgefängnisses, erhält besondere Weisungen bezüglich der Behandlung des Hauptmanns Dreyfus, dessen Einlieferung ihm für den folgenden Tag angekündigt wird. Diese Weisungen bezwecken die vollkommene Isolierung und Demoralisierung des Untersuchungsgefangenen.

15. Okt. Der Hauptmann Dreyfus wird im Arbeitszimmer des Generalstabschefs verhaftet.

31. Okt. Du Paty de Clam schließt seine Voruntersuchung gegen Dreyfus ab.

Die Agence Havas gibt bekannt, daß ein Offizier unter dem Verdacht des Landesverrats verhaftet wurde.

Madame Lucie Dreyfus erhält die Erlaubnis, die Brüder ihres Mannes von seiner Verhaftung zu verständigen.

1. Nov. Die ›Libre Parole‹ nennt Dreyfus als den Verräter.

Der Ministerrat beschließt, die Anklage erheben zu lassen.

2. Nov. Der italienische Militärattaché, Oberst Panizzardi, ersucht in einem chiffrierten Telegramm seine Regierung, Beziehungen zu Dreyfus zu dementieren.

3. Nov. Dreyfus wird von der militärischen Justiz des Landesverrats angeklagt. Der Major d'Ormescheville führt die Untersuchung.

3. Dez. Abschluß der Untersuchung. Bericht des Majors d'Ormescheville.

19.–22. Dez. Der Prozeß Dreyfus vor dem Pariser Kriegsgericht – unter Ausschluß der Öffentlichkeit.

22. Dez. Einstimmige Verurteilung zu lebenslänglicher Verbannung.

31. Dez. Ablehnung der Berufung gegen das Urteil.

1895

5. Jan. Der Hauptmann Dreyfus wird degradiert.

26. Jan. Sturz des Ministeriums Dupuy.
Bildung des Ministeriums Ribot. Auf Mercier folgt Zurlinden als Kriegsminister.

21. Febr. Mathieu Dreyfus, ein älterer Bruder Alfreds, wird von dem Arzt Dr. Gilbert, einem Freund des Präsidenten Félix Faure, unterrichtet, daß es gegen seinen Bruder ein geheimes Aktenstück gibt, das während der Verhandlungen des Kriegsgerichts nicht vorgelegt wurde. Maître Demange, der Verteidiger des Hauptmanns Dreyfus, erfährt wenig später von dem Dokument ›Ce canaille de D . . .‹

13. April Dreyfus landet auf der Teufelsinsel, dem Ort seiner Verbannung.

Sommer Bernard-Lazare, ein junger bekannter Schriftsteller, wird von der Familie Dreyfus für die Sache der Rehabilitierung des Hauptmanns gewonnen.

1. Juli Der Major Picquart wird zum Chef des Nachrichtenbüros ernannt.

1896

März Ein zerrissener, nicht abgesandter Brief aus der deutschen Botschaft an die Adresse des Majors Esterhazy gelangt an das Nachrichtenbüro. Dieses Dokument, das ›petit bleu‹ setzt den Major Georges Picquart auf die Spur Esterhazys.

19. März Schwartzkoppen verzichtet auf Esterhazys Dienste.

6. April Picquart wird zum Oberstleutnant befördert.

5. Aug. Picquart berichtet dem Generalstabschef, dem General de Boisdeffre, über Esterhazy.

6. Aug. Der deutsche Agent Cuers hat eine Zusammenkunft mit dem Major Hubert-Joseph Henry und dem Hauptmann Jules Lauth in Basel, um den französischen Nachrichtendienst über Esterhazy aufzuklären. Die beiden Offiziere verhindern oder unterdrücken die Mitteilung.

Ende Aug.	Picquart entdeckt Esterhazy als den Schreiber des Bordereaus.
3. Sept.	Mathieu Dreyfus läßt durch eine englische Zeitung die falsche Nachricht von der Flucht seines Bruders verbreiten.
	Picquart berichtet dem stellvertretenden Generalstabschef Charles-Arthur Gonse, seinem unmittelbaren Vorgesetzten, über Esterhazy und übergibt ihm eine schriftliche Darstellung des Falles.
5.–14. Sept.	Briefwechsel zwischen Gonse und Picquart betreffend den Fall Dreyfus-Esterhazy.
14. Sept.	Der Artikel ›Le traître‹ erscheint in der Zeitung ›L'Eclair‹ (datiert vom 15.).
18. Sept.	Madame Lucie Dreyfus richtet an die Kammer ein Gesuch um Revision des Prozesses ihres Gatten.
2. Nov.	Die ›Fälschung Henry‹ taucht im Kriegsministerium auf.
6. Nov.	Bernard-Lazare veröffentlicht in Brüssel seine Schrift ›Une erreur judiciaire, la vérité sur l'affaire Dreyfus‹. Eine zweite Auflage erscheint einige Tage später in Paris.
10. Nov.	Die Zeitung ›Le Matin‹ bringt das Faksimile des Bordereaus.
14. Nov.	Picquart übergibt den Nachrichtendienst dem General Gonse und verläßt zwei Tage später Paris, um eine »Dienstreise« anzutreten, die erst nach zwei Monaten in Afrika enden wird.
15. Dez.	Das Nachrichtenbüro beginnt den Aufbau einer falschen Anklage gegen Picquart, indem es den Brief ›Speranza‹ anfertigt.

1897

6. Jan.	Picquart wird zum 4. algerischen Schützenregiment abkommandiert.
2. April	Picquart verfaßt in Form eines Testaments, das für den Präsidenten der Republik bestimmt ist, eine Denkschrift über den Fall Dreyfus-Esterhazy.
Anfang Juni	Picquart empfängt einen Brief Henrys, der die Drohung mit der falschen Anklage enthält.
Ende Juni	Picquart beauftragt seinen Freund, den Rechtsanwalt Leblois, notfalls seine Verteidigung zu übernehmen, übergibt ihm Briefe des Generals Gonse und unterrichtet ihn über den Fall Dreyfus-Esterhazy.
13. Juli	Leblois gibt dem Senator Scheurer-Kestner Aufklärungen über den Fall Dreyfus-Esterhazy und zeigt ihm die

Briefe des Generals Gonse, die er von Picquart empfangen hat. Leblois und Scheurer-Kestner beschließen nach mehreren Wochen des Gedankenaustausches, auf die Regierung im Sinne der Revision des Prozesses Dreyfus einzuwirken.

Oktober Scheurer-Kestner ist durch den Oberstleutnant Bertin-Mourot in Verbindung mit dem Kriegsminister, der ihm sagen läßt, nichts vor einer persönlichen Aussprache zu unternehmen.

Der Generalstab ist nun von der Gefahr, die den Anklägern des Hauptmanns Dreyfus droht, unterrichtet.

18. Okt. Esterhazy wird vom Generalstab nach Paris gerufen.

23. Okt. Esterhazy besucht Schwartzkoppen zum letzten Male und mutet ihm zu, Beziehungen zum Hauptmann Dreyfus vorzugeben.

29. Okt. Der erste Brief Esterhazys an den Präsidenten der Republik.

31. Okt. Der zweite Brief Esterhazys an den Präsidenten der Republik.

2. Nov. Schwartzkoppen wird wegen der bevorstehenden Entlarvung Esterhazys abberufen und zum Kommandeur des 2. Garde-Grenadier-Regiments ernannt.

5. Nov. Der dritte Brief Esterhazys an den Präsidenten der Republik.

7. Nov. Drohbrief Esterhazys an Picquart.

9. Nov. Offizielle Mitteilung an die Presse, Dreyfus wäre »gemäß dem Gesetz und gerecht« verurteilt worden.

Der Bankier de Castro entdeckt die Handschrift seines Kunden Esterhazy im Faksimile des Bordereaus.

10. Nov. Die beiden falschen Telegramme ›Speranza‹ und ›Blanche‹ werden an Picquart gesandt, um als Elemente der falschen Anklage, die der Generalstab vorbereitet, zu dienen.

15. Nov. Mathieu Dreyfus zeigt Esterhazy als den Schreiber des Bordereaus und als »den wahren Verräter« an.

Schwartzkoppen verläßt Paris.

16. Nov. Esterhazy beantragt eine Untersuchung gegen sich. Der General de Pellieux wird mit der Untersuchung beauftragt, der Esterhazy über jedem Verdacht stehend findet.

Der Kriegsminister bestätigt Esterhazy die Rückgabe des Dokuments ›Ce canaille de D . . .‹, des ›document libérateur‹.

19. Nov. Picquart wird nach Paris befohlen, wo er am 26. ankommt.

27. Nov. Der italienische Botschafter, Graf Tornielli, protestiert bei dem Außenminister Hanotaux gegen die Fälschung eines Briefes des Obersten Panizzardi, von dem in der

Presse die Rede ist. Die Fälschung wird acht Monate später als das ›faux Henry‹ berühmt werden.

28. Nov. ›Le Figaro‹ veröffentlicht Auszüge der Briefe Esterhazys an Madame de Boulancy.

2. Dez. Esterhazy verlangt, vor ein Kriegsgericht gestellt zu werden.

4. Dez. Die Anklage gegen Esterhazy wird erhoben. Der Major Ravary führt die kriegsgerichtliche Untersuchung.

24. Dez. Die Schriftsachverständigen Belhomme, Couard und Varinard erklären, daß Esterhazy nicht der Schreiber des Bordereaus wäre, sondern daß man seine Schrift durchgepaust hätte.

31. Dez. Der Major Ravary beendet seine Untersuchung gegen Esterhazy und findet keinen Anklagegrund.

1898

2. Jan. Der Gouverneur von Paris, General Saussier, befiehlt, Esterhazy vor ein Kriegsgericht zu stellen.

7. Jan. Die Zeitung ›Le Siécle‹ veröffentlicht den Bericht des Majors d'Ormescheville.

10. Jan. Die erste Sitzung des Kriegsgerichts, die nur zum Teil öffentlich ist.

11. Jan. Esterhazy wird freigesprochen.

13. Jan. Georges Clemenceau veröffentlicht in seiner Zeitung ›L'Aurore‹ Zolas offenen Brief an den Präsidenten der Republik unter der Überschrift ›J'accuse‹.
Picquart wird verhaftet.

15. Jan. Der italienische Botschafter wiederholt in einem Brief an den Außenminister seinen Protest gegen die Fälschung einer Mitteilung Panizzardis (›le faux Henry‹), den er bereits mündlich am 27. November 1897 erhoben hatte.

18. Jan. Der Kriegsminister, General Billot, klagt gegen Zola und den Geschäftsführer der Zeitung ›L'Aurore‹, Perrenx, wegen Beleidigung des Kriegsgerichts, das Esterhazy freigesprochen hat.

19. Jan. Die Zeitung ›Le Siécle‹ beginnt die Veröffentlichung der ›Briefe eines Unschuldigen‹ (Briefe des angeklagten und verurteilten Hauptmanns Dreyfus).

1. Febr. Ein Offiziersrat, der auf der Festung des Mont-Valérien tagt, spricht sich für die schlichte Verabschiedung des Oberstleutnants Picquart aus. Der Grund ist »schwere Verfehlung im Dienst«.

7. Febr. Beginn der Verhandlungen des Prozesses Zola, die am 23. Februar enden.
Der Angeklagte Zola wird verteidigt von Fernand

Labori, der Mitangeklagte Perrenx von den Brüdern Albert und Georges Clemenceau.

17. Febr. Der General de Pellieux zitiert als Zeuge die ›Fälschung Henry‹ als den unwiderleglichen Beweis der Schuld des Hauptmanns Dreyfus.
Picquart erklärt in einer Aussage vor dem Gerichtshof das Dokument für falsch.

18. Febr. Der General de Boisdeffre bestätigt die Behauptungen des Generals de Pellieux und stellt an die Geschworenen, als an »die Vertreter der Nation«, die Vertrauensfrage.

23. Febr. Verurteilung Zolas zu der Höchststrafe, zu einem Jahr Gefängnis und 3000 Francs Geldstrafe, Perrenx erhält vier Monate Gefängnis und 3000 Francs Geldstrafe.

24. Febr. Der Ministerpräsident Méline droht Ausnahmegesetze gegen die Dreyfusisten an.

26. Febr. Picquart wird verabschiedet.

1. März Graf Tornielli, der italienische Botschafter, enthüllt dem Senator Trarieux wichtige Tatsachen betreffend Esterhazy.

3. März Lemercier-Picard, der Schriftenfälscher des Nachrichtenbüros, wird erhängt aufgefunden.

5. März Duell zwischen Picquart und Henry.

2. April Der Kassationshof hebt das Urteil gegen Zola auf, weil der Kriegsminister nicht legitimiert war, für das Kriegsgericht zu klagen.

8. April Das Kriegsgericht verklagt Zola und Perrenx.

15. Juni Sturz der Regierung Méline.

28. Juni Brisson bildet eine neue Regierung. Cavaignac wird Kriegsminister.

3. Juli Madame Lucie Dreyfus verlangt die Annullierung der Verurteilung ihres Gatten. Der Justizminister weigert sich, das Verfahren einzuleiten – wegen »Mangels an Beweisen« für die Ungesetzlichkeit des kriegsgerichtlichen Verfahrens.

7. Juli Rede des Kriegsministers Cavaignac, in der er die ›Fälschung Henry‹ als hauptsächlichen Beweis der Schuld des Hauptmanns Dreyfus anführt. Die Kammer beschließt den öffentlichen Anschlag der Rede mit 572 Stimmen.

9. Juli Picquart wiederholt in einem Brief an den Ministerpräsidenten seine Behauptung, daß der Schuldbeweis, den Cavaignac auf der Tribüne der Kammer verlesen hat, eine Fälschung sei.

9. Juli Zola wird wegen Beleidigung der Experten des Esterhazy-Prozesses zu einem Monat Gefängnis und 30000 Francs Schadenersatz verurteilt.

12. Juli Esterhazy und Madame Pays werden von dem Untersuchungsrichter Bertulus verhaftet, weil sie unter dem Verdacht stehen, die an Picquart gerichteten Telegramme ›Speranza‹ und ›Blanche‹ gefälscht zu haben.

13. Juli Verhaftung Picquarts.

18. Juli Zola flüchtet nach England, nachdem das Assisengericht von Versailles ihn in Abwesenheit verurteilt hat.

Henrys halbes Geständnis vor dem Untersuchungsrichter Bertulus.

24. Aug. Esterhazy vor dem Offiziersrat, der am 31. August seine schlichte Verabschiedung wegen »schlechter Führung« empfiehlt.

30. Aug. Der Kriegsminister Cavaignac behauptet, Henry hätte vor ihm seine Fälschung eingestanden. Henry wird verhaftet und auf der Festung des Mont-Valérien in Arrest gehalten.

Abschiedsgesuch des Generals de Boisdeffre.

31. Aug. Abschiedsgesuch des Generals de Pellieux.

Gewaltsamer Tod Henrys.

Esterhazy flieht ins Ausland.

3. Sept. Rücktritt des Kriegsministers Cavaignac.

Madame Lucie Dreyfus richtet ein Gesuch um Revision des Prozesses ihres Gatten an die Regierung.

5. Sept. Der General Zurlinden ersetzt als Kriegsminister Cavaignac.

12. Sept. Du Paty de Clam wird als nicht mehr verwendungsfähig verabschiedet.

17. Sept. Der General Zurlinden tritt zurück. Der General Chanoine wird der dritte Kriegsminister des Ministeriums Brisson.

Der Justizminister legt der zuständigen Kommission die Frage der Revision des Prozesses Dreyfus vor; die Kommission spricht sich am 21. September gegen die Revision aus.

20. Sept. Der Kriegsminister Chanoine läßt Picquart anklagen – wegen »der Umtriebe, die er gebraucht hätte, um an die Stelle von Dreyfus einen anderen Schuldigen zu setzen«.

21. Sept. Die zivile Justiz liefert Picquart der militärischen aus.

25. Sept. Esterhazy erklärt zum ersten Male, er hätte das Bordereau unter dem Diktat des Obersten Sandherr geschrieben. Der Journalist Strong veröffentlicht das Eingeständnis in dem Londoner Blatt ›The Observer‹.

26. Sept. Der Ministerrat beauftragt den Justizminister, das Gesuch von Madame Lucie Dreyfus um die Revision des Prozesses ihres Gatten an den Kassationshof weiterzuleiten, und setzt sich über den Beschluß der beratenden Kommission vom 17. September hinweg.

25. Okt. Der Kriegsminister Chanoine tritt auf der Tribüne der Kammer zurück. Sturz des Ministeriums Brisson.

29. Okt. Die Strafkammer des Kassationshofs beschließt die Untersuchung des Falles Dreyfus.

31. Okt. Dupuy bildet ein neues Ministerium.

7. Nov. Joseph Reinach behauptet in einem Artikel, der Oberst Henry wäre der Komplice »des Verräters« Esterhazy gewesen.

1899

3. Jan. Untersuchung des Ersten Präsidenten des Kassationshofs Mazeau gegen die Strafkammer – auf Grund der Denunziationen des Präsidenten Quesnay de Beaurepaire.

7. Jan. Zweite Untersuchung Mazeaus, die vom Justizminister veranlaßt wird – auf Grund neuer Bezichtigungen, die Quesnay de Beaurepaire gegen die Strafkammer richtet.

8. Jan. Quesnay de Beaurepaire, der Präsident einer der Zivilkammern des Kassationshofs, tritt zurück.

15. Jan. Die ›Libre Parole‹ gibt bekannt, daß bei ihr 131000 Francs an Spenden für die Witwe des Obersten Henry eingegangen sind, um sie in ihrem Kampf gegen Reinach zu unterstützen.

30. Jan. Der Justizminister Lebret legt der Kammer einen Gesetzentwurf vor, der bezweckt, der Strafkammer die Untersuchung des Falles Dreyfus abzunehmen und den Vereinigten Kammern des Kassationshofes zu übertragen (›Loi de dessaisissement‹).

10. Febr. Dieses Gesetz, das einen Angeklagten dem zuständigen Richter während des Verfahrens entzieht, wird von der Kammer mit 324 gegen 207 Stimmen angenommen, aber am Tage vorher erklärte die Strafkammer ihre Untersuchung für abgeschlossen.

16. Febr. Tod des Präsidenten der Republik Félix Faure.

18. Febr. Emile Loubet wird zum Präsidenten der Republik gewählt.

1. März Die ›Loi de dessaisissement‹ wird vom Senat angenommen.

5. Mai Der Kriegsminister de Freycinet tritt zurück; Camille Krantz wird sein Nachfolger.

3. Juni Der Kassationshof hebt die Verurteilung des Hauptmanns Dreyfus auf und verweist seinen Fall zurück an das Kriegsgericht in Rennes.

4. Juni Der Baron de Christiani greift den Präsidenten der

Republik auf der Tribüne des Rennplatzes von Auteuil tätlich an.

5. Juni Zolas Rückkehr nach Frankreich.

9. Juni Dreyfus verläßt die Teufelsinsel an Bord des Kreuzers ›Sfax‹. Picquart wird in Freiheit gesetzt.

11. Juni Sozialistische Demonstration gegen den Vorfall auf dem Rennplatz in Auteuil. Hunderttausend Menschen marschieren geschlossen durch Paris.

12. Juni Sturz des Ministeriums Dupuy.

22. Juni Waldeck-Rousseau bildet ein neues Ministerium. Der General de Galliffet übernimmt das Kriegsministerium.

30. Juni Dreyfus landet in Port-Houliguen und wird in der Nacht zum 1. Juli in das Militärgefängnis von Rennes eingeliefert.

7. Aug. Beginn des Prozesses Dreyfus vor dem Kriegsgericht in Rennes.

10. Aug. Der General Chamoin, der Vertreter des Kriegsministers, verliest in geheimer Sitzung eine Fälschung des Telegramms Panizzardis vom 2. November 1894, die ihm Mercier gegeben hat.
Die Regierung deckt den General Chamoin.

12. Aug. Der General Mercier sagt an einem Samstag als dritter und letzter Zeuge der Sitzung aus.

14. Aug. Am frühen Montagmorgen wird ein Mord an Labori versucht. Auf dem Wege zur Sitzung gelingt es einem Individuum, sich von hinten an ihn heranzuschleichen und ihm mit einem Revolver eine Kugel in den Rücken zu schießen.

24. Aug. Labori erscheint wieder in den Sitzungen des Kriegsgerichts.

9. Sept. Dreyfus wird zu zehn Jahren Festungshaft unter Zubilligung mildernder Umstände verurteilt (mit fünf gegen zwei Stimmen).

15. Sept. Dreyfus verzichtet auf die Berufung gegen das Urteil.

19. Sept. Dreyfus wird begnadigt.

17. Nov. Die Regierung legt der Kammer den Entwurf eines Amnestiegesetzes vor.

1900

28. Jan. Der General außer Dienst Auguste Mercier wird in den Senat gewählt.

5. Mai In den Pariser Gemeindewahlen gewinnen die Nationalisten die Mehrheit.

22. Mai Die Kammer fordert die Regierung auf, sich energisch allen Bestrebungen um die Wiederaufnahme des Falles Dreyfus zu widersetzen.

28. Mai	Rücktritt des Kriegsministers, des Generals de Galliffet.
27. Dez.	Das Amnestiegesetz tritt in Kraft.

1902

10. Juni	Combes bildet ein neues Ministerium.
30. Sept.	Tod Zolas.

1903

6. April	Debatte in der Kammer über die Wahl des Abgeordneten Syveton. Jean Jaurès, der Sozialistenführer, verlangt eine Untersuchung über das ›bordereau annoté‹. Der Kriegsminister, General André, erklärt sich zu dieser Untersuchung bereit. Das Ministerium, das deswegen die Vertrauensfrage stellt, behauptet sich.
25. Dez.	Der Justizminister befaßt den Kassationshof mit der Revision des Prozesses von Rennes.

1904

5. März	Die Strafkammer des Kassationshofs beschließt auf Grund des neuen Revisionsgesuchs eine Untersuchung des Falles Dreyfus.
25. Okt.	Beginn der Verhandlungen des Prozesses Dautriche vor dem zweiten Pariser Kriegsgericht.
7. Nov.	Freispruch der Angeklagten des Prozesses Dautriche: des Verwaltungsoffiziers Dautriche, des Oberstleutnants Rollin, des Hauptmanns François und des Hauptmanns Mareschal.

1906

12. Juli	Der Kassationshof annulliert das Urteil von Rennes und rehabilitiert den Hauptmann Dreyfus.
13. Juli	Ein Gesetz reaktiviert Picquart mit dem Rang eines Brigadegenerals und Dreyfus mit dem Rang eines Majors.
20. Juli	Dreyfus wird Ritter der Ehrenlegion.

1935

11. Juli	Tod des Oberstleutnants außer Dienst Alfred Dreyfus.

Erstes Kapitel: Der Anschlag

Das Corpus delicti

In den letzten Septembertagen des Jahres 1894 tauchte im Großen Generalstab der französischen Armee ein anonymer, nicht datierter, nicht adressierter Brief auf, von dem behauptet wurde, er stamme aus der deutschen Botschaft. [1, 2]

Der Brief hatte anscheinend eine Sendung von vier Schriftstücken militärischen Inhalts und einem Exemplar des Entwurfs einer Schießvorschrift für die Feldartillerie vom 14. März 1894 begleitet oder angekündigt. Denn es handelt sich, von den einleitenden und abschließenden Sätzen abgesehen, um eine Liste, die dem Empfänger die Möglichkeit geben soll, die Vollständigkeit der Sendung zu prüfen. Deshalb wurde der Brief später, als er bekannt wurde, ›das Bordereau‹ genannt. Die Mitteilung lautet:

»Mein Herr, obwohl ich ohne Nachricht von Ihnen bin, daß Sie mich zu sehen wünschen, sende ich Ihnen einige interessante Auskünfte:

1. eine Aufzeichnung über die hydraulische Bremse des 120-mm-Geschützes und über die Erfahrungen, die man mit ihm gemacht hat;
2. eine Aufzeichnung über die Bedeckungstruppen (der neue Plan wird einige Änderungen bringen);
3. eine Aufzeichnung über eine Veränderung in den Artillerieformationen;
4. eine Aufzeichnung über Madagaskar;
5. den Entwurf der Schießvorschrift der Feldartillerie (14. März 1894).

Dieses letzte Dokument ist äußerst schwer zu beschaffen, und ich kann es nur sehr wenige Tage zu meiner Verfügung haben. Das Kriegsministerium hat den Truppenteilen nur eine bestimmte Zahl geschickt, und die Truppenteile sind dafür verantwortlich. Jeder Empfänger unter den Offizieren muß sein Exemplar nach den Manövern zurückgeben. Wenn Sie also das, was Sie interessiert, abschreiben wollen und dann den Entwurf zu meiner Verfügung halten, werde ich ihn abholen, es sei denn, daß ich ihn ganz abschreiben lasse und Ihnen die Abschrift zuschicke.

Ich fahre zu den Manövern.«

Der Inhalt der vier Aufzeichnungen konnte nicht geahnt werden, und das geplante Schießbuch der Feldartillerie besaß keinen geheimen Charakter. So war es unmöglich, sich von der Schwere der begangenen oder beabsichtigten verräterischen Handlung eine Vorstellung zu machen. Doch unterhielt der Verfasser des Briefes, der nicht unbedingt der Schreiber zu sein brauchte, anscheinend höchst verdächtige Beziehungen zur deutschen Botschaft, wenn das ebenso ungewöhnliche wie überflüssige Begleit- oder Ankündigungsschreiben nicht das Werk eines Lockspitzels oder Fälschers war.

Warum sogleich angenommen wurde, daß »der Verräter« unter den Offizieren des Großen Generalstabs zu suchen sei und ein Artillerist sein müsse, ist nicht ohne weiteres verständlich. Eine gründliche Prüfung des Briefes hätte zu anderen Schlüssen geführt. Die Ausdrucksweise wies keineswegs auf einen Artilleristen hin, und die Übertreibung der Bedeutung der Schießvorschrift hätte eher einen gewöhnlichen Spion vermuten lassen sollen. Es war unmöglich, in dem Brief selber die Antworten auf die Fragen zu finden, die er stellte. Betrieb der Schreiber des Briefes sein Gewerbe allein oder hatte er Gehilfen, wenn er nicht selber der Gehilfe eines ganz großen Verräters war? Nichts in dem Brief erlaubte, es als eine Gewißheit hinzustellen, daß »der Verräter« sich im Generalstab befinden und ein Artillerist sein müsse. Durch eine Beeinflussung, deren Wege im dunkeln geblieben sind, gelang es bald, den Verdacht auf den Hauptmann der Artillerie Alfred Dreyfus zu werfen, der gerade am Ende einer zweijährigen Schulungsperiode im Generalstab zu einer kurzen Dienstleistung in einem Pariser Infanterieregiment abkommandiert worden war. [3, 4]

Eine ganz oberflächliche Ähnlichkeit der Handschriften, die im Grunde von gegensätzlichem Charakter sind, bildete den Vorwand der Beschuldigung. Nicht ein unglücklicher Zufall machte Dreyfus zum Opfer dieser »täuschenden« Ähnlichkeit, sondern die Arglist einiger Offiziere des Nachrichtenbüros. Der Chef, der Oberst Sandherr, und sein Untergebener, der Major Henry, hatten mit dem Major Esterhazy im Nachrichtendienst zusammengearbeitet; nun diente er ihnen in der Angelegenheit Schwartzkoppen, auf die wir noch zurückkommen werden. Seine Handschrift war ihnen sicherlich vollkommen bekannt. So ist es wahrscheinlich geschehen, daß einer von ihnen beim Anblick eines von Dreyfus geschriebenen Textes glaubte, eine Arbeit Esterhazys vor sich zu haben. Dieses Erlebnis einer Verwechslung dürfte ein wichtiges Element in dem Plane des Anschlags auf Dreyfus gewesen sein. Unzweifelhaft hat Esterhazy den Brief geschrieben, der als Corpus delicti gegen den Hauptmann Dreyfus diente. Er hat es nicht nur eingestanden, was angesichts des Offensichtlichen wenig bedeutete, sondern er hat auch überzeugend dargestellt, daß sein Machwerk eine Gemeinschaftsarbeit war.

Wäre das Bordereau nur einen Augenblick von dem Kriegsminister, dem General Mercier, und von den Chefs des Generalstabs, den Generalen de Boisdeffre und Gonse, als ein echtes Dokument der Spionage behandelt worden und hätten sie den Hauptmann Dreyfus wirklich des Verrats verdächtigt, so würden sie seine enge Überwachung als die erste, die pflichtgemäße und notwendige Maßnahme betrachtet haben. Denn als Schuldbeweis erschien das Bordereau unzulänglich, und seine Zuschreibung an Dreyfus mehr als fragwürdig. Es gab auch keinerlei Umstände, die den Verdacht zu verstärken vermochten. Einen annehmbaren Beweggrund auszudenken, waren die Verschwörer nicht imstande. Ohne ernsthafte Gründe, ohne die Spur des Bordereaus aufzunehmen, die, wäre dieses ein echtes Dokument des Verrats gewesen, zur Entdeckung einer ganzen Organisation der Spionage hätte führen können, ohne auch nur um den Schein einer ernsthaften Prüfung bemüht zu sein, ließ der General Mercier das vorherbestimmte Opfer verhaften, um die Regierung und die öffentliche Meinung vor eine vollendete Tatsache zu stellen. [5–19]

Man hat im Widerspruch zu den Tatsachen behauptet, Mercier habe das Dreyfus belastende Schriftgutachten Bertillons abgewartet, um die Verhaftung des Hauptmanns zu befehlen. Das ist die Annahme derer, die glauben wollen, daß irgendwelche Verdachtsgründe den General zum Handeln bewogen hätten. In Wahrheit besaß er nur das Gutachten Goberts, der sich weigerte, das Bordereau Dreyfus zuzuschreiben, als er am Nachmittag des 13. Oktober eine Ordonnanz mit dem Befehl in die Wohnung des Hauptmanns schickte, dieser habe sich im Zivilanzug am Montag, dem 15., um neun Uhr morgens, beim Chef des Generalstabs einzufinden. [20–24]

Dreyfus war als Unschuldiger in einer besonders schlechten Stellung, sich zu verteidigen. Er sah sich vor der Alternative, entweder die Richter von seiner Unschuld zu überzeugen oder von ihnen auf Grund der Anklage, die ihn des Landesverrats beschuldigte, zur härtesten Strafe verurteilt zu werden, da er den »Verrat« selber, an den er glaubte, nicht diskutieren konnte. Er nahm an, daß es einen Verräter gebe, an dessen Stelle er irrtümlich angeklagt worden sei. Der Gedanke, daß die hohen Vorgesetzten, die ihn so voreilig und ohne ausreichende Gründe beschuldigten, seine böswilligen und hinterhältigen Feinde sein könnten, ist ihm nicht gekommen. Es widerstrebte ihm, an den Autoritäten zu zweifeln oder sich gar gegen sie aufzulehnen. Man braucht sich nur Esterhazy als Angeklagten vorzustellen, um zu erkennen, wie leicht seine Verteidigung gewesen wäre, wenn er zugegeben hätte, das Bordereau geschrieben und sogar die Dokumente geliefert zu haben. Denn er konnte beweisen oder sehr wahrscheinlich machen, daß seine Lieferungen nichts verrieten, sondern die Deutschen nur irreführten. Sein »Verrat« wäre also »gegenstandslos« und er nur ein »patriotischer« Betrüger gewesen. Vielleicht hätte man ihn aus der Armee ausgestoßen und noch nicht einmal wegen Spionage (Höchststrafe fünf Jahre Gefängnis) verurteilt.

Die administrative Untersuchung durch den Major du Paty de Clam diente selbstverständlich nicht der Entdeckung der Wahrheit, sondern der moralischen Folterung des Gefangenen. Vom Anfang bis zum Ende seines Leidensweges, fünf Jahre lang, ist Dreyfus mit ungesetzlicher barbarischer Härte behandelt worden. Der administrativen Untersuchung folgte die kriegsgerichtliche durch den Major d'Ormescheville. Sein abschließender Bericht, der die Anklageschrift darstellt, enthält nur leere Verdächtigungen und Lügen. [25–28]

Der Prozeß gegen den Hauptmann Dreyfus fand unter Ausschluß der Öffentlichkeit statt und dauerte vier Tage. Am 22. Dezember 1894 verurteilte ihn das Kriegsgericht zur Höchststrafe: zu lebenslänglicher Verbannung an einem befestigten Platz. [29–32]

Die sieben Offiziere, die das Urteil fällten, waren durch scheinbare Schuldbeweise irregeführt worden. Das Corpus delicti, das Bordereau, kann heute als ein Machwerk nicht mehr verkannt werden. Doch selbst wenn man es im Widerspruch zu den stärksten Indizien als ein echtes Dokument der Spionage, geschrieben von dem »Verräter« Esterhazy, annähme, so blieben die Ankläger nichtsdestoweniger Attentäter, die nur einen Augenblick bedingter Gutgläubigkeit gekannt hätten. Denn bereits die ersten Maßnahmen gegen Dreyfus waren nicht einfach von blindem Verfolgungseifer bestimmt, sondern von dem Plan, mit allen, auch verbrecherischen Mitteln den Juden ins Verderben zu stürzen. Die Art und Weise des Vorgehens gegen Dreyfus wäre sinnlos und wider die Staatsinteressen gewesen, wenn es sich um einen wirklichen Verrat gehandelt hätte.

Meineide und Fälschungen bestimmten die Überzeugung der Richter. Der Major Henry sagte als Zeuge aus, er sei von einer ehrenwerten Persönlichkeit vor dem Hauptmann Dreyfus als einem Verräter gewarnt worden. Das Auftreten des falschen Zeugen war dramatisch und eindrucksvoll. Es war am zweiten Tage der Verhandlungen inszeniert worden, als nach langwierigen Erörterungen die Fragwürdigkeit des Schuldbeweises und der fehlende Beweggrund »des Verrats« die Stellung der Anklage erschüttert hatten. [33–35]

Der Ausgang des Prozesses erschien immer noch ungewiß, und so entschloß sich der Kriegsminister Mercier, gegen den Angeklagten den letzten und entscheidenden Schlag zu führen, den er sorgfältig vorbereitet hatte. Er ließ dem Präsidenten des Kriegsgerichts, dem Obersten Maurel, ein geheimes Aktenstück aushändigen und gleichzeitig den »moralischen« Befehl überbringen, es den Richtern vor der Beratung des Urteils zu verlesen. Diese heimtückische Hintergehung des Angeklagten und seines Verteidigers hatte ihren guten Grund. Die Sammlung von scheinbar belastenden Dokumenten illustrierte mit Hilfe einer biographischen Notiz und eines Kommentars das Dasein eines Offiziers, das seit Jahren ausgefüllt war von verräterischen Handlungen. Die »Beweisstücke« bestanden entweder aus Fälschungen oder Verfälschungen. Der General Mercier vollendete sein Verbrechen, indem er später den Kommentar, der ihn als arglistigen Ankläger überführt hätte, zerstörte und die ihm gefährlichen anderen Schriftstücke verschwinden ließ. Der Geschichtsschreiber kann sich die ursprüngliche Gestalt des geheimen Aktenstücks nur mit Hilfe der späteren Zeugenaussagen und der Urschrift des Kommentars vorstellen, die sein Redakteur, der Major du Paty de Clam, zu seinem persönlichen Schutze aufbewahrte. [36–44]

Die Offiziersrichter machten sich ohne Zweifel an dem Verbrechen Merciers mitschuldig und ihres Amtes unwürdig. Ihr Urteil war moralisch ungültig und mußte in dem Augenblick aufgehoben werden, da das Verbrechen Merciers und ihre Pflichtverletzung von dem Kassationshof als bewiesene Tatsachen angenommen wurden. Unmöglich kann man den Richtern mildernde Umstände zubilligen, denn es bedarf keines juristischen Wissens, sondern nur des einfachen Sinns für Billigkeit und Gerechtigkeit, um sich zu sagen, daß Beschuldigungen, die vor dem Angeklagten geheim gehalten werden, ungeheuerlich sind und nicht zur Kenntnis genommen werden dürfen.

Eine Eigentümlichkeit der Affäre, die sich in ihrer Geschichtsschreibung fortsetzt, ist der ständige Gebrauch verschiedener Maßstäbe, verschiedener Gewichte für die Ankläger auf der einen Seite und für den Unschuldigen und seine Verteidiger auf der anderen Seite. Gewissenlose und widersinnige Anschuldigungen wurden stets mit unbeirrbarem Ernst behandelt, wenn sie gegen Dreyfus gerichtet waren. Niemand schien sich zu erinnern, daß Meineide und Fälschungen verfolgt werden müssen. Die Ankläger hatten unbegrenzte Freiheit, sich dieser Mittel zu bedienen. Der General Mercier z. B. hat in der Logik seines ursprünglichen Verbrechens die Gerichte stets mit Fälschungen und Lügen irregeführt. Wie hätte es anders sein können, da die Affäre aus einer arglistigen Täuschung entstanden war! Nicht wenige der Missetaten Merciers sind früher oder später aufgedeckt worden, aber er blieb unverfolgt und sogar geehrt von seinen Anhängern und respektvoll geschont vor seinen Gegnern.

Sein dreifaches Verbrechen im Prozeß Dreyfus ist immer nur als ein »Formfehler« behandelt worden. Die Regierungen der Republik waren entschlossen, diesen zu übersehen, damit die glatte Annullierung des Urteils und die Anklage gegen Mercier und seine Mittäter vermieden wurden. Dreyfus und seine Verteidiger begünstigten in den Revisionsverfahren die tatsächliche Rechtsbeugung, die eine restlose Bereinigung des Falles unmöglich machte.

Der erste Akt des Dramas, der mit der Verurteilung des Hauptmanns Dreyfus endete, enthält alle Elemente der Affäre. Trotz ihrer späteren Ausweitung zu einer Staatskrise, trotz der Abwandlungen der Anklage und den neuen Fälschungen, trotz den politischen Bündnissen der Verteidigung wird es keine Änderung im Wesen geben. Die hauptsächlichen Personen beherrschen vom Anfang bis zum Ende jahrelang die Szene. Das ist offensichtlich im Lager der Ankläger: die Generale Mercier, de Boisdeffre, Gonse und die Stabsoffiziere Henry, du Paty de Clam und Esterhazy bleiben im Vordergrund, so viele Anhänger auch noch zu ihnen stoßen, die den Anschlag auf den jüdischen Offizier zu ihrer Sache machen.

Was das Lager der Verteidiger betrifft, so ist die ausschlaggebende Rolle der Personen des ersten Aktes für die Entwicklung des Dramas weniger unbestritten. Gewisse Zeugen und Historiker haben die entscheidende Bedeutung des Hauptmanns Dreyfus nicht erkannt und gesagt, er sei nichts als ein »Symbol« gewesen. Für viele seiner leidenschaftlichen Verteidiger waren die großen Helden der Affäre der Oberst Picquart und Emile Zola. Aber das innere Gesetz des Ereignisses will, daß niemand anderer als Dreyfus selber der Held ist, dessen Charakter den Ablauf der Affäre und ihre innere Einheit bestimmt. Das persönliche Gewicht, die Gaben und die Eigenschaften des Individuums, seine Stellung in der Gesellschaft, entscheiden nicht über die Bedeutung der Rolle. Es kommt darauf an, was die handelnden Personen repräsentieren. Demnach ist der Held des Dramas der farblose Alfred Dreyfus. Keiner seiner glänzenden Verteidiger, kein Märtyrer seiner Sache, wenn er sich auch über alles erhob, was Dreyfus sich vorstellen konnte, kommt der Bedeutung nahe, die das dürftige Opfer der Verschwörung besitzt. [45]

Dreyfus ist der vollkommene Vertreter der Juden – gerade wegen seines Mangels an außerordentlichen persönlichen Eigenschaften. Seine Feinde, die sich am Judentum rächen wollten, hätten nicht besser wählen können.

Die falsche Anklage

Die phantastische Intrige, deren Opfer Dreyfus wurde, soll durch den billigen Zeitungsroman ›Les deux frères‹ von Louis Létang eingegeben worden sein. Der Gedanke ist unabweisbar, daß die Romanfabel ihre Verwirklichung in dem Drama gefunden hat, das im Großen Generalstab inszeniert wurde. Die unmittelbare Aufeinanderfolge des Romans und des Dramas zeugt für den Zusammenhang. Die letzte Fortsetzung des Romans erschien im ›Petit Journal‹ am 20. Juli 1894. Als der Fall Dreyfus in der Öffentlichkeit bekannt wurde – um den 1. November 1894 –, erinnerten sich mehrere an den Roman Létangs und vermuteten, er habe die Idee der großen Täuschung geliefert. Unter den Lesern, die Verdacht schöpften, befand sich der Ministerpräsident Dupuy, der diese beunruhigende Verwirklichung einer Romanfabel am 27. November 1894 mit Joseph Reinach erörterte. Dupuy war es auch, der 1897 Raymond Poincaré gegenüber äußerte: »Ich frage mich, ob wir

1894 nicht die Opfer einer ungeheuerlichen Mystifikation gewesen sind.« (Cass. I, 294) [46–48]

Das Drama hatte ein Vorspiel. Am 20. Juli, zwei Monate vor dem Auftauchen des Bordereaus im Nachrichtenbüro, besuchte der Major Esterhazy den deutschen Militärattaché Max von Schwartzkoppen und bot ihm, ohne seine Identität zu enthüllen, seine Dienste an. Dieser war sehr befremdet und weigerte sich, eine so gefährliche Beziehung anzuknüpfen. »Ein aktiver französischer Offizier«, schrieb er in sein Tagebuch, »welcher sich nicht entblödet, zum Verräter an seinem Vaterland zu werden und einen Standesgenossen und Kameraden ohne weitere Umschweife um seine Vermittlung dazu bittet.« (Schwartzkoppen, 6)

Der Besucher ließ sich jedoch nicht entmutigen und versprach, in einigen Tagen wiederzukommen. Schwartzkoppen meldete die seltsame Begebenheit seinen Vorgesetzten in Berlin, die ihm befahlen, die Verhandlung fortzusetzen. Am 27. Juli erschien der Franzose wieder in der deutschen Botschaft und stellte sich dem Militärattaché als Major Graf Walsin-Esterhazy vor. Seine Frau sei eine geborene de Nettancourt-Vaubecourt, er sei alliiert mit den Familien Clermont-Tonnère und Bauffremont. Wieder machte ihm Schwartzkoppen ernste Vorhaltungen, aber er konnte ihn nicht von seinem Vorhaben abbringen. So mußte er gemäß den Weisungen, die er empfangen hatte, die Verhandlungen fortsetzen. Er hielt die Angelegenheit für so wichtig, daß er dem Major Müller, dem Chef des deutschen Nachrichtendienstes, mündlich berichtete. Es wurde verabredet, daß die Lieferungen Esterhazys je nach ihrem Wert bezahlt werden sollten – an Stelle der geforderten monatlichen festen Summe.

Am 15. August brachte Esterhazy den neuen Mobilmachungsplan der Artillerie und erhielt tausend Francs. »Damit war für mich der entscheidende Schritt getan«, schrieb Schwartzkoppen, »wobei ich mir der schweren Verantwortung, welche ich dadurch auf mich lud, wohl bewußt war. Ich tat den Schritt, glaubend, daß ich im Interesse meiner Armee so handeln müsse, war mir aber vollkommen klar darüber, daß meine Stellung dabei die größte Gefahr lief und ich als preußischer Offizier in eine recht unangenehme Lage kommen konnte!« (Schwartzkoppen, 11 f.)

Am 1. September 1894 erschien Esterhazy wieder in der deutschen Botschaft und überreichte dem Militärattaché drei Dokumente:

1. Ein Verzeichnis der Bedeckungstruppen;
2. eine Beschreibung der kurzen 120-mm-Kanone;
3. den Entwurf der Schießvorschrift der Feldartillerie.

Er berichtete auch, daß die Expedition nach Madagaskar beschlossen sei. Da er gerade den Artilleriemanövern im Lager von Sissonne beigewohnt habe, werde er noch über sie berichten. Am 5. September brachte er diese Arbeit, am 6. ließ er in der Botschaft eine Aufzeichnung über die beabsichtigte Expedition nach Madagaskar zurück. [49]

Es ist immer behauptet worden, das Bordereau sei in der deutschen Botschaft angekommen und der Oberst von Schwartzkoppen habe es empfangen. Es ergibt sich, daß die drei Stücke, die ihm von Esterhazy am 1. September ausgehändigt wurden, den Nummern 1, 2 und 5 des Bordereaus entsprechen. Die am 6. September abgegebene Aufzeichnung über die Expedition nach Madagaskar ist Nummer 4, und Nummer 3 könnte identisch sein mit dem Schriftstück über die Mobilmachung der Artillerie, das Schwartzkoppen als erstes erhielt. Trotz einigen Unterschieden in den Bezeichnungen muß angenommen werden, daß die aufgezählten Stücke des Bordereaus den Lieferungen Esterhazys an Schwartzkoppen vom 15. August, vom 1. und 6. September entsprechen. Ein begleitendes oder ankündigendes Schreiben wäre sinnlos gewesen. Schwartzkoppen hat es auch nicht erhalten, es kann nicht für ihn bestimmt gewesen sein.

Die Verwendung Esterhazys bei dem deutschen Militärattaché war ein Streich des Nachrichtenbüros. Es war unerhört, einen aktiven Major vor dem Vertreter der deutschen Armee in Paris als Verräter auftreten zu lassen. Das erklärt, warum keiner der auf Mercier folgenden Kriegsminister den Großen Generalstab vor aller Welt bloßstellen und der Armee einen moralischen Schaden zufügen wollte. Esterhazys Verwendung als Agent der Gegenspionage war eine Handlung, zu der man sich nicht bekennen konnte, wieviel weniger war es möglich, den Anschlag auf Dreyfus einzugestehen! Esterhazy ist hinsichtlich dieser zweiten Aktion begreiflicherweise zurückhaltend in seinen Enthüllungen. So sehr ihm daran liegen mußte, seine angebliche »patriotische Selbstaufopferung« zu beweisen, die ihn bewogen hätte, den »Verräter« zu spielen, so schwer mußte es ihm fallen, seine Rolle in einer Verschwörung zu offenbaren, deren Ziel es war, einen Kameraden zu entehren und aus dem Wege zu räumen.

Die falsche Anklage gegen Dreyfus hängt mit dem gegen Schwartzkoppen angezettelten Streich zusammen, weil man dem jüdischen Offizier die Rolle andichtete, die Esterhazy vortäuschte. Es handelt sich um zwei verschiedene, wenn auch verbundene Aktionen. Dem »Verräter« Dreyfus legte man die Handlungen zur Last, die der scheinbare Verräter Esterhazy begangen hatte. Diese List bot die größten Vorteile in den Augen der falschen Ankläger, weil sie sich so immer auf dem Boden der Wirklichkeit befanden. Es war zwar nicht nötig, die Beschuldigung des Hauptmanns dem Publikum glaubhaft zu machen, da es sich um militärische Geheimnisse handelte und die Gerichtsverhandlung mit Gewißheit unter Ausschluß der Öffentlichkeit stattfinden würde, aber für die hundertundfünfzig Offiziere des Großen Generalstabs und noch einige andere Personen mußte es ausreichende Indizien geben. Nach sieben oder acht Jahren kam übrigens ans Tageslicht, daß der Major Henry und der Hauptmann Lauth einige der Aufzeichnungen selbst geschrieben hatten, die für Schwartzkoppen bestimmt waren. (Revision I, 403) [50–52]

Die »Wirklichkeitsnähe« des Anschlags auf Dreyfus bot den falschen Anklägern gewiß Vorteile, aber sie barg auch große Gefahren für sie. Ihre »fast mathematische« Sicherheit in der Interpretation des Bordereaus war weniger ein Mysterium der hohen militärischen Wissenschaft als ein Hinweis auf Mittäter- und Mitwisserschaft. Am verwundbarsten war die Verschwörung in ihrem »Bravo«, dem Major Esterhazy. Sein Bordereau sollte sich als ein Bumerang erweisen.

Mercier und seine Komplicen waren eher Plagiateure als phantasiereiche Erfinder, als sie ihr Drama inszenierten. Das entspricht auch ganz dem Charakterbild des Chefs der Verschwörung, eines zynischen, entschlossenen militärischen Technikers, der seine Unfähigkeit, die hohen Interessen des Staates und der Nation zu begreifen, während seiner Laufbahn als Verschwörer und schließlich als Senator der Republik bewies. In der großen nationalen Krise, die sich aus seiner Untat entwickelte, spielte er mit einer so ermüdenden Einseitigkeit und Folgerichtigkeit die Rolle des Bösewichts und Intriganten, daß er am Ende sogar seine politischen Kampfgenossen bitter enttäuschte.

Der Ursprung der Affäre in einer Intrige gemeinen Hasses prägte sie in allen ihren Phasen und Veränderungen. Ihre unentwirrbare Verwicklung erklärte sich aus der erfundenen Beschuldigung, die immer weiter ausgesponnen wurde. Zu spät haben einige Dreyfusisten entdeckt, daß die Wucherungen der ursprünglichen armseligen Fabel ein wirksames Kampf- und Verteidigungsmittel bildeten. Picquart hat das in einem seiner Artikel, die 1903 in der ›Gazette de Lausanne‹ erschienen, als eine sehr späte Erkenntnis zum Ausdruck gebracht.

»Um ihre Interessen zu schützen, um ihre Irrtümer zu verdecken«, schrieb er, »haben die Urheber dieses Dramas eine Fülle von Zwischenfällen herbeigeführt, die untereinander oder mit der eigentlichen Affäre nur einen künstlichen Zusammenhang hatten, und sie schreckten dabei nicht einmal vor Betrug und Verbrechen zurück. Wer Klarheit über die Affäre zu gewinnen trachtet, findet sich bald überwältigt von der Vielzahl der Einzelheiten. Es gelingt ihm nicht mehr zu unterscheiden, was wichtig und was unwichtig ist. Er wird müde, den Begebenheiten zu folgen, deren Ursprung ihm entgeht und deren Kompliziertheit so oft ihren Sinn verdunkelt. Am Ende verliert er sich ganz, und das war, nebenbei gesagt, wahrscheinlich das Ergebnis, zu dem man zu gelangen wünschte. Schließlich waren es nicht nur die Feinde des Hauptmanns Dreyfus, die sich bemüht haben, die Frage zu verwirren. Gewisse seiner Freunde haben auch dazu beigetragen, indem sie ihrerseits Hypothesen aufstellten.«

Offenbar ist Picquart sich durchaus nicht bewußt, daß er vielleicht wirksamer als irgendein anderer den falschen Anklägern mit seinen Hypothesen geholfen hat.

Während der Affäre gab es eigentlich niemand, der tatkräftig und unbeirrbar die wesentliche Frage behandelte und den Kampf gegen Windmühlen vermied. Jahre später gibt es hie und da eine Spur von Besinnung. In dem Roman ›Jean Barois‹ von Roger Martin du Gard heißt es: »Das Übel kommt davon, daß man die Affäre unendlich kompliziert hat. Dieser Wahnsinn der Untersuchungen und Gegenuntersuchungen hat ihren wahren Ursprung und den tatsächlichen Sinn der Angelegenheit völlig verkehrt. Man hat sich leidenschaftlich auf hundert nebensächliche Fährten gestürzt, die nirgendwohin führen.« Schließlich konnte keiner der Juristen, der Politiker und der Historiker aus dem Labyrinth herausfinden. Die unzähligen Fälschungen, phantastischen Erfindungen und Sophismen umgaben den Kern der Sache mit einem undurchdringlichen Dickicht.

Der gelehrte Eifer ist allzu oft an den Dokumenten der

Affäre verschwendet, die zu einem großen Teil täuschen und irreführen sollen. Die Kritik an ihnen ist fast immer unzulänglich, oder sie wird ganz unterlassen. Die Dreyfusisten waren in der Regel naiv und glaubten, die meistens mystifizierenden Anschuldigungen Punkt für Punkt widerlegen zu müssen. Ihre Abhängigkeit von den falschen Anklägern, die ihnen das Gesetz des Handelns auferlegten, kam auch von ihren eigenen Irrtümern, die ihnen die Affäre mysteriös und ihre Gegner unergründlich erscheinen ließen.

Die Vorbedingung des Anschlags auf den Hauptmann Dreyfus war das Gefühl der vollkommenen Sicherheit, das die Verschwörer hatten. Ihnen kam nicht der Gedanke, daß ihre Machenschaften entdeckt werden könnten. Das Geheimnis, das den Generalstab und vor allem den Nachrichtendienst umgab und das durch strenge Gesetze geschützt war, bedeutete ein unüberwindliches Hindernis für jeden Eingriff und Einblick von außen. Es schien keine Möglichkeit zu geben, daß die Vorgänge in den Büros jemals einer Kritik von »Fremden« unterworfen werden könnten.

Die Verschwörer setzten ihr Vertrauen auch auf den Ausschluß der Öffentlichkeit von den gerichtlichen Verhandlungen und auf die Einschüchterung der Verteidigung. Die militärischen Richter übten nie Kritik an den hohen Vorgesetzten, die hinter der Anklage standen. Der stellvertretende Generalstabschef, der General Gonse, hat sich mit entwaffnender Offenheit über die »Vorteile« des Ausschlusses der Öffentlichkeit geäußert. Er meinte, die geheimen Verhandlungen machten »das Antworten leicht« (für die Anklage natürlich) und gestatteten, »gefährliche Diskussionen zu unterdrücken«. Der Generalstaatsanwalt Baudouin bemerkte dazu: »Man kann kaum auf eine naivere Weise eingestehen, daß man die Affäre ersticken und den Angeklagten erwürgen wollte.« (Revision I, 441)

Der kecke Mißbrauch der amtlichen Autorität wäre gegenüber der ordentlichen Gerichtsbarkeit nicht möglich gewesen. Aber die Kriegsgerichte waren in dem Sinne außerordentlich, daß eine vereinfachte Prozedur und die Regel des Ausschlusses der Öffentlichkeit in Spionagesachen, nicht zuletzt auch die Staatsräson den Angeklagten in eine noch ungünstigere Stellung drängten als in den gewöhnlichen Kriminalprozessen. Die Richter besaßen den Anklägern gegenüber als den Beauftragten ihrer höchsten Vorgesetzten keine innere Freiheit. Die Kriegsgerichte sind den revolutionären Tribunalen und allen Einrichtungen der Schnelljustiz ähnlich, die in der Gefahr gebraucht werden.

Georges Sorel hat in seinen ›Résflexions sur la violence‹ auf diese Seite des Falles Dreyfus nachdrücklich hingewiesen und vor allem auch an die Praxis des Ancien régime bei Staatsverbrechen erinnert, die immer summarisch abgeurteilt wurden. Er meint, daß die Offiziere und die Priester unter allen Berufsständen am meisten unter dem Einfluß dieser Tradition stünden, die Staatsräson zum ausschlaggebenden Gesichtspunkt zu machen. So habe man auch in der Anwendung der Strafe auf Dreyfus eine außerordentliche und ungesetzliche Härte gezeigt, um gewisse Spione, die außer Reichweite waren, zu erschrecken. »Man machte sich keine Sorge«, schreibt Sorel, »ob Dreyfus schuldig oder unschuldig war. Die Hauptsache war, den Staat gegen den Verrat zu schützen und die Franzosen zu beruhigen, die von der Kriegsfurcht ergriffen waren.« Das ist wahrscheinlich richtig, soweit es das Kriegsgericht betrifft, aber die Beweggründe der Anklage waren andere.

Dokumente zum ersten Kapitel

[1] Der Weg des Bordereaus

Aus Esterhazys im Jahre 1901 veröffentlichten Enthüllungen

... bevor ich zeige, daß ich wirklich der Autor des Bordereaus bin, muß ich über dieses Dokument einige Angaben machen, die sich auf Geschehnisse des Jahres 1894 beziehen. Diese Angaben werden zeigen, daß der Generalstab das Bordereau vom ersten Tage an nicht als ein echtes Dokument behandelt hat, denn es wurden sofort Maßnahmen ergriffen, um die Welt über seine wahre Herkunft zu täuschen. Wenn ich das Bordereau auch selber geschrieben habe, sein Charakter und Aussehen sind das Ergebnis einer gemeinschaftlichen, auf Befehl geleisteten Arbeit, die von den Chefs des Generalstabs gebilligt wurde. Ihre Verantwortung ist unverkennbar, denn die Arbeit hätte nicht ausgeführt werden und ihren Zweck nicht erreichen können ohne die tatkräftige Hilfe der Generale ... Das Bordereau ist im Kriegsministerium in den ersten Tagen des September aufgetaucht – an dem Tage, da ich selbst es in das Postfach des Obersten von Schwartzkoppen, das sich in der Pförtnerloge der deutschen Botschaft befindet, legte.

Das Bordereau steckte in einem Umschlag von starkem, gelbem Papier; die Adresse war, wie das Bordereau, von meiner Hand. Der deutsche Militärattaché befand sich um diese Zeit nicht in Paris, sondern in Deutschland*. Der Briefumschlag trug in einer Ecke ein kleines rotes Kennzeichen. Als man das Bordereau im Ministerium empfing, wurden eine Reihe von Veränderungen ausgeführt – in der Absicht, seinen Ursprung, den Zeitpunkt seines Auftauchens und den Weg, den es genommen hatte, zu verbergen.

Tatsächlich sagte der Generalstab im Jahre 1894:

1., daß dieses Dokument in einer der Papiertüten gebracht worden wäre, in denen man dem Nachrichtenbüro die Abfälle aus dem Papierkorb des Militärattachés lieferte,

2., daß die Papiertüte, in der es sich befand, von dem gewöhnlichen Agenten gebracht wurde, der diese Abfälle sammelte,

3., daß es in mehrere kleine Stücke zerrissen gewesen wäre.

4. Der Generalstab vermied es, das Datum des Eingangs auf dem Dokument zu vermerken ...

Nun ist unbestreitbar festgestellt, da es sich klar aus den verschiedenen Verhören und Untersuchungen ergeben hat:

1., daß dieses Dokument nicht aus dem Papierkorb, sondern aus der Loge des Portiers entwendet wurde,

2., daß es der Generalstab unverletzt in seinem Umschlag empfing,

3., daß der »Finder« des Bordereaus nicht der regelmäßige Überbringer der Papiertüten, sondern ein anderer Agent war,

4., daß es im Nachrichtenbüro in vier Stücke zerrissen wurde,

5., daß man den Umschlag zerstörte oder jedenfalls nicht vorzeigte,

6., daß man absichtlich das Datum des Eingangs nicht verzeichnete, damit man es gemäß den Zwecken und Umständen ändern konnte.

Diese Tatsachen sind unbestreitbar. Also vom ersten Tage an, ehe eine Beschuldigung gegen Dreyfus erhoben wurde, sofort

* Schwartzkoppen berichtet von einer Reise nach Berlin vom 24. September bis 9. Oktober. Das Bordereau tauchte damals auf, nämlich am 25. oder 26. September, was von unverdächtigen Zeugen bestätigt wird. Es liegt also ein Gedächtnisfehler vor: statt »in den ersten Tagen des September« müßte es heißen »in den letzten Tagen des September«.

nach dem Auftauchen des Bordereaus im Nachrichtenbüro, war alles vorbereitet, um den wahren Ursprung des Bordereaus, den Zustand, in dem es ankam, und die Person des Agenten, der es brachte, zu verheimlichen. Deshalb hat man auch nie den Umschlag erwähnt, obwohl er wegen der Adresse wichtig gewesen wäre (das rote Kennzeichen hätte auch störend sein können). Deshalb auch wurde das Bordereau zerrissen – übrigens schlecht, wie man leicht feststellen kann, denn man vergaß, es vorher zu zerknüllen, deshalb ist das Eingangsdatum nirgendwo festgestellt worden ...

Wer sagt, daß Henry das Bordereau nicht zu unterschlagen wagte, weil der Überbringer seine Bedeutung gekannt hätte, weiß nicht, wie die Agenten behandelt werden. Sie liefern ihre Ware gegen Bezahlung (wenn sie nicht ein monatliches Gehalt beziehen), und unter keinen Umständen dürfen sie sich um den Gebrauch, der von ihrer Ware gemacht wird, bekümmern. Sie tun es auch nie.

Es ist auch gesagt worden, daß allein Henry meine Handschrift kannte. Das ist ganz falsch. Ich war im Briefwechsel mit Sandherr, ... also kannte er meine Schrift sehr gut ... Auf jeden Fall war nicht meine Handschrift der Grund, den Ursprung, den Zustand und das Ankunftsdatum des Bordereaus zu verheimlichen. Diese Täuschungen geschahen in einer bestimmten Absicht. Sie hatten selbstverständlich einen Beweggrund. Selbst wenn wir einen Augenblick lang annehmen, daß Henry allein sie begangen hätte, so wären sie nicht ohne die Erlaubnis, ohne die Zustimmung, das heißt ohne den Befehl, des Obersten Sandherr und der Generale de Boisdeffre und Gonse möglich gewesen.

Angenommen, der Chef des Generalstabs und sein Stellvertreter hätten vorher nichts von dem Bordereau gewußt, so mußte sein Auftauchen sofort gemeldet werden. Die erste Frage der Generale wäre natürlich gewesen, durch welche Mittel und Wege dieses Dokument erlangt und wann es dem Nachrichtendienst überbracht worden wäre. Das Datum hätte man, außer im Einvernehmen mit den Generalen, nicht offenlassen können. Ebenfalls nur mit ihrer Erlaubnis konnte das Kriegsgericht belogen werden, was den Ort betrifft, an dem das Bordereau entwendet wurde, und den Zustand, in dem der besondere Agent es brachte.

Der Berichterstatter [des Kriegsgerichts von 1894] stellte keine Nachforschungen an, um sich über diese Punkte Klarheit zu verschaffen. Man zeigte und sagte ihm, was man wollte. Er war mit allem zufrieden. Aber dem General Gonse und dem General de Boisdeffre konnte man nicht erzählen, was man wollte. Ihnen konnte man nicht sagen, daß man im Interesse des Nachrichtendienstes den Namen des Überbringers und die geheimnisvollen Wege, die das Bordereau genommen hatte, verbergen mußte, denn sie waren die eigentlichen Chefs des Nachrichtendienstes. Sie kannten die Wahrheit so gut, daß sie später gezwungen waren, sie einzugestehen. Vor dem Kriegsgericht von 1894 [über Dreyfus] und vor dem Kriegsgericht von 1898 [über Esterhazy] sagte man, das Bordereau wäre vom April 1894. Einige Tage nach diesem letzten Prozeß erklärte man plötzlich in den Verhandlungen gegen Zola, das Bordereau wäre von Ende September 1894 ...

Es gibt noch eine wichtige Tatsache. Das Bordereau wurde in der deutschen Botschaft abgegeben, als alle Personen, die an dem deutschen Militärattaché Interesse nahmen, wußten, daß er verreist war. Das stand in den Zeitungen. Übrigens ist das Bordereau das einzige Dokument, das so »gefunden« wurde. Hätte ich verdächtige Beziehungen zu dem Obersten von Schwartzkoppen unterhalten, so wäre ich nicht dumm genug gewesen, um ihm während seiner Abwesenheit ein Dokument von solcher Bedeutung zu bringen, ich wäre auch nicht dumm genug gewesen, es in der Loge herumliegen zu lassen, zumal der Portier mir die Abreise Schwartzkoppens gemeldet hätte, wenn sie mir wider alle Wahrscheinlichkeit unbekannt geblieben wäre.

Warum wählte man gerade diesen Zeitpunkt? Der Grund ist einfach.

Wäre der Oberst Schwartzkoppen in Paris gewesen, so hätte man ihm das Dokument sofort in sein Arbeitszimmer gebracht, oder er selber würde es bald im Postfach der Portiersloge gefunden haben, jedenfalls wäre es für den Agenten schwierig gewesen, gerade im richtigen Augenblick zu erscheinen ...

Die Absicht, die der Generalstab verfolgte, das Interesse, in dem er handelte, würde eine echte Untersuchung ohne große Schwierigkeiten feststellen, glaube ich. Was mich betrifft, so hatte ich keine Befürchtungen wegen meiner Handschrift, solange ich nicht ahnte, daß meine Chefs aus Angst, man könnte die Beweggründe entdecken, sich gegen mich wenden würden. Unmittelbar nach der Veröffentlichung des Bordereaus durch die Zeitung ›Le Matin‹, am 10. November 1896, hörte ich nicht auf, an das Ministerium Gesuche zu schreiben, weil ich dorthin versetzt werden wollte . . .

[2] Erste Zweifel

Oberstleutnant Cordier, ehemaliger stellvertretender Chef des Nachrichtenbüros, vor dem Kriegsgericht in Rennes (1899):

Die ersten Zweifel sind mir gekommen, als ich zu meinem großen Erstaunen bemerkte, daß man das Bordereau, von dem ich genau wußte, daß es im Monat September gebracht worden war, falsch datierte. Dem Kriegsgericht von 1894 wurde gesagt, es wäre vom April oder Mai. Das ist es, was in mir die ersten Zweifel erweckt hat.

[3] Wie der »Verräter« entdeckt wurde

Der Oberst Picquart beschrieb in seiner Aussage vor dem Kriegsgericht in Rennes (1899), wie man im Generalstab vorging:

Eines Morgens, in den ersten Oktobertagen, glaube ich, zeigte mir mein Chef, der Oberst Boucher, die Photographie des Bordereaus. Er sagte mir, das Schriftstück stamme aus einer ausländischen Botschaft . . .

Es müsse nun nachgeforscht werden, ob die Handschrift irgendeines Offiziers des dritten Büros mit der des Bordereaus übereinstimme. Ich nahm sofort eine Anzahl von Dokumenten, welche die Schriftzüge aller unserer Offiziere zeigten. Ich fand, daß nichts dem Bordereau nahe genug kam, um auf jemand einen Verdacht zu werfen.

Auf diese Weise wurde in den verschiedenen Büros des Generalstabs vorgegangen, und wenn Sie sich vorstellen, daß in jedem dieser Büros der Chef und sein Stellvertreter im Bilde waren und daß häufig einer dieser Herren einen Vertrauten hatte, den er ebenfalls von der Sache unterrichtete, so können Sie sich denken, daß das Geheimnis bereits vielen bekannt war, bevor man entdeckte, wer das Bordereau geschrieben hatte. Was war nun die Wirkung dieses von vielen geteilten Geheimnisses? Für eine gewisse Zeit bemächtigte sich ein Unbehagen, ja eine schwere Bedrückung des ganzen Ministeriums. Wir waren im Begriffe, einen neuen Plan aufzustellen. Es gab im Bordereau einen Punkt, der besonders im dritten Büro große Beunruhigung verursachte, weil man dort mit diesem Gegenstand beschäftigt war. Es handelte sich um die ›Aufzeichnung über die Bedeckungstruppen (der neue Plan wird einige Änderungen herbeiführen)‹. Jeder fragte sich, ob in seinem Dienstbereich das Geheimnis auch gewahrt worden wäre. Niemand dachte nur einen Augenblick, daß der Verrat außerhalb des Ministeriums hätte geschehen können.

... So herrschte ein Gefühl der Befriedigung oder besser der Erleichterung, als wir erfuhren, daß man den Schreiber des Bordereaus entdeckt hatte, den man »den Verräter« nannte.

[4] »Die Entdecker des Schuldigen«

Es war im vierten Büro, wo man auf Dreyfus als den vermutlichen Schreiber des Bordereaus angeblich oder wirklich »stieß«. Der General Fabre, der Chef des Büros gewesen war, erweiterte, nach fünf Jahren, vor dem Kriegsgericht in Rennes seine Aussage von 1894 und berichtete:

Am 6. Oktober kehrte der Oberstleutnant d'Aboville von seinem Urlaub zurück. Ich unterrichtete ihn über den Vorfall, der sich während seiner Abwesenheit ereignet hatte, ich zeigte ihm das Bordereau und fragte ihn, ob die Schrift ihm etwas sagte. Der Oberstleutnant las das Bordereau, aber die Schrift erinnerte ihn an niemand. Während des Lesens und der Erörterung der einzelnen Wendungen führten uns verschiedene Überlegungen zu dem Schluß, daß wegen der erwähnten technischen Fragen der Artillerie das Dokument nur von einem Artillerieoffizier stammen könne, der zeitweilig im vierten Büro war, das heißt, von einem zur Ausbildung im Generalstab abkommandierten Offizier. Wir versuchten, uns der Artillerieoffiziere, die zur Ausbildung die Büros durchlaufen hatten, zu erinnern. Der Name Dreyfus brachte uns ins Gedächtnis zurück, daß er der einzige war, der uns keinen guten Eindruck hinterlassen und eine schlechte Beurteilung erhalten hatte. Das bedeutete allerdings noch längst nicht, daß wir ihn als einen Verräter verdächtigten. So trieb uns nur Neugierde, seine Schrift mit der des Bordereaus zu vergleichen. Ich nahm aus meiner Schublade sein Meldeblatt von 1893 ..., das er selber ausgefüllt hatte. Wir waren betroffen, als wir das Wort »artillerie« auf diesem Blatt und im Bordereau auf eine ganz eigenartige Weise geschrieben fanden. Das mittlere »i« ist unterhalb der übrigen Buchstaben ...

[5] Der Schriftsachverständige Gobert

Vor dem Kassationshof beschrieb Gobert seine Erfahrungen mit den Generalen (am 17. Dezember 1898):

Die Dokumente wurden mir vom General Gonse im Einvernehmen mit dem Kriegsminister und dem General de Boisdeffre übergeben. Ich nahm sie mit in meine Wohnung. Als mir das Bordereau gezeigt wurde, hatte ich sofort erklärt: »Herr General, es muß Ihnen jemand einen Streich gespielt haben, denn die Schrift erscheint mir vollkommen natürlich, und ich kann mir nicht vorstellen, daß jemand eine solche Mitteilung in dieser Form gemacht hat. Der anonyme Brief hat eine erschreckende Ähnlichkeit mit den [falschen] Schriftstücken Nortons.« Der General versicherte mir, daß diese Möglichkeit ausgeschlossen wäre wegen der Umstände, unter denen man das Dokument gefunden und dem Ministerium geliefert hätte. Ich wies darauf hin, daß die Schrift des Briefes regelmäßig, einheitlich, völlig normal wäre, daß also keine künstliche Schriftform vorläge. Ich betonte auch die auffallende Unleserlichkeit der Schrift des Dokuments.

[6] Goberts Schlußfolgerung (13. Oktober 1894)

Die Schrift des anonymen Dokuments und die des Vergleichsstückes sind genau von demselben Typus. Die Analyse der Einzelheiten ergibt ziemlich bedeutende Ähnlichkeiten; aber gleichzeitig offenbart sie zahlreiche und wichtige Verschiedenheiten, denen man Rechnung tragen muß. Unter diesen Umständen – und angesichts der Raschheit der Untersuchung, die mit großer Dringlichkeit verlangt wurde – glaube ich sagen zu müssen, daß der belastende anonyme Brief von einer anderen Person geschrieben sein kann als der verdächtigten.

[7] Bertillons Meinung (vom 13. Oktober 1894 abends)

Wenn man die Hypothese eines gefälschten Dokuments mit der größten Sorgfalt untersucht hat und ausschalten darf, erscheint es uns offensichtlich, daß alle Vergleichsstücke und das belastende Dokument von derselben Hand geschrieben sind.

[8] »Unbedingt, ohne Lücke, ohne Vorbehalt«

Aus dem Bericht Bertillons vom 20. Oktober 1894:

... So hat er sich von Anfang an die Möglichkeit geschaffen, den Einwand der Fälschung, d. h. eines mit Hilfe von bestimmten Worten durchgepausten Dokuments, zu erheben und, um dieses Verteidigungsmittel überzeugender zu machen, hat er seine Mitteilung auf dünnes Papier geschrieben ...

Daher kommen auch einige ausgesprochen zittrige Schriftzüge, die mir am ersten Tage so aufgefallen waren. Das Wort »responsables« ist dafür ein gutes Beispiel. Indem er bei der Niederschrift der beiden letzten Silben absichtlich zitterte, wollte er sagen können: »Seht, das ist zittrig, es ist also durchgepaust. Daher kommt auch die Umkehrung der doppelten s. Es ist eine gewollte Abweichung von einer bei ihm unbedingt ständigen Gewohnheit ...

Der Beweis ist geführt. Er ist unwiderleglich. Sie wissen, welches meine Überzeugung am ersten Tage war. Sie ist jetzt unbedingt, ohne Lücke, ohne jeden Vorbehalt.

[9] Bericht des Schriftsachverständigen Pelletier vom 25. Oktober 1894

... Das Schriftstück zeigt in keiner Weise Spuren der Verstellung. Es hat das Aussehen einer unbefangen und normal geschriebenen Arbeit. Mit anderen Worten, es muß, so denken wir, die natürlichen Schriftzüge des Urhebers zeigen.

Wenn die Schriftproben der ersten Person [Dreyfus] auch im großen und ganzen von dem gleichen Typus sind wie die des [belastenden] Dokuments, so ist zu sagen, daß diese Art zu schreiben vielen Personen gemeinsam ist, die sehr gewohnt sind, schnell und ein wenig nachlässig zu schreiben.

Die Ähnlichkeiten in den Einzelheiten sind nicht ungewöhnlich, doch kann man beträchtliche Unähnlichkeiten feststellen ...

In einem Wort, wir sind der Meinung, daß zwischen der Schrift des fraglichen Dokuments und der Schrift der Vergleichsstücke nur eine typische Ähnlichkeit besteht.

Schlußfolgerung: Im Endergebnis glauben wir uns nicht berechtigt, das belastende Dokument der einen oder der andern verdächtigten Person zuzuschreiben.

[10] Bericht des Schriftsachverständigen Charavay vom 29. Oktober 1894

Im Endergebnis sind die Ähnlichkeiten trotz einer offensichtlichen Bemühung, die Schrift zu verstellen, so auffallend und haben ein so viel größeres Gewicht als die Unähnlichkeiten, daß man mit gutem Grund das Dokument Nr. 1 [das Bordereau] demjenigen zuschreibt, von dem die Schriftstücke Nr. 2 bis 30 stammen. Um das Gegenteil zu behaupten, müßte man ein außerordentliches Zusammentreffen von zwei gleichen Schriftcharakteren annehmen. Aber wenn es auch tatsächlich bei den Schriften wie bei den Physiognomien Doppelgänger gibt, hat man doch nur Aussicht, sie unter einer beträchtlichen Zahl von Dokumenten, die von zahlreichen Personen stammen, anzutreffen, und nicht in einem engen Kreis.

Schlußfolgerung: Angesichts der Feststellungen dieses Berichts, kommt der unterzeichnete Sachverständige zu der Schlußfolgerung, daß das anklagende Dokument Nr. 1 von derselben Handschrift ist wie die Vergleichsschriftstücke Nr. 2 bis 30.

[11] Widerruf des Schriftsachverständigen Charavay

Seine Aussage vor dem Kriegsgericht in Rennes (1899):

Ich lege Wert darauf, hier folgendes zu erklären. Getäuscht durch eine Schriftenähnlichkeit habe ich im Jahre 1894 irrtümlich das Bordereau dem Urheber eines anonymen Schriftstücks zugeschrieben, das von der Hand des Hauptmanns Dreyfus war. Seitdem ich eine andere Schrift kennengelernt habe, gestehe ich meinen Irrtum, und es bedeutet für mich eine große Erleichterung meines Gewissens, vor Ihnen, meine

Herren, und vor allem vor demjenigen, der das Opfer dieses Irrtums wurde, zu erklären, daß ich mich im Jahre 1894 geirrt habe und ich nunmehr der Meinung bin, daß nicht der Hauptmann Dreyfus, sondern der Major Esterhazy das Bordereau geschrieben hat.

[12] Bericht des Schriftsachverständigen Teyssonnières vom 29. Oktober 1894

Bevor wir mit den Feststellungen der Ähnlichkeiten beginnen, weisen wir darauf hin, daß die Schrift des Dokuments Nr. 1 (des Bordereaus) Zeichen der Verstellung trägt, bei denen dennoch der natürliche Charakter durchschlägt ...

Schlußfolgerung: Wir erklären auf Ehre und Gewissen, daß die Schrift des anklagenden Dokuments Nr. 1 von der gleichen Hand [von Dreyfus] stammt, welche die Vergleichsstücke Nr. 2 bis 30 geschrieben hat.

[13] »Das Werk eines Wahnsinnigen«

Dreyfus über die Schriftsachverständigen des Prozesses von 1894:

Ich hörte die sich widersprechenden Berichte der Schriftsachverständigen; zwei sagten zu meinen Gunsten aus, zwei belasteten mich, obwohl sie zahlreiche Unähnlichkeiten zwischen der Schrift des Bordereaus und meiner eigenen feststellten. Ich gab der Aussage Bertillons keinerlei Wichtigkeit, denn sie schien mir das Werk eines Wahnsinnigen zu sein.

[14] »Ich will nicht sehen ...«

Im Prozeß Zola trat der Abgeordnete Hubbard als Zeuge gegen Bertillon auf, dessen Vetter ersten Grades er war. Hubbard berichtete über die Haltung dieses »Sachverständigen«, als er ihm die Gleichheit der Handschriften des Bordereaus und Esterhazys entgegenhielt. Bertillon sagte:

Ich will die Handschrift nicht sehen ... Ich kenne sie, es ist die Esterhazys. Ich weiß, daß Esterhazy der Strohmann der Juden ist. Er wird schließlich ein Geständnis ablegen. Das Bordereau ist nicht datiert und nicht unterschrieben. Man wird es nicht als eine Fälschung hinstellen, sondern als irgendein Dokument, als ein Mittel des Betrugs, und so wird man sich aus der Affäre ziehen wollen. Aber ich will die Handschrift nicht sehen ... Im übrigen kann man und darf man nicht den Prozeß revidieren! Man kann nicht! Wenn man es unternähme, bedeutete es den Bürgerkrieg. Die Straße geriete in Aufruhr. Man kann nicht, man darf nicht ...

[Hubbard antwortete ihm:] Das ist Politik! Man kann diese Meinung haben, aber sie ist keine wissenschaftliche Kritik. Das ist kein wissenschaftliches Gutachten auf Grund der Prüfung von Unterlagen ...

[15] Bertillons »phantastische Ausgeburten«

Aussage des Generals Sebert vor dem Kriegsgericht in Rennes am 1. September 1899:

Der General äußerte sich über das sogenannte System Bertillon:

Meine Untersuchung lieferte mir sehr bald den Beweis für die Sinnlosigkeit der Darlegungen.

Es ist mir peinlich, ein so hartes Urteil über einen Mann zu fällen, dessen Name verbunden ist mit der Anwendung einer bemerkenswerten anthropometrischen Methode, die wir dem Genie seines Vaters verdanken, dessen Name noch so ehrenvoll von seinen zwei Brüdern getragen wird. Aber die Wissenschaft ist unerbittlich bezüglich der Grundsätze, und meine Stellung zwingt mich, zu erklären, daß die französische Wissenschaft nicht phantastische Ausgeburten, wie sie Monsieur Bertillon hier vorbringt, mit ihrer Autorität decken kann.

[16] Ein Urteil über Bertillon

Eine wissenschaftliche Kommission, der die Mathematiker Poincaré, Appel und Darboux angehörten, berichtete dem Kassationshof am 2. August 1904. In ihren Schlußfolgerungen heißt es unter anderem:

Die Absurdität des Systems Bertillons ist so offensichtlich, daß man nur mit Mühe die Dauer der Diskussionen begreift. Man wäre versucht, deren Notwendigkeit überhaupt zu leugnen, wenn einem nicht die Geschichte der Affäre gegenwärtig wäre. Als das System zuerst in der Öffentlichkeit bekannt wurde, erhob sich ein allgemeines, anhaltendes Gelächter. Man erfuhr, das Bordereau sei nicht »das Werk lediglich der natürlichen Kräfte ...« Aber nach einer Weile begriffen gewisse geschickte Leute, welchen Vorteil sie aus dieser kostbaren und unerschöpflichen Quelle dunkler Vieldeutigkeit ziehen könnten. Sie wußten, daß die Lachenden müde werden, während die Gläubigen nie ermüden. Sie wußten auch, daß die große Menge nicht den Wert von Argumenten kennt, sondern nur den Ton hört, in dem sie vorgebracht werden. So begannen sie Bertillon mit eifrigen Lobpreisungen und keinen Widerspruch duldenden Behauptungen zu unterstützen ... Im übrigen hatte Bertillon einen großen Vorteil. Die Dunkelheit seines Systems verteidigte es gegen die Kritik nach Art der Tintenfische, die sich in eine Wolke hüllen, um ihren Feinden zu entschlüpfen ... Alle diese Systeme – die Bertillons und seiner »Jünger« – sind ohne jeden wissenschaftlichen Wert ... In einem Wort, sie sind sinnlos, weil die Erfinder auf falscher Grundlage falsche Überlegungen angestellt haben.

[17] Forzinetti über Dreyfus im Gefängnis

Bericht des Direktors des Militärgefängnisses, Majors Forzinetti, veröffentlicht in ›Le Figaro‹ vom 21. November 1897:

Gegen Mittag kam Dreyfus in Zivil. Der Major Henry und ein Beamter der Sûreté brachten ihn in einer Droschke. Der Befehl der Inhaftierung ... war vom 14. Oktober, was beweist, daß er gegeben wurde, bevor man den Hauptmann gesehen und verhört hatte. Er war vom Kriegsminister selber unterschrieben, das heißt, der Gouverneur von Paris wußte nichts davon. Diesem wurde erst nachher von einem Stabsoffizier des Generalstabs die vollzogene Maßnahme gemeldet. Mir war verboten worden, es zu tun.

Von diesem Augenblick an war Dreyfus wie eingemauert in seiner Zelle. Niemand durfte den Häftling sehen. Während der ganzen Zeit seines Bleibens im Cherche-Midi durfte die Tür seiner Zelle nur in meiner Gegenwart geöffnet werden.

Kurz nach seiner Einlieferung begab ich mich zum Hauptmann Dreyfus. Er war in einem Zustand unbeschreiblicher Erregung; ich hatte einen wahren Irrsinnigen vor mir; seine Augen waren blutunterlaufen. Alles, was sich in der Zelle befand, hatte er umgeworfen. Es gelang mir nicht ohne Mühe, ihn zu beruhigen. Mir kam unmittelbar der Gedanke, daß der Offizier unschuldig war.

Er bat mich inständig, ihm Schreibmaterial zu geben oder selbst in seinem Namen dem Kriegsminister zu schreiben, daß er von ihm oder einem der Generale gehört werden wollte. Er erzählte mir seine Verhaftung. Der Vorgang war ebenso unwürdig wie unsoldatisch gewesen.

Vom 18. bis zum 24. Oktober war er den Verhören des Majors du Paty de Clam unterworfen ... Bevor der Major Dreyfus sah, fragte er mich, ob er nicht plötzlich mit einer stark strahlenden, mit einem Reflektor versehenen Lampe bei Dreyfus eintreten könnte. Indem er ihn auf solche Weise überraschte, wollte er ihn aus der Fassung bringen.

Du Paty unterwarf Dreyfus zunächst zwei Verhören. Er diktierte ihm jedesmal Teile von Sätzen aus dem belastenden Dokument, um die Schriften zu vergleichen. Während dieser ganzen Zeit war Dreyfus in einem Zustand höchster Erregung.

Man hörte ihn von draußen seufzen, schreien, mit lauter Stimme reden, seine Unschuld beteuern. Er stieß sich an den Möbeln und Mauern und schien nicht zu bemerken, daß er sich wehe tat.

Er hatte nicht einen Augenblick der Ruhe. Wenn er, überwältigt von Qualen und Müdigkeit, sich angekleidet aufs Bett warf, war sein Schlaf von furchtbarem Alpdruck gestört ... Während dieser neun Tage einer wahren Agonie nahm er nichts als Suppe und gezuckerten Wein zu sich; er berührte keine feste Nahrung.

Am 24. erschien mir sein dem Irrsinn naher Geisteszustand so schlimm, daß ich die Verantwortung nicht mehr allein tragen zu können glaubte und dem Minister und dem Gouverneur von Paris Bericht erstattete.

Nachmittags begab ich mich zum General de Boisdeffre, der mich zu sich befohlen und mich hatte wissen lassen, daß er sich beim Kriegsminister befinden würde. Der General wollte meine Meinung über Dreyfus wissen, und ich sagte ihm ohne Zögern: »Man ist auf der falschen Spur, dieser Offizier ist nicht schuldig.«

Das war meine Überzeugung, und sie hat sich inzwischen immer mehr befestigt.

Der General war dann allein beim Minister eingetreten, während ich auf ihn wartete, und er schien verärgert, als er herauskam und mir sagte: »Der Minister verreist ...; er läßt mir freie Hand. Versuchen Sie, Dreyfus bis zur Rückkehr des Ministers unter Kontrolle zu halten; der Minister wird dann alles in Ordnung bringen.«

Das machte mir den Eindruck, als ob der General de Boisdeffre mit der Verhaftung nichts zu tun gehabt hätte und sie mißbilligte. Immerhin befahl er mir, den Hauptmann vom Gefängnisarzt untersuchen zu lassen, der dann beruhigende Mittel verschrieb und eine ständige Überwachung anordnete.

Vom 27. Oktober an kam du Paty beinahe täglich, um Dreyfus neuen Verhören zu unterwerfen, die immer auf ein Schuldbekenntnis abzielten, gegen das dieser sich unaufhörlich auflehnte ...

Bis zu dem Tage, da der Unglückliche dem die Untersuchung führenden Offizier des Kriegsgerichts übergeben wurde, wußte er nur, daß er des »Hochverrats« angeklagt war, ohne das eigentliche Verbrechen zu kennen.

Die Untersuchung zog sich hin. Solange sie dauerte, glaubte Dreyfus so wenig an eine Erhebung der Anklage oder gar an eine Verurteilung, daß er mehrmals sagte:

»Was werde ich als Wiedergutmachung verlangen? Ich will das Kreuz der Ehrenlegion haben und dann den Abschied nehmen! Das habe ich dem Major du Paty erklärt, der es dem Minister berichtete. Er hat keinerlei Beweise gegen mich; er kann sie sowenig haben wie der Offizier des Kriegsgerichts, der in seinem Bericht mit Hinweisen und Vermutungen arbeitet, ohne irgend etwas genau sagen oder feststellen zu können.«

Wenige Augenblicke vor der Verhandlung des Kriegsgerichts sagte er: »Ich hoffe sehr, daß mein Martyrium nun ein Ende nimmt und ich bald zu meiner Familie zurückkehren kann.« Leider sollte es anders kommen. Nach der Verurteilung wurde Dreyfus in seine Zelle zurückgebracht, wo ich ihn erwartete. Als er mich sah, rief er schluchzend: »Mein einziges Unglück ist, als Jude geboren zu sein. Hierhin hat mich ein Leben der Arbeit und der Mühe geführt. Warum bin ich auf die Kriegsschule gegangen, warum habe ich nicht meinen Abschied genommen, wie meine Familie es so sehr wünschte...«

Sobald der Ausgang der Berufung bekannt wurde, kam der Major du Paty noch einmal mit einer besonderen Autorisation des Kriegsministers, mit Dreyfus allein und ungestört zu sprechen ...

In dieser letzten Begegnung bemühte sich der Major du Paty, ein Schuldbekenntnis zu erlangen – oder wenigstens die

Anerkennung einer unvorsichtigen Anknüpfung der Beziehung. Dies geht aus einem Brief hervor, den Dreyfus unmittelbar darauf an den Kriegsminister schrieb.

Dreyfus erwiderte, daß er mit niemand in Verbindung getreten, daß er unschuldig sei.

Am 4. Januar 1895 wurde ich meiner schweren Verantwortung ledig.

An diesem Tage drückte ich dem Hauptmann Dreyfus zum Abschied die Hand, und die Gendarmen führten ihn in Fesseln zur Ecole Militaire, wo er degradiert wurde, während er seine Unschuld laut beteuerte. Er erlitt, was schlimmer als der Tod ist, – und dann kam die Verbannung.

Meine Aufgabe war äußerst quälend und traurig gewesen, denn ich mußte gleichsam das Dasein dieses Unglücklichen während beinahe drei Monaten teilen. Ich hatte den strengen Befehl, bei seinen Mahlzeiten anwesend zu sein, ich mußte ihn eng überwachen, damit ihn keine schriftliche Mitteilung von draußen erreichte, die in den Nahrungsmitteln hätte verborgen sein können.

... bei meiner langen und gründlichen Erfahrung mit Häftlingen habe ich keine Scheu, offen zu erklären, daß man einen furchtbaren Irrtum begangen hat. So habe ich den Hauptmann Dreyfus nie als einen Verräter an seinem Vaterland und an seiner Uniform angesehen.

Von Anfang an haben meine direkten Vorgesetzten und andere meine Meinung gekannt.

Ich habe meine Überzeugung ausgedrückt in der Gegenwart von hohen Beamten und politischen Persönlichkeiten, zahlreichen Offizieren aller Grade, Journalisten und Schriftstellern ... Ich habe nie aufgehört, die Unschuld des Hauptmanns Dreyfus zu verkünden, der das Opfer eines der Schicksalsschläge ist, die uns unerklärlich und dunkel bleiben, – oder das Opfer einer unergründlichen, zielbewußten Machenschaft.

[18] Die Mobilisierung der Presse

Zur Erhebung der Anklage bedurfte Mercier der Ermächtigung durch den Ministerrat. Er führte sie auf eine recht geschickte Weise herbei. Am 28. Oktober empfing der Redakteur Papillaud von der ›Libre Parole‹ (Drumont war in Brüssel, um sich einer Gefängnisstrafe zu entziehen) einen Brief folgenden Wortlauts:

Mein lieber Freund, ich hatte es Ihnen ja gesagt, es ist der Hauptmann Dreyfus, der auf der Avenue du Trocadéro, Nummer 6, wohnt, den man am 15. wegen Spionage verhaftet und ins Gefängnis des Cherche-Midi eingeliefert hat. Man sagt, er sei verreist. Aber das ist eine Lüge, weil man die Angelegenheit vertuschen will.

Ganz Israel ist in Bewegung. Ihr Henry

Lassen Sie meine kleine Untersuchung schnellstens vervollständigen.

Papillaud ließ am 29. Oktober 1894 auf Grund des Briefes ›Henry‹ folgende Notiz erscheinen:

Ist es wahr, daß neulich auf Befehl der militärischen Autoritäten eine sehr wichtige Verhaftung stattgefunden hat? Der Verhaftete soll der Spionage beschuldigt sein. Wenn diese Nachricht wahr ist, warum schweigen sich die militärischen Autoritäten aus? Eine Antwort wird erwartet.

[19] Irreführung der Minister durch Mercier

Ein Widerhall der Behauptungen, mit denen Mercier bei seinen Kollegen den Eindruck der unzweifelhaften Schuld des Hauptmanns erweckte, findet sich in ihren Aussagen vor dem Kassationshof im Jahre 1899. Raymond Poincaré erklärte dort:

Ich war Finanzminister im Kabinett von 1894 und 1895. Die Verhaftung des Hauptmanns Dreyfus erfuhr ich durch einen Zeitungsartikel. Ich veranlaßte noch an demselben Tage, daß der Ministerpräsident und der Kriegsminister sich zu dem Fall äußerten. Der General Mercier brachte das Bordereau in die Sitzung, die im Innenministerium stattfand und an der ich teilnahm. Er sagte uns, das Schriftstück schiene von der Hand des Hauptmanns Dreyfus zu sein, die aufgezählten Dokumente hätten von niemand anderem geliefert werden können, und ein dritter Beweis wurde uns gegeben, die Szene des Diktats ...

Der Justizminister von 1894, Guérin, sagte vor dem Kriegsgericht in Rennes aus:

Man hatte die Untersuchung gegen Dreyfus durchgeführt und die Probe des Diktats gemacht, das heißt, man ließ den Hauptmann Dreyfus kommen, diktierte ihm einige nichtssagende Sätze und schließlich die Dokumente des Bordereaus. Man bemerkte, daß sein Gesicht in diesem Augenblick eine heftige Erregung zeigte, und die Probe, scheint es, überzeugte diejenigen, die anwesend waren. – Wie es auch sei, die Ähnlichkeit der Schriften, das Ergebnis der Probe, vor allem die Tatsache, daß die Dokumente selber auf die verschiedenen Büros hinwiesen, denen Dreyfus angehört hatte, aus allem ergab sich für den General Mercier, daß allein der Hauptmann Dreyfus die betreffenden Dokumente in der Hand gehabt und geliefert haben konnte.

Vor dem Kassationshof hatte Guérin seine Erinnerung an dieses letzte Argument Merciers noch bestimmter zum Ausdruck gebracht:

Die Art der im Bordereau aufgezählten Dokumente ... bewies unwiderleglich ..., daß allein Dreyfus sie alle gekannt, in Händen gehabt und daher geliefert haben konnte.

[20] Mercier erregte Verdacht

Der Historiker Gabriel Monod berichtete 1899 dem Kassationshof zwei Episoden, die zeigen, in welchem Maße Merciers Handlungsweise das Mißtrauen des Außenministers Hanotaux erregte:

Ende Dezember 1894 war ich zum Mittagessen bei Hanotaux eingeladen. Sein Sekretär Winnoux war auch dort. Ich stellte dem Minister plötzlich die Frage: »Sind Sie der Schuld des Hauptmanns Dreyfus sicher?« Er antwortete mir: »Ich habe ihn nicht verurteilt; ich kann es Ihnen nicht sagen.« Nach der Mahlzeit, als Winnoux und ich uns auf der Straße befanden, ergriff dieser aufgeregt meinen Arm und sagte: »Wissen Sie, daß nach unserer Ansicht der General Mercier eine furchtbare Dummheit begangen hat!« Der Gedanke, daß der Minister, der nach dem General Mercier die Affäre Dreyfus am besten kennen mußte, an der Schuld des Hauptmanns zweifelte, beunruhigte mich aufs höchste.

Die zweite Begebenheit ereignete sich im Mai 1897, als Monod wieder bei Hanotaux speiste – dieses Mal zusammen mit dem Historiker Albert Sorel.

Der Minister [sagte Monod,] erzählte von den Schwierigkeiten seiner diplomatischen Laufbahn. Die einzige Sache, über die er sich nicht trösten könnte, wäre die Affäre Dreyfus, die als ein großes Unglück sein Leben überschattete. »Sie wissen«, erklärte er uns, »welche Mittel der General Mercier angewandt hat, um die Schuld des Hauptmanns Dreyfus zu beweisen, die vielleicht nur ein Roman ist. Ich habe mich ihm zu Füßen geworfen, um ihn zu verhindern, diesen Prozeß zu machen. Ich habe nichts erreicht.«

[21] Mercier erklärt Dreyfus für schuldig

Der General Mercier sagte dem militärischen Redakteur des ›Figaro‹, Charles Leser, am 27. November 1894:

Ich habe dem Ministerpräsidenten und meinen Kollegen die schwer belastenden Berichte vorgelegt, die mir erstattet worden waren, und die Verhaftung des Hauptmanns Dreyfus wurde unverzüglich befohlen. Man hat über die Angelegenheit viele Ungenauigkeiten geschrieben; insbesondere wurde behauptet, der Hauptmann Dreyfus hätte geheime Dokumente der italienischen Regierung angeboten. Das ist ein Irrtum. Es ist mir nicht erlaubt, mehr zu sagen, da die Untersuchung noch nicht abgeschlossen ist. Was man jedoch verbreiten kann, ist, daß die Schuld dieses Offiziers unbedingt gewiß ist und daß er zivile Komplicen gehabt hat.

[Charles Leser fügte hinzu:] Im Großen Generalstab weiß man aus sicherer Quelle, daß Dreyfus seit mehr als drei Jahren mit dem Vertreter einer fremden Macht Verbindung hatte, und es handelt sich weder um Italien noch um Österreich. Wenn man auch die konkreten Beweise seiner Schändlichkeit besitzt, so ist es noch nicht gelungen, nachzuweisen, daß er bezahlt worden ist.

Mercier dementierte das Interview; Charles Leser erhielt es aufrecht und behauptete, er habe nur einen Teil der Mitteilungen Merciers veröffentlicht.

Fünf Jahre später wird Mercier sein Dementi dementieren. Vor dem Kriegsgericht in Rennes erklärte er:

Man hat mir vorgeworfen, daß ich im November 1894 in einem oder mehreren Interviews meinen Glauben an die Schuld des Hauptmanns Dreyfus ausdrückte. Ich finde, daß dieser Vorwurf kindisch ist, da ich letzten Endes den Hauptmann Dreyfus der militärischen Gerichtsbarkeit auslieferte, weil ich an seine Schuld glaubte. Sonst wäre ich ja selber ein Verbrecher gewesen, mich auf diese Weise gegenüber einem Offizier unter meinem Befehl zu verhalten ...

[22] Mercier oder Dreyfus?

Schwartzkoppen berichtete am 14. Dezember 1894 an das Auswärtige Amt:

Es gewinnt immer mehr den Anschein, als ob die ganze Angelegenheit mit der Freisprechung von Dreyfus endigen wird, wodurch die natürlich schon sehr untergrabene Stellung des Kriegsministers sowie auch diejenige des Chefs des Generalstabs nicht nur sehr leiden würden, sondern diejenige des ersteren absolut unhaltbar wird. Die ungünstige Beurteilung des Kriegsministers ... hat die chauvinistisch-radikale Presse veranlaßt, sich zum energischen Verteidiger des Kriegsministers aufzuwerfen. Die Presse stellt ihn heute als einen der bedeutendsten Männer Frankreichs hin und erinnert in dieser Beziehung an die blühenden Zeiten des Boulangismus.

[23] Ein neuer und unerhörter Skandal droht

Ein Beamter der Polizeipräfektur sagt seine Meinung, veröffentlicht in ›La France Militaire‹ vom 14. Dezember 1894:

Es ist unglaublich, daß der Nachrichtendienst nicht besser begründen konnte, wie er in den Besitz des Dokuments gekommen ist, das die Grundlage der Anklage bildet ... Der Chef dieses Dienstes zeigt sich in dieser Sache von einer beklagenswerten Ungeschicklichkeit, denn er stellt nicht nur seine Organisation und seine Agenten bloß, sondern sogar den Minister selbst ... Ein vollkommener Zusammenbruch war vorauszusehen, ich hätte aber niemals geglaubt, daß er sich unter so kläglichen Umständen ereignen würde. Was ist letzten Endes der Grund dieses Skandals? Ein Dokument von einem derartig verdächtigen Ursprung, daß ein neuer und unerhörter Skandal aus dem Skandal zu erwachsen droht, den man enthüllt hat; ein Dokument von einem so umstrittenen Wert – die Schriftsachverständigen kamen zu keiner Übereinstimmung ..., daß die Anklage gezwungen ist, weil sie nichts Besseres vorzuweisen hat, einen ganzen Haufen von Vermutungen oder moralischen Beweisen anzunehmen. Das alles macht es handgreiflich, auf was für eine ungeschickte und dumme Weise die Affäre in Bewegung gesetzt wurde.

[24] Die erste Ursache

Aus dem Plädoyer des Rechtsanwalts Mornard vor dem Kassationshof 1906:

Alle Unregelmäßigkeiten der Untersuchung, alle Heimtücke, alle Verbrechen gegen den Angeklagten sind nur das Ergebnis antisemitischer Gedankengänge, deren unerschütterliche Grundlage der notwendig verräterische Charakter des Juden ist.

Ich nehme nicht das Recht in Anspruch, die Urheber dieser Handlungen anzuprangern noch zu entschuldigen. Ich bin nicht zu ihrem Richter bestellt. Weil es mir unbedingt notwendig erscheint, will ich die erste Ursache dieser Irrtümer herausstellen und zum Vorschein bringen. Das ist unumgänglich in dem Augenblick, da die endgültige Lösung der Affäre Dreyfus und die Wiedergutmachung der endlosen Reihe von Verfehlungen zur Erörterung steht.

An dem Punkte, wo wir angelangt sind, ist es nicht mehr möglich, in dieser Hinsicht noch zu zögern: die erste Ursache der Abwegigkeit der Untersuchung, welche diese lange Reihe der Anschläge auf die Justiz hervorgebracht hat, ... ist der Antisemitismus. Das antisemitische Credo bestimmte die Gedankengänge dieser Träger einer Schnelljustiz und nahm ihnen jede Fähigkeit vernünftiger Überlegung.

Die Affäre Dreyfus ist in Wirklichkeit nicht der Prozeß einer Person gewesen; sie war der Prozeß des jüdischen Offiziers. Sie war die Anwendung des antisemitischen Credos auf eine Rechtsangelegenheit. Diese Tatsache hat das Gewissen aller zivilisierten Völker aufgewühlt und empört.

[25] Du Paty de Clam als Inquisitor

Verhöre, denen Dreyfus im Gefängnis unterworfen wurde

Fünftes Verhör vom 24. Oktober 1894

Frage: Glauben Sie das Opfer einer Machenschaft zu sein?

Antwort: Ich schwöre bei dem Leben meiner Kinder, daß ich unschuldig bin. Ich verstehe absolut nicht, was man von mir will. Wenn man mir die belastenden Dokumente zeigte, würde ich vielleicht verstehen. Seit elf Tagen bin ich ohne Verbindung mit der Außenwelt und weiß noch nicht, wessen man mich anklagt.

Frage: Warum haben Sie während des ersten Verhörs im Gefängnis gesagt, als ich Ihnen einen Teil eines Dokuments zeigte, das von Ihrer Hand sein soll, daß Sie beruhigt wären, wenn man nichts anderes gegen Sie hätte?

Antwort: Weil mir die Anklage derartig unmöglich erschien, daß ich glaubte, es wäre alles gewesen, was man hatte. Heute noch glaube ich, von einem Alptraum getäuscht zu sein. Nichts in meinem Leben, nichts in meiner Vergangenheit konnte mich auf eine solche Anklage vorbereiten. Ich habe meine Existenz im Elsaß geopfert, um meinem Vaterlande zu dienen, und ich habe es immer mit Hingabe getan.

Frage: Sie wissen also, wessen Sie angeklagt sind, während Sie vorher behaupteten, es nicht zu wissen.

Antwort: Man sagt mir immer, daß ich Dokumente gestohlen hätte, ohne mir die Grundlagen der Anklage zu zeigen. Ich verlange, daß man mir die belastenden Schriftstücke zeigt, und dann werde ich vielleicht begreifen, was für ein infernalisches Komplott gegen mich angezettelt worden ist.

Sechstes Verhör vom 29. Oktober 1894

Frage: Hier ist die Photographie eines Briefes, der Ihnen zugeschrieben wird. Dieser Brief ist im Ausland photographiert worden, und wir besitzen das Negativ. Geben Sie zu, daß dieser Brief von Ihnen geschrieben worden ist?

Antwort: Ich stelle zunächst fest, daß ich diesen schmählichen Brief nicht geschrieben habe. Eine gewisse Anzahl von Worten ähneln meiner Handschrift, aber es ist nicht meine. Der Brief als Ganzes hat keine Ähnlichkeit mit meiner Handschrift. Man hat nicht einmal versucht, sie nachzuahmen ...

Siebentes und letztes Verhör vom 30. Oktober 1894

Frage: Sie haben in Ihrem letzten Verhör verlangt, mit dem Kriegsminister zu sprechen, um ihm vorzuschlagen, daß man Sie während eines Jahres unter Polizeiaufsicht irgendwohin schicke, während man im Kriegsministerium eine gründliche Untersuchung anstelle.

Antwort: Ja.

Frage: Ich zeige Ihnen die Berichte von Sachverständigen, die erklären, daß das belastende Dokument von Ihrer Hand ist. Was haben Sie zu antworten?

Antwort: Ich erkläre noch einmal, daß ich diesen Brief nicht geschrieben habe.

Frage: Der Minister ist bereit, Sie zu empfangen, wenn Sie sich zu einem Geständnis entschließen wollen.

Antwort: Ich erkläre Ihnen noch einmal, daß ich unschuldig bin und nichts zu gestehen habe. Eingesperrt in ein Gefängnis kann ich unmöglich dieses entsetzliche Rätsel lösen. Man soll mich mit dem Chef der Sicherheitspolizei in Verbindung setzen, und ich werde mein ganzes Vermögen und mein Leben dafür einsetzen, diese Angelegenheit aufzuklären.

[26] Zusammenbruch der ersten Untersuchung

Bericht des Majors du Paty de Clam an den General de Boisdeffre vom 29. Oktober 1894:

Der mit der Untersuchung gegen den Hauptmann Dreyfus beauftragte Offizier hat die Ehre zu berichten, daß er dem beschuldigten Offizier mitgeteilt hat, daß der Minister geneigt ist, ihn zu empfangen, wenn er einwilligt, ein Geständnis abzulegen. Hauptmann Dreyfus hat geantwortet, daß er nicht gestehen würde, selbst wenn man ihm eine Million anböte. Es scheint nun sicher zu sein, daß er nicht gestehen wird.

Es scheint jedoch sehr schwierig zu sein, gewisse Tatsachen vorzubringen, die internationale Verwicklungen herbeiführen und außerdem mit der Planänderung zusammenfallen könnten.

Andererseits könnte die Verletzlichkeit des materiellen Beweisstücks, das als Grundlage der Anklage dienen wird, sehr wohl einen Freispruch herbeiführen.

Infolgedessen ist der Untersuchungsoffizier der Meinung, daß es angesichts des gegenwärtigen Standes der Untersuchung vielleicht angebracht sei, die weitere Verfolgung der Angelegenheit aufzugeben, aber nichtsdestoweniger die notwendigen Vorsichtsmaßnahmen gegenüber dem Hauptmann Dreyfus anzuwenden, um ihn zu verhindern, sich mit Vertretern fremder Mächte in Verbindung zu setzen – bis zu dem Zeitpunkt, da der neue Plan in Kraft tritt.

[27] Lauter Lügen

Aus dem Bericht des Majors du Paty de Clam über die abgeschlossene Untersuchung vom 31. Oktober 1894

Herr Kriegsminister,

die Grundlage der Anklage gegen den Hauptmann Dreyfus ist ein Brief, aus dem hervorgeht, daß vertrauliche militärische Dokumente an die fremde Macht gesandt wurden, die den genannten Brief empfangen hat.

Die in dem Brief enthaltenen Hinweise gestatteten, die Nachforschungen auf das Personal des Kriegsministeriums zu beschränken. Man entschloß sich daher zu einer diskreten Untersuchung innerhalb des im Großen Generalstab ständig beschäftigten Personenkreises. Daraus ergab sich:

1. kein geheimes Dokument wird vermißt. Es besteht auch keine Möglichkeit, daß geheime Dokumente verschwinden konnten;
2. kein Offizier des permanenten Stabes besitzt eine Handschrift, die mit der des belastenden Dokuments in Verbindung gebracht werden kann.

Man wurde nun auf die zur Schulung abkommandierten Offiziere aufmerksam, die, obwohl sie an den geheimen Arbeiten nicht teilnehmen, nichtsdestoweniger in der Lage sind, sich gewisse vertrauliche Dokumente über die Art dieser Arbeiten verschaffen zu können. Die Ähnlichkeit der Schriften des belastenden Dokuments und des Hauptmanns Dreyfus, eines zum Großen Generalstab abkommandierten Offiziers, war auffallend.

Der Brief und Schriftproben dieses Offiziers wurden sofort einem Sachverständigen der Banque de France vorgelegt, der bei dieser Gelegenheit nur einen offiziösen Auftrag erhielt, da die Untersuchung streng geheim bleiben sollte. Da aber der Sachverständige den Wunsch äußerte, den Namen der verdächtigten Person kennenzulernen und außerdem eine Zeit beanspruchte, die mit der Bewahrung des Geheimnisses unvereinbar war, mußte man ihm die Unterlagen wieder abnehmen, bevor er einen Bericht mit endgültigen Schlußfolgerungen liefern konnte. [Gobert hatte nichtsdestoweniger seine Meinung formuliert, daß der Brief von einer anderen Person als der verdächtigten geschrieben sein könnte.]

Man wandte sich dann an Monsieur Bertillon, den Chef des Identitätsdienstes der Polizeipräfektur, dessen Schlußfolgerungen waren: »Es ist offenkundig, daß die beiden Handschriften von derselben Hand sind.« Auf diese Schlußfolgerung hin und auf Grund der Prüfung der Verdachtsgründe gegen den Hauptmann Dreyfus wurde seine Verhaftung beschlossen, um, wenn möglich, zu verhindern, daß er einer fremden Macht die letzten vertraulichen Dokumente lieferte, von denen er Kenntnis hatte, da er ihre Drucklegung überwacht hatte.

Dieser Offizier wurde also am 15. Oktober um neun Uhr morgens ins Kriegsministerium bestellt – unter dem Vorwand, daß es sich um eine Inspektion handelte.

Ich befand mich mit dem Archivar Gribelin, der zum Protokollführer bestimmt war und dem Chef der Sûreté, Cochefert, in dem Raum, in den der Hauptmann Dreyfus geführt wurde. Ich ersuchte ihn, einen Brief zu schreiben, der zum Teil von den Dokumenten handelte, die der belastende Brief an den Vertreter einer fremden Macht aufzählt. Nach den ersten vier Zeilen in normaler Schrift begann der Hauptmann Dreyfus unregelmäßig zu schreiben. Ich machte ihn leise darauf aufmerksam. Die Schrift blieb unregelmäßig. Ich fragte ihn nach dem Grunde seiner Verwirrung, und er antwortete mit einem gewissen nervösen Zucken, das auch von den Anwesenden bemerkt wurde, daß er kalte Hände habe ...

Nach beendetem Diktat verhaftete ich den Hauptmann Dreyfus und las ihm den Artikel 76 des Strafgesetzes vor. Der Angeschuldigte beteuerte lebhaft seine Unschuld und ließ sich, ohne Widerstand zu leisten, untersuchen. Er sagte: »Nehmen Sie meine Schlüssel und öffnen Sie alles bei mir, Sie werden nichts finden!« Dann begann er wieder seine Schwüre und Beteuerungen. Ich ließ diesen Ausbruch vorübergehen, auf den ich gefaßt war, und der in der Erwartung der Verhaftung einstudiert sein konnte. Die ein wenig theatralische Haltung des Angeschuldigten, seine Bewegungen, die er aus dem Augenwinkel im Spiegel beobachtete, machten keinen günstigen Eindruck auf die Zeugen dieser Szene.

Nun verhörte Monsieur Cochefert den Hauptmann Dreyfus. Der Beschuldigte entrüstete sich heftig, als er sich einer erfahrenen Person gegenüber sah. Ich ging zweimal zur Tür, als ob ich den Brief, den ich Dreyfus diktiert hatte, dem Vertreter der ausländischen Macht, an den er adressiert war, bringen lassen wollte, und jedesmal hielt er mich zurück. Erst das dritte Mal sagte er: »Nun wohl, versuchen Sie es!«

Der Beschuldigte gab dann zu verstehen, daß er das Opfer einer Machenschaft wäre. Man hätte schon eine Gemeinheit ihm gegenüber begangen, als er die Kriegsschule verließ . . .

[28] Die kriegsgerichtliche Untersuchung durch den Major d'Ormescheville

Dreyfus berichtet in seinen Erinnerungen:

Der Major d'Ormescheville, der Berichterstatter des ersten Pariser Kriegsgerichts, konnte keine begründete Beschuldigung erheben. Sein Bericht ist ein Gewebe von Anspielungen und lügnerischen Verdächtigungen; man hat ihn schon während des Prozesses von 1894 nach Gebühr behandelt. Als in der letzten Sitzung der Kommissar der Regierung seine Anträge begründete, gab er am Ende zu, daß nichts außer dem Bordereau noch bestehe.

Die Polizeipräfektur hatte Nachforschungen über mein Privatleben angestellt und einen durchaus günstigen Bericht geliefert. Der Agent des Nachrichtendienstes Guénée fertigte aber einen anonymen Bericht an, der nichts als verleumderischen Klatsch enthielt. Und nur dieser Bericht wurde im Prozeß von 1894 vorgelegt; der offizielle Bericht der Polizeipräfektur, den Henry empfangen hatte, war verschwunden. Mitglieder des Obersten Gerichtshofs fanden den Entwurf in den Akten der Präfektur wieder und machten die Wahrheit im Jahre 1899 bekannt.

Während der sieben Wochen, welche die Untersuchung dauerte, war ich abgeschnitten von der Außenwelt. Am 3. Dezember 1894 entschied der Kommissar der Regierung, der Major Brisset, für die Erhebung der Anklage, da die Verdachtsgründe ausreichend wären. Diese Verdachtsgründe beruhten auf den sich widersprechenden Gutachten der Schriftsachverständigen. Zwei Experten, Monsieur Gobert, der Schriftsachverständige der Banque de France, und Monsieur Pelletier sprachen sich zu meinen Gunsten aus. Zwei Experten, Monsieur Teyssonnières und Monsieur Charavay belasteten mich, obwohl sie zahlreiche Verschiedenheiten zwischen der Schrift des Bordereaus und der meinen feststellten. Monsieur Bertillon war nicht Experte, er hatte aus angeblich wissenschaftlichen Gründen sich gegen mich ausgesprochen. Bekanntlich hat Monsieur

Charavay während des Prozesses von Rennes im Jahre 1899 seinen Irrtum in aller Form anerkannt.

Am 4. Dezember 1894 gab der General Saussier, der Militärgouverneur von Paris, den Befehl, mich vor ein Kriegsgericht zu stellen.

Ich durfte nun mit dem Rechtsanwalt Demange sprechen, dessen bewundernswerter Eifer für meine Sache mich während aller meiner Prüfungen gestärkt hat.

Ich hatte während der ganzen Zeit meine Frau nicht sehen können. Erst am 5. Dezember erhielt ich die Erlaubnis, ihr einen nicht verschlossenen Brief zu schreiben.

[29] Für die Ehre leben ...

Aufzeichnung des Hauptmanns Dreyfus während der Verhandlungen des Kriegsgerichts 1894, bestimmt für seinen Rechtsanwalt Demange:

Alle Zeugen sagen übereinstimmend, daß ich gerne meine Kenntnisse zeigte. Ich verbarg sie also nicht, im Gegenteil. Das ist doch nicht das Verhalten eines Spions, der zu gut weiß, was er riskiert? Ich bin immer unbedingt freimütig gewesen, alle Zeugen haben es erklärt.

Sogar der Major Mercier-Milon war gezwungen zuzugeben, daß ich treu gedient und mich nie um eine vertrauliche Angelegenheit bekümmert habe ...

Ohne den Major du Paty wäre die Anklage schon zusammengebrochen. Er ist es, der den Haß entfacht. Hat er das Recht, beständig in die Verhandlungen einzugreifen? Man möchte wahrhaftig sagen, daß er es ist, der sie leitet.

Wenn ich diesen entsetzlichen Kampf überstehe, in dem man mir meine Ehre nehmen will, so halte ich ihn nur aus, weil ich die Ehre meines Namens, die Ehre des Namens meiner Kinder verteidigen will. Ich habe einen Sohn, und dieser Sohn muß wissen, daß der Name, den er trägt, eine Name ohne Flecken ist, der Name eines Mannes, der nie gegen die Ehre gehandelt hat.

Wie oft habe ich an Selbstmord gedacht, wie oft habe ich gedacht, daß es für mich viel leichter wäre, zu sterben als dieses entsetzliche Martyrium zu ertragen.

Ich habe für meine Ehre gelebt, meine Seele hat dieser starken Versuchung widerstanden der Ehre meiner Kinder wegen. Mein Name gehört mir nicht allein, er gehört meiner Frau, er gehört meinen Kindern, und für diesen Namen will ich leben.

[30] Allein das Bordereau ...

Aufzeichnung des Rechtsanwalts Demange vom 7. 3. 1899:

Ich wiederhole Ihnen ... das letzte Wort der Anklage. Der Kommissar der Regierung schloß seine Replik mit diesen Sätzen:

»Wenn ich Ihnen keinen Beweggrund des Verbrechens, des schwersten, das begangen werden kann, nenne, wenn ich keine anderen Beweise habe als den Brief [das Bordereau], so besteht er als ein überwältigender Schuldbeweis gegen den Angeklagten. Nehmen Sie Ihre Vergrößerungsgläser, und Sie werden sicher sein, daß Dreyfus diesen Brief geschrieben hat. Wenn er ihn geschrieben hat, so ist er des gemeinsten Verrats schuldig.«

Während der Sitzung ist kein Dokument vorgelegt worden, das in der Wohnung oder in dem Schreibtisch des Hauptmanns Dreyfus im Kriegsministerium beschlagnahmt worden wäre ...

[31] Das Kriegsgericht verurteilt Dreyfus

Das Urteil vom 22. Dezember 1894:

Im Namen des französischen Volkes

hat heute am 22. Dezember 1894 das erste ständige Kriegsgericht des Militärgouvernements von Paris nach Aufhebung des Ausschlusses der Öffentlichkeit, in öffentlicher Sitzung, das folgende Urteil gefällt:

Eine einzige Frage wurde den Mitgliedern des Kriegsgerichts gestellt:

Ist Alfred Dreyfus, Hauptmann im 14. Artillerieregiment, Generalstabsoffizier, abkommandiert zum Großen Generalstab, schuldig, im Jahre 1894 einer fremden Macht oder ihren Vertretern in Paris eine gewisse Zahl von geheimen oder vertraulichen Dokumenten, welche die nationale Verteidigung betreffen, geliefert zu haben? ...

Die Stimmen wurden, gemäß dem Gesetz, beginnend mit dem niedrigsten Grad abgegeben, und der Präsident stimmte als letzter; das Kriegsgericht erklärt einstimmig: »Ja, der Angeklagte ist schuldig.«

Nach Kenntnisnahme der Anträge des Regierungskommissars und nach der Lektüre der anzuwendenden Gesetzesartikel hat der Präsident von neuem über die zu verhängende Strafe abgestimmt, indem er bei dem niedrigsten Grad begann und er selber als letzter seine Stimme abgab.

Alfred Dreyfus . . . wird einstimmig zu lebenslänglicher Verbannung an einem befestigten Platz verurteilt . . .

Der Hauptmann Dreyfus wird seines Ranges für verlustig erklärt und seine Degradation bei der ersten Parade der Pariser Garnison angeordnet.

Er wird aller seiner Auszeichnungen und Privilegien für verlustig erklärt und des Rechts, jemals die Waffen zu tragen.

Er wird zur Zahlung der Kosten an die Staatskasse verurteilt . . .

[32] Du Patys Abschied von seinem Opfer

Dreyfus an Demange am 31. Dezember 1894:

Der Major du Paty ist heute, am Montag, dem 31. Dezember 1894, um fünfeinhalb Uhr abends, nach der Abweisung meiner Berufung gekommen, um mich im Namen des Ministers zu fragen, ob ich nicht vielleicht das Opfer eines Mangels an Vorsicht geworden wäre, ob ich nicht einfach hätte anknüpfen wollen und so in eine Zwangslage geraten wäre.

Ich antwortete ihm, daß ich niemals mit einem Agenten oder einem Attaché einer fremden Macht in Verbindung gewesen wäre . . .

Ich habe ihn dann gefragt, warum man nicht seit Februar die Offiziere überwacht habe, da der Major Henry vor dem Kriegsgericht behauptet hat, er sei um diese Zeit vor einem Verräter unter den Offizieren gewarnt worden . . .

Der Major antwortete mir, daß er nichts davon wisse und daß es nicht seine, sondern des Majors Henry Angelegenheit sei . . . Dann, weil er fühlte, zuviel gesagt zu haben, fügte er hinzu: »Wir sprechen zwischen vier Wänden, wenn man mich darüber befragt, werde ich alles ableugnen.«

. . . Er sprach mir dann von dem so bemerkenswerten Gutachten Bertillons, demzufolge ich meine eigene Schrift und die meines Bruders durchgepaust haben soll, um im Falle meiner Verhaftung – mit dem Brief in meiner Tasche – einwenden zu können, daß man eine Machenschaft gegen mich angezettelt hätte!!!

Er deutete mir dann an, daß meine Frau und meine Familie meine Komplicen seien, kurz, er gab mir die ganze Theorie Bertillons . . .

»Wenn Sie wirklich unschuldig sind«, rief er dann aus, »so erdulden Sie das furchtbarste Martyrium der Geschichte.«

»Ich bin dieser Märtyrer«, antwortete ich ihm, »und ich hoffe, daß die Zukunft es Ihnen beweisen wird ...«

[33] Der Meineid Henrys

Gegen Ende der Verhandlungen, bevor die Richter sich zur Beratung zurückzogen, führten die Verschwörer noch einen Schlag gegen den Angeklagten. Henry, der offizielle Vertreter des Nachrichtenbüros in dem Prozeß, nahm die Ausführung auf sich. Picquart beschrieb dieses Verbrechen des diensteifrigen Henry in seiner Aussage vor dem Kriegsgericht in Rennes:

Ich glaube, daß es wichtig ist, Ihnen zu sagen, ... unter welchen Umständen Henry als Zeuge auftrat. Henry war bereits einmal vernommen worden. Ich erinnere mich nicht mehr genau des Inhalts. Er hatte in unbestimmten Ausdrücken behauptet, daß er durch seinen Nachrichtendienst erfahren hätte, es gäbe einen Verräter im Generalstab. Nun sah Henry, daß die Verhandlungen für die Anklage eine schlechte Wendung zu nehmen begannen, und er entschloß sich, dem Angeklagten einen entscheidenden Stoß zu versetzen. Er sagte mir vor einer der Sitzungen:

»Sie sitzen hinter einem der Richter, hinter [dem Hauptmann] Gallet. Sagen Sie ihm, er soll mich zurückrufen lassen.« Ich betrachtete es nicht als meine Rolle, als Vermittler zwischen den Richtern und den Zeugen zu dienen, und ich weigerte mich, es zu tun. Er sollte seinen Wunsch selber übermitteln, sagte ich Henry.

Dieser war sehr verärgert, aber in einer Pause bat er Gallet, ihm eine Frage vorzulegen, auf die dann Henry so geantwortet hat:

»Ich weiß durch eine ehrenwerte Persönlichkeit, daß ein Offizier im zweiten Büro Verrat verübte, und dieser Offizier oder dieser Verräter (ich erinnere mich nicht mehr genau des Ausdruckes) ist dieser hier!«

Gleichzeitig wies er mit dem Finger auf Dreyfus. Seine Stimme war heftig, und er muß in dem Augenblick einen gewissen Eindruck gemacht haben.

Ich weiß, daß die Verteidigung darauf den Major Henry fragte, wer die ehrenwerte Persönlichkeit sei, die ihm diese Mitteilung gemacht hätte. Henry antwortete, indem er gleichzeitig auf seine Mütze klopfte: »Es gibt im Kopfe eines Offiziers Geheimnisse, die selbst seine Mütze nicht wissen darf!«

Die Aussage war äußerst theatralisch, und wenn die Richter von dem guten Glauben Henrys überzeugt waren und annahmen, daß er wirklich durch eine ehrenwerte Persönlichkeit unterrichtet worden war, so hat seine Aussage auf sie wirken müssen.

Der Generalstaatsanwalt Baudouin fällte im Jahre 1906 über das falsche Zeugnis Henrys folgendes Urteil:

In keinem Augenblick hat Val-Carlos Dreyfus bezeichnet oder auf ihn hingewiesen; er hat nicht von einem Offizier des zweiten Büros gesprochen; Guénée, der zwischen Henry und Val-Carlos der Vermittler war, bezeugt es selber. Keine Aufzeichnung in den Akten widerspricht ihm. Man unternahm es, Val-Carlos äußerst zu bedrängen und zu bedrohen, um ihn dahin zu bringen, die falsche Aussage Henrys zu bestätigen. Angesichts seines Widerstandes hat man nicht gewagt, ihn in Rennes vorladen zu lassen.

[34] Henrys Meineid beeindruckt die Richter

Aussage des Hauptmanns Freystätter vor den Vereinigten Kammern am 24. April 1899:

Frage: Was hat der Oberst Henry vor dem Kriegsgericht ausgesagt?

Antwort: In einer ersten Aussage versicherte Henry die Schuld des Angeklagten, ohne andere Zeugnisse anzuführen als sein eigenes.

In einer zweiten Aussage behauptete er, daß er von einer sehr ehrenhaften Persönlichkeit, die er nicht nennen könne, wisse, daß der Generalstabsoffizier, der Dokumente an das Ausland verkaufe, niemand anderer sei als der Hauptmann Dreyfus. Auf eine Frage des Majors Gallet hin, glaube ich, erklärte er, daß ein Offizier gewisse Geheimnisse nicht einmal seiner Mütze anvertrauen dürfe.

Frage: Machte diese Erklärung einen Eindruck auf Sie?

Antwort: Diese Erklärung hatte einen beträchtlichen Einfluß auf mich wegen der Haltung Henrys, der, sich gegen Dreyfus wendend, ihn als den Verräter bezeichnete.

Die Überzeugung von der Schuld des Hauptmanns Dreyfus wurde hervorgerufen durch die Versicherungen von zwei Schriftsachverständigen, die ihm das Bordereau bestimmt zuschrieben. Die anderen Sachverständigen fanden, daß es große Ähnlichkeiten und Unähnlichkeiten gebe; die Unähnlichkeiten wurden von Monsieur Bertillon erklärt mittels photographierter Vergrößerungen von Worten, die dem Bordereau und einem Brief von Mathieu Dreyfus entnommen waren.

[35] Die »Gefahr« des Freispruchs

Offenbar verstärkte sich während der Verhandlungen der Eindruck, daß die Anklage sich nicht würde behaupten können und der Freispruch wahrscheinlich wäre. Der Major Picquart war als Beobachter auf Befehl des Kriegsministers anwesend. Von ihm besitzen wir eine Aussage über das wichtigste Ereignis des Prozesses:

Ich berichtete also regelmäßig dem General de Boisdeffre, dem Minister und manchmal selbst dem Präsidenten der Republik am Ende jeder Sitzung.

Außerdem, wenn etwas Interessantes vorkam, meldete ich es entweder dem General de Boisdeffre oder dem Minister während einer Pause der Sitzung ...

Ich hatte dem Minister vor allem den Eindruck wiederzugeben, den die Verhandlungen machten. Von einer Sitzung zur anderen verstärkte sich mein Eindruck, daß die Schuldbeweise nicht genügten und ein Freispruch möglich oder wahrscheinlich war. Ich habe sogar dem General de Boisdeffre und dem Minister gesagt, daß ich die Verurteilung für ungewiß hielte, wenn man sich nicht des geheimen Aktenstücks bediente, das den Richtern insgeheim zu zeigen geplant war ...

[36] Blindes Vertrauen

Aussage des Obersten Picquart vor dem Kriegsgericht in Rennes am 17. 8. 1899:

Übrigens wußte ich damals nichts von dem Aussehen des geheimen Aktenstücks; ich habe es im einzelnen erst zwei Jahre später kennengelernt.

Alles, was ich wußte, oder vielmehr, was ich glaubte, war, daß dieses Aktenstück Dokumente von unzweifelhafter, den

Angeklagten erdrückender Beweiskraft enthielte. Diese Meinung oder vielmehr diese Überzeugung wurde von allen Offizieren des Ministeriums geteilt, die auf dem laufenden über die Verwendung des geheimen Aktenstücks waren. Wir hatten es zwar nicht gesehen, aber wir waren überzeugt, daß es die furchtbarsten Dinge gegen den Angeklagten enthielte.

Erst als ich das Aktenstück und vor allem den Kommentar... sah, habe ich mir von der furchtbaren Gefahr Rechenschaft gegeben, sich auf den Eindruck eines Augenblicks zu verlassen und Dokumente nicht öffentlich zu diskutieren, wie beweiskräftig sie auch immer erscheinen mögen.

[37] Merciers kleines Geständnis

Erklärung vor dem Kriegsgericht in Rennes am 12. August 1899:

Ich versiegelte die geheimen Dokumente, die ich Ihnen mitgeteilt habe, sowie den Kommentar, der sich auf sie bezog, in einem Umschlag und schickte diesen am zweiten Tag, glaube ich, oder jedenfalls am Morgen des dritten Tages dem Präsidenten des Kriegsgerichts. Ich ließ ihm sagen, daß ich nicht das Recht hätte, ihm einen ausdrücklichen Befehl zu geben, aber daß ich ihm einen moralischen Befehl gäbe, er sollte unter meiner Verantwortung den Inhalt den Richtern mitteilen. Denn ich war der Meinung, daß die Dokumente schwere Verdachtsgründe enthielten, von denen die Richter unbedingt Kenntnis haben müßten.

[38] Der Kommentar

Der General Mercier vor der Strafkammer des Kassationshofs am 26. 3. 1904:

Der Generalstaatsanwalt: Sie haben zur Verstärkung der Dokumente, die dem Pariser Kriegsgericht mitgeteilt wurden, einen Kommentar verfassen lassen...?
General Mercier: Ja.
GS: Wer hat ihn verfaßt?
M: Der Oberst du Paty de Clam hat ihn geschrieben.
GS: Wissen Sie genau, was er enthielt?
M: Nicht genau, aber ungefähr.

GS: Wieviel Exemplare sind davon gemacht worden?

M: Es dürfte nur ein Exemplar gemacht worden sein.

GS: Es gab mehrere.

M: Ich weiß wohl, zumal ich es in meiner Aussage erklärt habe. Als man mir das Exemplar des Kommentars zurückbrachte, das dem Kriegsgericht vorgelegen hatte – und die vier Dokumente –, habe ich das alles dem Obersten Sandherr übergeben und ihm gesagt: Legen Sie die Dokumente in die Panzerschränke, in die Aktenstücke, in die sie gehören! Was den Kommentar betrifft, so habe ich ihn ins Feuer geworfen und dem Obersten gesagt: Ich will nicht, daß davon eine Spur bleibt.

GS: Wie haben Sie ein offizielles Dokument ins Feuer werfen können?

M: Nein, nicht offiziell.

GS: Offiziell aus dem Grunde, weil es von Ihnen, dem Kriegsminister kam.

M: Im Gegenteil, es ist für mich persönlich gemacht worden.

GS: Einen Augenblick, General, es ist für Sie angefertigt worden, schön, aber als es da war und von Ihnen dem Kriegsgericht mitgeteilt wurde, erhielt es dadurch den Charakter eines offiziellen Dokuments.

M: Nein, nicht offiziell, da es nicht Teil des Verfahrens war. Es ist, im Gegenteil, offiziös mitgeteilt worden.

GS: Nicht offiziös, sondern offiziell, denn, wenn ich mich nicht täusche, war es nicht Herr Mercier, der es Herrn Maurel geschickt hat, sondern der General Mercier, der Kriegsminister, der dem Präsidenten des Kriegsgerichts geschrieben hat, als er ihm die Dokumente vorlegen ließ, damit er sie zur Kenntnis nehme. Ist das der Vorgang gewesen?

M: Ja.

GS: Nun wohl, Sie haben geglaubt, daß Sie das Recht hätten, Sie, der Kriegsminister, ein Dokument diesen Charakters unter diesen Umständen zu zerstören?

M: Ja, das ist meine Meinung.

GS: Gut, wir werden das sehen. In diesem Punkte bin ich bereit, Ihnen zu folgen. Ich glaube, daß Sie eine Tat von größter Schwere begangen haben.

M: Das ist nicht mehr die Frage.

GS: Verzeihung, das ist sehr wohl noch die Frage.

M: Die Frage von 1894 ist nicht mehr die, welche Sie zu prüfen haben.

GS: Ich bitte Sie um Verzeihung, sie ist wohl noch diejenige, die noch heute eine Rolle spielt, denn es handelt sich immer noch darum, zu wissen, ob Dreyfus unschuldig oder schuldig war, ob er auf ungesetzliche Weise verurteilt wurde, und es kommt immer wieder zu demselben Punkt, was Sie auch immer sagen und tun. Die Frage der Pariser Verurteilung hat immer noch ihre Bedeutung, denn um ihr nicht zu widersprechen, hat man sich dazu bringen lassen, in Rennes wieder zu verurteilen.

M: Das ist eine unzulässige Deutung. Wenn Richter urteilen...

GS: Sie diskutieren.

M: Wenn Richter urteilen, folgen sie ihrem Gewissen.

GS: Sicherlich, ich zweifle nicht daran. Haben Sie von dem Kommentar gar nichts aufbewahrt?

M: Ich? Nichts.

GS: Keine Aufzeichnung, keinen Auszug, Sie haben nichts aufbewahrt?

M: Nein, nichts.

GS: Auch nicht von jemand aufbewahren lassen?

M: Im Gegenteil, ich gab ja den stillen Befehl, nichts aufzubewahren, da ich den Kommentar zerstörte.

GS: Der Oberst du Paty de Clam hat einen Entwurf der Aufzeichnung aufbewahrt.

M: Er hat es mir gesagt.

GS: Er hat ihn uns ausgehändigt: wenigstens hat er uns eine Abschrift gegeben und übrigens versprochen, auch das Original vorzulegen. Sie verstehen, was ich sagen will: einen Entwurf, den er mit dem Obersten Sandherr geschrieben hat. Kennen Sie diesen Kommentar?

M: Der Oberst du Paty hat mich ersucht, ihn von dem Berufsgeheimnis zu entbinden und ihm die Erlaubnis zu geben, Ihnen diesen Kommentar vorlegen zu dürfen. Ich habe ihm die Erlaubnis gegeben.

[39] Der Kommentar des geheimen Aktenstücks

In der Sitzung des Kriegsgerichts zu Rennes vom 14. August 1899 ließ Maître Demange den General Mercier fragen:

Dieser Kommentar würde uns in der heutigen Debatte nützlich gewesen sein. Warum hat ihn der General Mercier zerstört? War in dem Kommentar etwas Besonderes enthalten, das seine Zerstörung begründete?

[Mercier antwortete:] Es gibt keinen besonderen Grund außer diesem: die Kampagne für die Revision hatte gerade begonnen, und, wie ich bereits gesagt habe, ich hielt es aus patriotischen Gründen für nötig, daß kein Vorwand geliefert würde, der die Revision entschieden hätte.

[40] Die Reste des geheimen Aktenstücks

I.

Telegramm in offener Sprache des Großen Generalstabs in Berlin an den Militärattaché von Schwartzkoppen:

»Sachen kein Zeichen vom Generalstab.«

II.

Notizen Schwartzkoppens für einen Bericht:

»Zweifel Beweis Patent. Lage gefährlich für mich mit einem französischen Offizier. Verhandlungen nicht persönlich führen. Bringen, was er hat. Absolute Ge ... Bureau des renseignements. Keine Beziehung zu Truppenteil. Bedeutung nur wenn vom Ministerium. War schon anderswo.«

III.

Panizzardi an Schwartzkoppen:

»Ich habe gerade dem Obersten Davignon geschrieben, und deshalb bitte ich Sie, mit Ihrem Freund über die Frage zu sprechen. Tun Sie es auf eine Weise, daß Davignon nichts erfährt. Übrigens würde er Ihnen darauf nicht antworten. Denn man darf niemals zeigen, daß ein Attaché sich um den andern bekümmert.«

IV.

Schwartzkoppen an Panizzardi:

»Lieber Freund, ich bedaure sehr, Sie nicht vor Ihrer Abreise gesehen zu haben. Aber ich werde in acht Tagen zurück sein. Hier beigefügt finden Sie zwölf Befestigungspläne von Nizza, welche ce canaille D ... mir für Sie gegeben hat. Ich habe ihm gesagt, daß Sie nicht die Absicht hätten, die Beziehungen wieder aufzunehmen. Er behauptet, es habe ein Mißverständnis gegeben; er würde sein möglichstes tun, um Sie zufriedenzustellen. Er sagt, daß er sich verrannt habe und Sie ihm nicht böse seien. Ich erwiderte ihm, er sei verrückt und ich glaubte nicht, daß Sie wieder Beziehungen zu ihm aufnehmen würden. Handeln Sie nach Ihrem Belieben. Auf Wiedersehen. Ich bin sehr eilig. Alexandrine.«

V.

Wahrscheinlicher Bestandteil des geheimen Aktenstücks von 1894:

Telegramm Panizzardis an den Großen Generalstab in Rom vom 2. Dezember 1894. Der entzifferte echte Text lautet:

»Wenn Hauptmann Dreyfus keine Beziehungen zu Ihnen gehabt hat, wäre es gut, den Botschafter zu einem offiziellen Dementi zu veranlassen, um den Pressekommentaren zu begegnen.«

Die Verfälschung du Patys bzw. Merciers, die den Richtern vorgelegt wurde, muß etwa gelautet haben:

»Hauptmann Dreyfus ist verhaftet. Das Kriegsministerium hat den Beweis seiner Beziehungen zu Deutschland. Alle Vorsichtsmaßnahmen sind getroffen.«

VI.

Die falschen Berichte Guénées und Henrys über die Spionage im Kriegsministerium:

Die drei Berichte befanden sich im geheimen Aktenstück unter der Überschrift ›Mündliche Mitteilungen von X‹. Der Name und die diplomatische Qualität des Marquis de Val-Carlos wurden also nicht dem Papier anvertraut. Nach der ersten von Guénée geschriebenen Meldung hätte der Marquis de Val-Carlos geäußert:

»Ich muß Sie an das erinnern, was ich Ihnen bereits über die Beziehungen zwischen Schwartzkoppen und Panizzardi gesagt habe. Sagen Sie den Herren (vom Nachrichtenbüro), daß diese Beziehungen täglich enger zu werden scheinen und daß alles, was der eine tut, dem andern unmittelbar mitgeteilt wird. Sie arbeiten gemeinsam. Sagen Sie das dem Major Henry, der es dem Obersten und dem Kriegsminister weitergeben kann. Es wäre ratsam, die Wachsamkeit zu verdoppeln, denn aus meiner letzten Unterhaltung mit ihnen geht hervor, daß es im Generalstab einen Offizier gibt, der sie wunderbar über alles unterrichtet. Spüren Sie ihn auf, Guénée! Wenn ich den Namen wüßte, würde ich ihn Ihnen nennen.«

In dem zweiten Bericht heißt es, der Spanier habe gesagt:

»Sie haben einen oder mehrere Wölfe in Ihrer Hürde. Suchen Sie! Ich kann es Ihnen nicht oft genug sagen. Ich bin meiner Sache ganz sicher.«

Die dritte Mitteilung sei von Val-Carlos im Juni 1894 dem Major Henry unmittelbar gemacht worden. Henry meldet sie in dieser Form:

»Ein Offizier im zweiten Büro des Generalstabs oder ein Offizier, der dem Büro im März oder April angehört hat, hält

Schwartzkoppen und Panizzardi auf dem laufenden. Ich weiß, was ich sage, aber ich kenne nicht den Namen des Offiziers. Übrigens, wenn ich ihn kennte, würde ich ihn nicht sagen.«

[41] Die Urschrift des Kommentars

Aussage des Oberstleutnants du Paty de Clam, verlesen vor dem Kriegsgericht in Rennes am 6. September 1899:

Wie ich vor dem Kassationshof ausgesagt habe, wurde ich im Dezember 1894 beauftragt, in Gegenwart des Obersten Sandherr und mit seiner Hilfe einen Kommentar betreffend gewisse geheime Dokumente, die der Oberst Sandherr mir vorlegte, zu verfassen. Es handelte sich um folgende Dokumente:

1. das Dokument ›Zweifel, Beweise‹. Diesem Dokument war eine Übersetzung des Obersten Sandherr beigefügt, der die deutsche Sprache besser kannte als ich;
2. der sogenannte Brief ›Davignon‹;
3. das Dokument ›Ce canaille de D . . .‹. Der Oberst Sandherr sagte uns, daß es sich um einen Brief des Agenten B an den Agenten A handelte. Es war nicht meine Sache, und ich hatte nicht die Mittel, die Meinung des Obersten Sandherr zu prüfen. Eine Meinung, die übrigens bis zum letzten Jahre von denen geteilt wurde, die den Brief kannten. Es scheint, daß dieser Brief von dem Agenten A an den Agenten B gerichtet wurde;
4. eine Erklärung des Obersten Henry, an deren Wortlaut ich mich nicht erinnere. Es handelte sich um Äußerungen, die von einer ehrenhaften Persönlichkeit stammten;
5. Dokumente, an deren Inhalt und Wortlaut ich mich nicht erinnere, aber die sich alle auf Tatsachen bezogen, die mit dem Aufenthalt des Hauptmanns Dreyfus im Großen Generalstabe zusammenfielen.

Keines dieser Dokumente hatte einen Zusammenhang mit dem chiffrierten Telegramm des Agenten B, noch mit der Herstellung einer Granate. Wenn ein Kommentar über diese beiden Gegenstände gemacht worden ist, so geschah es ohne meine Hilfe und ohne mein Wissen.

Ich habe an keiner biographischen Aufzeichnung über den Hauptmann Dreyfus mitgearbeitet. Es ist nicht unmöglich, daß der Kommentar, den ich zusammen mit dem Obersten Sandherr verfaßt habe, den Stoff für eine ausgedehntere Arbeit gebildet hat, die sich mit verschiedenen Perioden des militärischen Daseins des Hauptmanns Dreyfus beschäftigte. Aber wenn diese Arbeit gemacht worden ist, von der ich absolut nichts weiß, so hatte ich nichts mit ihr zu tun.

Was den Kommentar betrifft, den ich unter der Leitung des Obersten Sandherr verfaßt habe, so hatte er den Zweck, den Zusammenhang zwischen den oben aufgezählten Dokumenten festzustellen und aufzuzeigen, daß es einen Verräter im Großen Generalstab gab, daß dieser Verräter ein Offizier war, daß er dem zweiten Büro angehörte oder angehört hatte, und daß dieser Offizier der Hauptmann Dreyfus sein konnte.

[42] Fünf Jahre später

Erklärungen des Oberstleutnants du Paty de Clam vor der Strafkammer des Kassationshofs am 26. März 1904:

[Antwort:] ... Der Kommentar, den ich damals verfaßt habe, ist nicht derselbe, dessen Kopie im Jahre 1897 zerstört wurde. Denn ich habe seine Kopie im Jahre 1897 gesehen ..., und dieser andere Kommentar unterschied sich in seinem Aussehen wie in den Einzelheiten von dem Kommentar, den ich verfaßt habe.

[Frage:] Sie haben soeben gesagt, daß Sie diese Dokumente kommentiert hätten. Dieser Kommentar sollte mit den Dokumenten dem Kriegsgericht mitgeteilt werden?

[Antwort:] Nein, keineswegs, soviel ich weiß. Es ist nicht mein Kommentar, der den Richtern mitgeteilt wurde. Ich glaube, und ich bin so gut wie sicher, daß es der andere Kommentar war, derselbe, dessen Kopie ich im Jahre 1897 gesehen habe.

[Frage:] Haben Sie vielleicht zufällig eine Abschrift Ihres Kommentars von 1894 aufbewahrt?

[Antwort:] Ich habe den Entwurf. Aber ich glaube nicht verpflichtet zu sein, ihn vorzulegen ... Ich war nur federführend in dieser Affäre. Ich glaube, daß ich Ihnen alles gesagt habe, was ich zu sagen hatte, als ich Ihnen erklärte, daß ich eine Abschrift aufbewahrt habe. Es ist nicht meine Sache, Ihnen das Dokument vorzulegen, es ist die Sache derjenigen, die es verfassen ließen. Sie sind meine Vorgesetzten, und es liegt in ihrem Ermessen, Ihnen das Dokument zu geben.

Nun möchte ich Ihnen sehr offen sagen, daß dieses Dokument nicht mit der Bestimmtheit Behauptungen aufstellte, wie man es vorgibt. Es zeigte lediglich die Beziehung, die zwischen den mir vorgelegten Dokumenten bestand, d. h. die Möglichkeit und sogar die Wahrscheinlichkeit, daß der Verräter ein Offizier war, der dem zweiten Büro angehörte oder angehört hatte. Und daß die verschiedenen Dokumente Dreyfus betreffen könnten.

[Frage:] Wer hat den Kommentar verfassen lassen?

[Antwort:] Es war der Oberst Sandherr, der auf Befehl des Kriegsministers, des Generals Mercier, handelte. Ich, ich war nichts als ein Federhalter. Ich will nicht sagen ein unlebendiger, denn wir haben die Dokumente diskutiert. Aber nachher wurde der Kommentar gleichsam unter dem Diktat des Obersten Sandherr von mir verfaßt . . . Da es sich nicht um ein offizielles Dokument handelt, glaube ich nicht verpflichtet zu sein, es hier vorzulegen. Ich kann es nicht tun, weil ich sonst meine Pflicht gegenüber dem General verletzen würde.

[43] Die Schuld der Generale

Am weitesten wagte sich Picquart vor in einer Aussage, die er im Jahre 1904, also zehn Jahre nach dem Prozeß Dreyfus, während der Untersuchung der Strafkammer des Kassationshofes machte. Es handelt sich wieder um das geheime Aktenstück und vor allem um den Brief ›Ce canaille de D. . .‹:

Das kann Offiziere beeindrucken, die in keiner Weise eine Vorstellung haben von dem, was sich im Ministerium abspielt, die nicht wissen, was das erste Büro ist, wie die Akten über die Festungen dort aufbewahrt werden. Aber alles das ist ungeheuerlich für jemand, der die Verhältnisse kennt. Deshalb fühlte ich, als ich das sah [das geheime Aktenstück], die äußerste Beklemmung. Denn ich sagte mir, daß der Kommentar vom General Gonse, vom General de Boisdeffre und vom Minister gelesen worden war, die genau wußten, um was es sich handelte. Zum wenigsten machten sie sich einer außerordentlichen Leichtfertigkeit schuldig, da es um die Freiheit und die Ehre eines Menschen ging. Ich meine jetzt den Teil, der die Bedeutung des Dokuments »Ce canaille de D . . .« herausstellt und der ungeheuerlich ist . . .

Es ist ganz und gar verrückt oder durchaus unehrlich, sich so etwas auszudenken, und ich begreife wahrhaftig nicht, daß solch eine Arbeit von dem stellvertretenden Chef des Generalstabs, vom Chef und vom Minister gelesen worden ist, daß diese Generale nicht gesagt haben: »Halt, das ist unmöglich, das kann nicht einen Augenblick ernst genommen werden!«

[44] Das Verbrechen Merciers

Der Generalstaatsanwalt Baudouin 1906 vor dem Kassationshof:

Aus welchen Teilen bestand das [geheime] Aktenstück? Über diesen Punkt gab es schwere Meinungsverschiedenheiten zwischen dem General Mercier, der seine Mitteilung als so bedeutungslos wie nur möglich hinstellte, und einem der Richter, dem Hauptmann Freystätter, der versicherte, daß das Aktenstück [außer den unbestrittenen Teilen] ... noch zwei Dokumente enthielt, nämlich

1. eine biographische Aufzeichnung, die Dreyfus einen Verrat nach dem anderen auf der Schule von Bourges [Ladung von Granaten], auf der Kriegsschule und im Kriegsministerium zur Last legte;
2. die gefälschte Übersetzung eines Telegramms vom 2. November 1894 B.'s [Panizzardis] an seinen Generalstabschef: ›Dreyfus verhaftet ... Mittelsmann gewarnt‹.

Der General Mercier leugnet, daß diese beiden Dokumente Teile des geheimen Aktenstücks waren ... Auf der anderen Seite versicherte er in Rennes, daß sich das Dokument 26, der sogenannte Brief der Organisation der Eisenbahnen, dort befunden hätte. Er, der ohne weiteres die andern der Lüge bezichtigt und sie der schlimmsten Handlungen verdächtigt, wenn ihn ihre Aussagen stören, muß heute zugeben, daß seine Behauptung von 1899 über diesen Punkt irrtümlich war, und wir werden noch die ganze Bedeutung dieses berechneten Irrtums erkennen, wenn wir uns mit der Fälschung des Dokuments 26 zu beschäftigen haben.

Aber ist es nicht eigenartig, meine Herren, daß wir alle diese Punkte erörtern müssen, da ein Verzeichnis aller Dokumente, die mitgeteilt wurden, von der Hand Gribelins bei den Akten war. Der General Mercier selbst gibt es zu. Warum stützen wir uns nicht auf diese Liste, um unserer Sache ganz sicher zu sein? Nun, die Liste ist verschwunden – ohne Zweifel zu derselben Zeit wie ein anderes Dokument, von dem wir noch reden müssen.

Tatsächlich genügte es nicht, dem Kriegsgericht einfach die Dokumente vorzulegen, man mußte, um ihnen Gewicht zu geben, einen Kommentar hinzufügen, der ihnen ihre Bedeutung gab und aus ihnen eine tödliche Waffe gegen den Angeklagten machte ...

Wir können, meine Herren, nicht energisch genug gegen diese ungeheuerliche Verletzung des fundamentalen Rechts der Verteidigung protestieren. Es geht um die absolut unbestreitbaren Grundsätze nicht nur unseres französischen Rechts, sondern des Rechtes aller Nationen. Es sind nicht nur die Grundsätze von 1789, der Erklärung der Menschen- und Bürgerrechte, verletzt, es sind auch die Prinzipien des natürlichen Rechts, die wesentlichen Prinzipien der Zivilisation auf dem Spiele, deren Schutz alle angeht, die nicht wollen, daß unsere moderne Gesellschaft in Barbarei versinkt ...

Diese Prinzipien sind durch die frechste Gewalttat verletzt worden ...

Nicht nur sagte [der General Mercier] kein Wort seinen Ministerkollegen, die sich energisch widersetzt hätten, sondern er verpflichtete auch alle zum Schweigen, die er ins Vertrauen ziehen mußte. Er ließ die Dokumente unter denselben Vorsichtsmaßnahmen [wie bei der Mitteilung] zurückkommen und sie unverzüglich in den Archiven zerstreuen. Den Kommentar zerstörte er sofort und sagte dem Obersten Sandherr: »Ich möchte nicht, daß von diesem Kommentar eine Spur bleibt.«

Trotzdem bewahrte der Oberst Sandherr eine Abschrift auf, die dann im Jahre 1896 oder 1897 gefunden wurde. Auf Befehl des Generals de Boisdeffre übergab der General Gonse diese Abschrift dem General Mercier, der sie an Ort und Stelle verbrannte – wie früher das Original.

Über diese Vorgänge befragt man ihn im Zola-Prozeß. Unter Eid und »auf seine Ehre als Soldat« leugnet er das Dokument ›Ce canaille de D.‹ gekannt zu haben (dasselbe, das er hat kommentieren und mitteilen lassen) ...

Dann erscheint er vor Ihnen als Zeuge im Jahre 1899 und weigert sich hartnäckig, die Frage (ob ein geheimes Aktenstück mitgeteilt wurde) zu beantworten, und fügt seinen alten Verbrechen eine Gesetzesübertretung hinzu ...

Schließlich muß er sich vor der Wahrheit beugen, die zu verdunkeln er nichts versäumt hat, da sie nun vollständig ans Tageslicht gekommen ist und ihn des Betruges überführt.

Ist das, frage ich Sie, die Haltung eines Mannes, der im Bewußtsein seines Rechts und seiner Pflichterfüllung gehandelt hat? Ist da nicht, im Gegenteil, das Verhalten aller Schuldigen? »Gestehe niemals!«, sagte ein berühmter Verbrecher. Der General Mercier hat bis zum Schluß durchgehalten, um alles abzuleugnen! ...

Die Mitteilung des geheimen Aktenstücks bezweckte, einen sehr wahrscheinlichen Freispruch zu verhindern und eine höchst zweifelhafte Verurteilung herbeizuführen. Man mußte die Richter stark beeindrucken und jede Gegenwirkung ausschalten. Man wußte, daß die Erklärungen des Angeklagten dem Aktenstück jede Bedeutung nehmen würden. Dieses unverzeihliche Verbrechen wurde also ohne Druck oder Zwang ausschließlich zum Verderben des Angeklagten begangen ...

Man begreift, daß der General Mercier alles getan hat, um auch die letzte Spur einer so verwerflichen Tat zu verwischen. Er ließ die Dokumente zerstreuen, das Inhaltsverzeichnis zerstören, und er selbst verbrannte den Kommentar ...

Der Kommentar gehörte unzweifelhaft zu den Dokumenten, die das Gesetz gegen jede Zerstörung schützt. Wenn man ihn nach Artikel 173 des Strafgesetzes ... begreift, so wird seine Zerstörung mit Zuchthaus bestraft ...

Als der General Mercier die Abschrift des Kommentars ... verbrannte, täuschte er sich keineswegs über die Schwere der Tat, die er beging! Das Gesetz räumt dem Verurteilten das Recht ein, die Wiedergutmachung eines Justizirrtums zu verlangen. Willkürlich hat der General Mercier ihm die Mittel nehmen wollen, dieses Recht auszuüben, und hat alles getan, um ein solches Gesuch, das nur allzu begründet war, unwirksam zu machen, denn sein Erfolg hing in erster Linie von der Feststellung des Rechtsverbrechens ab, dessen sich der General Mercier schuldig gemacht hatte ...

[45] Dreyfus' Aufenthalt auf der Teufelsinsel

Aus dem offiziellen Bericht des Chefs des Kabinetts Jean Decrais an den Kolonialminister:

... Wir bemerken bezüglich der Behandlung, der Dreyfus unterworfen wurde, zwei deutlich verschiedene Phasen: die erste beginnt im März 1895 mit Dreyfus' Ankunft in Guayana und endet mit dem 3. September mit der falschen Nachricht von seiner Flucht. Die zweite Phase dauert vom 3. September

1896 bis zu seinem Rücktransport nach Frankreich, am 9. Juni 1899.

Während der ersten Periode erfreute sich Dreyfus in dem Teil der Insel, der ihm zugewiesen war, einer gewissen Freiheit. Aber Ende 1896 wurden ihm gegenüber äußerst strenge Maßnahmen ergriffen, die den Verantwortlichen in der Befürchtung einer möglichen Flucht begründet erschienen.

Bei seiner Ankunft auf der Teufelsinsel wurden folgende Vorbereitungen getroffen:

Eine Hütte aus Stein war für den Deportierten bestimmt. Sie hat eine Grundfläche von vier mal vier Metern. Die Tür hat ein Gitterwerk aus Eisen. Das Fenster ist ebenfalls vergittert. Die Tür führt in einen Vorbau auf einer Grundfläche von zwei mal drei Metern, der an die Hauptfront der Hütte angebaut ist. Dieser Vorbau ist mit einer Holztür verschlossen. In ihm befindet sich der militärische Wächter während der Nacht. Dieser ist absolut gesichert gegen einen Angriff von außen und kann den Gefangenen auf seinem Bett nicht aus dem Auge verlieren, da die Hütte erleuchtet sein muß (Bericht vom 7. März 1895).

Fünf Aufseher bewachen Dreyfus. Der Verurteilte kann bei Tage sich nur in dem Teil der Insel bewegen, der zwischen der Landungsstelle und dem kleinen Tal liegt, wo sich das Lager der Aussätzigen befand. Es wird ihm absolut verboten sein, diese Grenze zu überschreiten – unter der Androhung einer Strafe von mehreren Tagen Einsperrung in seiner Hütte. Die Dauer der Strafe wird noch bestimmt. Ich habe befohlen, einen Grenzpfahl aufzurichten.

Von Sonnenuntergang bis Sonnenaufgang wird Dreyfus in seiner Hütte eingeschlossen bleiben. Seine Korrespondenz wird aufs strengste überwacht werden ... (Bericht vom 1. April 1895).

Es ist dem Deportierten streng untersagt, irgend jemand mit Ausnahme der Aufseher, anzusprechen. An diese darf er seine Gesuche richten ... (Bericht vom 10. Mai 1895).

Gegen Ende des Jahres 1896 wurde die Behandlung, der Dreyfus unterworfen war, noch strenger.

Seine Hütte wird von einer Palisade eingeschlossen, und es ist Dreyfus verboten, sich außerhalb zu bewegen ...

Am 4. September 1896 empfängt die Verwaltung von Guayana den Befehl, bis auf weiteres Dreyfus jede Nacht mit einem Doppeleisen ans Bett zu fesseln, seinen Bewegungsraum rund um die Hütte mit einer Palisade zu umgeben – mit einem Wachtposten außerhalb, zusätzlich dem Aufseher in dem Vorbau ... Außerdem wurden als Vorsichtsmaßnahme alle Briefsendungen an den verurteilten Dreyfus aufgehalten, ebenfalls Pakete mit Lebensmitteln oder Gegenständen zum persönlichen Gebrauch. Ausgenommen von dieser Maßnahme ist nur, was er sich mit dem ihm zur Verfügung stehenden Geld besorgen lassen kann (Bericht vom 7. September 1896).

Gemäß den oben genannten Anweisungen wurde Dreyfus in der Zeit vom 6. September bis zum 20. Oktober jede Nacht an sein Bett gefesselt.

Die Hütte selber wurde mit einer soliden Palisade von 2,50 m Höhe, 16,30 m Länge und 12 m Breite umgeben. Zwischen der Palisade und der Mauer der Hütte gab es einen Zwischenraum von 5 m im Süden und im Norden und von 2,50 m im Osten und im Westen. Auf der Ostseite dieser Palisade, die der Verteidigung diente, wurde eine zweite Palisade von 40 m Länge und 16,30 m Breite gebaut, die den Bewegungsraum des Deportierten umschloß. Die Höhe der Palisade erlaubt es dem Gefangenen nicht, das Meer zu sehen ... (Bericht vom 12. November 1896).

Im August 1897 wird die Palisade des Bewegungsraums niedergelegt, um zur Errichtung der Palisade um die neue Hütte zu dienen. Infolgedessen ist der Deportierte darauf angewiesen, sich zwischen seiner Hütte und der ersten Palisade zu bewegen, deren Abmessungen 16 auf 12 Meter sind. Am 25. August 1897 wird Dreyfus in die neue Hütte auf der Spitze des Hügels gebracht. Diese ist durch ein festes Eisengitter in zwei Räume eingeteilt. Auf der einen Seite der Deportierte, auf der andern Seite der Aufseher, der ihn nicht einen Augenblick aus dem Auge verlieren kann, aber selbst von außen nicht sichtbar ist. Die Fenster sind mit starken Eisenstäben vergittert und können vom Deportierten nicht erreicht werden, sie lassen Licht und Luft herein. Eine Holzpalisade aus oben zugespitzten Pfählen von 2,80 m Höhe umgibt die Hütte. Sie hat zum Fundament eine Steinmauer von 2 m bis 2,50 m Höhe auf der Südost- und Westseite, die vollständig den Ausblick verwehrt ... (Bericht vom 26. August 1897).

Ich komme nun zu Dreyfus' Haltung während der vier Jahre seiner Haft. Sie ist durch folgende Züge klar gekennzeichnet: er hat nicht aufgehört, seine Unschuld zu beteuern, »die vollständige Aufklärung des furchtbaren Justizirrtums, dessen Opfer er ist«, zu verlangen. In seiner Liebe zu seiner Familie hat er nicht einen Augenblick geschwankt; er war gefügig ohne eine Spur der Auflehnung oder eines Versuchs zu entweichen.

Am 7. März 1895 ..., bevor man ihn in seine Hütte auf der Teufelsinsel brachte, warnte man ihn, daß jeder Versuch [von außen], ihn seiner Strafe zu entziehen, mit der äußersten Strenge unterdrückt werden würde. Er antwortete, daß er sich ohne Vorbehalt unterwerfe.

»Ich schwöre auf meine Ehre, denn meine Ehre, glauben Sie mir, ist in alledem unverletzt, daß ich mit Ergebenheit den Augenblick erwarte, da meine Unschuld anerkannt sein wird. Ich bin nicht schuldig. Es ist nicht möglich, daß der Beweis dafür nicht bald geführt wird.« Als er dies sagte, hatte er Tränen in den Augen.

Am 2. Juli 1895 sagte Dreyfus, befragt über seinen Gesundheitszustand: »Ich fühle mich im Augenblick wohl. Das Herz ist krank ... nichts ...« Seine Worte wurden unverständlich und von Schluchzen unterbrochen. Die Tränen flossen eine Viertelstunde lang ... (Monatlicher Bericht März 1895).

Am 7. September 1895 empfängt er zehn Briefe und vergießt Tränen, während er sie liest. Vorher, am 2., gegen sechs Uhr, fiel der Verurteilte in einen Krampfzustand, er begann zu schluchzen und sagte, daß er es nicht länger aushalten könne, sein Herz würde brechen. Am 2. Oktober erhält er vierzehn Briefe, liest sie und sagt nach einigem Nachdenken: »Ich hätte mich schon vor langer Zeit erschossen, wenn nicht meine Frau und meine Kinder wären ...« (Bericht Oktober 1895).

Im Januar 1896, als der Kommandant ihm mitgeteilt hatte, daß sein Bittgesuch an den Präsidenten der Republik abgelehnt worden sei, hört man ihn laut sagen: »Mein Gesuch ist von dem Präsidenten abgelehnt worden, ich war darauf gefaßt. Nach den Briefen, die ich in letzter Zeit empfangen habe, sah ich wohl, daß man mir etwas verbarg ... Arme Menschen! ... Man diskutiert, während ein Unschuldiger zwischen vier Mauern gehalten wird. Zuweilen möchte ich alles zerstören und mich selbst zerstören, aber das darf ich nicht tun. Ich muß bis zum Ende aushalten – meiner Frau und meiner Kinder wegen ... Indessen alles hat ein Ende ...« (Bericht Januar 1896).

Seine allgemeine Haltung ist immer dieselbe: ergeben und lenksam. Er hat sich nie beklagt oder um etwas gebeten. Einen großen Teil seiner Tage verbringt er im Schatten seiner Hütte sitzend, ein Buch in den Händen. Zuweilen hört man ihn schluchzen und oft sieht man ihn seine Tränen verbergen ... (Bericht Juli 1896).

Indessen verschwindet die Ergebenheit in sein Schicksal für einen Augenblick, als man ihm seine Apotheke verweigert. »Man hat nicht das Recht«, rief er »mich im kleinen Feuer sterben zu lassen, indem man mich alle Qualen erdulden läßt. Ich bin ein Opfer, das für andere büßt. Ich will eine Apotheke haben, weil ich glaube, das Recht zu besitzen, das langsame Sterben zu beenden, wann ich will. Manchmal fühle ich, daß mir der Kopf platzt und ich meinen Verstand verliere. Die geistige Gesundheit schwindet, und ich fürchte den Wahnsinn. Ich bin ein Opfer ... Wenn es Schuldige gibt, so befinden sie sich im Kriegsministerium, das mich zum Opfer ausersehen hat, um Schändlichkeiten zu verdecken ...« (Bericht vom 7. Oktober 1897).

Schließlich hat man in einem Briefentwurf, der von dem Verurteilten zerrissen wurde, den folgenden Satz lesen können: »Ich erkläre nicht nur, daß ich unschuldig bin, sondern auch, daß ich die vollständige Aufklärung verlangt habe, sowohl was den belastenden Brief angeht, als auch die anonymen Berichte [Guénées], die ebenso grausam wie lügenhaft sind und die dem Aktenstück der Anklage beigefügt wurden.« (Bericht vom 10. März 1898.)

Das Jahr 1898 und die ersten Monate des Jahres 1899 vergingen für den Angeklagten zwischen Freude und Verzweiflung. Er sucht in den Blicken und in den Worten seiner Aufseher das Ergebnis der Schritte, die seine Familie unternommen hat, und den Ausgang des Revisionsprozesses vor dem Kassationshof zu ahnen. Er ist in lebhaftem Briefwechsel mit seiner Familie. Während der vier Jahre seiner Haft hat er mehr als tausend Briefe an seine Frau oder an seinen Bruder oder auch an den Präsidenten der Republik, an die Minister, an den General de Boisdeffre und andere geschrieben. Gemäß der Vorschrift hat er mehrere tausend Entwürfe von unvollständigen Briefen abgeliefert. Seine und seiner Familie Briefe sind so aufregend, daß der Kommandant der Insel den Aufsehern verboten hat, sie zu lesen, weil er fürchtet, daß die Strenge der Überwachung nachlassen könnte ...

[46] Die Idee des Anschlags

Der unschuldige geistige Urheber des Anschlags auf den Hauptmann Dreyfus scheint *Louis Létang* als der Verfasser des Romans ›Les deux frères‹ zu sein, der im Feuilleton des weitverbreiteten ›Petit Journal‹ während der ersten sechs Monate des Jahres 1894 veröffentlicht wurde. Die letzte Fortsetzung erschien am 20. Juli, an dem Tage, da der Major Esterhazy seinen ersten Besuch bei dem deutschen Militärattaché Max von Schwartzkoppen machte, um ihm militärische Geheimnisse gegen eine regelmäßige und gute Bezahlung anzubieten.

Louis Létang erzählt: Ein junger Lebemann, Aurélien de Prabert, liebt die reiche Marguerite de Briais, aber sie ist bereits dem Hauptmann Philippe Dormelles versprochen, der dem Großen Generalstab zugeteilt ist. Aurélien unternimmt es nun, den Nebenbuhler mit Hilfe seines Onkels aus dem Wege zu räumen. Der Onkel besitzt die Fähigkeit, Schriften vollkommen nachzuahmen, und Aurélien ruft angesichts des gefälschten Corpus delicti aus:

»Das ist wunderbar, die Schriftzüge sind vollkommen nachgemacht, es ist derselbe Charakter, derselbe Schwung in den kleinsten Bewegungen. Philippe Dormelles selber würde nicht wagen, seine Handschrift abzuleugnen ... Alle Trümpfe sind in unserer Hand. Allevard, des Hauptmanns Chef, ist unser Freund, von unseren häufigen Besuchen im Kriegsministerium erinnern wir uns genau, wo sich in seinem Arbeitszimmer die geheimen Dokumente befinden. Wenn er uns nur eine halbe Minute den Rücken kehrt – es kann nicht schwer sein, ihn abzulenken – wird Onkel Daniel ein geheimes Aktenstück an sich nehmen. Dann stecken wir die entwendeten Papiere in den Umschlag, den Onkel Daniel an Francis Merz adressiert hat. Ganz Paris kennt ihn als den Strohmann des Majors Slippen, des Chefs des Nachrichtendienstes des deutschen Großen Generalstabs. Die Schrift der Adresse zeugt für das fabelhafte Talent des lieben Onkels. Wir fügen der Sendung einen geschickt abgefaßten Brief bei, den Dormelles nicht als sein eigenes Werk wird abstreiten können, so unzweifelhaft ist er von ihm geschrieben. Das alles werden wir postfertig in die Wohnung des Hauptmanns schmuggeln, die, wenn wir wollen, von morgen an unbehütet ist. Wir werden den Schlüssel so lange behalten, wie es uns gefällt. Sobald die geheimen Dokumente bei Dormelles sind, wird der Brief eines ›unbekannten Freundes‹ Allevard über die verräterischen Umtriebe des Hauptmanns aufklären. Dieser wird sich gewaltig wichtig machen und einen großen Eifer entfalten, weil er den schönen Dormelles nicht mag. Und so ist mein Rivale rettungslos verloren.«

[Madame de Prabert ist entsetzt und ringt ihre schönen weißen Hände.] »Mein Gott«, [sagt sie,] »was werden sie ihm tun?«

»Man wird ihn sofort verhaften«, [antwortet Aurélien,] »und ihn in das Gefängnis des Cherche-Midi einsperren, bis das Kriegsgericht zusammentritt. Noch am Abend der Verhaftung wird eine mir ergebene Zeitung in großer Aufmachung den schändlichen Verrat eines französischen Offiziers bekanntmachen und den Namen Philippe Dormelles preisgeben. Ihr werdet einen prachtvollen Skandal erleben ...«

[47] Anklage oder Anschlag?, Joseph Reinachs Bericht

Unter den wenigen Personen, die Dreyfus unschuldig glaubten, hatte sich das Gerücht verbreitet, daß der belastende Brief das Werk eines Fälschers, eines Kameraden, der sich rächen wollte, sein könnte. Am Morgen des 27. November 1894 wurde mir erzählt, daß die Idee des Verbrechens vielleicht durch ein Feuilleton des ›Petit Journal‹ angeregt worden wäre. Dort heißt es, daß ein Offizier mit vollendeter Geschicklichkeit einen Brief fälscht, um ihn einem Rivalen zuschreiben zu lassen, den er dann selbst durch die Skandalpresse der Öffentlichkeit preisgeben will. Der Unschuldige wird verhaftet und entgeht nur durch ein Wunder dem Tode ...

Ich teilte meinen Verdacht dem Ministerpräsidenten mit und berichtete ihm die merkwürdige Geschichte. Er kannte sie bereits und sagte mir, daß sie ihn beschäftige. Als er Carnot auf seiner letzten Reise nach Lyon begleitete, hätte er in der Eisenbahn das Feuilleton des ›Petit Journal‹ gelesen. Die Erinnerung an den Roman ließe ihn nicht los. Tatsächlich enthält der Roman die Fabel, die man mir erzählt hatte, ihre seltsamen Übereinstimmungen: den kaum verhüllten Namen Schwartzkoppens und sogar das Bordereau selber. (»Wir stecken die entwendeten Papiere in diesen schönen Umschlag, ein geschickt abgefaßter Brief wird der Sendung beigefügt.«) Die Hypothese der Fälschung erschien möglich, wenn man die Schrift des Bordereaus nicht kannte.

Dieser letzte Satz behauptet, daß ein Zusammenhang zwischen der falschen Beschuldigung des Hauptmanns Dreyfus und dem Roman ›Les deux frères‹ nicht angenommen werden könne, weil der Major Esterhazy als der Schreiber des Bordereaus »der Verräter« sei.

Dupuy hat in der Folge mehrmals geäußert, ob der Ursprung der Affäre nicht in einer Irreführung zu suchen wäre. So bemerkte er im Jahre 1897 Raymond Poincaré gegenüber:

»Ich frage mich, ob wir 1894 nicht die Opfer einer ungeheuerlichen Mystifikation gewesen sind.«

[48] Am Anfang gibt es ein Geheimnis

Aus Briefen der Witwe des Obersten Henry:

Diese seltsame Zeugin, die zur Zeit des Prozesses von Rennes eine junge Frau von wenigen zwanzig Jahren war, wurde vierzig Jahre nach den Ereignissen von Charpentier aufgefordert, ihr Wissen von den Geheimnissen der Verschwörung preiszugeben. Sie weigerte sich, irgend etwas zu verraten. Dennoch sind ihre Briefe von Gewicht. Madame Henry wiederholte mehrere Male, daß sie es für ganz unmöglich halte, daß jemals ein Historiker den wahren Beginn der Affäre darstellen könnte. Am 11. April 1935 schrieb sie an Charpentier:

»Auch ich weiß, daß die Zeit zur Befriedung beigetragen hat. Wie Sie sagen, glaubt nun der Historiker, den genauen Ablauf der Ereignisse darstellen zu können. Ich glaube nicht, daß ihm das gelingen wird.«

Am 24. Mai bekräftigt Madame Henry diese Überzeugung:

»Wie ich Ihnen zu Beginn unserer Korrespondenz gesagt habe, glaube ich nicht, daß Sie eine richtige Darstellung der Tatsachen geben können, welche die Affäre ausgemacht haben.«

Die dritte Wiederholung dieses Gedankens, die sich in ihrem Brief vom 23. September 1935 findet, ist am aufschlußreichsten:

»Im Gegensatz zu dem, was Sie glauben, lege ich Wert darauf, Ihnen zu versichern, daß ich niemals, weder in der Vergangenheit noch heute, auf irgendwelche Ratschläge gehört habe, noch irgendwelchen Weisungen gefolgt bin. Weder Verwandte noch Freunde durften noch dürfen mir mein Verhalten vorschreiben.

Infolgedessen habe ich über gewisse Tatsachen, die mir anvertraut waren, Schweigen bewahrt, und so will ich meine Zurückhaltung Ihnen gegenüber aufrechterhalten, weil ich sie mir schon früher zur Pflicht gemacht habe.

Wie ich Ihnen bereits sagte, erscheint es mir unmöglich,

einen der Wahrheit entsprechenden Bericht über die Affäre zu veröffentlichen. Zwar war sie zu Beginn einfach, aber dann prallten Männer verschiedener Gesinnung und Parteien aufeinander, bekämpften sich und hinterließen am Ende nichts als Verwirrung und dunkle Geheimnisse.

Was mich angeht, so war ich von den Prinzipien meines Mannes überzeugt, der das große Opfer dieser schmerzlichen Affäre wurde. In meiner Zurückgezogenheit vergesse ich die Schmähungen seines Andenkens durch seine Feinde; ich will an nichts denken als an die Ehrungen, welche die große Mehrheit der Franzosen ihm erwiesen hat, denn sein Leben war gekennzeichnet durch Tapferkeit, Ehre und Selbstverleugnung.«

[49] Esterhazy und Schwartzkoppen

Max von Schwartzkoppen berichtet in seinen Aufzeichnungen:

Am 20. Juli 1894, nachmittags zwischen 3 und 4 Uhr, ließ sich bei mir auf dem Militärbüro der deutschen Botschaft in Paris (rue de Lille 78) durch den Bürodiener August Burde ein Franzose in Paßangelegenheiten melden ...

Auf meine Antwort, daß der Bittsteller zu mir gelassen werden könne, betrat kurz darauf ein Herr mein Zimmer, den ich sofort als einen französischen Offizier in Zivil erkannte. Er mochte etwa 42 bis 45 Jahre alt sein, war mittelgroß, von schmächtiger Figur, hatte ein sehniges Gesicht, tiefliegende schwarze Augen, volles, etwas graues Haupthaar und starken, graumelierten militärischen Schnurrbart. Im Knopfloch des schwarzen Überrocks trug er das rote Band der Ehrenlegion. Beim Eintritt ins Zimmer zeigte er eine gewisse Verlegenheit und Unsicherheit, sein finsterer Blick forschte im Zimmer umher, ob ich auch allein sei.

Auf meine Frage, was sein Begehr, stellte er sich mir als aktiver französischer Stabsoffizier vor, der, durch die Not gezwungen, einen Schritt tun müsse, der ihn in meinen Augen verächtlich machen werde, den er sich aber wohl überlegt habe und eben tun müsse, um seine Frau und Kinder vom sicheren Untergange und Verderben zu erretten. Er sei durch die Ungunst der Verhältnisse, durch unglückliche Spekulationen, durch die Krankheit seiner Frau in eine wirtschaftliche Notlage gekommen und müsse, um ein kleines Gut, welches er in der Nähe von Châlons besitze, für die Familie zu erhalten, sich auf irgendeine Weise Geld verschaffen. Alle Versuche, dieses auf eine rechtliche und ehrliche Weise zu tun, seien fehlgeschlagen, und es bliebe ihm kein anderer Ausweg mehr, als seine Dienste dem deutschen Generalstab anzubieten, hoffend, daß er dadurch in kurzer Zeit in die Lage versetzt werden würde, seinen vielfachen Verpflichtungen nachzukommen. Nach reiflicher Überlegung sei dieses der einzige Weg, der ihm noch übrigbliebe; schlage dieser fehl, so müsse er sich eine Kugel vor den Kopf schießen. Der Gedanke aber an seine kranke Frau und seine Kinder habe ihn bisher von diesem letzten Schritt abgehalten, obgleich er sehr wohl einsehe, daß dieser eigentlich der richtigere wäre. Er sei durchaus in der Lage, wichtige Dienste leisten zu können, da er längere Zeit in Algier gewesen, mit den dortigen militärischen Verhältnissen durchaus vertraut sei, auch längere Zeit an der italienischen Grenze gestanden habe und die dortigen Grenzschutzverhältnisse genau kenne; in den Jahren 1881 und 1882 habe er im Nachrichtenbureau des Kriegsministeriums gearbeitet. Mit Oberst Sandherr, dem Chef des Nachrichtenbüros, sei er befreundet und Schulkamerad vom Präsidenten Casimir-Perier. Er sei auch mit dem Deputierten Jules Roche befreundet, welcher ihm versprochen habe, ihn zum Sous-Chef [des Kabinetts] zu machen für den Fall, daß er selbst Kriegsminister werde. Jetzt sei er in einer aktiven Stellung beim Truppenteil außerhalb von Paris, würde demnächst aber nach Paris zurückkommen und dort seine vielfachen Verbindungen mit dem Kriegsministerium wieder aufnehmen. In einigen Tagen werde er wichtigen militärischen Übungen im Lager von Châlons beiwohnen.

Als Beweis, daß er schon jetzt im Besitz wichtiger Mitteilungen sei, zog er aus der Brusttasche ein Schriftstück hervor, welches er mir überreichte mit der Bitte, es durchzulesen.

Ich war durch dieses Anerbieten aufs höchste überrascht und entrüstet! Ein aktiver französischer Stabsoffizier, welcher sich nicht entblödet, zum Verräter an seinem Vaterlande zu werden, und einen Standesgenossen und Kameraden ohne weitere Umschweife um seine Vermittlung dazu bittet!

Ich antwortete ihm, indem ich ihm sein Schriftstück ungelesen zurückgab, daß es nicht meine Aufgabe wäre, einem Offizier behilflich zu sein, vom Wege der Pflicht und der Ehre abzuweichen, ich ihm vielmehr nur den Rat erteilen könne, von seinem Vorhaben abzustehen, umzukehren und mich und sich den getanen Schritt vergessen zu lassen. Er antwortete mir hierauf, daß er den getanen Schritt wohl überlegt habe, daß er wohl wisse, daß er sich mit demselben zur »canaille« gemacht habe, nun aber nicht mehr zurück könne. Falls ich ihn zurückweise, werde er auf andere Weise versuchen, seine Kenntnisse zu verwerten, da er sich unter allen Umständen Geld verschaffen müsse usw. Ich machte ihn nochmals auf das Verwerfliche seines Vorhabens aufmerksam und entließ ihn mit dem Hinzufügen, daß ich mich in meiner Stellung auf derartige Anerbieten nicht einlassen könne. Er verabschiedete sich hierauf, indem er sagte, daß er in einigen Tagen wiederkommen werde.

Tags darauf, am 21. Juli, erhielt ich einen Brief des Betreffenden, in welchem er mir mitteilte: »Ich trete sehr bald die Reise an, von der ich Ihnen gesprochen habe.« – Reise nach Châlons zu Schießübungen der Artillerie –, und daß er infolge seiner Familienverbindungen mir auch wichtige russische Nachrichten geben könne.

Am 22. Juli 1894 berichtete ich über diese Begegnung an das Nachrichtenbüro in Berlin und erhielt am 26. Juli die Antwort, mit dem Agenten weiter zu unterhandeln.

Am 27. Juli abends kehrte der Betreffende unangemeldet zu mir auf mein Büro in der Botschaft zurück und stellte sich nunmehr als der Major Graf Walsin-Esterhazy, Bataillonskommandeur im 74. Infanterieregiment in Rouen, vor. Seine Frau sei eine geborene de Nettancourt-Vaubecourt und er Besitzer des Schlosses Dommartin bei St. Menehould, Departement Marne. Er sei mit den Familien Clermont-Tonnère und Banfrémont [Bauffremont] verwandt. Als Beweis für die Richtigkeit seiner Angaben brachte er das Mobilmachungstagebuch des 74. Regiments mit und verlangte eine monatliche Remuneration von 2000 Fr. Ich versuchte nochmals, auf den Major einzureden und ihm das Ungeheuerliche seines Schrittes klarzumachen. Er blieb dabei, daß er den Schritt wohl überlegt habe, denselben habe tun müssen und sich anderswohin wenden würde, wenn ich sein Angebot nicht annehme ...

Ich hielt es für angezeigt, über die ganze Angelegenheit mit dem Chef des Nachrichtenbüros bzw. dem Chef des Generalstabes zu sprechen. Auf eine diesbezügliche Anfrage erhielt ich den Bescheid, daß der Chef des Nachrichtenbüros auf Urlaub in Michelstadt im Odenwald sei, woselbst ich ihn treffen könnte. Am 3. August 1894 reiste ich dorthin und hatte am 4. August die gewünschte Unterredung mit Major Müller, dem damaligen Chef des Nachrichtenbüros. Das Resultat derselben war, daß mir geraten wurde, mit dieser anscheinend sehr wertvollen Nachrichtenquelle in Verbindung zu treten, wenn bewiesen wäre, daß von dort wirklich wertvolle Mitteilungen zu erwarten seien. Die Verbindung solle aber sofort abgebrochen werden, sobald sich das Gegenteil herausstelle. Eine bestimmte, monatlich zu zahlende Summe könne nicht in Aussicht gestellt werden. Die Bewertung der Mitteilungen müsse mir überlassen bleiben.

Mit diesem Bescheid reiste ich am 6. August nach Paris zurück, woselbst ich einen Brief von Esterhazy vorfand, in welchem er mir folgende Adressen angab: »Bis zum 10. 8. Stab der 3. Artilleriebrigade, Lager von Châlons; vom 10. bis 12. auf dem Lande, Schloß Dommartin bei St. Menehould, Marne; sodann an meinem gewöhnlichen Wohnort, den Sie im Annuaire finden.«

Am 13. August erschien Esterhazy abermals bei mir auf dem Bureau in der Botschaft, abends 10 Uhr. Ich wiederholte ihm meine Abneigung, auf das Anerbieten einzugehen, stellte ihm die für ihn und mich darin bestehenden Gefahren vor Augen, gab ihm das Mobilmachungstagebuch zurück, welches für mich wesentliche Aufklärungen nicht enthalte, und bedeutete ihm, die Unterhandlungen abzubrechen, da ich mir einen Nutzen von einem so gefährlichen Unternehmen nicht versprechen könne. Esterhazy versuchte nochmals, mir klarzumachen, daß er in der Lage sei, mir die wichtigsten Dokumente verschaffen zu können, daß dieses ohne jegliche Gefahr für ihn und mich möglich sei, und stellte mir die vor kurzem neu erlassene Mobilmachung der Artillerie in Aussicht, welche er dann auch am 15. August brachte. Eine rasche Durchsicht dieses Schriftstückes ließ mich den Wert desselben erkennen, und glaubte ich verpflichtet zu sein, dieses Schriftstück für den Generalstab erwerben zu müssen, zumal ich verschiedentlich ersucht war, über die Mobilmachung der Artillerie nähere Nachrichten zu erhalten. Esterhazy erhielt von mir 1000 Fr. unter der Zusicherung, weitere interessante Mitteilungen in den nächsten Tagen liefern zu wollen.

Damit war für mich der entscheidende Schritt getan, wobei ich mir der schweren Verantwortung, welche ich dadurch auf mich lud, wohl bewußt war. Ich tat den Schritt, glaubend, daß ich im Interesse meiner Armee so handeln müsse, war mir aber vollkommen klar darüber, daß meine Stellung dabei die größte Gefahr lief und ich als preußischer Offizier in eine recht unangenehme Lage kommen konnte!

Am 1. September 1894 erschien Esterhazy abends 6½ Uhr auf dem Büro, machte mir in anderthalbstündiger Unterredung eine Menge interessanter Mitteilungen und brachte mir folgende von ihm geschriebene Schriftstücke:

1. ein Verzeichnis der Bedeckungstruppen;
2. Beschreibung der kurzen 120-mm-Kanone;
3. Entwurf der Feldartillerie-Schießvorschrift,

und teilte mir mit, daß die Expedition nach Madagaskar beschlossen sei. Ferner teilte er mir mit, daß er soeben von den manœuvres de masse de l'artillerie im Lager von Sissonne, Departement Aisne, zurückgekehrt sei – im Bordereau – »ich bin im Begriff, zu den Manövern abzureisen«, und mir demnächst Mitteilungen über seine dortigen Beobachtungen zukommen lassen werde. Diesen Bericht erhielt ich durch Esterhazy persönlich am 5. September und am 6. September brieflich – auf der Botschaft von Esterhazy abgegeben – einen Bericht über die beabsichtigte Expedition nach Madagaskar...

Ich stelle ... fest, daß das Bordereau niemals in meine Hände gelangt ist, daß dasselbe in der Zeit vom 16. August bis 1. September von Esterhazy, bevor er zu den manœuvres de masse reiste, auf der Botschaft abgegeben und, ohne an mich gelangt zu sein, von dritter Hand dem französischen Nachrichtenbüro ausgehändigt sein muß. Sonderbarerweise ist auch zwischen Esterhazy und mir niemals von diesem Schriftstück die Rede gewesen, so daß ich von der Existenz eines solchen erst im Jahre 1896 erfuhr, als das Faksimile desselben im ›Matin‹ erschien. Esterhazy muß wohl angenommen haben, daß das Schriftstück an seine Adresse gelangt sei. Wer es dem französischen Nachrichtenbüro ausgehändigt hat, ist nicht sicher festgestellt worden, doch dürfte nach allem, was über die Spionendienste der als Reinmachefrau an der Botschaft angestellt gewesenen Frau Bastian bekanntgeworden ist, kein Zweifel darüber bestehen, daß diese dabei mitgewirkt hat.

Am 24. September reiste ich nach Berlin und kehrte am 9. Oktober nach Paris zurück ...

Am 13. Oktober erschien Esterhazy wieder bei mir und brachte mir u. a. die ›réglette de correspondance‹ sowie ein umfangreiches Werk über die Zustände in der französischen Armee ...

Es liegt nicht in meiner Absicht, alle Besuche Esterhazys bei mir auf dem Büro, alle Schriftstücke, die er mir brachte, und alles, was er mir sonst Interessantes mitteilte, hier aufzuzählen. Erwähnt sei nur, daß die Besuche durchschnittlich alle 14 Tage erfolgten, und daß der Wert der Nachrichten sich steigerte. Als ich bemerkte, daß Esterhazy, falls er keine interessanten authentischen Mitteilungen machen konnte, selbsterfundene oder bekannte brachte, brach ich die Beziehungen zu ihm im März 1896 ab.

[50] Doppelspione

Der Generalstaatsanwalt Baudouin 1906 vor dem Kassationshof:

Die neue Untersuchung ... hat auf Grund von Dokumenten festgestellt, daß ein Agent, der mit dem Buchstaben R. bezeichnet wird, auf Befehl des Nachrichtenbüros mit Vertretern ausländischer Mächte Beziehungen aufgenommen hat, von diesen Fragebögen empfing und sie sofort an das Nachrichtenbüro weitergab, daß die Offiziere dieses Dienstes eigenhändig die Antworten schrieben, die R. dem Ausland lieferte.

So wurde R. im August 1894 von A (Schwartzkoppen) in das Lager von Châlons geschickt, erhielt einen Fragebogen, der ihn ersuchte, die Manöver zu beobachten und insbesondere sich das kurze 120-mm-Geschütz genau anzusehen.

R. hat den Fragebogen dem Nachrichtenbüro weitergegeben.

Wissen Sie, wer die Berichte verfaßt hat, die er lieferte? Der eine ist von Henry, datiert den 24. August 1894; der andere von Lauth, datiert den 8. Juli 1894. Die Entwürfe sind noch vorhanden. Ich habe den Text in meiner schriftlichen Antragsbegründung gegeben. Sie können sich von diesen äußerst schwerwiegenden Tatsachen überzeugen.

Der Tatbestand ist nicht zweifelhaft. Wir haben nicht nur die Dokumente von der Hand Henrys und Lauths, sondern dieser wurde auch diesbezüglich am 26. August 1904 befragt und hat nicht ohne Verlegenheit die Wahrheit zugegeben. Er erklärte, daß er die Aufzeichnung, die man ihm vorlegte, auf Grund von Mitteilungen der Direktion der Artillerie geschrieben hätte, daß er sie, wie üblich, seinen Vorgesetzten vorgelegt hätte, damit nicht Tatsachen, die geheimbleiben sollten, mitgeteilt würden. Er sagte auch, daß die Antworten das Ausland schließlich irreführen sollten.

... Die Gegenspionage wurde also im Nachrichtenbüro von den Offizieren selber betrieben – unter der Leitung und der Aufsicht des Chefs, und so findet die Darstellung Esterhazys ihre unwiderlegbare Bestätigung ...

Im Gegensatz zu allem, was man gesagt hat, ist es nicht unwahrscheinlich und nicht unannehmbar, daß Esterhazy vom Obersten Sandherr einen Auftrag hatte, der sich in den Rahmen der üblichen Tätigkeit des Büros einfügte.

Und die Art und die Beschaffenheit der Dokumente, die geliefert worden zu sein scheinen, bestätigen überdies seine Darstellung.

Wer sieht nicht auch, meine Herren, daß die Tatsache, daß Esterhazy auf Befehl des Obersten Sandherr gehandelt hat, auf völlig befriedigende Weise eine Menge von Punkten erklären würde, die sonst absolut unerklärlich blieben.

Die Tatsache würde erklären, daß Esterhazy unbefangen, ohne jede Vorsicht anzuwenden, zu A (Schwartzkoppen) ging, mit dem Band der Ehrenlegion im Knopfloch oder sogar in Uniform, obwohl jedermann wußte, daß die Botschaft eng überwacht war. Warum sollte er sich verbergen, da der Besuch mit dem Obersten Sandherr vereinbart war?

Die Tatsache würde auch erklären, warum Esterhazy, als er das Bordereau schrieb, nicht daran gedacht hat, seine Handschrift zu verstellen, sei es, weil diese in den Händen des Obersten Sandherr den Schuldbeweis gegen Dreyfus bilden sollte – wegen der Ähnlichkeit mit der Handschrift desjenigen, den man anklagen wollte, sei es, daß eine Vorsichtsmaßnahme sinnlos und überflüssig war, wenn man an Dreyfus noch nicht dachte, da Esterhazy sich vor Sandherr nicht zu verbergen brauchte.

Die Tatsache würde vor allem etwas erklären, was sonst für immer unbegreiflich bliebe, nämlich die unglaubliche Haltung des Generalstabs Esterhazy gegenüber, dieser unerhörte Schutz, den er ihm trotz seiner allgemein bekannten Verworfenheit gewährte, dieser Schutz, der alle seine Schritte gelenkt hat und so weit ging, daß man ihn während der gerichtlichen Untersuchung über alles auf dem laufenden hielt, was sich während seiner Abwesenheit in den Büros der untersuchenden Offiziere abspielte, und man ihm die Antworten diktierte auf die Fragen, die ihm gestellt werden würden.

Es gibt nicht einen Menschen bei gesunden Sinnen und guten Glaubens, der ein solches Verhalten begreifen würde, wenn Esterhazy allein und aus eigenem Antrieb gehandelt hätte.

So schuldhaft dieses Verhalten [des Generalstabs] auch noch bliebe, wenn man annimmt, daß Esterhazy das Werkzeug des Obersten Sandherr gewesen ist, es erschiene wenigstens natürlich, weil die Leute des Generalstabs seine Komplicen gewesen wären. Das ist es auch, was Esterhazy mit einer Folgerichtigkeit und in einem Ton der Wahrheit behauptet, die man nicht verkennen kann.

[51] Esterhazy, Agent der Gegenspionage

Mornard in seinem Plädoyer vor dem Kassationshof (1906):

Die Wahrheit ist, daß sich seit 1899 bei allen denkenden Menschen der Zweifel bezüglich der Wirklichkeit der Spionage, für die das Bordereau angeblich den Beweis bildet, seltsam verstärkt hat. Betrog nicht Esterhazy den Diplomaten A. viel mehr, als er Frankreich verriet? Man kann sich fragen, ob Esterhazy nicht wirklich ein Agent der Gegenspionage war, wie er es behauptet ... Ich kann in dieser Hinsicht, muß ich gestehen, nur eine Hypothese aufstellen, die zwar alle Elemente des Prozesses in Rechnung stellt und der nichts widerspricht, aber deren Richtigkeit nicht durch schlüssige Beweise festgestellt werden kann.

Was die Juristen verschwiegen, um den Generalstab zu schonen, war die Tatsache, daß die andere Hypothese, die des Justizirrtums, die sie zur Grundlage ihrer Schlußfolgerungen machten, im Widerspruch zu allen Elementen des Falles stand.

[52] »Ungeheuerliche Mystifikation«

Der Generalstaatsanwalt Manau legte noch im Jahre 1906, als er längst im Ruhestand lebte, den größten Wert darauf, feststellen zu lassen, daß er Esterhazys Rolle nicht unbedingt als die eines Verräters aufgefaßt hätte. Mornard erinnerte auf seine Bitte an eine Stelle des Schriftsatzes des Generalstaatsanwalts von 1899, in dem dieser die Frage stellt:

Hat es in Wahrheit das Verbrechen des Verrats gegeben, der geheime Dokumente, welche die Sicherheit des Staates betrafen, zum Gegenstand hatte? Oder haben wir es mit wertlosen Schriftstücken zu tun, die einer ungeheuerlichen Mystifikation und einem frechen Betrug dienten, den der Verfasser des Bordereaus an seinem ausländischen Korrespondenten verübte?

Zweites Kapitel: Picquart

Die ersten Verteidiger des Unschuldigen

Mercier und seine Gehilfen durften nur einen Augenblick glauben, ihr Ziel mit der Verurteilung des Hauptmanns Dreyfus erreicht zu haben. Es zeigte sich, daß sie vor allem eine Gefahr unterschätzt hatten. Alfred Dreyfus gehörte einer angesehenen, wohlhabenden, durch ihren inneren Zusammenhalt beinahe mächtigen Familie an. Ein armer alleinstehender Mann wäre sicherlich bald vergessen worden, aber konnte eine stolze Familie die Schande hinnehmen?

Alfreds drei Brüder und drei Schwestern konnten unmöglich die Unschuld des Mannes bezweifeln, den sie so gut kannten wie sich selber. Sie beschlossen, jede Anstrengung zu machen, damit das Unrecht wiedergutgemacht werde. Diese Aktion der Familie Dreyfus entsprang einem moralischen Zwang; ein passives Verhalten wäre schmählich gewesen. [53]

Das legitime Bestreben, den Bruder zu retten, ist die bescheidene Quelle, welcher der breite Strom der dreyfusistischen Bewegung entsprang. Ein bedeutender Zufluß, den man als eine zweite Quelle ansehen kann, ging vom Obersten Picquart aus, der als Nachfolger Sandherrs den Spionagedienst leitete. Er entdeckte Ende August 1896, daß nicht der Hauptmann Dreyfus, sondern der Major Esterhazy das Bordereau geschrieben hatte. Indem Picquart einen Zipfel der Wahrheit ergriff und zu einer Gefahr für die Verschwörer wurde, setzte er sich der Feindschaft und der Verfolgung des Generalstabs aus. Wie Dreyfus sollte er mit Hilfe von Fälschungen und Meineiden angeprangert und bestraft werden. Das Drama, dessen Held Picquart war, verstärkte auf eine entscheidende Weise die Bewegung zugunsten des Hauptmanns Dreyfus und verdeckte beinahe die Aktion der Familie. Nichtsdestoweniger ist diese entscheidend, in ihrer Berechtigung unbestreitbar und in ihren Gründen zwingend.

Der zweitjüngste der vier Brüder Dreyfus, Mathieu, wurde bestimmt, sich ausschließlich der Wiedergutmachung des Unrechts an Alfred zu widmen. Man hat die Rolle der Familie in der Bewegung für die Revision oft unterschätzt. Denn ihre Aktion war zunächst geheim oder jedenfalls nicht öffentlich. Wußte das Publikum auch lange Zeit nichts von ihren Bestrebungen, so hatten diese eine bedeutende Wirkung auf die Verschwörer. Mancherlei in ihrem Verhalten läßt sich aus dieser Bedrohung erklären. Ihre raschen Maßnahmen, die übertriebene Heftigkeit ihrer Reaktionen, kurz, das für sie so verhängnisvolle Zuviel an Initiative: das alles begreift sich aus der ständigen Gegenwart eines entschlossenen Gegners – und auch aus der Unruhe des schlechten Gewissens.

Eigentlich hätten sich die arglistigen Ankläger in der uneinnehmbaren Festung der Staatsgeheimnisse, die sie hüteten, sicher fühlen können. Aber es waren zu viele Fehler begangen worden. Die Maßnahmen Merciers gegen Dreyfus waren regelwidrig und voreilig gewesen. Die gefälschte Grundlage der Anklage hatte nicht einmal den Vorzug, vollständig und von durchschlagender Beweiskraft zu sein. Schließlich war die Verurteilung des Opfers zur Höchststrafe von unvermeidbarer Annullierung bedroht, wenn die Regierung gezwungen wurde, die Mitteilung des geheimen Aktenstücks im Beratungszimmer der Richter zur Kenntnis zu nehmen. Es gab in der ganzen dunklen Angelegenheit außer den Verschwörern zu viele Mitwisser von bloßstellenden Einzelheiten. Der Anschlag auf Dreyfus war ein politisches Verbrechen von großer Einfalt gewesen. Nur weil drei der höchsten Generale dafür die Verantwortung trugen, das ganze Offizierskorps sich hinter sie stellte, ihre schlechte Sache mit dem Interesse der bewaffneten Macht verschmolz und die nationalistische Demagogie ihnen mit Begeisterung folgte, wurde aus der üblen Intrige eine epochale Begebenheit.

Die Verschwörer mußten sich sehr bald eingestehen, daß mit der Einschließung ihres Opfers in eine enge Hütte auf der Teufelsinsel die Affäre Dreyfus nicht beendet war. Ein halbes Jahr nach der Verurteilung sagte der General de Boisdeffre zu dem neuen Chef des Nachrichtenbüros, dem Major Picquart: »Die Affäre Dreyfus ist nicht abgeschlossen; sie beginnt erst.« Er wünschte, daß die Schuldbeweise vermehrt würden. (Cass. I, 142.) Die Unruhe der Verschwörer wegen der schwachen Grundlage ihrer falschen Anklage wuchs seit der Verurteilung. [54]

Sie war schon groß gewesen vor dem Prozeß. Die offiziellen

Beschuldigungen erschienen ihnen nicht eindrucksvoll genug, und so wurden auf eine unerhörte Weise von dem Kriegsminister selber und seinen Untergebenen teils öffentlich in der Presse teils in der Form vertraulicher Mitteilungen wilde Verdächtigungen ausgestreut, die ihren Niederschlag in Artikeln der nationalistischen Zeitungen fanden. Die ganze Familie Dreyfus wurde der Mittäterschaft bezichtigt, der Hauptmann habe die französischen Agenten im Ausland verraten, es gebe erdrückende, unzweifelhafte Schuldbeweise, insbesondere wurde von einem Brief des deutschen Kaisers gesprochen, der Dreyfus betreffe. Dieses Dokument hätte zurückgegeben werden müssen, um einen Krieg mit Deutschland zu vermeiden.

Die Regierung wurde von dem Botschafter des Reichs, dem Grafen Münster, gezwungen, durch die Agence Havas diesen Unsinn zu dementieren. Dennoch wurde weiterhin verbreitet und gleichsam amtlich behauptet, daß es furchtbarere belastende Dokumente gebe als das Corpus delicti. Der General Mercier verbürgte sich vor dem Prozeß für den »jeden Zweifel ausschließenden Verrat« des jüdischen Offiziers. Diese alle Regeln und allen Anstand verletzende Hetze gegen einen verdächtigten Offizier, der sich noch nicht hatte verteidigen können, sollte ein Vorurteil schaffen, das jede Kritik an der Anklage erstickte.

Die Familie Dreyfus und ihr wahrhaft bedeutender Wortführer Bernard-Lazare wußten, welche mächtigen Interessen ihre Bemühungen um die Rettung des Unschuldigen verletzten. Der Generalstab hatte die Verfolgung und die Verurteilung des Hauptmanns Dreyfus zu seiner Sache gemacht und dabei verbrecherische Mittel angewandt. Er konnte aus diesem Grunde nicht zurückweichen. Mathieu Dreyfus und Bernard-Lazare erfuhren genug davon, um sich von der Falschheit der Anklage zu überzeugen. Wenige Wochen nach der Verurteilung des Hauptmanns besaßen sie ausreichende Hinweise auf das Rechtsverbrechen Merciers. Sie wußten, daß wenigstens ein Dokument hinter dem Rücken des Angeklagten den Richtern mitgeteilt worden war. Diese entscheidende Tatsache, wenn sie bewiesen wurde, mußte die Aufhebung des Urteils bewirken. Aber so klar das Gesetz auch in diesem Punkte war, in der Dritten Republik wurde seine Anwendung hintertrieben, wenn ihm mächtige Interessen entgegenstanden. Zwar war es die Pflicht des Justizministers, den Kassationshof mit dem Annullierungsverfahren zu befassen, wenn ihm die Tatsache eines ungesetzlichen Verfahrens bekannt wurde, aber die Justizminister der Affäre verhielten sich stets als Politiker und schreckten nie vor einer glatten Rechtsverweigerung zurück. Die Unterwerfung der Justiz unter die Macht der Parteien war in einem solchen Grade zur Gewohnheit geworden, daß selbst die Dreyfusisten diese Tatsache wie etwas Selbstverständliches in Rechnung stellten.

Als Mathieu Dreyfus die Gewißheit der Ungesetzlichkeit des Prozesses gegen seinen Bruder erlangte, war Ludovic Trarieux Justizminister in der Regierung Ribot. An sich, das heißt gemäß dem rechtlichen Denken und Fühlen, wäre es nun geboten gewesen, dem Justizminister von der Verletzung des Gesetzes Mitteilung zu machen und ihn zu ersuchen, den Kassationshof zu befassen. Um sich vollständige Klarheit zu verschaffen, hätte Trarieux nur seinen Kollegen, den Kriegsminister, zu ersuchen brauchen, von dem Obersten Maurel, dem Präsidenten des Kriegsgerichts über Dreyfus, eine ehrenwörtliche Erklärung zu verlangen, ob eine geheime Mitteilung von angeblichen Schuldbeweisen im Beratungszimmer der Richter stattgefunden hätte. Aber der rechtlich gebotene Weg erschien unter den damals gegebenen Verhältnissen hoffnungslos. Er wurde auch nicht beschritten, und wir müssen annehmen, daß Trarieux seine Pflicht nicht getan hätte, wenn ihm die Ungesetzlichkeit des Prozesses Dreyfus mitgeteilt worden wäre. Dieser später sehr aufrechte Vorkämpfer für Wahrheit und Gerechtigkeit hat sich als Zeuge im Prozeß gegen Zola über den »Formfehler« des kriegsgerichtlichen Verfahrens von 1894 geäußert. Mit patriotischer Selbstgerechtigkeit erklärte er (Zola I, 180):

»... Ich ließ mich überzeugen ..., aber es gab noch eine Schwierigkeit, die unbedingt geklärt werden mußte. Ich erwiderte dem Senator Scheurer-Kestner: ›Alles, was Sie sagen, ist sehr gut. Die Handschrift Esterhazys gleicht auf eine erschreckende Weise der Handschrift des Bordereaus. Aber wir wissen auch von einem geheimen Aktenstück. Was auch immer seine Rolle in dem Prozeß war, wenn es den Beweis des Verrats des Hauptmanns Dreyfus enthielte, wäre es dann noch möglich, sich bei der Formfrage aufzuhalten? Würden wir dazu den Mut haben? Ich jedenfalls hätte ihn nicht. Wenn dieser Mann ein Verräter ist und man hätte seinetwegen die Form verletzt, so würde ich nicht wagen, meine Stimme zu erheben. Ich würde es unter keinen Umständen tun.‹ Nun fragte ich meinen Kollegen: ›Können Sie mich in diesem Punkte beruhigen? Sind Sie sicher, daß es kein geheimes Aktenstück gibt, welches die Schuld dieses Mannes beweist, wie man behauptet hat?‹ Ich ging noch weiter und sagte ihm: ›Man hat von Geständnissen gesprochen. Sind Sie sicher, daß es sie nicht gibt?‹«

Das ist die Meinung eines ehemaligen Justizministers der Republik. Ihm, der die Gerechtigkeit will, fehlt jeder Rechtssinn. Wie könnte er sonst die vom Gesetz gebotene Aufhebung des Urteils, zu dessen Elementen wenigstens ein schweres Rechtsverbrechen zählte, seiner persönlichen Meinung über die Schuldfrage unterordnen! Er rechtfertigte das Verbrechen Merciers. Wer nämlich die Ungültigkeit eines widerrechtlichen Verfahrens in Frage stellt, indem er sie von seiner eigenen Entscheidung in der Sache abhängig macht, befindet sich in dem Geisteszustand eines Mannes, der einem Angeklagten das Recht der Verteidigung nimmt. Die unverletzte Form des Verfahrens ist unter allen Umständen die Voraussetzung eines gerechten Urteils. Hätte die Regierung diesem elementaren Grundsatz zur Anerkennung verholfen, so wäre es nie zu den politischen Wirren gekommen. Aber nichts war unerreichbarer als ein unabhängiges Gericht in einem Fall, dessen sich die Demagogen bemächtigt hatten.

Bernard-Lazare

Alles Geschehen in der Affäre Dreyfus ist beherrscht von einem vielfältigen Terror. Er bringt die Ordnung aus den Fugen und verwirrt das Fühlen und Denken der Menschen, er bewirkt, daß nichts den Normen gemäß behandelt wird. Nicht nur die Gesetze werden verletzt und herrscht die Gewalttätigkeit an ihrer Stelle, sondern auch die Vernunft wird beleidigt durch den Unsinn der amtlichen Lügen. Die erschreckende Macht des nationalistischen Fanatismus gründete sich nicht in erster Linie auf materielle Mittel der Vergewaltigung, sondern auf einem Aberglauben, der sich durch Verketzerung, Verleumdung, Beschimpfung und Bedrohung aufzwang, die feige Menge begeisterte und hinter sich herzog.

Der Anschlag gegen Dreyfus war eine moderne Abwandlung der alten Beschuldigung des Ritualmordes, die so häufig blutige Judenpogrome ausgelöst hatte. Es ist immer der Aberglauben, der die Massenseele erfüllt; nun mischen sich die Reste der alten Wahnvorstellungen mit den neuen nationalistischen, und den Juden werden nicht mehr religiöse Handlungen vorgeworfen, die das Blut unschuldiger Christenkinder erfordern, sondern sie sind die »geborenen« Verräter am Vaterlande. Die Dreyfus-Affäre bleibt unverständlich für den, der sie nicht vor dem Hintergrund der alten Judenverfolgungen sieht. Der zweitausendjährige Haß ist der Nährboden, auf dem die Leidenschaften des kalten Bürgerkrieges wuchsen.

Charles Péguy schrieb im Jahre 1903: »Seit der verhängnisvollen Verurteilung lebte Frankreich buchstäblich unter der Herrschaft des Terrors, nicht des Terrors, der von außen und von oben, von einer Regierungsautorität ausgeübt wird, [sondern] ... eines Terrors, der viel unausweichlicher, viel dauerhafter, viel unerschütterlicher war, weil er einer inneren Autorität entsprang ...«

Die moralische Einschüchterung durch die Nationalisten erklärt die skandalöse Abweichung vom rechtlichen Denken, von der Trarieux, der ehemalige Justizminister, ohne das schwächste Bewußtsein einer moralischen Ungeheuerlichkeit, ein Beispiel gab. Furchtbar war der Druck des judenfeindlichen Fanatismus auf die ersten, die natürlichen, die unbedingt legitimen Verteidiger des Hauptmanns, auf seine Nächsten und ihre Freunde.

Bernard-Lazare, der Wortführer der Familie, schrieb bereits in der ersten Hälfte des Jahres 1895 eine aufklärende Flugschrift über die Affäre Dreyfus. Aber ihr Erscheinen wurde länger als ein Jahr hinausgeschoben, so hoffnungslos erschien es, auf die feindliche und jedenfalls unaufgeschlossene öffentliche Meinung Eindruck zu machen. Diese »Ur-Wahrheit über die Affäre Dreyfus« kennen wir nicht; sie wurde im Herbst 1896 gründlich umgearbeitet, als der Generalstab am 14. September in der Zeitung ›L'Eclair‹ ein neues System der Anklage gegen Dreyfus entwickeln ließ, das wichtige Geheimnisse bestätigte oder enthüllte. In einem anderen Zusammenhang werden wir auf diese höchst wichtige Veröffentlichung zurückkommen, die eine neue Phase der Affäre einleitet. Am 7. November 1896 erschien endlich in Brüssel Bernard-Lazares Broschüre ›Die Wahrheit über die Affäre Dreyfus‹. Keine spätere Darstellung der Episode könnte mit besserem Recht diesen Titel tragen als das magere Heftchen, das nur geringes Aufsehen erregte und bald nicht mehr gelesen wurde.

»Die Affäre begann«, schrieb Charles Péguy 1903 (›Par ce demi-clair matin‹, p. 217), »als ein junger, bereits bekannter, einsamer, unabhängiger, freier Mann beschloß, zu zeigen, daß der Hauptmann Dreyfus unschuldig war. Er tat es, ohne die

Stimme zu steigern, ohne die Stirn zu runzeln, ohne die Augen zu rollen, ohne Geste, still, im Geheimnis und in der Ruhc seines Gewissens. Ich lasse das Wort ›Unschuldig‹ in Fettschrift setzen, wie er es auf der ersten Seite seiner ersten Broschüre zu tun wagte.«

Warum zögerte Mathieu Dreyfus fünfzehn Monate lang, von der Waffe Gebrauch zu machen, die er besaß? Es wurde gesagt, daß er anfangs an der Möglichkeit verzweifelte, gegen die antisemitische Flut anzukämpfen. Später, nachdem der Fall seines Bruders in Vergessenheit geraten war, erschien ihm die vollkommene Gleichgültigkeit des Publikums unüberwindbar. Schließlich mußte er sich aber eingestehen, daß eine abwartende Haltung die Sache seines Bruders in keiner Weise förderte, und er kam auf den Gedanken, durch die falsche Nachricht von dessen Flucht die allgemeine Aufmerksamkeit zu erregen und so den Boden für die Schrift Bernard-Lazares vorzubereiten. Einige Zweifel an der Nützlichkeit des Verhaltens Mathieus sind erlaubt, zumal die Politik der Familie in den folgenden Jahren hervorstechende Kennzeichen trägt, welche die übermäßige Vorsicht und das Zögern während der entscheidenden Periode unmittelbar nach der Verurteilung erklären.

An der Schuld des Hauptmanns zweifelten die Franzosen um so weniger, als »der Verrat« in tiefes Geheimnis gehüllt war. Warum hatte der Major Picquart zunächst an die Schuld des »Verräters« geglaubt? Das Bordereau und die Verhandlungen vor dem Kriegsgericht ließen ihn im Zweifel. Aber er nahm an, der Schuldbeweis wäre enthalten in dem geheimen Aktenstück, das er nicht kannte. Als er es schließlich öffnete – er war als Nachfolger Sandherrs Chef des Nachrichtendienstes geworden –, sah er, daß die Dokumente sich unmöglich auf Dreyfus beziehen konnten. Dieses Beispiel blinden Vertrauens ist um so bezeichnender, als Picquart von den Elementen des Falles Dreyfus – die Geheimnisse der Verschwörer ausgenommen – eine unmittelbare Kenntnis besaß.

Der Generalstab, die Kriegsminister und sieben Offiziersrichter verbürgten sich für die Gerechtigkeit des Urteils. Es anzuzweifeln beleidigte nicht nur diese unantastbaren Autoritäten, sondern auch das patriotische Gefühl der Franzosen für die Armee. Aber Mathieu und die ersten Verteidiger des Hauptmanns hatten keine Wahl. Die Entlarvung des Generals Mercier war unvermeidlich, wenn sie den Unschuldigen befreien wollten. Der Kampf, der ihnen bevorstand, erschien ungleich.

Was sollte ein Häuflein einzelner gegen die mächtige Armee, das Heiligtum des französischen Patriotismus, ausrichten? Aber es handelte sich nicht um diese einzelnen, sondern um die Sache, die sie vertraten. Und würde das Offizierskorps die Urheber einer falschen Anklage gegen einen Kameraden schützen, statt sie auszustoßen?

Tatsächlich waren die höchsten Staatsinteressen im Bunde mit der Sache des Hauptmanns Dreyfus. Die falsche Anklage war ein Angriff auf die bestehende Ordnung. Aus der Gewalttat gegen einen einzelnen erwuchs die große Staatskrise der Jahre 1898 und 1899. Die Bedrohung der Republik durch den cäsaristischen und militaristischen Nationalismus erreichte ihren Höhepunkt, als die Revision des Prozesses von 1894 von der Strafkammer des Kassationshofes entschieden werden sollte.

In seiner Schrift ›Wie man einen Unschuldigen verurteilt‹ (1898) schrieb Bernard-Lazare: »Ich habe gesprochen, weil mir vor Augen geführt wurde, daß die Gesetze verachtet und die Gerechtigkeit beleidigt worden waren. Ich habe gesprochen für die Rettung eines einzelnen, aber im Namen des Heiles aller, damit man die Freiheit demjenigen zurückgebe, der im Kerker ist, doch um die Freiheit jedes Bürgers zu schützen ...«

Man kann nicht genug die Kraft und Eindringlichkeit der Kritik der ersten Schriften Bernard-Lazares – der ›Wahrheit über die Affäre Dreyfus‹ von 1896 und der ›Zweiten Denkschrift mit Schriftgutachten‹ von 1897 – bewundern, die zu einer Zeit erschienen, als die Tatsachen, die der Verteidigung des Unschuldigen dienen konnten, nur mehr oder weniger sicher gewußt wurden. Der Angriff auf die Ankläger – die Verteidigung eines Unschuldigen ist widersinnig – hätte den Advokaten als Muster dienen sollen. Der Historiker Bernard-Lazare hatte tiefere Einsichten als die Juristen. Seine Kritik am Bordereau ist noch heute gültig. Die Schlußfolgerung kommt der Wahrheit so nahe wie möglich, da man Schwartzkoppens Zeugnis noch nicht hatte.

»Der Ursprung, den man dem Bordereau gibt«, schrieb Bernard-Lazare, »ist unerklärlich, wenn man nicht annimmt, daß es von einem Fälscher angefertigt worden ist, der in Beziehung zu jemand unter den Hausangestellten der deutschen Botschaft stand und so das gefälschte Bordereau, das Dokumente aufzählt, die niemals geliefert wurden, einschmuggeln und auf dem üblichen Wege wieder herausholen konnte.«

Die meisten Verteidiger des Hauptmanns Dreyfus haben

nicht verstanden oder sich gescheut, das alles erklärende und alles bedeutende Phänomen des Judenhasses angemessen zu behandeln. Wir brauchen hier nicht auf die Gründe dieses Ausweichens einzugehen, aber es ist wahrscheinlich an der Wurzel vieler verhängnisvoller Verzerrungen und Schiefheiten, deren sich die Dreyfusisten schuldig machten.

»Man muß sich fragen«, schrieb Bernard-Lazare, »welchen Grund haben diese Entschlossenheit, einen Rechtsfall nicht zu prüfen, und dieser hartnäckige Wille, nicht zu hören. Die Art des Verbrechens, das man dem Hauptmann Dreyfus zuschreibt, genügt nicht, um eine solche Haltung zu erklären. Man muß den Grund anderswo suchen. Unvoreingenommene Menschen können nicht anders, als das Urteil zu verdächtigen – angesichts der Mittel und Wege, die man benutzt hat, um den Hauptmann Dreyfus schuldig sprechen zu lassen.«

Bernard-Lazare schildert nun das Justizverbrechen. Der Angeklagte ist wehrlos seinen Verfolgern ausgeliefert. Während er sich, abgeschnitten von der Welt, im Kerker befindet, erhitzen und formen seine Feinde die öffentliche Meinung, indem sie falsche Berichte verbreiten und die höchste Autorität, der Kriegsminister, den Verrat des Hauptmanns als eine unzweifelhafte Gewißheit verkündet. Die letzte Zuflucht des Angeklagten, die Öffentlichkeit der gerichtlichen Verhandlungen, wird ihm versagt, so daß die Fälschungen, im doppelten Geheimnis des Gerichtssaals und des Beratungszimmers der Richter, den Unschuldigen erdrücken müssen.

Diese Geschichte wurde zum erstenmal erzählt. Bernard-Lazare verstand es, sie überzeugend zu machen, indem er den Beweggrund des Verbrechens der falschen Anklage zum Vorschein brachte:

»Welches ist also der eigentliche Grund dieser Haltung [der Feinde des Hauptmanns]? Habe ich nicht gesagt, daß der Hauptmann Dreyfus einer Klasse von Parias angehörte? Er war Soldat, aber er war Jude. Als Jude vor allem ist er verfolgt worden. Weil er Jude war, hat man ihn verhaftet, und weil er Jude war, hat man ihn vor Gericht gestellt. Weil er Jude war, hat man ihn verurteilt, weil er Jude ist, will man zu seinen Gunsten nicht die Stimme der Gerechtigkeit und der Wahrheit hören. Die Verantwortung für die Verurteilung dieses Unschuldigen fällt auf die zurück, die sie durch ihre gemeine Hetze, durch ihre Lügen und ihre Verleumdungen herbeigeführt haben. Diese Menschen haben einen solchen Prozeß möglich gemacht. Diese Menschen verhindern die Aufklärung des Volkes. Sie brauchten einen jüdischen Verräter, der den klassischen

Judas ersetzte, einen jüdischen Verräter, den man immer wieder ins Gedächtnis rufen konnte, um seine Schande auf ein ganzes Volk zurückfallen zu lassen, einen jüdischen Verräter, den man benutzen konnte, um einen planmäßigen Feldzug erfolgreich zu beenden, dessen letzte Aktion die Affäre Dreyfus gewesen ist.«

Die Tatsache dieser entscheidenden Rolle des Judenhasses im Falle Dreyfus ist natürlich von den Verschwörern bestritten worden. Aber Bernard-Lazare stellt überzeugend dar, daß die nicht wenigen anderen Verräter jener Jahre keinerlei Aufregung, ja nicht einmal Aufmerksamkeit in der Öffentlichkeit erregten. 1888 gab es den Fall des Feldwebels Châtelain, 1890 den Fall des Leutnants Jean-Bonnet, 1895 übernahm die ›Libre Parole‹ einen Feldzug gegen einen gewissen Schwartz, den man wegen Spionage verhaftet hatte. Die Artikel hörten plötzlich auf, als bekannt wurde, daß Schwartz ein ›Arier‹ war. 1896 begann ein neuer antisemitischer Pressefeldzug gegen einen Juden Lévy-Mayer, der angeklagt worden war, den Feldwebel Boillot zur Spionage verführt zu haben. Es stellte sich heraus, daß Boillot eine falsche Anschuldigung gemacht hatte. Die ›Libre Parole‹ berichtete davon auf der dritten Seite in einer kleinen Notiz, von Boillot war nicht mehr die Rede. Schließlich gab es noch den Hauptmann Guillot, der jahrelang militärische Geheimnisse verkauft hatte. Er wurde verhaftet, verurteilt und vergessen.

»Es gibt nur einen Verräter in Frankreich«, schreibt Bernard-Lazare, »den Verräter Dreyfus! . . . Wenn ich nur an die allgemeine antisemitische Hetze erinnere, die seit einigen Jahren von einzelnen Personen unternommen wird, so genügte das nicht, um zu erklären, warum sich eines Tages die Menge auf einen Unglücklichen stürzte, von dem sie nichts wußte und nicht einmal das Verbrechen kannte, dessen man ihn anklagte. Es war die besondere Hetze gegen die Juden in der Armee, die ein solches Halali möglich machte. Dieser Feldzug wurde in der ›Libre Parole‹ von einem Offizier geführt, der sich niederträchtigerweise nicht nannte. Der Feldzug endete mit dem Tode des Hauptmanns Mayer [im Duell mit dem Marquis de Morès], weil die Entrüstung des Publikums eine Fortsetzung nicht erlaubte. Aber er hinterließ Spuren, und die Hintermänner desjenigen, der schon am 23. Mai 1892 in der ›Libre Parole‹ geschrieben hatte: ›Der Soldat sieht in dem Juden den Spion, der schamlos die Geheimnisse der nationalen Verteidigung zu Geld macht‹, waren nicht bereit, ihr Ziel aufzugeben. Sie warteten nur auf eine Gelegenheit, es zu erreichen. Diese Gelegenheit bot sich ihnen, und sie verstanden, aus ihr Vorteil zu ziehen.«

Bernard-Lazare erinnert dann an die Art und Weise, wie die ›Libre Parole‹ den Namen Dreyfus bekanntmachte und wie sie mit Verdächtigungen die öffentlichen Gewalten gegen den verhafteten Offizier anstachelte:

»Die Affäre wird erstickt werden, weil dieser Offizier Jude ist. Sucht unter den Dreyfus, den Mayer oder den Lévy, und ihr werdet finden! Er ist seit zwei Wochen in Haft, hat ein vollständiges Geständnis abgelegt, und man besitzt den absoluten Beweis, daß er unsere Geheimnisse an Deutschland verkauft hat.«

Als ein Beispiel der unermüdlichen und skrupellosen Hetze in der klerikalen Presse führt Bernard-Lazare eine Zeichnung an, die am 7. November 1894 die weit verbreitete Zeitung ›La Croix‹ brachte. Die Zeichnung stellt den Kuß des Judas Ischariot dar; in der Rolle des Judas erscheint der Hauptmann Dreyfus, in der Rolle Jesu eine weibliche Figur, die Frankreich symbolisiert. Im begleitenden Text liest man:

»Die Feder macht heute dem Zeichenstift Platz, und das Bild sagt schneller und beredter das, was wir schreiben könnten ... Indessen es gibt einen wichtigen Unterschied ... Judas gehörte zum Volke Gottes und war der vom Herrn erwählte Apostel. Der jüdische Offizier gehört nicht zum französischen Volk. Die wahren Schuldigen sind diejenigen, die ihn in die Armee aufgenommen haben. Er handelt wie der Wolf in der Schafherde und die Katze im Vogelkäfig. Er darf den Rabbinern sagen, daß er aus Vaterlandsliebe verraten hat, da Frankreich Christus immer und überall verteidigt – trotz seiner abtrünnigen Regierungen. Der Franke ist der Erzfeind für das Volk der Gottesmörder. Wie können solche Völker, die von Gott zu einem Kampf auf Leben und Tod bestimmt sind, unter derselben Fahne sein? Das ist ein Widersinn, den nur die Schwäche des sittlichen Gefühls erklärt ... Nun hat man ihn [Dreyfus] verhaften können, trotz dem geheimen und übermächtigen Schutz, den die Juden bei uns genießen. Dieses Ereignis ist sicher eines der wichtigsten unserer Zeit. Wenn man es nicht wieder in Vergessenheit fallen läßt, so bedeutet es vielleicht das Ende der Verschwörung ...«

Dieser Text, der die Zeichnung begleitet, erschien, bevor die gerichtliche Untersuchung beendet war, und schon wurden diejenigen bedroht, welche die Möglichkeit der Unschuld des Hauptmanns zuließen. Einer der nationalistischen Publizisten, Millevoye, schrieb in der ›Patrie‹: »Wenn man ihn freispricht und er ein Verbrecher ist, so wird das Volk Gericht halten.« Nach einer Notiz vom 8. November 1894 erschien in der Redaktion der ›Patrie‹ eine Abordnung pensionierter Offiziere, alle Träger des Ordens der Ehrenlegion, um gegen die Langsamkeit der Untersuchung gegen den Hauptmann Dreyfus zu protestieren. Wenn seine Verbrechen nicht bald enthüllt und das Urteil über ihn nicht unmittelbar gefällt würden, so seien sie bereit, eine öffentliche Demonstration zu machen.

Nun zeigt Bernard-Lazare, wie der General Mercier sich den Demagogen zugesellte.

»Man wird uns entgegenhalten«, schreibt er, »daß es nicht die Hetzer waren, die Dreyfus beschuldigten, und wird sich fragen, warum diejenigen, welche die Wahrheit wußten, nichts taten, um die Flut der Wut und des Hasses einzudämmen. Sie schwiegen, weil auch sie dem antisemitischen Terror ausgesetzt waren und nicht wagten, sich ihm zu widersetzen. Aber an alledem ist ein Mann schuld, und er darf nicht seiner Verantwortung entgehen. Dieser Mann ist der General Mercier, der damalige Kriegsminister. Auf ihn, den von der Politik besessenen General, muß das ganze Gewicht des Fehlurteils zurückfallen, denn er zog den Vorteil aus der nationalistischen Hetze. Indem er sie nährte und förderte, suchte er sein schwindendes Ansehen, seine abnehmende Volkstümlichkeit wiederherzustellen. Man wird gleich sehen, auf welch schwache Verdachtsgründe hin, auf welche sich widersprechenden Zeugnisse hin dieser Mann, bekleidet mit der höchsten Autorität, die Verhaftung des Hauptmanns Dreyfus befahl. Wenn er nur das getan hätte, so wäre er einer unverzeihlichen Leichtfertigkeit schuldig. Aber er tat aus Furcht mehr, er wurde Beistand und Mittäter derjenigen, die mit seiner Hilfe einen Unschuldigen in den Kerker brachten.«

Die Pressestimmen zeigen anschaulich, wie nun der General Mercier ganz der Mann der antisemitischen Demagogen wird. Mercier schreckt nicht davor zurück, frei erfundene falsche Anschuldigungen gegen den Hauptmann Dreyfus mitzuteilen und ihnen durch seine Autorität Gewicht zu geben. Auf diese Weise und noch mehr auf indirektem Wege wurde durch die militärischen Redakteure der großen Zeitungen eine Fülle von Einzelheiten über den angeblichen Verrat verbreitet. So sagte man, daß Dreyfus die Namen der französischen Agenten im Ausland preisgegeben hätte, und man machte ihn verantwortlich für alle Verhaftungen in Italien und in Deutschland. Cochefert, der Chef der Sûreté générale, habe erdrückende Beweise in Händen. Es erschienen auch die Beschuldigungen, die Jahre später von Mercier öffentlich vorgebracht wurden, aber im Prozeß von 1894 nur im geheimen Aktenstück enthalten waren, wie die Spionage, die Dreyfus bereits ausgeübt habe, als er im Jahre 1890 auf der Ecole de Pyrotechnie in Bourges war.

Nationalismus

Wenn der Nationalismus einen Führer gehabt hätte, so wäre Frankreich der erste faschistische Staat dieses Zeitalters geworden. Der Cäsarismus bedroht stets die von der Demagogie unterhöhlten Demokratien. Aber der Mangel an Cäsaren rettete zum zweiten Male die Dritte Republik.

Ein Jahrzehnt früher, am 27. Januar 1889, dem Tage seines überwältigenden Wahlsieges im Departement Seine, hätte sich der General Boulanger, begleitet von hunderttausend Parisern, zum Élysée begeben können, um sich dort, im Palast des Präsidenten, als Diktator Frankreichs einzurichten. Aber der General, das Idol der Menge, versagte sich ihrem Ruf und stürzte ins Nichts.

Den General Mercier bewahrte vor einem so großen Abenteuer seine trockene, kleinliche, phantasielose Natur. Er spielte in dem gewaltigen Drama der Affäre den Intriganten, aber keine Heldenrolle. Die Nationalisten entdeckten zu spät, daß ihr großer Soldat sie mißbrauchte und nur für die Sicherung seines Rückzuges kämpfte.

Mercier wie Boulanger waren als Republikaner und Freidenker Kriegsminister geworden. Und sie hatten – allerdings auf sehr verschiedene Weise – eine große chauvinistische und nationalistische Anhängerschaft gewonnen. Mit der Bedeutung ihrer persönlichen Machtstellung wuchs ihre Neigung zur autoritären Politik, und das machte sie den Monarchisten und Klerikalen begehrenswert. Im Jahre 1900 belohnte ein Sitz im Senat den General Mercier für seine Verdienste um die Zersetzung der Republik und auch für seine Leistungen als unverbesserlicher Fälscher, die gerade die zweite Verurteilung des Hauptmanns Dreyfus vor dem Kriegsgericht in Rennes herbeigeführt hatten. Die katholische und königstreue Vendée wählte ihn in den Senat.

Der Nationalismus erreichte zwar nicht seine beiden Ziele. Weder gelang es ihm, dem französischen Volk den Verrat des Hauptmanns Dreyfus als ein nationales Dogma aufzuzwingen, noch die demokratische Republik in einen autoritären Staat zu verwandeln. Aber es ist höchst bemerkenswert, daß er während der ganzen Affäre die Initiative behielt und seine Herrschaft über einen großen Teil des Bürgertums nicht verlor. Der Terror, den er fünf Jahre lang ausübte, verschwand nicht mit seiner politischen Niederlage, sondern blieb, wenn auch eines Teils seiner Machtmittel beraubt, dauernd wirksam. Weil sich ihm niemand entziehen konnte und weil er das Verhalten der Gegner durch moralische Einschüchterung entscheidend beeinflußte, ist er die beherrschende Tatsache der so tief einschneidenden Episode. Alles Geschehen, alles Tun, alle Betrachtungen und sogar die Geschichtsschreibung der Affäre sind ›terrorisiert‹ und tragen die Zeichen der Mißbildung, der Abweichung vom Gesunden und Vernünftigen, den Stempel der Angst.

Picquart entdeckt Esterhazy

Bernard-Lazares Entlarvung des Generals Mercier machte im November 1896 weder auf die öffentliche Meinung, noch auf die Politiker und nicht einmal auf seine nächsten Mitkämpfer einen nachhaltigen Eindruck. Die Familie Dreyfus sollte bald – unter dem Einfluß neuer, wichtiger Bundesgenossen – die ›Wahrheit über die Affäre Dreyfus‹ wie ein Hindernis beiseite schieben. Der Autor wurde peinlich für die Politiker des sich entwickelnden Dreyfusismus, der, um den General Mercier und den Generalstab nicht angreifen zu müssen, die alles verwirrende These des Justizirrtums und des Verrats Esterhazys zum Eckstein seines defensiven Systems machte.

Mathieu Dreyfus verlor nicht nur Zeit, als er die Veröffentlichung der Broschüre Bernard-Lazares um sechzehn Monate verzögerte, sondern auch den festen Standpunkt in dem Kampf um die Befreiung und die Ehrenrettung seines Bruders.

Im Sommer 1896 war der Oberstleutnant Picquart, der neue Chef des Nachrichtendienstes im Großen Generalstab, auf die Spur des wahren Schreibers des Bordereaus geraten. Ein Rohrpostbrief des deutschen Militärattachés von Schwartzkoppen an den Major Esterhazy fiel in seine Hände. Der Inhalt erschien verdächtig, weil die Sprache verhüllt war und eine engere Beziehung der Korrespondenten voraussetzte. Nach einigen Monaten der Nachforschungen, die lediglich ergaben, daß Esterhazy in ungeordneten Verhältnissen lebte, entdeckte Picquart die Identität der Schrift banaler Briefe des Majors mit der des Bordereaus und erhielt damit den schlüssigen Beweis, daß die Verurteilung des Hauptmanns Dreyfus keine Grundlage besaß. [55]

Das Rechtsverbrechen Merciers kannte Picquart als unmittelbarer Zeuge; es hatte ihn nicht beunruhigt. Die falsche Zuschreibung des Bordereaus stellte ihn noch vor die Frage, ob nicht vielleicht das geheime Aktenstück, das nur den Richtern mitgeteilt worden war, den eigentlichen Schuldbeweis enthielte. Picquart mußte sich eingestehen, daß auch diese Dokumente Dreyfus in keiner Weise belasteten. So geschah es, daß im Sommer 1896 ein wichtiger Offizier des Großen Generalstabs die Unschuld des Hauptmanns Dreyfus beweisen konnte. Aber die Tatsachen, die er wußte, und die Dokumente, die seiner Entdeckung gedient hatten, waren Dienstgeheimnisse. Nur die höchsten Vorgesetzten, der Chef des Generalstabs und der Kriegsminister, hätten aus ihnen die unvermeidlichen Folgerungen ziehen können, aber sie waren Mitverschworene oder Verbündete der falschen Ankläger und sahen sich nun selbst bedroht.

Picquart scheint von der Weigerung seiner Chefs überrascht worden zu sein, den schlüssigen Beweis der Unschuld des Hauptmanns Dreyfus anzuerkennen. Sie behandelten die Tatsache, daß der Major Esterhazy das Bordereau geschrieben hatte, wie einen unbestimmten Verdacht. Es ist höchst sonderbar, daß Picquart aus diesem Verhalten seiner Vorgesetzten nicht schloß, daß der Fall Dreyfus nicht aufgerührt werden sollte, weil die Verurteilung mit unlauteren, vielleicht verbrecherischen Mitteln erreicht worden war. Er kannte ja eine der meuchlerischen Taten Merciers in ihrer Vollständigkeit. Das geheime Aktenstück war nicht nur unter Verletzung eines elementaren Rechtsgrundsatzes nach den Verhandlungen und vor der Urteilsfindung den Richtern mitgeteilt worden, sondern es stellte auch eine ungeheuerliche Fälschung dar.

Wie weit Picquarts Einsichten und Überlegungen gingen, ist unmöglich zu ahnen. Wir wissen aber, daß Picquart sich nur sehr langsam und nie vollständig von den militärischen Denkgewohnheiten befreite. Der bequeme Zwang, die Entscheidungen und Meinungen der höheren Autorität ohne Prüfung und eigenes Urteil anzunehmen, ist an der Wurzel dieser erstaunlichen Tatsache, daß er als Beauftragter des Kriegsministers bei den Verhandlungen des Prozesses Dreyfus den General Mercier drängte, von dem geheimen Aktenstück Gebrauch zu machen. Er selbst erklärte dem Kassationshof (Cass. I, 131 f.): »Ich habe mehrere Male dem General de Boisdeffre und dem General Mercier gesagt, daß ich nicht beruhigt sein würde, wenn es nicht das geheime Aktenstück gebe.« Der Freispruch des Hauptmanns Dreyfus wäre eine Katastrophe für den Minister und die Chefs des Generalstabs gewesen. Es dauerte einige Jahre, ehe Picquart erkannte, daß die Hintergehung eines Angeklagten eine Gewalttat ist. Er zog aus den ihm unmittelbar bekannten Tatsachen des Falles Dreyfus-Esterhazy nicht die letzten Schlußfolgerungen und suchte nicht, das mysteriöse Verhalten seiner Chefs zu ergründen.

Diese, die Generale de Boisdeffre und Gonse, narrten ihn, indem sie ihm befahlen, seine Nachforschungen über Esterhazy fortzusetzen, aber dabei die größte Vorsicht anzuwenden, um einen Skandal zu vermeiden, und außerdem die Fälle Esterhazy und Dreyfus zu trennen und jeden für sich zu behandeln. Dieser Widersinn war nichts anderes als der verhüllte Befehl, die Affäre Dreyfus nicht aufzurühren und Esterhazy in Ruhe zu lassen. Picquart wollte aber nicht verstehen und verweigerte seinem unmittelbaren Vorgesetzten, dem General Gonse, den Gehorsam auf eine unmißverständliche Weise, die sogar eine Drohung enthielt. Gonse hatte ihm endlich mit brutaler Offenheit gesagt: »Wenn Sie nichts sagen, wird niemand etwas wissen.« Picquart erwiderte: »Herr General, was Sie sagen, ist abscheulich. Ich weiß nicht, was ich tun werde, aber ich werde das Geheimnis nicht mit ins Grab nehmen.« So berichtete Picquart den Wortwechsel in seinen Zeugenaussagen, und es besteht um so weniger ein Grund, an der Treue der Wiedergabe zu zweifeln, als sie die Quintessenz eines unmittelbar vorausgegangenen schriftlichen Meinungsaustausches enthält. Selbstverständlich betrachteten die Verschwörer Picquart von nun an als ihren Feind. Es dauerte nur noch zwei Monate, ehe er aus dem Nachrichtendienst, aus dem Generalstab, ja aus Paris und schließlich aus Frankreich entfernt wurde, und in dieser Zeit trugen einige wichtige Ereignisse dazu bei, ihn den Verfolgern des Hauptmanns Dreyfus als höchst gefährlich erscheinen zu lassen. [56–58]

Es ist gewiß überraschend, daß Picquart nach der entscheidenden Auseinandersetzung mit Gonse, die den Konflikt mit den Generalen unversöhnlich und seine Stellung als Chef des

Nachrichtenbüros unhaltbar machte, nichts unternahm, um seine unerträgliche Lage zu ändern, sondern untätig abwartete, was über ihn verhängt werden würde. Es gab für ihn nur einen Ausweg, wenn er die Folgen seiner eigenen Herausforderung vermeiden wollte, er mußte seinen Abschied nehmen. Diese Entscheidung war allerdings die härteste für einen ausgezeichneten Offizier von wenigen vierzig Jahren, der noch eine lange, wahrscheinlich glänzende Laufbahn vor sich hatte. Picquart hätte vor allem seine nunmehr gefährliche Lage erkennen müssen und vielleicht auch ihre moralische Ausweglosigkeit. Denn wollte er in der Armee bleiben, so konnte er nicht einfach schweigen, sondern mußte versuchen, zu einem Einverständnis mit den Vorgesetzten zu kommen. Das wäre aber nur möglich gewesen, wenn er seine Drohung, er werde das Geheimnis nicht mit ins Grab nehmen, widerrief und sich zum Schweigen verpflichtete. Aber dieser Ausweg war ein moralisches Opfer und außerdem fragwürdig als Sicherung vor Verfolgung. Seine Laufbahn erlitt sicherlich einen Bruch, denn die Chefs des Generalstabs konnten seinen Aufstieg in der militärischen Hierarchie nicht mehr wünschen. Diese Überlegung gibt Clemenceau recht, der an dem Verhalten Picquarts kritisierte, daß er nicht die radikale Folgerung aus seinem Verhalten gegenüber Gonse zog.

Wenn man die im Jahre 1894 gegen Dreyfus erhobene Anklage ernst nahm, so bewies die Entdeckung Picquarts ohne den Schatten eines Zweifels die Unschuld des Verurteilten. Nicht Dreyfus, sondern Esterhazy war der Schreiber des Corpus delicti. Aber die Verschwörer nahmen die Anklage nicht ernst, und das liegt im Wesen der Sache. Sie fanden, daß ihr Roman in seiner ursprünglichen Fassung nicht allen Bedürfnissen entsprach und er der Verbesserungen bedurfte. Während die hohen Chefs noch mit Picquart ihr Spiel trieben, erschien am 14. September 1896 der Artikel ›Der Verräter‹, der die veränderte Romanfabel vom Verrat des Juden enthält. [59]

Was hatte diese voreilige und schlecht durchdachte Initiative ausgelöst? Man hat immer geglaubt, daß die falsche Nachricht von der Flucht des Hauptmanns Dreyfus, die Mathieu durch eine englische Zeitung hatte verbreiten lassen, den Anstoß gegeben hätte. Ein gewisses Aufsehen war erregt worden, und einzelne Artikel in der Pariser Presse spiegelten den nie ganz erstickten Zweifel an der Schuld des jüdischen Offiziers wider. Offenbar wollte der Generalstab mit dem Artikel im ›Eclair‹

die Überzeugung verbreiten, daß der Prozeß von 1894 nur einen Bruchteil des komplexen »großen Verrats« zum Gegenstand gehabt hätte und die furchtbarsten Geheimnisse dem Kriegsgericht vorenthalten worden wären. Auf eine sehr naive Weise wurde die offizielle Anklage als eine Art Spiegelfechterei hingestellt, die verhindern sollte, daß die Zahl der Mitwisser gefährlichster Staatsgeheimnisse sich vermehrte. Der Verfasser des Artikels, der unverkennbar das Sprachrohr des Generalstabs war, zerstörte ahnungslos die rechtliche Grundlage des Urteils von 1894 und plauderte sogar aus, daß es durch die Hintergehung des Angeklagten herbeigeführt worden war.

Zwar hatte die neue, in die Zukunft weisende Darstellung des Falles Dreyfus keinen offiziellen Charakter und konnte den Generalstab nicht festlegen, aber sie bestätigte den teilweise Eingeweihten, wie der Familie Dreyfus und Bernard-Lazare, ihre wohlbegründete Annahme, daß der Hauptmann einem Anschlag zum Opfer gefallen war. Die Genauigkeit in der Wiedergabe und Deutung geheimer Dokumente erlaubte keinen Zweifel an der Herkunft des Artikels.

Das Verbrechen, dessen Bernard-Lazare den General Mercier in seiner ersten Broschüre bezichtigte, erschien so unglaublich, daß es niemand wahrhaben wollte, aber deshalb blieb die Beschuldigung nicht ohne große, wenn auch verborgene Wirkung. Vor allem verstärkte sie in den Verschwörern das Bewußtsein der großen Gefahr, in der sie sich befanden. Zum ersten Male wurde rücksichtslos und wesentlich zutreffend die falsche Anklage öffentlich enthüllt. Wenn auch die Menge nicht davon beeindruckt war, so konnte niemand voraussehen, was sich aus diesem bescheidenen Beginn einer Aufklärung entwickeln würde. Die Befürchtungen mußten um so größer sein, als der Oberst Picquart, der Mitwisser eines der großen Geheimnisse der Verschwörung, sich widerspenstig gegenüber den Wünschen der hohen Chefs verhielt. Das schlechte Gewissen und die Angst vergrößerten diese Gefahr über alles vernünftige Maß hinaus und trieb die Verschwörer zu den äußersten und verwerflichsten Maßnahmen gegen Picquart, den eingebildeten Feind. Allerdings gab es inmitten der Krise ein überraschendes, zufälliges, höchst folgenschweres Ereignis, das ihnen zunächst als ein Schachzug ihrer Gegner erschienen sein muß. Am 10. November 1896 veröffentlichte der ›Matin‹ das Faksimile des Bordereaus. Es stellte sich nach einer gewissen Zeit heraus, daß einer der Schriftsachverständigen der Ankläger, Teyssonnières, ein Mann üblen Leumunds, die Photographie an die Zeitung verkauft hatte. Bezeichnend ist, daß der Generalstab die Schuldigen nicht der Justiz überantwortete, obwohl ihre Tat zweifellos unter das Spionagegesetz fiel, da durch sie ein geheimes Dokument bekanntgemacht worden war. Aber wie hätten die Verschwörer es wagen können, das Corpus delicti der falschen Anklage zum Gegenstand von Verhandlungen vor der zivilen Justiz zu machen!

Unmittelbar in Gefahr befand sich jetzt Esterhazy, der jeden Augenblick als der Schreiber des Bordereaus erkannt werden konnte.

Die ›Fälschung Henry‹

Um den 1. November 1896 fertigte Henry das »zerschmetternde Beweisstück« an, von dem immer gesprochen worden war, das es aber nicht gab. Zuletzt hatte der Artikel des ›Eclair‹ dieses Phantom in den Mittelpunkt seines neuen Systems der Anklage gegen Dreyfus gestellt. Die Entdeckung Picquarts und nun seine Drohung, das Geheimnis nicht mit ins Grab zu nehmen, machte das Bordereau fragwürdig und sogar gefährlich. Jedenfalls sicherte es nicht mehr die Verurteilung des jüdischen Hauptmanns, sondern konnte leicht der Revisionsgrund werden. Kam aber die Affäre Dreyfus wieder in Bewegung, so drohte den falschen Anklägern die Entlarvung. Von diesen vielleicht fernen Gefahren abgesehen, gab es unmittelbare Schwierigkeiten. Picquart hatte mit seinen Dokumenten und Schriftvergleichen auf den Kriegsminister General Billot einen gewissen Eindruck gemacht und wenigstens seine Überzeugung bezüglich der Gerechtigkeit des Urteils von 1894 erschüttert. Es gab wohl auch noch andere Offiziere, die zu zweifeln begannen.

Das Bedürfnis nach dem »zerschmetternden Beweisstück« wurde dringend, da das alte System der Anklage gegen Dreyfus fragwürdig geworden und nicht solide genug war, Erörterungen zu vertragen. Diese beunruhigende Lage mußte den General Gonse bedrücken, der die hauptsächliche Verantwortung für die Machenschaften des Nachrichtenbüros trug. Henry, der vorgesehene Nachfolger Picquarts, hatte als Komplice des Anschlags auf Dreyfus ebenfalls starke persönliche Gründe, das bedrohte gemeinsame Werk zu schützen. Es gibt einige Hinweise auf den General Gonse als den Eingeber der Fälschung; seine Mitwisserschaft kann nicht ernsthaft in Frage gestellt werden. Die Hinweise sind enthalten in mündlichen und schriftlichen Äußerungen Henrys nach seiner Preisgabe durch die Generale der Verschwörung, mit deren Einverständnis der Kriegsminister Cavaignac am 30. August 1898 Henry zum Sündenbock machte und dann beseitigte.

Als Henry am 2. November 1896 seine Fälschung vorzeigte, konnten die Generale de Boisdeffre und Gonse nicht im Zweifel sein über das Wesen des Dokuments, das für den Gebrauch im Innern des Kriegsministeriums gedacht war. Noch hielt man es für unmöglich, daß geheime Dokumente an die Öffentlichkeit gelangen könnten, und Henry hatte ein wenig die Gewohnheit, kaltblütig und ohne den Gedanken an eine Gefahr für sich selbst, zu fälschen und zu lügen.

Das »zerschmetternde Beweisstück« war ein Brief des italienischen Militärattachés Panizzardi an Schwartzkoppen. In einem drolligen Französisch, das Verdacht erregen konnte, heißt es:

»Mein lieber Freund! Ich habe gelesen, daß ein Abgeordneter über Dreyfus eine Anfrage einbringen wird. Wenn man in Rom neue Erklärungen verlangt, werde ich sagen, daß ich nie Beziehungen zu dem Juden gehabt habe. Das ist abgemacht. Wenn man Sie fragt, sagen Sie dasselbe, denn niemand darf jemals erfahren, was mit ihm gewesen ist. Alexandrine.« [60–61]

Sehr wahrscheinlich war dieses Machwerk die Grundlage nicht weniger »unerschütterlicher« Überzeugungen in der Zeit von November 1896 bis August 1898, als das Kriegsministerium endlich gezwungen war, die Fälschung einzugestehen und das »Werkzeug« Henry zu opfern. Da das befremdliche Dokument während der ganzen Dauer seiner Laufbahn von zweiundzwanzig Monaten immer wieder angezweifelt wurde, erklärt sich seine freche Durchsetzung nur durch seine Notwendigkeit für die Verschwörer. Es mußte wegen der »Bekehrungen«, die es bewirkt hatte, verteidigt und schließlich sogar veröffentlicht werden, weil die »Bekehrten« verlangten, die nationale Zwietracht durch das »zerschmetternde Beweisstück« zu beenden. Das geschah im Zola-Prozeß und löste neue Proteste gegen die Fälschung aus, unter denen die diplomatischen vielleicht das Eingeständnis erzwangen. Es kann sein, daß noch andere Gründe hinzukamen – vor allem die offenbare Notwendigkeit, sich Henrys zu entledigen.

Dokumente zum zweiten Kapitel

[53] Die Familie Dreyfus

Brief des Abgeordneten Auguste Lalance an Yves Guyot, Direktor des ›Siècle‹ vom 19. Februar 1898:

Mein Herr,
auf Ihr Ersuchen schreibe ich Ihnen, was ich heute vor dem Assisengericht erklärt haben würde, wenn der Präsident mich hätte sprechen lassen.

Die Familie Dreyfus besteht aus vier Brüdern: Jacques, Léon, Mathieu und Alfred. Sie sind eng miteinander verbunden.

Im Jahre 1872 mußten die Elässer für die französische Nationalität optieren oder sie wurden Deutsche ... Diejenigen, die Franzosen bleiben wollten, mußten eine Erklärung abgeben und das Land verlassen.

Die drei jüngeren Brüder Dreyfus optierten und gingen fort. Der älteste, Jacques, der nicht mehr militärpflichtig war, optierte nicht und wurde Deutscher. Er brachte das Opfer, um die bedeutenden Industriewerke, die das Erbe der Familie bildeten, ohne Furcht vor Ausweisung leiten zu können. Aber er gab sich das Versprechen, daß die Söhne, die ihm vielleicht geboren werden würden, Franzosen werden sollten ...

Jacques Dreyfus hatte sechs Söhne.

Im Jahre 1894 bereiteten sich von den beiden ältesten der eine für die Ecole Polytechnique und der andere für Saint-Cyr vor. Nach dem Prozeß mußten sie die Laufbahn aufgeben.

Was sollte ihr Vater tun, der wußte, daß sein jüngster Bruder ungerecht und gesetzwidrig verurteilt worden war?

Sollte er seinen Namen ändern, wie andere Dreyfus es getan hatten?

Sollte er auf seine Vorsätze verzichten und sich entschließen, seine Söhne im deutschen Heer dienen zu lassen, damit sie dann in das Vaterhaus zurückkehren und in einer Stadt leben könnten, wo ihre Familie geachtet, von allen bemitleidet und geehrt wurde?

Wenn er das getan hätte, niemand würde einen Stein auf ihn geworfen haben.

Im Jahre 1895 und 1896 erreichten die beiden jüngeren Söhne das Alter von siebzehn Jahren, und er sagte ihnen: »Meine Kinder, ihr müßt das Vaterhaus verlassen, um nicht mehr zurückzukehren. Geht in das Land, wo euer Name geschändet und verachtet ist, wie es die Pflicht von euch verlangt.«

Schließlich im Jahre 1897 gab der Vater sein Haus, sein Geschäft, seine Freunde auf und ließ sich in Belfort nieder ... Er beantragte die Naturalisation für sich und seine beiden jüngeren Söhne...

[54] »Die Affäre Dreyfus ist nicht abgeschlossen ...«

Aussage Picquarts vor der Strafkammer des Kassationshofs (1898):

Ich übernahm offiziell die Leitung des Nachrichtenbüros am 1. Juli 1895. Gleich in den ersten Tagen sagte mir der General de Boisdeffre: »Die Affäre Dreyfus ist noch nicht abgeschlossen; sie beginnt erst.« Und er forderte mich auf, die Akten zu ergänzen, indem ich Nachforschungen über die Punkte anstellen sollte, die bis dahin gänzlich unaufgeklärt geblieben waren. Diese Punkte betrafen die Beweggründe, die Dreyfus hätten bestimmen können, den Verrat zu begehen.

Ich weiß nicht mehr genau, wann ich diese Nachforschungen begonnen habe. Es muß jedoch bald nach meiner Übernahme der Leitung des Nachrichtenbüros gewesen sein. Ich war zu jener Zeit von der Schuld des Hauptmanns Dreyfus überzeugt – keineswegs wegen der kriegsgerichtlichen Verhandlungen, denen ich beigewohnt hatte und deren Leere ich fühlte, sondern weil ich unbedingt an das geheime Aktenstück glaubte ...

[55] Das ›Petit bleu‹

Im März oder April 1896 setzte der Hauptmann Lauth aus Papierschnitzeln, die aus dem Papierkorb des Obersten Schwartzkoppen stammten, einen Rohrpostbrief zusammen, der an den Major Walsin-Esterhazy adressiert, aber aus irgendeinem Grunde nicht abgeschickt worden war. Dieses ›Petit bleu‹ sollte nach dem Bordereau das berühmteste Dokument der Affäre werden. Es hatte folgenden Wortlaut:

Mein Herr, ich erwarte vor allem eine ausführlichere Erklärung als diejenige, welche Sie mir neulich bezüglich der schwebenden Frage gegeben haben. Ich bitte Sie daher, sie mir schriftlich zu geben, damit ich beurteilen kann, ob ich meine Beziehungen zum Hause R. aufrechterhalten kann oder nicht. Gez. C.t.

[56] Picquart empfiehlt die Revision

Aus dem Briefwechsel Gonse–Picquart:

Mein General, Paris, den 5. September 1896

... das ist nicht eine Ähnlichkeit ... sondern die Gleichheit. Angesichts dieser Tatsache erscheint es mir notwendig, die Bestätigung eines Fachmanns zu haben, und ich möchte Sie inständig bitten, mir dazu die Erlaubnis zu geben.

Ich habe bereits die Bestätigung dieses Narren von Bertillon, aber sie bedeutet nicht viel. Als er die Papierfetzen sah ..., täuschte er sich vollständig und rief: »Was für eine bewundernswerte Nachahmung! Sie haben zu diesem Ergebnis nur durch Pausen kommen können, ich werde in dieser Richtung Nachforschungen anstellen.«

Der Unglückliche glaubt an eine Machenschaft ...

Antwort des Generals Gonse:

Cormeilles-en-Parisis, den 7. September 1896

Mein lieber Picquart,

ich habe Ihren Brief vom 5. erhalten und über ihn reiflich nachgedacht. Ich beeile mich, Sie wissen zu lassen, daß es mir angebracht erscheint, in dieser Affäre mit großer Vorsicht vorzugehen und den ersten Eindrücken zu mißtrauen.

Es erscheint mir jetzt notwendig, sich des Charakters der Dokumente zu vergewissern. Auf welche Weise haben sie kopiert werden können?

Um welche Auskünfte sind dritte Personen ersucht worden?

Man kann mir antworten, daß in dieser Richtung es ziemlich schwer ist, zu einem Ergebnis zu kommen, ohne einiges aufzurühren. Ich erkenne das an, aber nach meiner Ansicht ist es der beste Weg, in Sicherheit vorzugehen.

Die Untersuchung hinsichtlich der Schriften hat den großen Nachteil, daß man sich an neue Vertrauenspersonen wenden müßte, und es scheint mir besser abzuwarten, bis man Bescheid weiß, ehe man auf diesem schwierigen Wege weiter geht.

Ich kehre am 15. September zurück. Mündlich kann man

sich am besten in einer derartigen Angelegenheit verständigen.

Ich drücke Ihnen sehr herzlich die Hand, mein lieber Picquart.

Ihr sehr ergebener
A. Gonse

Wiederholt und immer eindringlicher warnt der Oberst vor dem drohenden Skandal, den die Familie Dreyfus hervorrufen werde. Am 8. September schreibt er dem General:

... ich glaube, es ist meine Pflicht, Ihnen folgendes zu sagen: Zahlreiche Anzeichen und ein ernstes Vorkommnis, über das ich mit Ihnen nach Ihrer Rückkehr sprechen werde, beweisen mir, daß der Augenblick nahe ist, da die Leute, die davon überzeugt sind, daß man ihnen gegenüber einen Irrtum begangen hat, alles versuchen und einen gewaltigen Skandal heraufbeschwören werden. Ich glaube, das Notwendige getan zu haben, damit die Initiative von unserer Seite kommt. Wenn man zuviel Zeit verliert, wird die Initiative von der anderen Seite kommen, was uns – abgesehen von höheren Gesichtspunkten – in eine schlimme Lage versetzt. Ich muß noch hinzufügen, daß jene Leute mir nicht so gut unterrichtet erscheinen, wie wir es sind, und daß daher ihr Versuch zu einer Verwirrung, einem Skandal, einem großen Lärm führen muß, was nichtsdestoweniger keine Klarheit bringen wird. Es würde eine bedauerliche Krise ohne wirklichen Nutzen sein. Man könnte alles das vermeiden, indem man zur rechten Zeit die Wiedergutmachung in die Wege leitet.

Am 14. September, dem Tage der Veröffentlichung des Artikels im ›Eclair‹ erinnert Picquart den General Gonse an seine Warnung und wiederholt sie noch einmal in dringlicher Form:

Ich erlaube mir, Ihnen zu sagen, daß wir meiner Ansicht nach große Schwierigkeiten haben werden, wenn wir nicht die Initiative ergreifen. Der Artikel des ›Eclair‹, der hier beigefügt ist, bestätigt leider meine Meinung. Ich werde gründlich nachforschen, wer die Bombe so geschickt hat legen können. Aber ich glaube, nochmals betonen zu müssen, daß meiner Ansicht nach aller Grund besteht, unverzüglich zu handeln. Wenn wir noch warten, werden die Ereignisse uns die Freiheit des Handelns nehmen, wir werden uns in einer ausweglosen Lage befinden und nicht mehr die Mittel haben, uns zu verteidigen, noch die ganze Wahrheit ans Licht zu bringen.

[57] Picquarts Gewissensfrage

Picquarts Aussage vor der Strafkammer des Kassationshofs am 29. XI. 1898:

Ich komme jetzt zu der Unterhaltung, die ich am 15. September 1896 mit dem General Gonse in seinem Büro hatte und die in meiner Denkschrift an den Justizminister wiedergegeben ist. Der General Gonse bestreitet meine Darstellung, und ich halte sie unbedingt aufrecht. Der General hat mir sehr wohl gesagt, als er von der Affäre Esterhazy sprach: »Wenn Sie nichts sagen, wird niemand davon wissen«, und ich habe sehr wohl geantwortet: »Herr General, was Sie sagen, ist abscheulich; ich weiß nicht, was ich tun werde, aber ich nehme dieses Geheimnis nicht mit ins Grab.«

[58] Testament des Oberstleutnants Picquart vom 2. April 1897

Der Umschlag trug folgenden Vermerk: »Im Falle meines Todes ist dieser Umschlag dem Präsidenten der Republik auszuhändigen, der allein von dem Inhalt Kenntnis nehmen darf.

G. Picquart, Oberstleutnant im 4. Schützen-Regiment.«

Der unterzeichnete Picquart (Marie-Georges), Oberstleutnant im 4. Schützen-Regiment, vorher Chef des Nachrichtendienstes im Kriegsministerium, versichert auf seine Ehre die Richtigkeit der folgenden Tatsachen, die im Interesse der Wahrheit und der Gerechtigkeit unmöglich unterdrückt werden können, wie man es versucht hat.

Im Monat Mai des Jahres 1896 wurde meine Aufmerksamkeit auf den Major Walsin-Esterhazy vom 74. Infanterie-Regiment gelenkt, an den eine Person der deutschen Botschaft (wahrscheinlich der Oberstleutnant Schwartzkoppen, der Militärattaché) einen Rohrpostbrief mit recht verdächtigen Hinweisen gerichtet hatte. Meine gründliche Untersuchung ergab, daß der Major Walsin-Esterhazy ein Agent Deutschlands ist und dieses Ergebnis habe ich in einer Aufzeichnung vom 1. September 1896 festgehalten, die ich dem General Gonse aushändigte. Beweise gibt es im Überfluß, und die verzweifelte finanzielle Lage Esterhazys, sein vollständiger Mangel an Skrupeln in der Wahl der Mittel, sich Geld zu beschaffen, stützen nur die materiellen Beweise, die vorhanden sind.

... Bei der Beschäftigung mit der Affäre Esterhazy fiel mir auf, daß gewisse Tatsachen, die Dreyfus zur Last gelegt wurden, sich vollkommen einfügten in den Rahmen der Tatsachen, die sich auf Esterhazy beziehen.

Da Dreyfus unter Anklage gestellt worden war, weil er einen Brief an den deutschen Militärattaché in Paris gerichtet hätte, hatte ich die Neugierde, die Schrift Esterhazys mit der dieses Dokuments zu vergleichen. Zu meiner großen Überraschung besteht eine vollkommene Gleichheit.

Drei von fünf Schriftsachverständigen hatten erklärt, das anklagende Schriftstück zeige die verstellten Schriftzüge des verdächtigten Dreyfus, und ich fand, daß es sich um die natürliche Schrift Esterhazys handelt.

Ich wollte mich aber nicht auf meine eigenen Erkenntnisse allein verlassen und brachte ein Beispiel der Schrift Esterhazys zu dem überzeugtesten der Schriftsachverständigen, zu Monsieur Bertillon, ohne ihm die Herkunft zu enthüllen. Monsieur Bertillon erklärte, ohne Zögern und unmittelbar, daß diese Handschrift die des Dokuments Dreyfus wäre. Er bedrängte mich sogar mit Fragen, um zu erfahren, woher ich diese Schriftprobe habe, denn er finde, so sagte er, »daß die Verstellungen, deren sich Dreyfus bedient hätte, in dieser Schrift so gut wiedergegeben wären, daß die Person, von der sie stammte, sich einem besonderen Studium gewidmet haben müßte«.

... Ich meldete diese Tatsachen zuerst dem General de Boisdeffre, dann mit seiner Erlaubnis dem General Gonse und schließlich dem Minister, dem General Billot. Der General de Boisdeffre und der General Gonse, die tatsächlich unter der Leitung des Generals Mercier den Prozeß Dreyfus machen ließen, zeigten sich ziemlich verlegen. Der Minister nahm meine Beweise an und sagte mir, daß er, wenn nötig, Esterhazy festnehmen lassen werde. Vorläufig sollte ich meine Nachforschungen fortsetzen. Nun erfolgten der Pressefeldzug zugunsten von Dreyfus und die Anfrage Castelin in der Kammer. Der General de Boisdeffre sprach mit dem Minister, und nach dieser Besprechung erschien dieser wie verwandelt. Er sagte mir mit besonderer Betonung (ich erlaube mir zu glauben, daß es nicht wahr war), daß ihm seine besondere Polizei Beweise der Schuld des verurteilten Dreyfus geliefert hätte. Er unterließ es, sie mir zu bezeichnen. Der General Gonse fragte mich mit einem gewissen besorgten Eifer, ob ich wohl glaube, was der Minister mir sagte.

Da ich immer nur bekräftigte, daß ich mich an die Beweise, die ich gesammelt hatte, hielte, schickte man mich eines Tages mit Aufträgen zum 6. Korps (am 16. November), dann zum 7. und schließlich zum 14. und 15. Korps. Schließlich wurde ich zu dem 4. Schützen-Regiment versetzt ...

Doch alle Beweise, die ich in Händen hatte ..., lassen auf die klarste Weise erkennen:

1. daß Walsin-Esterhazy (und vielleicht auch sein Freund Weil) ein deutscher Agent ist;
2. daß die einzigen sicheren Tatsachen, die Dreyfus vorgeworfen werden, Esterhazy belasten;
3. daß der Prozeß Dreyfus geführt wurde mit einer unerhörten Leichtfertigkeit, mit der vorgefaßten Idee, daß Dreyfus schuldig wäre, und in der Verachtung der gesetzlichen Formen. (Geheimes Aktenstück, mitgeteilt im Beratungszimmer der Richter, zusammengesetzt aus vier Dokumenten, von denen sich eins auf Esterhazy bezieht, ein anderes auf ein Individuum, bezeichnet durch die Initiale D, das nicht Dreyfus sein kann wegen der gelieferten Schriftstücke, um die es sich handelt. Die zwei anderen Dokumente sind ohne Wichtigkeit und beruhen nur auf Geschwätz.)

Es war das Aktenstück, das Dreyfus und sein Verteidiger nicht kannten, das die Verurteilung des Angeklagten herbeiführte. Es hat auf die unentschiedenen Richter Eindruck gemacht, die niemand hatten, der sie aufklärte, und die sich schnell entscheiden mußten. Es verträgt aber keine vernünftige Erörterung, und der Verteidiger würde es ganz gewiß auf die vollständigste Weise widerlegt haben.

Ich wiederhole: alle diese Beweisstücke wurden mir nacheinander von dem General Gonse weggenommen – nach jeder neuen Entdeckung. Ich muß sogar fürchten, daß die Dokumente des geheimen Aktenstücks ... zerstört wurden.

G. Picquart

[59] Das neue System der Anklage

Die Zeitung ›L'Eclair‹ veröffentlicht am 14. September 1896:

Der Verräter

Die Regierung glaubt, nicht in der Lage zu sein, die Zurückhaltung aufzugeben, die ihr eine wesentlich diplomatische Behutsamkeit diktiert. Wir glauben nicht, zu derselben Vorsicht verpflichtet zu sein, denn wir sind überzeugt, daß die Gründe, die für die Verschwiegenheit sprachen, nicht mehr gelten und daß man heute zum Vorschein bringen darf, was man vorher nicht einmal in den geheimen kriegsgerichtlichen Verhandlungen sagen konnte, ohne peinliche internationale Verwicklungen befürchten zu müssen. Es handelt sich um den unwiderleglichen positiven Beweis des Verrats, um das Dokument, das die Offiziere des Kriegsgerichts zu ihrem einstimmigen Urteil bewogen hat.

Nach unserer Ansicht – alle Franzosen werden uns zustimmen – ist es patriotisch, die Zurückhaltung aufzugeben und die Dokumente vorzulegen, die beweisen, daß die militärischen Richter in vollständiger Kenntnis des Falles geurteilt haben und Dreyfus trotz seines Leugnens schuldig ist.

Der Beweis

... diese Veränderungen waren dem deutschen Großen Generalstab mitgeteilt worden. Man forschte in den Büros nach, um den Urheber dieser landesverräterischen Mitteilungen zu entdecken, aber zunächst ergab sich nichts. Es dauerte jedoch nicht lange, und ein Dokument von ungewöhnlicher Bedeutung tauchte auf. Es war das Dokument, das später den unerbittlichen Spruch des Gerichts herbeiführte.

Die Militärattachés der deutschen Botschaft richteten im September 1894 an ihre Kameraden von der italienischen Botschaft einen chiffrierten Brief. Dieser Brief nahm wohl seinen Weg von den Absendern zu den Empfängern, aber vor seiner Ankunft wurde er gelesen und vorsichtshalber photographiert.

Es war ein chiffrierter Brief. Man kannte den Schlüssel der deutschen Botschaft, aber dieses Wissen war zu nützlich, als daß man es hätte enthüllen wollen. Das war der Grund, warum man den Brief nicht zu den Akten gab und er heimlich im Beratungszimmer der Richter, in Abwesenheit des Verteidigers, mitgeteilt wurde.

Um den 20. September herum teilte der Oberst Sandherr, der Chef der statistischen Abteilung, dem General Mercier diesen Brief mit, der dechiffriert worden war. Er bezog sich auf das Spionagewesen in Paris und enthielt den Satz: »Dieses Vieh von Dreyfus wird entschieden zu anspruchsvoll.«

Indessen glaubte der Kriegsminister, nicht von einem Brief Gebrauch machen zu dürfen, der Teil einer diplomatischen Korrespondenz bildete ... Er befahl also dem Oberst Sandherr, Schweigen zu bewahren und sein möglichstes zu tun, um andere Schuldbeweise zu finden ...

Das anonyme Bordereau

Einige Tage später brachte der Chef der statistischen Abteilung dem General Mercier einen nicht unterzeichneten Brief. Er kam auf einem geheimnisvollen Wege aus der deutschen Botschaft. Es handelte sich dieses Mal nicht um eine Photographie, sondern um ein Original. Dieser Brief, von einigen einleitenden Worten abgesehen, war nichts als eine Liste, die ein Aktenstück begleitete. Er meldete folgende Lieferungen an Deutschland:

1. Die genaue Beschreibung der Bremse des kurzen 120-mm-Geschützes, das noch nicht Verwendung gefunden hatte;
2. die Schießvorschrift der Artillerie;
3. die Schießvorschrift der Infanterie;
4. die Maßnahmen, die man beschlossen hatte für die Mobilmachung der Artillerie auf Grund des Gesetzes vom 29. Juni 1894, das die Pionierabteilungen auflöste und achtundzwanzig neue Batterien schuf;
5. den Feldzugsplan der Expedition nach Madagaskar des Generals Renouard, des ersten stellvertretenden Chefs des Generalstabs.

Der Minister ... befahl nun Nachforschungen anzustellen, um den Verfasser des anonymen Briefes zu entdecken.

Zwei Untersuchungen, die denselben Namen ergeben

Die Schrift des Briefes, die übrigens verstellt war, wurde zunächst mit den Schriften aller zum Generalstab gehörenden Offiziere und mit den Schriften der zur Schulung abkommandierten Offiziere verglichen. Keinerlei Ähnlichkeit wurde entdeckt. Dann erst dachten einige Offiziere an den zur Schulung abkommandiert gewesenen Dreyfus und erinnerten sich, daß er unter dem Vorwand, seine Kenntnisse vertiefen zu wollen, unaufhörlich von einem Büro zum anderen gegangen war, dort über die Schultern seiner Kameraden schaute, um zu sehen, was sie schrieben, jeden um Auskünfte ersuchte, was, wenn man es im einzelnen betrachtete, keine große Bedeutung hatte, aber als ein Ganzes zu denken gab, zumal er unaufhörlich Aufzeichnungen machte über das, was er gelesen und gehört hatte ...

Der Chef des ersten Büros nahm ein von Dreyfus geschriebenes Dokument und verglich seine Schrift mit der des Briefes aus der deutschen Botschaft ... und meldete dem Minister, daß der Verräter niemand anders als der Hauptmann Dreyfus sein könnte.

Im Gedanken an den Namen, den das Dokument, welches er aus Gründen der Staatsräson geheim hielt, ihm enthüllt hatte, antwortete der General Mercier: »Ich habe es schon gewußt«.

So führte die Untersuchung auf zwei unabhängigen Wegen zu demselben Ergebnis: die Schuld des Hauptmanns Dreyfus war absolut sicher. Der Minister aber wollte, bevor er den Verräter verhaftete, noch zusätzliche Beweise haben und gab dem Obersten Sandherr den Befehl, Dreyfus überwachen zu lassen. Bald konnten die Agenten des Nachrichtenbüros sich vergewissern, daß der Hauptmann sogar in Paris Beziehungen zu einer Person unterhielt, die dem deutschen Spionagedienst angehörte.

Das den Richtern vorgelegte Beweisstück

Es ist wahr, daß Dreyfus nicht wußte und vielleicht immer noch nicht weiß, daß der Kriegsminister die Photographie des Briefes besaß, der von den deutschen Militärattachés gesandt wurde und in dem sein Name voll ausgeschrieben war. Der Brief, den er geschrieben, aber zu unterzeichnen sich wohl gehütet hatte, konnte nur ein Element des Verdachts sein. Tatsächlich schrieben ihm den Brief zwei Schriftsachverständige, Charavay und Bertillon, zu, drei andere waren zögernd.

Es gab nur einen Beweis, der kein Zaudern zuließ, das war die Vorlage des Dokuments, in dem Dreyfus genannt war ...

Es wurde also den Richtern in ihrem Beratungszimmer mitgeteilt, das Beweisstück war unwiderleglich, es bestimmte die Meinung der Mitglieder des Gerichts, sie war einstimmig, als es sich darum handelte, sich über die Schuld des Verräters und die Strafe, die er verdiente, auszusprechen.

[60] Die ›Fälschung Henry‹

Ein angeblicher Brief Panizzardis an Schwartzkoppen:

Mein lieber Freund, ich habe gelesen, daß ein Abgeordneter wegen Dreyfus eine Anfrage an die Regierung richten wird. Wenn man in Rom neue Erklärungen von mir verlangt, werde ich sagen, daß ich niemals Beziehungen zu diesem Juden gehabt habe. Wenn man Sie fragt, sagen Sie dasselbe. Denn niemals darf man erfahren, was mit ihm gewesen ist.

Alexandrine

[61] Die unverkennbare ›Fälschung Henry‹

Aussage des Obersten du Paty de Clam vor der Strafkammer des Kassationshofs am 12. Januar 1899:

Was das Dokument betrifft, das den Tod des Obersten Henry herbeigeführt hat, so wußte ich von ihm seit dem 14. November 1897. Ich sah es zweimal, am 19. desselben Monats und Ende Februar 1898. Ich muß sagen, daß dieses Dokument in mir sofort den schwersten Verdacht erregte. Ich glaubte, das Nachrichtenbüro wäre auf ein apokryphes Schriftstück hereingefallen. Im Februar 1898 teilte ich meine Zweifel dem General Gonse mit, und ich habe sie einige Tage später in Gegenwart des Obersten Henry wiederholt. Ich stelle fest – zwar ohne Bitterkeit, wenn auch nicht ohne Traurigkeit –, daß von diesem Tage an ... ich der Gegenstand von Umtrieben wurde, die bezweckten, mich bloßzustellen und mich fernzuhalten. Als ich die Tat des Obersten Henry erfuhr, konnte ich mir erklären, warum jedes Mal, wenn ich meinen Verdacht betonte, den ich bezüglich dieses Dokuments hatte, neue und unerklärliche Schwierigkeiten um mich herum emporwuchsen. Indem der Oberst Henry sich bemühte, mich aus seinem Bereich zu entfernen, verteidigte er eine Sache. Diese Sache hätte mit ihm enden müssen. Ich stelle fest, daß sie ihn überlebt hat, daß die Böswilligkeit nicht untätig ist ...

Drittes Kapitel: Esterhazy

Offiziere

Die Offiziere bildeten eine Welt für sich – mit eigener Moral und eigenen Gesetzen. Was sie vor allem von den Bürgern unterschied war ihr Korpsgeist, die selbstverständliche Einordnung des einzelnen in ein hierarchisches Ganzes. Gegenüber der bürgerlichen Gleichheit gab es die militärischen Rangunterschiede; jeder hatte seinen Platz zwischen Vorgesetzten und Untergebenen. Die große Tugend des Soldaten ist der Gehorsam; die eigene Meinung, die Überzeugung, alles Persönliche treten zurück.

Es hat beim Offizier stets eine Grenze des Gehorsams gegeben – die persönliche Ehre. Eine schändliche Handlung durfte weder befohlen noch ausgeführt werden. Das Ehrgefühl ist jedoch in unserer Zeit immer mehr geschwunden. In der Affäre sehen wir die unbedingte Disziplin des Massenheeres als Herrscherin über die Offiziere. Der alte Ehrbegriff wird verdrängt vom »höheren Zweck«, der von der politischen Meinung oder vom militärischen Interesse, wie es der Vorgesetzte auffaßt, bestimmt wird.

Es waren die von der Parteipolitik ergriffenen Offiziere des Generalstabs, welche die neue Tendenz am reinsten verkörperten. Die Tatsache, daß Mercier, de Boisdeffre, Gonse, Billot, Roget und ihre Gefolgsleute sich das Vertrauen der Armee bewahren konnten, beweist die Unempfindlichkeit des Offizierskorps gegenüber den Machenschaften dieser Männer. Mercier war der Typ des modernen Kriegstechnikers, der zynische Zweckmensch, das ideale Werkzeug irgendeines »totalitären« Staates. Eine dürre Seele, ein flacher Geist, ein enger Verstand ermöglichten es ihm, in den Niederungen des Verbrechens ohne Ekel und mit kalter Berechnung seine Ziele zu verfolgen.

Picquart geriet in einen heroischen Konflikt mit seiner militärischen Umgebung, weil er als Gentleman nicht verstand, welche Gesetze dort galten. Er verletzte nicht nur die Spielregeln, sondern vor allem die Solidarität der Armee gegenüber der bürgerlichen Welt. Weil er es wagte, die Moral, das Recht und den Staat über die Armee zu stellen, war er in den Augen der meisten Offiziere, auch vieler unter den besten, ein Verräter. Man braucht nur in den Erinnerungen des Generals Weygand zu lesen, um davon einen Begriff zu bekommen. Die Tatsache, daß Picquart im Bunde mit Zivilisten gegen die hohen Chefs auftrat, genügte, um ihn für einen unwürdigen Soldaten zu halten. Ihm ist seine Rolle in der Affäre von seinen Kameraden nie vergessen und nie verziehen worden.

Es bedurfte der Entschlossenheit Clemenceaus, um Picquart im Jahre 1906 der Armee als Kriegsminister aufzuzwingen, sonst wäre er kaum anders behandelt worden als Dreyfus, den man zwar rehabilitierte, dem man aber eine so kränkende und spärliche Genugtuung gab, daß seine militärische Laufbahn gebrochen blieb. Was ist auch schwerer zu ertragen als die Verkörperung des Unrechts, an dem man mitschuldig ist! Dreyfus und Picquart erweckten zu viele peinliche Erinnerungen. Wer von den Offizieren, die dem Kriegsminister und General Picquart ihr Vertrauen verweigerten, gestand sich ein, daß dieser als der Gegenspieler von Fälschern und Meineidigen den allgemeinen Haß auf sich gezogen hatte und man selbst in schlechter Gesellschaft gewesen war! Es blieb unverzeihlich, sich im Bunde mit Zivilisten »gegen die Armee« aufgelehnt zu haben.

In geschlossenen Gesellschaften wird von jedem einzelnen verlangt, daß er unter allen Umständen die Gemeinschaft gegen die »Außenwelt« verteidigt. Die gute Kameradschaft will, daß man die schmutzigen Angelegenheiten, die vorkommen mögen, unter sich ausmacht, aber nicht öffentlich erörtert. Wenn es Picquart nicht erlaubt wurde, den Skandal um Dreyfus in der geschlossenen Welt der Armee zu bereinigen, so hätte er nach allgemeiner soldatischer Ansicht schweigen und seine Überzeugungen opfern sollen.

Henry, der die Tiefen und Höhen des soldatischen Daseins kannte, hatte Picquart gewarnt, als noch nichts Unwiderrufliches geschehen war. Picquart erzählte die Geschichte dem Kriegsgericht in Rennes (Rennes I, 447 f.):

»Ich möchte die Haltung erwähnen, die Henry damals einnahm. Als ich ihm von meinem Verdacht gegen Esterhazy und meiner Überzeugung von der Unschuld des Hauptmanns Dreyfus sprach, antwortete er mit einer kleinen Geschichte. ›Als ich bei den Zuaven war‹, sagte er, ›diente dort der Sohn eines Obersten, ein einfacher Soldat. Er beging einen Diebstahl. Sein Offizier wollte ihn vor das Kriegsgericht bringen, aber die Chefs waren anderer Meinung. Am Ende war es der Offizier, dessen Laufbahn ein jähes Ende nahm, der Schuldige blieb.‹

Die Anspielung, glaube ich, war klar genug. Ich sagte zu Henry: ›Ihre Worte sind Gold, aber es gibt eine Gewissensfrage, ich kann nicht das Gegenteil von dem behaupten, was ich denke.‹«

Esterhazy

Die Affäre als eine nationale und bald weltweite Angelegenheit begann infolge verschiedener Initiativen im Herbst 1896. Mathieu Dreyfus hatte beschlossen, die Sache seines Bruders vor der öffentlichen Meinung zu vertreten. Um die Welt an den Gefangenen auf der Teufelsinsel zu erinnern, wurde die falsche Nachricht von seiner Flucht verbreitet. In der französischen Presse erschien auch eine Reihe von bedeutsamen Artikeln, und der Große Generalstab griff in diese Erörterungen ein mit einer neuen und sensationellen Darstellung des Falles Dreyfus. Die erste Broschüre Bernard-Lazares beweist, welche kostbare Hilfe diese zweite Fassung des Romans vom »Verrat des Juden« den Verteidigern des Unschuldigen gewährte.

Die nächste Initiative der Verschwörer betraf den Obersten Picquart. Die Veröffentlichung des Bordereaus im Faksimile hatte eine weite Bresche in die Schutzmauer gelegt, mit der das militärische Geheimnis die falsche Anklage umgab. Die Gefahr, in der nun vor allen anderen der Major Esterhazy, der »Bravo« der Verschwörung, schwebte, schien den Komplicen eher von dem Obersten Picquart zu drohen als von der Bloßlegung der Handschrift des Bordereaus. Sie beschlossen, den allzu unabhängigen Mitwisser eines ihrer großen Geheimnisse notfalls mit dem bewährten Mittel der falschen Anklage unschädlich zu machen. Am 15. Dezember 1896 fertigten sie den ersten »Schuldbeweis«, den Brief »Speranza« an, der an den Obersten Picquart gerichtet war, aber ihn ebensowenig erreichte, wie 1894 das Bordereau den Obersten von Schwartzkoppen erreicht hatte. Das Machwerk wurde auf dem Wege zum Adressaten abgefangen und in einen Aktendeckel des Nachrichtenbüros gelegt, der noch mit anderen »Beweisstücken« genährt werden sollte. [62]

Picquart befand sich bereits seit einem Monat auf einer »Dienstreise«, die keinen anderen Sinn hatte, als ihn von Paris fernzuhalten. So gelangte er schließlich nach Afrika, und seine Chefs sahen keinen Grund mehr, ihr Übelwollen zu verschleiern. Am 6. Januar 1897 wurde Picquart zum 4. algerischen Schützenregiment versetzt. Es genügte ihnen aber nicht, ihn in die Wüste geschickt zu haben, er sollte für immer unschädlich gemacht werden. Um die Mitte des Jahres erfuhr er durch einen Drohbrief, den Henry mit Wissen und Billigung der hohen Chefs geschrieben hatte, daß man gegen ihn eine falsche Anklage aufbaute. Er hielt sich nun für berechtigt, seinem Freunde, dem Rechtsanwalt Louis Leblois, die ganze Geschichte seines Sturzes in die tiefste Ungnade zu erzählen und ihm eine Art Generalvollmacht zu erteilen, Maßnahmen zu seiner Verteidigung zu ergreifen, da er – wie Dreyfus – wehrlos gemacht werden konnte. [63–65]

Leblois hielt es für richtig, die Tatsachen, die er nun wußte, und auch einen Briefwechsel zwischen Picquart und General Gonse dem Senator Scheurer-Kestner mitzuteilen. Sie kamen nach längerem Zögern überein, sich an die Regierung zu wenden, damit der Fall Dreyfus-Esterhazy bereinigt und Picquart vor weiteren Verfolgungen geschützt werde. Der Kriegsminister Billot war ein Jugendfreund des Senators. Ehe es zu einer Aussprache zwischen den beiden kam, unterrichtete Billot die Chefs des Generalstabs von den Absichten des Senators und legte sich auf ihren Standpunkt in den Angelegenheiten Dreyfus-Esterhazy und Picquart fest.

Bis zu diesem Zeitpunkt war die öffentliche Meinung noch unbeteiligt an den Ereignissen. Weder die Zeitungsartikel im Herbst 1896 noch die Flugschrift Bernard-Lazares hatten das Publikum aufgeregt, erst die aggressive Verteidigung der falschen Anklage durch den Generalstab entzündete die Leidenschaften und nährte den vergiftenden kalten Bürgerkrieg, dessen akute Phase zwei Jahre dauern sollte.

Vor seinem Ausbruch gab es zwei unabhängige, unverbundene Gruppen, die Dreyfus unschuldig wußten. Die eine war die Familie mit ihrem Wortführer Bernard-Lazare, die natürlichen Verteidiger des Hauptmanns, die andere bestand aus Picquart, seinem Freund Leblois und dem Senator Scheurer-Kestner, die nicht gewillt waren, durch Schweigen an dem begangenen Unrecht mitschuldig zu werden, von dem sie nicht annahmen oder nicht wahrhaben wollten, daß es in Wirklichkeit ein Verbrechen war. Die beiden Quellen des Dreyfusismus, die sich nun vermischen, waren in ihrem Wesen ganz verschieden. Die Familie kämpfte selbstverständlich um die Befreiung und die Ehrenrettung des Bruders, dessen Sache als eine Angelegenheit der sittlichen und rechtlichen Ordnung ein wesentliches Interesse des Staates betraf. Picquart und seine Freunde behaupteten ihren moralischen Charakter, der es ihnen unmöglich machte, wissentlich ein Unrecht geschehen und dauern zu lassen. Ihnen war eine Gewissensfrage zur Entscheidung aufgezwungen worden, der sie sich nicht entziehen konnten. Obwohl es sich immer um Recht oder Unrecht handelte, war für die einen die Sache in einem Menschen vom eigenen Fleisch und Blut verkörpert, während es sich für die anderen zuerst um ein moralisches Prinzip handelte. Weder vergaßen die einen, in der Sorge um den Bruder, daß ihr Kampf der Wahrheit und der Gerechtigkeit diente, noch ließ die anderen ihre gleichsam apriorische sittliche Entscheidung vergessen, daß ein leidender Mensch erlöst werden mußte. Aber das Vorwiegen des persönlichen Interesses auf der einen Seite und der idealistischen Abstraktion auf der anderen Seite enthielt im Keime einen Konflikt, der nach Jahren ausbrechen sollte, als die Schuldigen an dem kläglichen Ausgang der Affäre gesucht wurden.

Es war das Eingreifen Scheurer-Kestners, das in den Verschwörern die größten Befürchtungen erregte. Der Senator war ein Mann von hohem Ansehen und weitreichendem Einfluß. Sie nahmen die Bezichtigung Esterhazys als des Schreibers des Bordereaus wie einen unvermeidlichen Schicksalsschlag vorweg. Aber der Senator war noch nicht in der Lage, Esterhazy in der Öffentlichkeit zu nennen, solange er dazu nicht von Picquart ermächtigt wurde. Der Fall Dreyfus-Esterhazy blieb ein Dienstgeheimnis, das allerdings durchlöchert war, weil einige Zivilpersonen nun davon wußten.

Mitte Oktober faßten die Verschwörer den Entschluß, den kommenden Ereignissen vorzugreifen, Esterhazy zu warnen und Maßnahmen zu seiner Verteidigung zu treffen.

Wir legen uns die Frage vor, wie er selber seine Lage auffaßte, als er erfuhr, daß seine schwarze Tat enthüllt werden würde. Wenn diese auch das Werk einer verschwörerischen Gruppe war, so befand er sich als das hauptsächliche Werkzeug in einer besonderen Gefahr. Gleich einem Bravo, der einen Mann im Dienste eines großen Herrn tötet, ohne jemals beweisen zu können, wer ihn beauftragt und bezahlt hat, so war Esterhazy mit dem Anschlag auf Dreyfus verbunden, weil er die Waffe, das Bordereau, angefertigt hatte.

Aber er besaß einen unzweifelhaften Anspruch auf den Schutz, den der Generalstab ihm gewährte. Man kann auch sagen, daß seine mächtigen Mitverschworenen dem Zwang gehorchten, ihr Werkzeug zu retten. Denn wie hätten sie annehmen können, daß Esterhazy sich für sie und ihre schlechte Sache wie ein Märtyrer opfern und die Schuld an allem, was verbrochen worden war, auf sich nehmen würde! Im Stiche gelassen, hätte er ohne Zweifel alle verraten, wie er es später – zu spät – wirklich getan hat.

Wir haben über das Verhalten Esterhazys in den Wochen vor und nach der öffentlichen Beschuldigung durch Mathieu Dreyfus eine Anzahl von Zeugnissen, die seine Verzweiflung schildern. Der Selbstmord erschien ihm als eine verlockende Erlösung aus seiner ausweglosen Lage. Sein Vetter Christian berichtet, daß er stets Gift bei sich trug, und seine Freundin, Madame Pays, sprach zu mehreren Nachbarn von der Absicht des Majors, sich zu töten.

Man begreift unschwer, daß Esterhazy von den schwärzesten Befürchtungen bedrückt war, obwohl er vielleicht keinen Zweifel an der treuen Solidarität seiner Mitverschworenen hatte. Denn er mußte sich fragen, ob diese ihn wirklich, auch wenn sie den besten Willen besaßen, schützen und retten konnten. Bei einer nüchternen Einschätzung aller persönlichen und sachlichen Umstände, vor allem der unwiderleglich anklagenden Identität seiner Handschrift mit der des Bordereaus, mußte er zu der Schlußfolgerung kommen, daß es für ihn nur zwei Möglichkeiten gab, entweder allein und mit Schande bedeckt unterzugehen oder einen ungeheuren Skandal hervorzurufen und seine Mitverschworenen mit sich in den Abgrund zu reißen, was ihn nicht retten konnte und ihn noch mit dem Makel des Verrats an seiner Bande behaftete.

Es war also eine fast hoffnungslose Lage, aus welcher der Generalstab ihn zu retten unternahm. Dementsprechend verzweifelt waren die Mittel, die der Generalstab anwandte, um Esterhazy gegen seine Ankläger zu verteidigen. Die Aktion ist gekennzeichnet durch Maßnahmen, die auf eine krankhafte Einbildungskraft hinweisen, so daß es beinahe unmöglich ist, in dem so wichtigen Zwischenspiel Planung und Berechnung zu entdecken. Man möchte annehmen, daß die Häufung der absurden Erfindungen keinen anderen Grund hatte, als Verwirrung zu stiften und unlösbare Verwicklungen zu schaffen. Das wäre das Körnchen Vernunft in dem Wahnsinn des undurchsichtigen Spiels.

Am 18. Oktober 1897 wurde Esterhazy durch einen anonymen Brief, der ihn auf seinem Schloß Dommartin bei St. Menehould erreichte, nach Paris gerufen. Zu jenem Zeitpunkt gab es nur die Gefahr, welche die von Picquart vielleicht nicht gewollte aber ausgelöste Aktion des Rechtsanwalts Leblois und des Senators Scheurer-Kestner bildete. Noch ging es dabei um nichts anderes als eine Einflußnahme auf Mitglieder der Regierung und auf den Präsidenten der Republik. Der Senator wollte nicht die öffentliche Meinung in Bewegung setzen, wenn er auch bereits seine Überzeugung von der Unschuld des verurteilten Hauptmanns Dreyfus im Senat kundgetan hatte. Aber er wünschte die Initiative der Regierung in dieser Angelegenheit, die unbedingt der Klärung bedurfte.

Wenn die Verschwörer im Generalstab ohne unmittelbare Notwendigkeit auf eine großes Aufsehen erregende Weise die öffentliche Meinung anriefen, so vertrauten sie auf die Leidenschaftlichkeit und auch auf die Blindheit der patriotischen Menge. Die antisemitische und nationalistische Demgogie war ein wesentlicher Bestandteil ihres Anschlags gewesen, und so gehorchten sie einfach dem Gesetz, das ihnen ihre ursprüngliche böse Tat auferlegte. Dieses entscheidende demagogische Element in der Verschwörung erklärt auch die absurden Erfindungen, mit denen man die Masse der Zeitungsleser beschäftigte. So wie nur der unwahrscheinliche, geschmacklose und billige Zeitungsroman der Menge gefällt, die ein Kunstwerk verständnislos und gelangweilt von sich weisen würde, so erweckte der phantastische Kitsch Esterhazys und seiner Verteidiger einen sympathischen Widerhall in den Herzen vieler Franzosen. Wenn es in alledem wirkliche Berechnung gab und nicht nur einen bösen Trieb, so war sie durch den Erfolg gerechtfertigt. Esterhazy wurde tatsächlich eine volkstümliche Figur. [66–68]

Die erste Kundgebung dieses erstaunlichen Systems der Verteidigung stellt den kritischen Verstand vor ein Rätsel. Esterhazy wurde veranlaßt, drei ihm vorgeschriebene Briefe an den Präsidenten der Republik zu richten, den ersten am 29. Oktober, den zweiten am 31. Oktober und den dritten am 5. November. Die Ausdrucksweise, die unverhüllten Drohungen, die schamlose Erpressung zeigen eine solche Störung des inneren Gleichgewichts des Schreibers an, daß man diese Briefe ohne weiteres für die Ausbrüche eines Wahnsinnigen halten könnte. Selbst Esterhazy, dem Maßlosigkeiten im schriftlichen Ausdruck eine Gewohnheit waren, verwunderte sich sehr über die Zumutung seiner Schutzherren, ihn in einem solchen Ton zum Oberhaupt des Staates sprechen zu lassen. Doch hatte er es sich zur Maxime gemacht, allen Weisungen blind zu gehorchen, und so gelangten die unglaublichen Briefe tatsächlich an den Präsidenten der Republik. [69–71]

Die drei Briefe Esterhazys oder vielmehr seiner Beschützer stellten eine Erpressung dar. Sie ließen dem Staatsoberhaupt nur die Wahl, entweder Esterhazys »Ehre« zu retten oder die Bekanntgabe eines furchtbaren geheimen Dokuments zu erwarten, das Frankreich in einen Krieg verwickeln würde. Wer eine solche Waffe handhabt ist ihrer Wirksamkeit sicher, sonst endet er im Gefängnis oder im Irrenhaus. Damit also Esterhazy den Präsidenten, die Regierung und die Behörden unter Druck setzen konnte, mußte er Macht über sie haben.

Ein anonymer Brief, der vor einer schweren Beschuldigung warnt, sollte niemand, der ein reines Gewissen hat, zu den äußersten vorbeugenden Maßnahmen treiben, ja dürfte ihn nicht einmal erschrecken, wenn er einigen moralischen Mut besitzt. Der Text, den die Verschwörer offensichtlich in Hinblick auf die Erpressung abgefaßt hatten, ist merkwürdig aufschlußreich. Es heißt dort (Leblois, 576):

»Ihr Name wird Gegenstand eines großen Skandals werden. Die Familie Dreffus [sic] wird Sie öffentlich als Autor des Schriftstücks anklagen, das als Grundlage des Prozesses Dreffus diente. Diese Familie besitzt zahlreiche Proben Ihrer Handschrift, welche für eine Untersuchung bestimmt sind. Ein Oberst, der im letzten Jahr dem Ministerium angehörte, Monsieur Picart [sic], hat die Schriftproben der Familie Dreffus geliefert. Die Familie Dreffus möchte Sie in eine Panik treiben, indem sie in den Zeitungen Ihre Handschrift veröffentlicht, und hofft, daß Sie nach Ungarn zu Ihren Verwandten flüchten. Das würde beweisen, daß Sie der Schuldige sind, und dann wird man die Revision des Prozesses verlangen, um Dreffus für unschuldig erklären zu lassen. Monsieur Picart hat der Familie alle Informationen gegeben; er hat Ihre Handschrift im letzten Jahr von Unteroffizieren gekauft. Ich weiß alles das von einem Unteroffizier Ihres Regiments, dem man für Ihre Handschrift Geld gegeben hat. Nun sind Sie gewarnt vor den Absichten dieser Verbrecher, die Sie ins Verderben stürzen wollen. Es ist jetzt an Ihnen, Ihren Namen und die Ehre Ihrer Kinder zu verteidigen. Beeilen Sie sich, denn die Familie ist bereit zu handeln, um Sie zugrunde zu richten. Ihre ergebene Freundin Espérance.

Zeigen Sie den Brief niemand. Er ist für Sie allein bestimmt, um Sie vor den großen Gefahren, die Ihnen drohen, zu warnen.«

Der anonyme Brief soll Esterhazy am 18. oder 20. Oktober erreicht haben. Zu dieser Zeit war der Familie Dreyfus und ihren Freunden der Name Esterhazy unbekannt; sie suchten noch immer nach dem Schreiber des Bordereaus. »Espérance« spricht aber von der Familie Dreyfus, als ob sie von dem Obersten Picquart in die Lage versetzt worden sei, Esterhazy anzuklagen. Diese unbegründete Annahme, die nur scheinbar durch die Ereignisse ihre Bestätigung fand, verrät die Befürchtungen der Verschwörer.

Was sie wußten war die Tatsache, daß Picquarts Entdeckung nun außerhalb des Generalstabs einer Person oder mehreren bekanntgeworden war. Sie nahmen zu Unrecht an, daß der Senator Scheurer-Kestner als Elsässer im Gedankenaustausch mit der Familie Dreyfus stünde. Sie konnten nicht ahnen, mit welcher Ausschließlichkeit Scheurer-Kestner auf die Regierung rechnete, den vermeintlichen Justizirrtum wiedergutzumachen. Er wollte unter keinen Umständen die nationalistische oder antisemitische Wut entfachen und auf sich lenken. Daher vermied er es mit einer Vorsicht, die einen Parlamentarier kennzeichnet, sich mit der Familie Dreyfus oder ihren jüdischen Freunden in Verbindung zu setzen.

Die Verschwörer überschätzten nicht wenig die Furchtbarkeit ihrer Gegner und setzten bei ihnen eine Gemeinschaft der Ideen, einen einheitlichen Willen und eine Entschlossenheit voraus, die in keiner Weise bestanden. Der anonyme Brief vom 18. Oktober, den Esterhazy am 29. Oktober dem Präsidenten sandte, bedeutete im Zusammenhang mit der versuchten und gelungenen Erpressung eine wahre Selbstbezichtigung nicht nur Esterhazys, sondern auch der Komplicen. Wäre Esterhazy ein ganz unabhängiger, nur für seine persönliche Rechnung arbeitender Übeltäter gewesen, so hätten ihm die Macht und die Waffen gefehlt, seine Erpressung auszuüben.

Nicht nur hatte er sich selber als den Schreiber des Bordereaus gleichsam angezeigt, sondern sich auch der Verfolgung wegen mehrerer Verbrechen ausgesetzt. Als Besitzer eines geheimen Dokuments verletzte er das Spionagegesetz; indem er es als Erpressungsmittel benutzte und den Staat bedrohte, bekannte er ohne Zweifel, daß er auch vor Verrat nicht zurückschrecken würde; demgegenüber bedeuten die Mißachtung aller militärischen Disziplin und die Erpressung als solche verhältnismäßig wenig. Jede einzelne der Gesetzesverletzungen hätte seine unmittelbare Verhaftung gerechtfertigt.

Die einzige Erklärung seiner Herausforderung der Staatsautorität ist seine unbedingte Verbundenheit mit den höchsten Befehlsstellen der Armee. Esterhazy gab zu verstehen, daß der Vergleich seiner Handschrift mit der des Bordereaus einen Skandal hervorrufen würde. Fast ebensogut konnte er sagen: »Es ist wahr, ich habe das Bordereau geschrieben. Aber die Armee will, daß Dreyfus der Schreiber sei. Wird die Republik es wagen, in mir die Armee zu treffen?« Das ist der unmißverständliche Sinn der drei erpresserischen Briefe. Sie stellen eine Kraftprobe dar, in der die Republik, verkörpert durch ihren Präsidenten und durch ihre Minister, unterlag.

Noch ein weiteres schweres Verbrechen wird von Esterhazy in den drei Briefen an den Präsidenten der Republik begangen. Sie enthalten die falsche, in allen ihren Teilen frei erfundene Anklage gegen den Obersten Picquart. Auch was diesen Streich betrifft, so ist Esterhazy nur ein Handlanger, denn der Anschlag auf Picquart war im Generalstab geplant worden und befand sich bereits in der Ausführung. [72, 73]

Die Solidarität zwischen Esterhazy und dem Generalstab versagte nicht einen Augenblick. In der ersten Hälfte des November, in der sich die Aktionen gegen Picquart häuften, schrieb Esterhazy diesem den Drohbrief, der das ganze System der falschen Anklage enthält, wurden die zwei Telegramme ›Blanche‹ und ›Speranza‹ gefälscht und abgesandt, die als belastende Beweismittel zu dienen bestimmt waren, und erschienen schließlich in der antisemitischen ›Libre Parole‹ die Artikel ›Dixi‹, die in der Öffentlichkeit Picquart als Agenten der Dreyfusisten anschuldigten. In alle diese Machenschaften ist Esterhazy verwickelt.

Scheurer-Kestner verbreitete weiterhin unverzagt seine Überzeugung von der Unschuld des Hauptmanns Dreyfus, aber ohne den schlüssigen Beweis zu liefern, das heißt den Schreiber des Bordereaus zu nennen. Endlich erlöste ihn ein Zufall, auf den Mathieu Dreyfus allerdings gerechnet hatte, aus seiner Abhängigkeit von Picquart. Am 9. November kaufte der Bankier de Castro auf einem der Boulevards eine Reproduktion des Bordereaus und einiger Schriftproben des Hauptmanns Dreyfus. Auf den ersten Blick erkannte er in dem anonymen Dokument die ihm vertrauten Schriftzüge des Majors Esterhazy, seines Kunden, von dem er nicht wenige Briefe besaß. Mathieu Dreyfus erfuhr von der erregenden Entdeckung des Bankiers, suchte diesen auf und überzeugte sich von der vollkommenen Identität der Schriften des Bordereaus und der geschäftlichen Briefe Esterhazys. Er bat de Castro, den Senator Scheurer-Kestner aufzusuchen, ihm seine Entdeckung zu berichten und die Korrespondenz seines Kunden vorzulegen.

Wäre der Fall Dreyfus statt eines Justizverbrechens nur ein Justizirrtum gewesen, so hätte er nun eine schnelle Bereinigung gefunden. Aber weil das eigentliche Verbrechen unentdeckt blieb, und alles, was zutage lag, Täuschung war, weil die hohen Chefs der Armee es mit allen Mitteln verhindern mußten, daß die Affäre aufgeklärt wurde, weil der Nationalismus, der die öffentliche Meinung beherrschte und terrorisierte, die Schuld des Hauptmanns Dreyfus als ein patriotisches Dogma durchsetzen wollte, entbrannte nun der Glaubenskrieg um das Opfer der falschen Anklage in dem Augenblick, da seine Unschuld bewiesen war.

Wenn Recht und Gerechtigkeit noch irgendwelche Geltung in Frankreich besaßen, konnte es keine weitere Diskussion geben. Bereits die Zuschreibung des Bordereaus an Dreyfus war ein Gewaltstreich gewesen. Haßerfüllte oder gefällige Experten hatten die Verschiedenheit der Schriften mit der absurden »Selbstnachahmung« erklärt und auf diese Weise die offensichtliche Wahrheit verdunkelt; die gewissenhaften Sachverständigen Gobert und Pelletier hatten sich geweigert, Dreyfus als den Schreiber des Bordereaus zu bezeichnen. Nun, drei Jahre später, wurde der Offizier entdeckt, der das Machwerk angefertigt hatte, damit es der falschen Anklage gegen den Hauptmann Dreyfus als Corpus delicti diente.

Hier waren also die identischen Schriften des Bordereaus und der Briefe Esterhazys, gab es noch Fragen, die offen blieben?

Für die getäuschte Welt trat Esterhazy nun an die Stelle des Hauptmanns Dreyfus und wurde »der Verräter«. Das meuchlerische Bordereau traf ihn wie ein Bumerang. Um sich von dem schlimmsten Verdacht zu reinigen, hätte er sich zu dem abscheulichen Verbrechen an Dreyfus bekennen müssen, an dem er die Schuld mit anderen teilte, weil er nur ausgeführt hatte, was Vorgesetzte von ihm verlangten. Das war es, was er kaum ein Jahr später als seine Entschuldigung vorbrachte.

Mit der Entdeckung Esterhazys als des Schreibers des Bordereaus war zwar der Anschlag auf Dreyfus noch nicht vollständig enthüllt, aber die Unschuld des Opfers bewiesen. Auch wenn man den Schein des rechtmäßigen Verfahrens des Kriegsgerichts wahrte, so mußte die neue Tatsache der vollständige Rehabilitierung bewirken. Wollte man aber das Unrecht gründlich bereinigen, so durfte die Ungesetzlichkeit des Verfahrens nicht übersehen werden. Eine strenge Rechtsauffassung verlangte, das Verbrechen Merciers aufzudecken und die richterliche Unwürdigkeit der sieben Offiziere festzustellen, die das Fehlurteil gefällt hatten. Diese zwei Möglichkeiten ergaben sich mit vollkommener Klarheit aus der Rechtslage.

Mathieu Dreyfus hat aber nicht unmittelbar die Revision des Prozesses seines Bruders oder die Annullierung des Urteils betrieben, sondern den Major Esterhazy bezichtigt, als der Schreiber des Bordereaus der wirkliche Verräter zu sein. Dieser entscheidende, katastrophale Irrtum ist nicht von der Raschheit verschuldet worden, sondern war das Ergebnis des überwiegenden Einflusses des Rechtsanwalts Leblois, der sich gegen den Widerstand Demanges, des Verteidigers des Hauptmanns Dreyfus, und auch Scheurer-Kestners durchsetzte. Für Leblois war der Fall Esterhazy das zentrale Problem in dem militärischen Dasein seines Freundes Picquart. Indem er es erreichte, daß Esterhazy der militärischen Justiz überantwortet wurde, glaubte er vielleicht, Dreyfus nicht weniger nützlich zu sein als Picquart. Aber er hätte sich nicht schlimmer täuschen können.

Mathieu Dreyfus wich beträchtlich von dem geraden Wege ab, den das Interesse seines Bruders ihm vorzeichnete, als er Esterhazy in einem offenen Briefe an den Kriegsminister des Verrats beschuldigte. Mathieus Aufgabe war es, entweder die Revision des Prozesses oder die Annullierung des Urteils zu betreiben, wenn auch trotz des unzweifelhaften Beweises der Unschuld seines Bruders Verzögerungen und Schwierigkeiten zu erwarten waren. Doch das Gesetz wie das Interesse des Opfers der militärischen Justiz verlangten, daß mit der Wiedergutmachung des Unrechts der oberste Gerichtshof befaßt wurde.

Im entscheidenden Augenblick der Affäre wurde der schuldhafte, alles verderbende, verhängnisvolle Fehler begangen, da man den von der Pflicht diktierten direkten Weg der Revision oder Annullierung über die zivilen Instanzen nicht beschritt und durch diese tatsächliche Umgehung den Hauptmann Dreyfus noch einmal seinen Todfeinden auslieferte. Das geschah, als sich die Gelegenheit bot, seine Unschuld von der höchsten richterlichen Autorität des Landes feststellen zu lassen. [74]

Der Historiker sieht sich vor ein Rätsel gestellt. Die Familie Dreyfus, vertreten durch Mathieu, ließ von ihrem Wortführer oder literarischen Bundesgenossen Bernard-Lazare, Flugschriften veröffentlichen, die klar und überzeugend die Anklage gegen den Hauptmann als einen judenfeindlichen Anschlag des Generals Mercier und einiger Offiziere des Generalstabs erklären, denen als williges Werkzeug die militärische Justiz diente. Die bloßgestellten Offiziere standen nun vor der Wahl, entweder die Verurteilung des Hauptmanns Dreyfus mit allen Mitteln aufrechtzuerhalten oder sich schwerer Verbrechen überführt zu sehen. Die Alternative zwischen Mercier (mit seinen Helfern) und Dreyfus beherrschte die Affäre seit dem Tage, da die Welt zum ersten Male von dem »Verrat des Juden« erfuhr. Für Mercier eröffnete sich als Weg des Heils nur die militärische Justiz, für Dreyfus nur der zivile oberste Gerichtshof. Die Verkennung dieser unerbittlichen Lage ermöglichte den Irrtum der Freunde Picquarts, die Mathieu Dreyfus bewogen, Esterhazy öffentlich des Verrats zu beschuldigen und damit die militärische Justiz in Bewegung zu setzen.

Nun zeigte es sich, daß Mathieu in seiner Politik von der Überzeugung abwich, daß sein Bruder einem judenfeindlichen Anschlag im Generalstab zum Opfer gefallen war, und sich der Gruppe Picquart, Leblois und Scheurer-Kestner anschloß, die an einen Justizirrtum, das heißt an einen bloßen Irrtum der ›gutgläubigen‹ Ankläger wie des Kriegsgerichts, glauben wollten. Mathieus Einfalt, von der militärischen Justiz Gerechtigkeit zu erwarten, ist mehr als ein Irrtum, sie ist eine Verfehlung.

Wer den Fall Dreyfus so begriffen hatte wie Bernard-Lazare, konnte nicht im Zweifel sein, daß kein Kriegsgericht Esterhazy als einen Verräter verurteilen werde. Dieselben Männer, die Dreyfus fälschlich angeklagt hatten, würden eine weißwaschende Untersuchung und eine den Freispruch erzwingende ›Anklage‹ gegen Esterhazy befehlen, der notfalls dem Gericht – unter Ausschluß der Öffentlichkeit selbstverständlich – seine Unschuld beweisen konnte. Das Bordereau war gewiß peinlich, aber der Generalstab durfte mit gutem Grund auf die Gefälligkeit seiner Sachverständigen vertrauen. Der Freispruch Esterhazys, der durch die Beschuldigung Mathieus beinahe erzwungen wurde, bedeutete aber die Wiederverurteilung des Hauptmanns Dreyfus. Die höchsten Generale verbürgten sich für seine Schuld, die anzuzweifeln sehr natürlich als eine Beleidigung der Armee galt.

Die angegriffene ›Ehre‹ der Armee hatte allerdings wenig mit der Ehrenhaftigkeit zu tun, aber um so mehr mit dem Anspruch auf eine Sonderstellung in der Nation. Die Kriegsgerichte waren ein Privileg, das die Zivilisten zu respektieren hatten, wie abhängig und unfähig diese außerordentlichen Tribunale sich auch zeigten. Dreyfus selber wird in dem ersten Revisionsverfahren vor dem Kassationshof die Rückverweisung seines Falles an ein Kriegsgericht beantragen lassen. Seine Ehre sei ihm infolge eines Irrtums seiner Kameraden genommen worden, es sei nun ihre Sache, seine Ehre wiederherzustellen. Der Rechtsanwalt Mornard bemerkte dazu: »Möge es so sein, aber hätte ich mich nicht dem Entschluß des Hauptmanns fügen müssen, der die Gerechtigkeit seiner Kameraden ehrt, so hätte es mir nicht an juristischen Gründen gefehlt, um die glatte Aufhebung des Urteils zu verlangen und zu erreichen.« Der oberste Gerichtshof war aber Dreyfus nicht gut genug für seine Rehabilitierung, das Kriegsgericht besaß in seinen Augen die höhere Autorität. Das Kriegsgericht wird ihn aber wieder verurteilen.

Vielleicht gab es bei Mathieu eine ähnliche militaristische Verirrung, als er sich bereit fand, Esterhazy in seinem Brief an den Kriegsminister zu beschuldigen.

Gewalttätigkeit und Mystifikation

Ein Beweis kann nicht über den Punkt des Schlusses hinausgeführt werden. Wenn man es dennoch, zum Beispiel in einer Rechtsangelegenheit, unternimmt, eine Wahrheit eindrucksvoller zu machen, indem man der unabweislichen Schlußfolgerung noch Gründe hinzufügt, so verdunkelt man die vorher leuchtende Wahrheit. Dreyfus war unschuldig, weil Esterhazy das Bordereau geschrieben hatte. Die Gleichheit der Schriften der gewöhnlichen Korrespondenz Esterhazys und des Bordereaus war unbestritten, niemand leugnete sie; sogar das Papier war dasselbe. Dennoch fanden die gefälligen Sachverständigen des Generalstabs den Ausweg, die Schrift des Bordereaus für durchgepaust und auf diese Weise für gefälscht zu erklären. Das war um so absurder, als der Text die Vorder- und Rückseite des dünnen Papiers bedeckt. Der Fälscher hätte sich also seine Arbeit sinnloserweise erschwert, ja beinahe unmöglich gemacht. Während wir in diesen letzten Sätzen mit der Gewalttätigkeit, der Unredlichkeit und dem Widersinn diskutieren, befinden wir uns bereits auf dem Irrwege, den die Verteidiger des Hauptmanns Dreyfus und sogar die Richter der Revisionsprozesse so unvorsichtig beschritten.

Die Entdeckung Esterhazys hätte die Affäre beenden müssen, wenn die Vernunft und das Recht nicht von den Interessen unterdrückt worden wären. Das Corpus delicti, das Bordereau, das allein die Grundlage der Verurteilung gebildet hatte, verschwand als Schuldbeweis. Jeder Versuch, es noch Dreyfus zur Last zu legen, konnte nur als die hartnäckige Verteidigung eines Verbrechens gedeutet werden.

Es gab nicht nur die Evidenz der Schriftengleichheit, sondern Esterhazys Verbindung mit dem Nachrichtendienst, der den Anschlag auf Dreyfus ausgeführt hatte und nicht aufhörte, Waffen gegen ihn zu schmieden. Man könnte vielleicht einen Augenblick die Möglichkeit einer zufälligen Schriftengleichheit in Betracht gezogen haben (die es nicht gibt), wenn Esterhazy irgendein Truppenoffizier gewesen wäre. Aber er war tief verwickelt in Angelegenheiten, die eine große Bedeutung für den Ursprung und die Beweggründe des Anschlags auf den jüdischen Offizier haben. Ohne Zweifel war er ein Mann des Nachrichtendienstes. Drei Jahre lang hatte er mit Henry im Großen Generalstab und eine Zeitlang mit Sandherr in Tunis zusammengearbeitet.

Der Rohrpostbrief Schwartzkoppens, das berühmte ›petit bleu‹, bedeutete an sich wenig. Es war kein Schuldbeweis, aber es setzte Picquart auf eine Spur, die ihn den wahren Schreiber des Bordereaus finden ließ. Diese Entdeckung machte das ›petit bleu‹ und sogar Picquart als Zeugen unwichtig. Die unmittelbar beweiskräftigen Dokumente genügten. Die Umstände der Entdeckung waren zwar von Interesse, aber unwesentlich; nur in den Augen der mit Picquart irrenden Dreyfusisten, die in Esterhazy »den Verräter« sahen, bedeuteten sie viel. Aber das war ein Unglück, weil eine offensichtliche Wahrheit mit einer fragwürdigen Hypothese verknüpft wurde. Picquart und alle, die ihm folgten, machten sich einer erstaunlichen Kritiklosigkeit gegenüber dem Prozeß von 1894 schuldig. Sie nahmen sein Urteil mit der Einschränkung an, daß Dreyfus mit Esterhazy verwechselt worden wäre. In Wirklichkeit war aber das Urteil nicht nur hinsichtlich der Person, sondern auch hinsichtlich der sachlichen Grundlage falsch. Alles war erfunden – das Corpus delicti, der Verrat und der Verräter.

Der Irrtum, Esterhazy für einen Verräter zu halten, verhinderte im Jahre 1897 die Liquidation der Affäre und erlaubte es den Urhebern der falschen Anklage gegen Dreyfus, sich zu retten. Der Fehler, den man Mathieu Dreyfus begehen ließ, bestimmte auf eine endgültige Weise die Abweichung vom geraden Wege; die Dreyfusisten waren nun festgelegt auf fünf Irrtümer:

1. die Echtheit des Bordereaus als eines Dokuments des Verrats,
2. die Wirklichkeit des vollendeten Verrats,
3. Esterhazy als den wahren Verräter,
4. den guten Glauben der Ankläger,
5. die Verurteilung des Hauptmanns Dreyfus als einen Justizirrtum.

Diese falschen Thesen machten es unmöglich, daß die Affäre jemals vor der öffentlichen Meinung, vor den Gerichten und vor der Geschichte bereinigt wurde.

Die Beschuldigung Esterhazys schneidet die Affäre in zwei Teile. Vor dem Urteil der Geschichte und des rechtlichen Denkens ist der Anschlag auf Dreyfus nun fehlgeschlagen. Das Instrument der falschen Anklage, das Bordereau, ist als das Werk oder Machwerk Esterhazys erkannt und klagt ihn an – als einen Verräter für die Getäuschten, als einen meuchlerischen Fälscher für die anderen. Die Anklage gegen Dreyfus ist zusammengebrochen, nichts, was einen Verdacht auf ihn werfen könnte, besteht. Ein unabhängiges Gericht, das mit seinem Fall befaßt worden wäre, hätte ohne Zweifel seine Unschuld feststellen müssen.

Der Fall Esterhazy schließt aber nicht die Geschichte des Anschlags auf Dreyfus ab, wie es die Vernunft und das Recht verlangt hätten, sondern eröffnet eine neue Affäre, deren Stoff die fünf dreyfusistischen Irrtümer und die von den Anklägern vertretene »apriorische« Schuld des Juden bilden. Dieses Dogma ist der Boden, auf dem nun die fabulierten Beschuldigungen wuchern.

Vorher hatte es ein System der Täuschung gegeben, das sich bemühte, in den Grenzen der Wahrscheinlichkeit zu bleiben. Nun fallen die letzten Rücksichten auf den kritischen Verstand.

Es geht nur noch um Vergewaltigung. Zum erstenmal erleben wir die Propaganda der modernen Massenbewegungen, sie ist eine Technik, irgendwelche zweckdienliche Glaubenssätze den Menschen einzuhämmern. Ob es sich um Wahrheit oder Lüge handelt, ist ganz ohne Belang. Diese Methode, die öffentliche Meinung zu formen, rechnet auf eine solche Plastizität der Gehirne, daß sie ohne weiteres dem Volk zumutet, bezüglich derselben Sache seine Meinung einige Male innerhalb weniger Jahre zu ändern. Wie die Erfahrung zeigt, entsteht deshalb kaum eine Verwirrung. Eine ganze Armee von Zeitungsschreibern und Rednern steht im Dienste der Massenbeeinflussung, deren von Überzeugungen unbeschwerte Techniker sie sind, und die Nation oder die Partei gewöhnt sich nach einer kurzen Periode des Erstaunens und des Umlernens an den Wechsel des Dogmas. Genau das ist von den Anklägern und ihren politischen Freunden in der Affäre Dreyfus mit Erfolg unternommen worden.

Die Presse, die sich der Sache der falschen Anklage verschreibt, erdrückt durch ihre Masse beinahe die wenigen Blätter, die ihre Spalten den Dreyfusisten öffnen. Aber die Kundgebungen der »Vorkämpfer für Wahrheit und Gerechtigkeit« haben eine andere Durchschlagskraft als die wilden Phantasien und Beschimpfungen ihrer Gegner. Die ›Aurore‹ Clemenceaus, die Emile Zolas ›J'accuse‹ bringt, und ›La Petite République‹, wo Jean Jaurès die Reihe seiner glänzenden ›Preuves‹ (Beweise) den sozialistischen Lesern vorlegt, schaffen tiefe Überzeugungen. Aber die Übermacht der nationalistischen Presse wirkte sich in den Jahren 1898 und 1899 in einem Terror aus, der die Volksmassen gewann und dem weder Parlamente, Regierungen, Justiz und nicht einmal der oberste Gerichtshof widerstehen konnten. Doch seit dem Blitzstrahl des ›J'accuse‹ Emile Zolas gab es einen beträchtlichen Teil der Intelligentsia, der sich der militaristisch-nationalistischen Diktatur nicht unterwarf und mit wirksamen Waffen zu kämpfen verstand.

Sie glaubten mit Zola an den Sieg der Wahrheit und sprachen von ihr wie von einer wirkenden Kraft. So trösteten sie sich über ihre geringe Zahl und ihre schwachen Mittel. Aber tatsächlich hatten sie in dem, was sie »die Wahrheit« nannten, einen mächtigen Bundesgenossen. Er war nicht das Ideal selber, sondern die tiefeingewurzelte republikanische Freiheitsliebe der Franzosen, ihre Vernünftigkeit eines alten Kulturvolkes und nicht zuletzt auch die Stärke der überlieferten Moral in jedem einzelnen. Die Herrschaft der nationalistischen Demagogie konnte nicht dauern, weil sie nicht in Harmonie war mit der geschichtlichen Formung und den Neigungen des Volkes. Dazu kam das ungeheure träge Gewicht der bestehenden politischen Ordnung, gegen die eine zwar leidenschaftliche und heftige, aber höchst verworrene und führerlose Massenbewegung nichts vermochte. Schließlich war die nationalistische Sache die allerschlechteste. Die Verteidigung des Verbrechens verlangte einen unbedingten Zynismus, während die Dreyfusisten tatsächlich im Bunde mit der Gesittung und dem Recht waren.

Die Verteidigung Esterhazys

Die Verteidigung ihres Bravo, des Majors Esterhazy, zwang die Verschwörer im Generalstab zu einer Reihe von absurden Erfindungen. Die wunderbare Sicherheit, mit der sie die öffentliche Beschuldigung Esterhazys als eines Verräters voraussahen, hatte ihren sehr einfachen Grund in den Unterhaltungen des Senators Scheurer-Kestner mit den Präsidenten der Republik und den Ministern. Die Freunde Picquarts verbargen nicht ihre Absicht, Esterhazy bloßzustellen, dessen Bestrafung ihnen als ein Gebot der Gerechtigkeit erschien. Die Befreiung und Ehrenrettung des Hauptmanns Dreyfus, glaubten sie, müßten zwangsläufig folgen. Unglücklicherweise täuschten sie sich gründlich bezüglich der Rolle Esterhazys, ihr Mangel an Einsicht und Vorsicht öffnete ihm einen schmalen Ausweg aus seiner verzweifelten Lage und versperrte Dreyfus den Weg zur Freiheit und Wiederherstellung seiner Ehre.

Picquart war es, der den Verrat Esterhazys als eine offensichtliche Tatsache bereits seinen Vorgesetzten gegenüber behandelt hatte. Diese konnten ihn nicht über seinen Irrtum aufklären; so verharrte er in seiner Rolle als getäuschter und sich täuschender Ankläger und schuf die falsche Alternative zwischen sich und Esterhazy, die für die Verschwörer die Rettung und für die Verteidiger des Hauptmanns Dreyfus die Verirrung bedeutete.

Das System der Verteidigung Esterhazys ergab sich nun auf die einfachste Weise. Picquart wurde als falscher Ankläger hingestellt, der im Bunde mit der Familie Dreyfus versucht hätte,

»den Verräter« auszutauschen. Auf welche Weise ein so phantastischer Gedanke hätte verwirklicht werden können, ist nie deutlich gemacht worden. Es wurde einfach behauptet, der unschuldige Esterhazy sei das Opfer, das an die Stelle des Verräters Dreyfus auf die Teufelsinsel geschickt werden solle. Das ›petit bleu‹, das immerhin eine persönliche Beziehung zwischen dem deutschen Militärattaché von Schwartzkoppen und dem Major Esterhazy bewies, sei verdächtig, das heißt gefälscht. Um das glaubhaft zu machen, hatte Henry sogar den Namen Esterhazy auf der Adresse des Rohrpostbriefes zuerst radiert und wieder ersetzt, aber seine Arbeit war schlecht ausgeführt und Sachverständige konnten den ursprünglichen Namen Esterhazy noch erkennen. Die Handschrift des Bordereaus, phantasierten die Verschwörer, habe Dreyfus dem Major Esterhazy gestohlen, das heißt, sie durchgepaust.

Der General de Pellieux wurde mit der Untersuchung gegen Esterhazy beauftragt. Seine Feststellungen bestätigten die Geschichte, die man ihm im Generalstab erzählt hatte. Esterhazy war unschuldig und Picquart schuldig. Der Berichterstatter des Kriegsgerichts, der Major Ravary, kam zu demselben Ergebnis. Wie soll man sich den Geisteszustand dieser Offiziere vorstellen? Emile Zola hat ihnen im ›J'accuse‹ ihre »verbrecherischen Untersuchungen« vorgeworfen. De Pellieux und Ravary sind aber ohne Zweifel im Kriegsministerium durch Fälschungen irregeführt worden, welche die Schuld des Hauptmanns Dreyfus »schlüssig« bewiesen. Das wichtigste dieser Machwerke war die berühmte ›Fälschung Henry‹, die ein Jahr vorher angefertigt worden war, weil man einer Waffe gegen Picquarts Beweis der Unschuld des Hauptmanns bedurfte. [75]

Der gute Glauben eines leidenschaftlichen Parteigängers wie des Generals de Pellieux ist sicherlich problematisch, denn es gibt eine gewollte Blindheit. Er war allzu glücklich, »bewiesen« zu sehen, was die Wahrheit zu sein er heiß wünschte. Er sträubte sich gegen die Wahrheit, wenn sie Dreyfus günstig war, und ihn erlabten die Lügen, die den Juden beschuldigten. Dennoch muß es selbst für den General de Pellieux einen unversöhnlichen Widerspruch zwischen gewissen Tatsachen gegeben haben. Wahrscheinlich überwand er die Schwierigkeit, die das Bordereau bedeutete, indem es Dreyfus und Esterhazy verkettete, den Prozeß gegen Dreyfus als eine Spiegelfechterei hinnahm und sogar billigte. Er glaubte an die Fabel, daß Mercier die wahren Schuldbeweise nicht hätte vorlegen können und es daher notwendig gewesen wäre, sie durch apokryphe Dokumente zu ersetzen. Das würde erklären, warum für ihn die ›Fälschung Henry‹ eine so entscheidende Bedeutung hatte, was sich neun Monate später – nach dem gewaltsamen Tode Henrys – zeigen wird. Das Beispiel der relativen Gutgläubigkeit des Generals de Pellieux dürfte auch die Haltung der nicht wenigen Generale und höheren Offiziere erklären, die den Verschwörern halfen. Allerdings ein echter guter Glaube kann ihnen nicht zugebilligt werden; sie sind Parteigänger, die ohne Zweifel die verwerflichen Mittel billigten, die gegen Dreyfus angewandt wurden. Aber gewisse Fälschungen ermöglichten es ihnen, seine Schuld sich und anderen einzureden. Der gute Glaube in der Sprache der Parteigänger ist ein dehnbarer Begriff; er schließt die gewollte Blindheit und die moralische Feigheit ein.

Die Untersuchung des Generals de Pellieux gegen Esterhazy bliebe unerklärlich, wenn nicht angenommen werden müßte, daß er das Bordereau als einen nur ›stellvertretenden‹ Schuldbeweis für bedeutungslos hielt. Daß Esterhazy es geschrieben hatte, konnte ihn daher nicht beirren. Der Generalstab hatte ja das ganze Gerichtsverfahren gegen Dreyfus als eine Spiegelfechterei preisgegeben – seit dem Artikel des ›Eclair‹ vom 15. September 1896. Was allein für den General ins Gewicht fiel, waren der Verrat des Hauptmanns Dreyfus und die Unschuld Esterhazys, die das Zeugnis der Chefs des Generalstabs, des Kriegsministers und die »dokumentarischen Beweise« unzweifelhaft zu machen schienen.

Es ist nun ganz einleuchtend, warum die Dreyfusisten keinerlei psychologische Erklärung für die Haltung des Generals de Pellieux in der Untersuchung gegen Esterhazy finden konnten. Ihre irrtümliche Auffassung von der Affäre Dreyfus, die ihnen aber als die absolute, die offensichtliche Wahrheit galt, machte sie durchaus unfähig, ihre Gegner zu durchschauen und zu ergründen. Das Unverständnis war aber nicht gegenseitig. Die Beweggründe, die Denkweise und die Absichten der Dreyfusisten lagen offen zutage und täuschten nur zuweilen die Leute des Generalstabs, weil sie an so viel Naivität nicht glauben konnten.

Esterhazy mußte also freigesprochen werden, und das geschah am 11. Januar 1898. Da die Urteile der Kriegsgerichte nicht begründet werden, weiß man nicht, welche Bedeutung die Schriftgutachten für den Freispruch Esterhazys besaßen.

In verdächtiger, unglaubwürdiger Übereinstimmung erklärten die drei untreuen Sachverständigen, das Bordereau zeige zwar die Handschrift Esterhazys, aber es sei nicht von seiner Hand; es sei durchgepaust. Diese Hypothese konnte übrigens keiner ernsten Kritik standhalten. Ihr widersprachen absolut die zahlreichen Variationen der Schriftformen Esterhazys. Die Autoritäten der Schriftenkunde von 1898 zerstörten die von 1894; sie vernichteten sich gegenseitig. Wir können auch nicht glauben, daß die Experten auf die Offiziersrichter einen anderen Eindruck gemacht haben als einen schlechten. Aber mußten sie nicht das Bordereau wegen Esterhazys Unschuld ausschalten, für die sich die höchsten Generale, die Offiziere, welche die Untersuchungen durchgeführt hatten, und der Regierungskommissar selber verbürgten! Die vollständige Entwertung des Corpus delicti des Prozesses Dreyfus erlaubte es dem Kriegsgericht, den Widerspruch auszuräumen, der den Dreyfusisten so ungeheuerlich und unbegreiflich erschien. [76]

Ihre moralische Entrüstung entsprach der Tiefe ihrer Überzeugungen. Ein »offenkundiger Verräter« war von einem Kriegsgericht freigesprochen worden, damit die Verurteilung des unschuldigen jüdischen Offiziers aufrechterhalten und bestätigt wurde. In diesem Glauben und in der Erbitterung über ein Unrecht, das auf die öffentlichen Gewalten und auf die Nation selber zurückfiel, schrieb Emile Zola seinen offenen Brief an den Präsidenten der Republik. Der Brief erschien am 13. Januar 1898 auf der Titelseite der ›Aurore‹ Clemenceaus, der ihm die durchschlagende Überschrift ›J'accuse!‹ gab. In wenigen Stunden wurden zweihunderttausend Exemplare der ›Aurore‹ verkauft.

Dokumente zum dritten Kapitel

[62] Die erste Fälschung gegen Picquart

Der Brief ›Speranza‹ vom 15. Dezember 1896, gerichtet an Picquart, vor der Ankunft beschlagnahmt:

Ich komme von dem Hause. Unsere Freunde sind bestürzt. Ihre unglückselige Abreise hat alles in Verwirrung gebracht. Beschleunigen Sie Ihre Rückkehr. Kommen Sie schnell, schnell.

Die Zeit der Festtage ist sehr günstig für die Sache. Wir rechnen auf Sie am 20. Sie ist bereit, aber sie kann und will nicht vorgehen, ohne mit Ihnen gesprochen zu haben. Wenn der Halbgott gesprochen hat, so wird man handeln. Speranza.

Der Fälscher hielt Picquart für den »Halbgott«, aber es war in Wirklichkeit der Deckname für den Hauptmann de Lallemand.

[63] Die falsche Anklage gegen Picquart

Brief Henrys an Oberst Picquart vom 31. Mai 1897:

Herr Oberst! Ich habe die Ehre, Ihnen bekanntzugeben, daß die Untersuchung, die wir nach Empfang Ihrer Mitteilung vom 18. Mai in der S. S. (Section de statistique) angestellt haben, ergibt, daß das Wort Geheimnistuerei sich auf Tatsachen bezieht, die ich im folgenden aufzähle:

1. Öffnung einer Korrespondenz ohne Beziehung zum Dienst – in einer Absicht, die hier niemand jemals begriffen hat.
2. Zumutungen an Personen der S. S., gegebenenfalls zu bezeugen, daß ein Dokument, das sich in den dienstlichen Akten befindet, bei der Post beschlagnahmt worden sei und von einer bekannten Person stamme.
3. Öffnung eines geheimen Aktenstücks und Prüfung der dort enthaltenen Dokumente, die dann Gegenstand von Indiskretionen wurden – in außerdienstlicher Absicht.

Die schriftlichen Beweise für diese Tatsachen sind vorhanden.

Was das Wort Lügen betrifft, das gleichfalls in der oben genannten Mitteilung vom 18. Mai enthalten ist, so hat die Untersuchung noch nicht ergeben, wo, wie und auf wen das Wort angewandt werden kann.

Mit der Versicherung meiner Ergebenheit gez. Henry.

Für Picquart enthielten diese Andeutungen die völlig klare Beschuldigung, daß der Rohrpostbrief Schwartzkoppens an Esterhazy, das sogenannte ›Petit bleu‹, seine Erfindung wäre, daß er in einem persönlichen Interesse Esterhazy hätte überwachen lassen, daß von ihm Dienstgeheimnisse verraten worden wären und schließlich, daß man ihn als Lügner hinstellen würde. Kurz, er war in Gefahr, als Fälscher und Spion verfolgt zu werden. Der Generalstab war offensichtlich bereit, ihn zu bezichtigen, Esterhazy als das unschuldige Opfer gewählt zu haben, das er mit dem Hauptmann Dreyfus »austauschen« wollte.

[64] Esterhazy beschuldigt Picquart

Es dauerte noch fünf Monate, bis dieses »Opfer« sich auch als Ankläger meldete. Esterhazy war gerade des hohen Schutzes des Generalstabs versichert worden und befand sich in der unmittelbaren Hut der Stabsoffiziere du Paty de Clam und Henry, als er am 7. November 1897 seinen anklagenden Brief nach Algerien schickte. Auch dieses Dokument war ebensowenig eine persönliche Äußerung wie der Brief Henrys vom 31. Mai. Hier folgt der Text des Briefes:

Herr Oberst! Ich erhielt dieser Tage einen Brief, in dem Sie ausdrücklich bezichtigt werden, gegen mich die abscheulichste Machenschaft angezettelt zu haben, um mich an die Stelle von Dreyfus zu setzen. In diesem Brief wird unter anderem gesagt, daß Sie Unteroffiziere bestochen haben, um Proben meiner Handschrift zu bekommen. Diese Tatsache stimmt, ich habe sie nachgeprüft.

Es wird auch behauptet, daß Sie im Kriegsministerium Dokumente, die Ihnen auf Ehre anvertraut waren, an sich genommen haben, um daraus heimlich ein Aktenstück zu bilden, das Sie den Freunden des Verräters mitteilten. Das Dasein dieses Aktenstücks ist bewiesen, da ich heute eins der Dokumente besitze, das ihm entstammt. Angesichts der Ungeheuerlichkeit der Beschuldigung zögere ich noch – trotz der Beweise, die man mir gegeben hat – zu glauben, daß ein Stabsoffizier der französischen Armee Dienstgeheimnisse verschachern konnte, um einen seiner Kameraden an die Stelle eines Schurken zu setzen, für dessen Verbrechen er die Beweise in Händen hatte. Es ist unmöglich, daß Sie einer offenen und klaren Erklärung ausweichen.

Esterhazy

Es ist im hohen Maße bezeichnend, daß der Generalstab die Beschuldigungen Picquarts von Esterhazy nicht nur formulieren ließ, sondern ihn auch als belastenden Zeugen auszurüsten entschlossen war. Der Generalstab war bereit, seinem Schützling Esterhazy ein geheimes Dokument auszuhändigen, damit dieser behaupten könnte, das er es auf mysteriöse Weise von einer Freundin Picquarts empfangen hätte. Außerdem begaben sich nun Henry und du Paty de Clam unmittelbar an die Aufgabe, belastende Dokumente gegen Picquart anzufertigen. Drei Tage nach Esterhazys Brief wurden die Telegramme ›Blanche‹ und ›Speranza‹ an die Adresse Picquarts nach Sousse gesandt. Das erste lautet: »Man hat den Beweis, daß das Petit bleu von Georges angefertigt wurde. Blanche.« Das zweite lautet: »Haltet den Halbgott; alles ist entdeckt; ernste Angelegenheit. Speranza.« Der Generalstab ließ die Originale der beiden Telegramme beschlagnahmen, aber die Botschaft selbst an Picquart gelangen. Dieser sandte dem Minister eine Abschrift des Briefes Esterhazys vom 7. November und verlangte gleichzeitig Erhebung der Anklage »gegen Unbekannt« wegen der beiden falschen Telegramme.

[65] Picquart verfolgt wie Dreyfus

In seinem vierten Verhör durch den Untersuchungsrichter Albert Fabre am 30. Juli 1898 erklärte Picquart:

Das Erlebnis der Affäre Dreyfus hat mich belehrt. Ich wußte, wie schnell ein verdächtiger Offizier angeklagt, von der Welt abgeschnitten, auf Grund von falschen Angaben überführt werden kann, ohne die Möglichkeit gehabt zu haben, sich zu verteidigen. Ich sah in dem Brief des Majors Henry die natürliche Folge der ungewöhnlichen Maßnahmen, die man mir gegenüber ergriffen hatte, um mich aus Paris zu entfernen. Ich gewann die Überzeugung, daß ich in meiner Ehre und persönlichen Sicherheit bedroht war und daß es sinnlos sein würde, mich an meine Vorgesetzten zu wenden, die sich unter so außerordentlichen Umständen von meiner Gegenwart befreit hatten. So fuhr ich nach Paris, um die Vorkehrungen zu meiner Verteidigung zu treffen, die ich für notwendig hielt. Bevor ich irgend etwas unternahm, machte ich noch einen letzten Versuch in den Kreisen der Armee. Ich suchte einen General auf, unter dem ich gedient hatte, und erklärte ihm meine Lage, ohne auf die Einzelheiten einzugehen. Dieser General gab mir den Rat, mich tot zu stellen. Da ich ganz genau wußte, auf was für Methoden der Verfolgung ich gefaßt sein mußte, wenn die Affäre Dreyfus jemals ans Tageslicht kommen würde, hielt ich es für notwendig, einen anderen Weg zu wählen und mich an einen Rechtsanwalt zu wenden. Ich hätte noch sehr viel mehr Grund gehabt, es zu tun, wenn ich damals gewußt hätte, daß es den famosen Brief Speranza gab ...

Die Leute die den Anschlag gegen Dreyfus verübt hatten, waren ohne Zweifel fähig, zu den äußersten Mitteln zu greifen, und Picquart wußte, was er tat, als er eines Tages in offener Gerichtsverhandlung erklärte, daß es sich um einen Mord handeln würde, sollte er in seiner Gefängniszelle eines plötzlichen Todes sterben.

[66] Esterhazys Privatleben

Eine wahrscheinlich mehr als wohlwollende Schilderung der privaten Verhältnisse Esterhazys zur Zeit der Affäre gibt der Oberst Kerdrain in seinem Bericht an die Untersuchungskommission, die sich im August 1898 über die Frage zu äußern hatte, ob der Major Walsin-Esterhazy den schlichten Abschied erhalten sollte – erstens wegen dauernder Unordnung der Lebensweise, zweitens wegen schwerer Verstöße gegen die Disziplin, drittens wegen schwerer Verstöße gegen die Ehre. In diesem Bericht heißt es:

Wir kommen nun zum Privatleben des Majors Esterhazy. Wir stützen uns auf die Berichte der Polizeipräfektur an den Kriegsminister und auf die Briefe des Majors. Bevor Esterhazy zur Disposition gestellt wurde, als er Major des 74. Infanterie-Regiments in Paris war, mietete er einer früheren Dame der Halbwelt, die er zu seiner Mätresse gemacht hatte, eine Wohnung in der Rue de Douai, Nummer 49. Der Mietvertrag war zunächst auf seinen Namen. Er wohnte mit ihr zusammen. Im November 1897 wurde der Vertrag auf Madame Pays übertragen. Wir beschränken uns darauf, die Tatsache zu berichten, und überlassen es der Untersuchungskommission, die Gründe dieser Änderung zu beurteilen. In einem andern schwer belastenden Polizeibericht wird der Major Esterhazy beschuldigt, sich mit einer Summe von fünftausend Francs als Partner einer Kupplerin an einem öffentlichen Haus in der Gegend des Bahnhofs Saint-Lazare beteiligt zu haben. Bei einer der Zusammenkünfte mit der Frau nannte sich der Major »Rohan Chabat«, und einige Monate später gab er seinen richtigen Namen an: Walsin-Esterhazy, Stabsoffizier der französischen Armee. Die Briefe waren an die Adresse des Jockey-Clubs oder des Schlosses Dommartin bei St. Menehould gerichtet. Eines Tages teilte die Kupplerin, deren Geschäfte, scheint es, alles andere als blühend waren, ihre schwierige Lage demjenigen mit, den sie ihren »Teilhaber« nannte. Der Major Esterhazy schlug ihr vor, für einen einundzwanzigjährigen Neffen, der mit seiner Mutter in Bordeaux lebte, ein junges Mädchen mit einer großen Mitgift zu finden. Die Kupplerin erklärte, daß sie ihn mit einem gewissen Roussel, einer Art Heiratsvermittler, in Verbindung setzen würde, der eine sehr reiche Waise zu verheiraten hätte. Wir besitzen übrigens in unseren Akten eine Mitteilung, in welcher der Schreiber, der sich mit einem Buchstaben bezeichnet, Roussel auffordert, alle notwendigen Schritte zu unternehmen, und ihm im Falle des Erfolges zehntausend Francs verspricht.

In den Akten befinden sich außerdem die Photographien von drei Briefen, die der Major Esterhazy einem gewissen Lévy, einem anderen Heiratsvermittler, geschrieben hat, wie der Polizeibericht behauptet. Diese Dokumente lassen uns leider erkennen, daß der Schreiber ziemlich bedenkenlos ist in bezug auf die Wahl des jungen Mädchens, das er seinem Neffen bestimmt. Die Moral ist ihm eine nebensächliche Angelegenheit, und er würde alle möglichen skandalösen Geschichten übersehen, wenn sie nur nicht allzu bekannt wären. Eine große Summe würde der Lohn für die gelungene Vermittlung sein. Solche geschäftlichen Verbindungen mit einer Kupplerin und einem im höchsten Maße anrüchigen Heiratsvermittler bezeichnen bei dem Schreiber jener Briefe eine Stumpfheit des sittlichen Gefühls, die mit der Würde eines Offiziers unvereinbar ist.

[67] Esterhazy an Alphonse de Rothschild

Esterhazy wandte sich an Alphonse de Rothschild mit einem Brief vom 29. Juni 1894:

Herr Baron, ich habe nicht die Ehre, Ihnen bekannt zu sein; ich habe Sie nie gesehen; vielleicht hörten Sie meinen Namen vor zwei Jahren, als die Duelle der ›Libre Parole‹ stattfanden. Sie sind allmächtig, und ich wende mich an Sie mit einer Bitte in äußerster Not, in der Verzweiflung, in die mich die furchtbare Tat bringt, die ich nun begehen muß ... Es bleibt mir nichts anderes mehr übrig, als die Meinen zu töten und mich selber mit ihnen ...

[68] Esterhazys Ausbrüche

Briefe an Madame Boulancy aus den Jahren 1881 bis 1884

Das ist die schöne Armee Frankreichs! Es ist schändlich! Und wenn es nicht die Frage der Existenz gäbe, würde ich morgen davongehen. Ich habe nach Konstantinopel geschrieben. Wenn man mir einen annehmbaren Rang anbietet, werde ich dorthin gehen. Aber ich werde das Land nicht verlassen, ohne allen diesen Kanaillen einen Streich nach meiner Art gespielt zu haben.

Anderswo heißt es:

Unsere großen Chefs, die Feiglinge und Dummköpfe, werden noch ein zweites Mal die deutschen Gefangenenlager bevölkern ...

Die Vollendung dieses Stils erreicht Esterhazy in dem berühmten ›Ulanenbrief‹:

Ich bin unbedingt überzeugt, daß dieses Volk keinen Schuß Pulver wert ist. Meine Meinung wird bestätigt durch alle diese kleinen Feigheiten der Männer, die sich wie betrunkene Frauen benehmen. Für mich gibt es nur eine menschliche Tugend; sie fehlt den Leuten hierzulande vollständig. Wenn man mir heute sagte, daß ich morgen als Ulanenrittmeister fallen würde, während ich Franzosen niedersäbelte, so wäre ich gewiß vollkommen glücklich. Ich bedaure von ganzem Herzen, nicht mehr in Ain-Draham zu sein, obwohl es ein scheußliches Land ist, und wieder den Boden dieses verfluchten Frankreich betreten zu haben. Ich habe alles versucht, um nach Algerien zurückzukehren... Du täuschst Dich vollständig über mein Wesen und meinen Charakter. Nach allgemeinen Begriffen bin ich sicher unendlich weniger wert als der letzte Deiner Freunde. Aber ich bin von einer anderen Art als sie. Man verkennt mich allgemein. Aber nun, da ich empört, verbittert, wütend, in einer furchtbaren Lage bin, fühle ich mich großer Dinge fähig, wenn ich nur die Gelegenheit finde, oder ich bin auch bereit zu Verbrechen, wenn sie meinen Rachedurst stillen. Ich kann keinem kleinen Hund wehe tun, aber ich würde mit Vergnügen hunderttausend Franzosen töten... Die geschwätzigen, abscheulichen Männer, die unter dem Mantel des anonymen und feigen »on dit« von einem Salon in den anderen ihren Klatsch tragen, was würden sie für eine traurige Figur machen unter der roten Sonne einer Schlacht, wenn Paris im Sturm genommen und der Plünderung durch hunderttausend betrunkene Soldaten ausgesetzt wäre. Das ist ein Fest, von dem ich träume. Amen.

Der deutsche Ulan wäre auch nützlich, die lästigen Gläubiger Esterhazys zur Vernunft zu bringen. So schreibt er von ihnen an einen Anwalt:

Diese Kanaillen müssen einmal die Lanze eines preußischen Ulanen fühlen, um zu lernen, wie man Soldaten behandelt.

[69] Esterhazy an den Präsidenten der Republik

Am 29. Oktober 1897 schrieb Esterhazy an den Präsidenten der Republik:

Ich habe die Ehre, Ihnen den Text eines anonymen Briefes zu unterbreiten, der mir am 20. Oktober 1897 geschickt wurde.

Ich bin die in diesem Brief bezeichnete Person und als das Opfer ausersehen. Ich will nicht warten, bis mein Name der öffentlichen Erörterung ausgeliefert wird, sondern vorher wissen, welches die Haltung meiner Chefs mir gegenüber sein wird. Ich habe mich daher an meinen natürlichen Chef und Protektor, den Herrn Kriegsminister, gewandt, um zu erfahren, ob er mich anhören wird, wenn mein Name preisgegeben werden sollte.

Der Minister hat nicht geantwortet. Nun steht meine Familie in den Annalen Frankreichs und in den großen Augenblicken der europäischen Geschichte ruhmreich genug da, um es der Regierung meines Landes zur Pflicht zu machen, die Beschmutzung meines Namens zu verhindern. Daher wende ich mich an den obersten Chef der Armee, an den Präsidenten der Republik. Ich ersuche ihn, dem Skandal vorzubeugen, so wie es sein Recht und seine Pflicht ist. Ich verlange die Bestrafung des infamen Anstifters des Komplotts, der den Urhebern der Machenschaften seine Dienstgeheimnisse ausgeliefert hat – in der Absicht, mich für einen Übeltäter büßen zu lassen.

Wenn ich die schmerzliche Erfahrung machen sollte, von der höchsten Autorität meines Landes nicht erhört zu werden, so habe ich vorsorglich Maßnahmen getroffen, um meinen Hilferuf an meinen Lehnsherrn, an den Suzerän der Familie Esterhazy, den deutschen Kaiser, gelangen zu lassen. Er ist ein Soldat und wird die Ehre eines Soldaten, selbst wenn er ein Feind ist, über kleinliche und verlogene politische Intrigen zu stellen wissen. Er wird es wagen, laut und bestimmt zu sprechen, um zehn Generationen von Kriegern in ihrer Ehre zu schützen.

Es liegt an Ihnen, Herr Präsident, ob ich nun gezwungen sein werde, diese Angelegenheit an dieser andern Stelle vorzubringen. Ein Esterhazy fürchtet nichts und niemand außer Gott. Nichts und niemand werden mich hindern können, so zu handeln, wie ich es gesagt habe, wenn man mich ich weiß nicht welcher elenden politischen Kombination ausliefern sollte.

Schon zwei Tage später – Esterhazy gab also dem Präsidenten wenig Zeit, sich die Antwort auf einen so merkwürdigen Brief zu überlegen – ließ er eine zweite Epistel folgen:

Herr Präsident, mit Bedauern stelle ich fest, daß weder das Oberhaupt des Staates noch der Chef der Armee ein Wort der Unterstützung, der Ermutigung oder des Trostes als Antwort für mich gehabt haben, der ich als Stabsoffizier ihnen meine bedrohte Ehre anvertraut habe. Ich weiß, daß die Rücksichten der parlamentarischen Politik die Regierung verhindern, eine freimütige und klare Erklärung abzugeben, die mich ein für allemal dem Streit entrücken und für immer die Verteidiger des Dreyfus zum Schweigen bringen würde ... Nun hat mir die opfermutige Frau, die mich von dem furchtbaren Komplott unterrichtete, das die Freunde des Dreyfus mit Hilfe des Obersten Picquart gegen mich angezettelt haben, inzwischen außer anderen Dokumenten die Photographie eines Schriftstücks besorgt, das sie diesem Offizier abnehmen konnte. Das Schriftstück wurde in einer ausländischen Gesandtschaft vom Obersten Picquart gestohlen und ist für gewisse Diplomaten im höchsten Maße kompromittierend. Sollte ich weder Unterstützung noch mein Recht erlangen, wenn mein Name der Öffentlichkeit preisgegeben wird, so lasse ich diese Photographie, die sich heute an sicherer Stelle im Ausland befindet, unmittelbar bekanntmachen.

Entschuldigen Sie mich, Herr Präsident, daß ich gezwungen bin, zu Mitteln zu greifen, die so wenig meinem Charakter entsprechen, aber bedenken Sie, daß ich sehr viel mehr als mein Leben verteidige, sehr viel mehr als meine eigene Ehre, nämlich die Ehre einer makellosen Familie. In diesem verzweifelten Kampf, in dem es mir an Unterstützung fehlt und der mich zum Wahnsinn treibt, bin ich gezwungen, jede Waffe zu gebrauchen.

Am 5. November folgt der dritte Brief, der die Erpressung noch beträchtlich weiter treibt. Es wäre nun unwiderruflich das letzte Mal, daß er die staatlichen Autoritäten anriefe. Dann sagt Esterhazy wörtlich:

Die Frau, die mich von der furchtbaren Machenschaft gegen mich unterrichtet hat, gab mir unter anderem ein Schriftstück, um mir zu einem Mittel der Verteidigung zu verhelfen. Es beweist die Schurkerei des Dreyfus und stellt eine Gefahr für mein Vaterland dar, denn die Veröffentlichung in Faksimile würde Frankreich zwingen, sich entweder zu demütigen oder einen Krieg zu führen.

Sie, der Sie über den nichtswürdigen Parteistreitigkeiten stehen, in denen meine Ehre der Einsatz ist, Sie werden mich nicht in einer Zwangslage lassen, in der ich vor einer entsetzlichen Alternative stehe ...

Ich stoße den alten französischen Kampfruf aus: »Haro à moi, mon prince, à ma rescousse!« Ich wende mich an Sie, Herr Präsident, der Sie nicht nur Oberhaupt des Staates, sondern auch ein ehrenhafter Mann sind und zutiefst in Ihrer Seele angeekelt sein müssen von der Feigheit, die wir gerade erleben.

Man möge mich verteidigen, und ich werde das Schriftstück dem Kriegsminister zurückschicken, bevor es irgend jemand gesehen hat, aber man soll sich beeilen, mich zu verteidigen, denn ich kann nicht mehr warten. Ich werde vor nichts zurückschrecken – sowohl in der Verteidigung meiner unwürdig geopferten Ehre, als auch in der Vergeltung.

[70] Esterhazy, Werkzeug des Generalstabs

Du Patys Rolle als Lenker der Schritte Esterhazys wird bestätigt durch die Konfrontation der beiden Offiziere vor dem Offiziersrat am 24. und am 27. August 1898. Das Protokoll sagt darüber:

Als Zeuge erscheint Mercier du Paty de Clam, Oberstleutnant der Infanterie beim Generalstab der Armee.

Esterhazy läßt den Zeugen fragen, ob er ihn für fähig hielte, gegen die Disziplin oder die Ehre zu verstoßen. Der Zeuge antwortet:

»Ich erfuhr im Oktober, daß man versuchte, Esterhazy bloßzustellen und daß außer einigen kleinen Unregelmäßigkeiten nichts Ernsthaftes gegen ihn vorläge. Ich glaubte, daß man ihn nicht unverteidigt zugrunde richten und zum Äußersten treiben lassen dürfte. Nun wollte ich wissen, wer Esterhazy wirklich war. Ich befragte mehrere Offiziere, die meiner Ansicht waren. Als ich ihn das erstemal sah, war er bereits gewarnt. Seine Aufrichtigkeit ließ mich sofort erkennen, daß es sich nicht um einen Strohmann handelte. Wir haben ihn ermutigt, so gut wir konnten. Er war wie in einem moralischen Kerker. Sehr viele Dinge, die er vorbrachte, verdienten Beachtung. Esterhazy stand vor dem Selbstmord oder vor der Flucht. Verzweifelte Entschlüsse mußten verhindert werden.«

Betreffs der Briefe an den Präsidenten der Republik kommt es zu dem folgenden Austausch zwischen dem präsidierenden General, dem Zeugen und dem Major Esterhazy:

Der Zeuge: Esterhazy wollte an den deutschen Kaiser schreiben. Ich sagte ihm, er sollte sich an den Präsidenten der Republik wenden, welcher der Vater aller Franzosen wäre. Diesen Brief kenne ich, da ich ihn mir später im Kriegsministerium abgeschrieben habe. Esterhazy sagte mir, er wäre ihm diktiert worden.

Esterhazy: Ich lege Wert darauf, daß der Oberstleutnant zugibt, daß er ihn mir diktiert hat.

Der Zeuge: Davon weiß ich nichts. Wollen Sie etwa sagen, daß ich es war?

Esterhazy: Sagen Sie die Wahrheit.

Der Zeuge: Ich war es nicht.

Esterhazy: Wie hat es sich denn abgespielt?

Der Zeuge: Er wollte Hilfe im Ausland suchen – bei seinen Verwandten und durch sie den deutschen Kaiser fragen lassen, ob er jemals Beziehungen zu ihm gehabt hätte, und den Kaiser bitten lassen, ihn als Mitglied eines Ordens zu verteidigen, dessen Großmeister dieser Monarch wäre.

Esterhazy: So ist es. Ich wandte mich an den Kaiser von Österreich als Vasall. Ich war entschlossen, mich zu töten, aber ich wollte vorher alle diejenigen anrufen, denen an der Verteidigung eines Esterhazy liegen mußte.

Der Zeuge: Ja, ich habe ihn davon abgebracht und von ihm verlangt, dem Präsidenten der Republik zu schreiben.

Der Präsident: Aber diese Briefe haben einen drohenden Ton.

Der Zeuge: In meinen Augen gehörte Esterhazy eher vor eine ärztliche Untersuchungskommission. Ich habe im Ministerium den Brief gesehen und ihm gesagt, daß dieser Brief, von dem er behauptet, er sei ihm diktiert worden, verrückt (charentonnesque) wäre. Ich bin sicherlich nicht derjenige, der ihn diktiert hat.

Der Präsident: Aber wer hat nun diesen Brief diktiert? Und übrigens, wenn er ihm diktiert worden ist, was hat dann sein Geisteszustand mit der Abfassung dieses Briefes zu tun.

Der Zeuge: Ich war es nicht. Esterhazy war bewundernswert unterrichtet. Aber alles, was man ihm sagte, mußte ihn entmutigen. Man wollte, behauptete er, vor allem den Oberstleutnant du Paty und den General de Boisdeffre unmöglich machen. Bezüglich der Frage, ob meine Beziehung zu Esterhazy befohlen worden war oder auf Grund meiner eigenen Initiative bestand, so weigere ich mich, in Esterhazys Gegenwart zu antworten.

Der Präsident: Wie das auch immer sei, was haben Sie persönlich unternommen und in welchem Maßstabe haben Sie eingegriffen?

Der Zeuge: Was die Zeitungsartikel betrifft, so hat man ihm geholfen, den Artikel ›Vidi‹ zu beantworten. Ich habe die Antwort selbst korrigiert.

Der Präsident: Er hat also nicht auf eigene Faust gehandelt, sondern mit dem Beistand von Offizieren der aktiven Armee.

Der Zeuge: Ja.

Der Präsident: Wir müssen wissen, in welchem Maße er gelenkt worden und daher verantwortlich ist.

Der Zeuge: Esterhazy hat nie gewußt, daß er vom Generalstab verteidigt wurde. Er wußte nur von einzelnen Personen. Ich war einer derjenigen, die sich für die Enthüllung der Wahrheit am meisten einsetzten, und darum habe ich ihm geholfen. Ich habe den Brief an den Präsidenten erst im Ministerium gesehen, nachdem er bereits empfangen worden war.

Der Präsident: Haben Sie die Absendung des Briefes gebilligt?

Der Zeuge: Ja, ich habe ihm das Gerüst des Briefes gegeben. Aber nachdem ich den Brief gelesen hatte, tadelte ich seine Abfassung.

Esterhazy: Sagen Sie doch die Wahrheit. Sagen Sie, auf welche Weise die Briefe diktiert wurden.

Der Zeuge: Ich sage, was ich weiß.

Der Präsident: Haben Sie ihm den Brief eingegeben, der die Drohung enthält?

Der Zeuge: Er hat mir in der Tat davon gesprochen, ihn zu schreiben.

Der Präsident: Sie wissen nicht, wer ihn diktiert hat?

Der Zeuge: Nein.

Der Präsident zu Esterhazy: Wo wurden sie geschrieben?

Esterhazy: Einer hinter der Brücke Caulaincourt, ein anderer an der Brücke der Invaliden. Vom dritten weiß ich nicht mehr wo. Ich habe sie mit Bleistift niedergeschrieben unter dem Diktat von jemand. Dann habe ich sie in aller Ruhe zu Hause abgeschrieben.

Der Präsident zu Esterhazy: Wissen Sie, ob der Oberstleutnant diesen Jemand kennt?

Esterhazy: Ja, der Oberst weiß es.

Der Zeuge: Würde ich ihn kennen, so würde ich es nicht sagen, denn ich bin kein Spitzel. Übrigens weiß ich nur vom Major Esterhazy, daß man den Brief ihm diktiert hat.

Esterhazy: Ich beschwöre den Oberst zu sagen, daß er den Autor des Briefes kennt, daß er ihn ebensogut kennt wie ich, daß es völlig richtig ist, daß diese Briefe von jemand diktiert wurden, den er kennt, daß das gleiche für den Artikel ›Dixi‹ gilt.

Der Zeuge: Ich habe alles gesagt, was ich zu sagen hatte.

Der Präsident: Wenn Sie es nur durch Esterhazy wissen, so ist das nicht mehr Ihre eigene Bezeugung. Sie tun nichts anderes, als die Behauptungen Esterhazys wiederholen.

Der Zeuge: Es ist unmöglich, daß der Artikel ›Dixi‹ von Esterhazy verfaßt wurde. Man hat ihn ihm also gegeben.

Der Präsident: Das ist keine Zeugenaussage, sondern eine Meinung, die wir nicht nötig haben.

Der Zeuge: Ich habe nichts zu sagen.

Der Präsident: Sie haben also dem Major geholfen. War das Ihre eigene Initiative?

Der Zeuge: Ich will es nicht vor Esterhazy sagen.

Der Präsident: Lügt Esterhazy, wenn er sagt, daß der Brief ihm diktiert wurde?

Der Zeuge: Er lügt nicht ... oder vielmehr, ich ziehe zurück, was ich gesagt habe.

Esterhazy: Ich behaupte, daß der Artikel mir in seiner endgültigen Form gebracht und daß die Briefe mir diktiert wurden.

Der Zeuge: Ich bin sicher, daß er nicht lügt, was den Artikel angeht. Was die Briefe betrifft, so weiß ich nicht ... Ich wage nicht zu bestätigen, was der Major sagt. Ich behaupte auch nicht das Gegenteil.

Der Präsident zu Esterhazy: Berufen Sie sich noch bezüglich anderer Punkte auf das Zeugnis des Obersten du Paty?

Esterhazy: Nicht mehr – nach alledem, was sich gerade abgespielt hat.

Der Zeuge: Ich habe Esterhazy erst im April wiedergesehen. Er sagte mir: »Man hat mir Angebote gemacht, ich habe keine zehn Francs mehr in meiner Tasche. Meine Stiefel sind durchlöchert, doch würde ich lieber Hungers sterben als den braven Leuten schaden, die mir geholfen haben.«

Esterhazy: Nein, das will ich nicht tun. Aber ich möchte, daß man sich mir gegenüber ebenso verhält.

[71] Esterhazy unter dem Schutz des Generalstabs

Esterhazy hat das Zwischenspiel seines Zusammenwirkens mit dem Generalstab im Winter 1897/98 genau, eindringlich und gestützt auf ein reiches Beweismaterial geschildert. Zwischen dem 22. Februar und dem 5. März 1900 gab er vor dem französischen Generalkonsul in London ausführliche Erklärungen über seine Rolle in der Affäre ab, die später unter dem Titel ›Dépositions et Explications‹ in Brüssel erschienen. Da jene Episode geradezu den Schlüssel des ganzen Mysteriums bildet, ist es notwendig, Esterhazy und du Paty als seinen vom Generalstab gesandten Retter zu Worte kommen zu lassen. Die Aussagen der beiden Offiziere allein würden es unmöglich machen, den Fall Dreyfus als einen bloßen Justizirrtum zu behandeln, Esterhazy als einen Verräter zu betrachten und irgendwelchen guten Glauben bei den Chefs des Generalstabs vorauszusetzen. Alle diese falschen Thesen, welche die Geschichtsschreibung über die Affäre beherrschen, haben wesentlich politische Beweggründe; beide Parteien des kalten Bürgerkrieges fanden schließlich, daß die Enthüllung der Wahrheit nicht in ihrem Interesse oder, wie sie sich einredeten, nicht im Interesse des Landes lag.

Esterhazy hat Dokumente zur Verfügung gehabt, welche die wesentliche Wahrheit seiner Aussagen bestätigen, die überzeugend genug sind durch das feste Gefüge seiner Darstellung, in der weder Lücken noch Unstimmigkeiten entdeckt werden können.

Hören wir zunächst, was er über seine drei Briefe an den Präsidenten der Republik zu berichten hat:

Am 28. Oktober 1897 empfange ich den vollständigen Text eines sehr langen Briefes an den Präsidenten der Republik. Dieser Text enthält das ganze System, nach dem mich zu richten mir ausdrücklich befohlen wird. Den Brief gibt mir der Oberst du Paty, aber er stammt von den Chefs des Generalstabs selber. Ein schriftlicher Befehl ist beigefügt, den Brief auswendig zu lernen (ich besitze das Konzept des Briefes und den Befehl, der vom Obersten du Paty selbst geschrieben ist).

Zwei oder drei Tage später erhalte ich den Befehl, dem Präsidenten der Republik einen zweiten Brief zu schreiben, in dem man mich der Regierung androhen läßt, daß ich mich des geheimen Dokumentes aus dem Kriegsministerium bedienen würde (ich gebe vor, es in Händen zu haben, was nicht stimmt). (Vor dem Offiziersrat hat der Oberst du Paty nach vielen Ausflüchten anerkannt, mir den Text dieses Briefes gegeben zu haben.) Ich erkläre dem Obersten, daß es eine Sache von großer Tragweite ist, mich in dem Augenblick, da ich von der Anzeige wegen Landesverrats bedroht bin, zu der Behauptung zu veranlassen, daß ich ein geheimes Dokument besitze, das im Kriegsministerium entwendet wurde, – und ich sage ihm, daß eine solche Behauptung meine Verhaftung geradezu herausfordert. Er antwortet mir, was an demselben Abend oder am anderen Morgen der Oberst Henry mir bestätigen wird, daß ich Befehle auszuführen hätte und alles auf Befehl des Generalstabs geschähe, der mich schütze. Tatsächlich gibt es keine Untersuchung gegen mich, obwohl diese Drohungen und der ungewöhnliche Ton dieser Briefe von der äußersten Heftigkeit sind. Allerdings benachrichtigt man mich brieflich und später bei einer Zusammenkunft, daß ich vom General Saussier, dem Gouverneur von Paris, vernommen werden würde, aber ich brauchte mich nicht zu beunruhigen, denn es handelte sich nur um eine Formsache. Man befiehlt mir, dem General Saussier nichts zu sagen, und unterrichtet mich gleichzeitig, daß dieser General auch keine Fragen stellen würde.

Der Gouverneur von Paris (der General Saussier) verhört mich mit dem größten Wohlwollen und offensichtlich nur, um der Form zu genügen. So erleben wir diese außerordentliche Begebenheit, daß ein Stabsoffizier, der des Landesverrats bezichtigt werden wird, der die Regierung mit Hilfe eines geheimen Dokuments erpreßt, das er angeblich besitzt, dem Generalissimus der Armee in aller Ruhe Auskunft über das Dokument verweigert unter dem Vorwand, daß es geheim wäre, und der Generalissimus findet das vollkommen in der Ordnung.

Übrigens wußte man damals nicht einmal, welches Dokument man mir geben würde.

Der Bericht über diese seltsame Vernehmung befindet sich in einem Briefe des Generals Saussier an den Minister. Der Brief wurde am Abend des Tages geschrieben, an dem ich mich meldete, und in ihm wird mein Verhalten gebilligt.

Zwei Wochen lang höre ich nicht auf, so wie es mir befohlen ist, mit diesem Dokument zu drohen, das ich damals nicht einmal kannte. Keine Untersuchung erfolgt, und der General

Gonse unternimmt keinerlei Nachforschung, um herauszufinden, um welches geheime Dokument (oder seine Photographie) es sich handeln könnte, obwohl er für den Nachrichtendienst verantwortlich ist.

Am 13. November empfange ich den schriftlichen Befehl, der noch in meinem Besitze ist, einen Brief an den Minister abzuschreiben. Am Abend wird mir das geheime Dokument ausgehändigt, von dem die Rede war, mit dem Befehl, es selbst unter dreifachem Umschlag, versiegelt mit meinem Wappen, ins Ministerium zu bringen. Diesen Brief gibt mir der Oberst du Paty, und als ich ihn nach dem Zweck dieser Aktion frage, antwortet er, auf diese Weise würde die ganze Geschichte vom Minister selber beglaubigt. Das wäre nötig im Hinblick auf Ereignisse, die kommen würden. Ich gebe das Dokument ab. Am 15. (November 1897) zeigt mich Mathieu Dreyfus an. Am 16. abends bringt mir ein Ordonnanzoffizier des Ministers in meine Wohnung, 27, rue de la Bienfaisance, einen Brief des Kabinettchefs, des Generals de Torcy, der sehr höflich abgefaßt ist und geschickt die Existenz der berühmten verschleierten Dame offiziell anerkennt. (Das Datum ist sehr leicht festzustellen durch die Quittung, die ich dem Offizier gab und die sich noch im Kriegsministerium befinden muß.) Das war also das Manöver, das man mir zwei oder drei Tage vorher angezeigt hatte. Ich besitze den Brief, der übrigens veröffentlicht wurde. Ich bedrohe also die Regierung mit einem geheimen Dokument, und an Stelle strenger Maßnahmen gegen mich oder wenigstens der Aufforderung, mein Verhalten zu erklären, und an Stelle einer Untersuchung werde ich vor jeder Maßnahme durch das Zusammenwirken des Generalissimus, des Ministers und des Generalstabschefs geschützt. Das alles wird bestätigt durch ihre Handlungen, durch Schriftstücke, durch den ganzen phantastischen Plan, den ich auf Befehl ausführte. Als während des Prozesses von Rennes ein Anwalt des Hauptmanns Dreyfus den General Billot bezüglich dieser merkwürdigen Empfangsbestätigung befragt, findet dieser keine andere Erklärung als diese: es handelte sich um eine Quittung, wie sie üblicherweise gegeben werde. Ein des Landesverrats angeklagter Offizier, der ein geheimes Dokument besitzt und damit die Regierung bedroht und sich schließlich zur Rückgabe entschließt, dieses unerhörte Verhalten ist also im Rahmen des Üblichen und wird behandelt wie ein Bericht über Kochgeschirre und über alte Hosen. Es gehört also zum üblichen Amtsgeschäft, daß ein geheimes Dokument verschwindet, daß man mit seiner Hilfe erpreßt und daß man es schließlich zurückgibt. Es ist bemerkenswert, daß der Brief des Ministers vom 14. ist, vom Vortage der Anzeige, die Mathieu Dreyfus gegen mich erstattet, und daß sie mir erst am 16. überbracht wird, wie es meine Quittung beweist. Man schickt mir voller Respekt und mit großem Aufwand einen Hauptmann des Generalstabs, obwohl es richtig gewesen wäre, selbst wenn man mir die Anklage wegen Landesverrats hätte ersparen wollen, mich von einem Hauptmann und vier Gendarmen festnehmen zu lassen – wegen des gesetzwidrigen Besitzes eines geheimen Dokumentes.

... Diese ganze Komödie ist also von meinen hohen Vorgesetzten aufgezogen worden, deren Werkzeug ich war. Ich verlange daher, daß die Untersuchung, die auf Befehl des Ministerpräsidenten begonnen wurde, bis zum Ende durchgeführt wird, und ich protestiere gegen die Niederschlagung dieses Falles gegen meinen Willen ...

[72] Christian Esterhazys Geständnis

In dem Protokoll der Vernehmung Christians am 11. Juli 1898 durch den Untersuchungsrichter Bertulus heißt es:

... Ich habe erst in der zweiten Hälfte des Monats November 1897 begonnen, bei der Verteidigung meines Cousins mitzuwirken.

Als ich meinem Cousin versprach, ihm in allem beizustehen und alles für die Verteidigung seiner Ehre zu tun, hat er mir anvertraut, daß er in unmittelbarer Verbindung mit du Paty de Clam und Madame du Paty de Clam wäre, die ihn von den Umtrieben gegen ihn unterrichteten und die ihm Ratschläge für seine Verteidigung erteilten.

Esterhazy und Madame Pays haben mir dann erzählt, daß es eine absolute Notwendigkeit wäre, den Obersten Picquart bloßzustellen. Sie berichteten mir, daß man zu diesem Zwecke dem Obersten Picquart zwei Telegramme nach Sousse gesandt hätte; das erste mit der Unterschrift ›Speranza‹, das zweite mit der Unterschrift ›Blanche‹. Diese beiden Telegramme stammten von du Paty de Clam, der die Beziehungen des Obersten Picquart zu Mademoiselle Blanche de Comminges kannte. Madame Pays und Esterhazy bestätigten mir, daß das

Telegramm mit der Unterschrift ›Blanche‹ von du Paty verfaßt war, während das Telegramm mit der Unterschrift ›Speranza‹ von Madame Pays geschrieben wurde ... Das Telegramm ›Speranza‹ wurde von Esterhazy zum Postamt der Rue Lafayette gebracht, als Souffrain zufällig dort war. Das ist die Erklärung für die Verwechslung der Beamtin, die bewirkte, daß man Souffrain für den Verfasser dieses Telegramms hielt, während er in Wahrheit in der ganzen Angelegenheit keine Rolle spielte ...

Ich habe nie die Mitteilungen gelesen, die durch meine Vermittlung zwischen du Paty und Esterhazy ausgetauscht wurden. Indessen glaube ich zu wissen, daß Esterhazy einige dieser Aufzeichnungen aufbewahrt hat, unter anderem eine, in welcher der Name des Generals de Boisdeffre voll ausgeschrieben ist ... Es gibt auch einen Briefentwurf von Esterhazy, der um seine Vorladung vor ein Kriegsgericht ersucht. Ich habe selbst diesen Entwurf zum General de Pellieux gebracht, der ihn mit eigener Hand verbesserte. Esterhazy hat dieses vom General de Pellieux überarbeitete Schriftstück sorgfältig aufgehoben.

In den zahlreichen Unterhaltungen, die ich mit du Paty hatte, hat dieser mir nie sehr wichtige Mitteilungen mündlich gemacht. Er begnügte sich, mir zu sagen, ich solle Esterhazys Mut und Zuversicht stärken, denn der General Billot und Monsieur Méline, die zuerst Dreyfus günstig gesinnt gewesen wären, änderten allmählich ihre Meinung ...

Ich habe nach Esterhazys Diktat die beiden Briefe in großen Buchstaben geschrieben, die Esterhazy als von der verschleierten Dame stammend dem General de Pellieux brachte.

Was die verschleierte Dame angeht, so haben Esterhazy und Madame Pays mir erzählt, auf welche Weise Esterhazy das unter dem Namen ›document libérateur‹ allgemein bekannte Dokument erhielt. Man vereinbarte eine Zusammenkunft zwischen du Paty, Madame Pays und Esterhazy in der Nähe der Invaliden. Dort sagte du Paty zu Esterhazy: »Ich werde Sie retten. Hier ist ein Dokument von der größten Bedeutung. Bringen Sie es sofort in einem Umschlag zum Kriegsminister. Ich folge Ihnen, um mich zu überzeugen, daß Sie es abgeben«, und du Paty sagte kurz, welches der Inhalt dieses ›document libérateur‹ war. Esterhazy brachte den Brief ins Ministerium... Sicher ist, daß Esterhazy nicht die Zeit gehabt hat, sich mit dem Inhalt des ›document libérateur‹ vertraut zu machen, denn Esterhazy war in großer Verlegenheit, als der General de

Pellieux ihn bezüglich des Wortlauts des Dokumentes befragte. Der General zeigte einiges Erstaunen, und Esterhazy war für einen Augenblick in Sorge. Aber der General zeigte ihm sofort das berühmte Schriftstück.

Alles das wurde mir erzählt und bestätigt von Esterhazy und Madame Pays . . . Esterhazy glaubte, daß der Generalstab, der ihn vom Bordereau reingewaschen hatte, ihn im Stich lassen würde, was die Briefe an Madame de Boulancy betraf. Der Sachverständige Belhomme hatte ihm nicht verborgen, daß die Schlußfolgerungen seines Gutachtens durchaus gegen ihn sein würden. Esterhazy war wütend und gab mir den Auftrag, du Paty aufzusuchen und ihm zu sagen, daß, wenn man ihn nicht auch hinsichtlich der Briefe an Madame de Boulancy decken würde, er zum Selbstmord entschlossen wäre. Nach seinem Tode würden alle kompromittierenden Briefe des Generalstabs bekannt werden. Ich sah du Paty um sieben Uhr morgens und richtete ihm den Auftrag meines Cousins aus. Du Paty wurde zornig und redete von Erpressung. Ich ließ mich aber nicht einschüchtern und ging fort, ohne etwas zurückgenommen zu haben.

Einige Tage später fand eine Aussprache zwischen du Paty und Madame Pays statt, in der diese im Namen Esterhazys mich desavouierte. Seitdem habe ich du Paty nicht wiedergesehen... Esterhazy ist seit langem im Besitze von Zyankali. Er hat mir den Auftrag gegeben, mich über die Wirksamkeit dieses Giftes zu erkundigen, das er in irgendeinem Augenblick nötig haben könnte.

[73] Selbstbezichtigung Esterhazys

Was die beiden falschen Telegramme betrifft, so gibt es eine Selbstbezichtigung Esterhazys und das Zeugnis seines jungen Vetters Christian. In seinen ›Dépositions et Explications‹ berichtet Esterhazy:

Am 10. November morgens erhielt ich bei Madame Pays eine Mitteilung, die unglücklicherweise vernichtet wurde, und die mir befahl, ein Telegramm abzuschicken, dessen Text mir vorgeschrieben und für Picquart bestimmt war. Es handelt sich um das Telegramm mit der Unterschrift Speranza . . . Diese Mitteilung wurde mir von einem der Söhne des Obersten du Paty gebracht, der mir ausrichtete, daß sie sehr dringlich wäre. Man befahl mir, das Telegramm in einem entlegenen

Postamt aufzugeben. Ich wählte das Postamt der Rue Lafayette. Im Laufe des Tages sah ich Madame du Paty, die mir den schriftlichen Befehl überbrachte, abends um zehn Uhr zur Esplanade zu kommen. Aber vor dem Abendessen erhielt ich von dem Sohn du Patys eine neue Benachrichtigung ...:

»Dringlich. Bringen Sie noch diesen Abend gegen zehn Uhr das andere Telegramm zu einem Postamt, wo die Beamten das Publikum nicht sehen können, zum Beispiel zu dem Postamt an der Börse. Verwundern Sie sich nicht über die Änderung der Adresse ...«

Dieser Befehl war von einem Telegramm in einer Handschrift, die ich nicht kannte, begleitet. Es ist bemerkenswert, daß alle diese schriftlichen Mitteilungen von Madame du Paty geschrieben waren, wie es bereits der Artikel ›Dixi‹ gewesen war, damit, wie mir der Oberst ebenso jesuitisch wie einfältig sagte, er vor Gott schwören könnte, mir niemals geschrieben zu haben. Ich sah ihn erst am nächsten Abend wieder. Aber im Laufe des Tages hatte ich Madame du Paty gesehen, die mir sagte, daß alles gut ginge und man ein Telegramm beschlagnahmt hätte. Ich verstand nichts. Am Abend verlangte ich von dem Oberst eine Erklärung. Er sagte mir, daß der General, ich weiß nicht, welcher, aber es konnte sich nur um Gonse oder Boisdeffre handeln, beschlossen hätte, Picquart auf Grund seiner Korrespondenz anzuklagen. Am Tage vorher, am 9. November, hätte der Generalstab die Polizeipräfektur oder den Minister des Innern ersucht ..., die an Picquart gerichteten Telegramme zu beschlagnahmen.

Um sie beschlagnahmen zu lassen, war es nötig, daß es einige gab. Am Abend sagte mir du Paty, daß eins der Telegramme beschlagnahmt worden wäre, aber die hohen Vorgesetzten waren verärgert, weil ein Telegramm fehlte. Nun hätte man einen Befehl ausgesandt, dieses vermißte Telegramm zurückzuholen, und es wäre tatsächlich in Marseille oder Tunis gefunden worden.

[74] Die Beschuldigung Esterhazys durch Mathieu Dreyfus

Brief an den Kriegsminister vom 15. November 1897

Herr Minister,

die einzige Grundlage der Anklage, die im Jahre 1894 gegen meinen unglücklichen Bruder erhoben wurde, ist ein nicht unterzeichnetes und nicht datiertes Schreiben, aus dem hervorgeht, daß vertrauliche militärische Dokumente dem Vertreter einer fremden Macht geliefert wurden.

Ich habe die Ehre, Sie zu unterrichten, daß der Urheber dieses Schriftstücks der Major der Infanterie Graf Walsin-Esterhazy ist. Seit dem letzten Frühjahr ist er wegen vorübergehender körperlicher Untauglichkeit zur Disposition gestellt.

Die Schrift des Majors Esterhazy ist identisch mit der des Dokuments. Es wird für Sie sehr leicht sein, Herr Minister, sich die Handschrift dieses Offiziers zu besorgen.

Ich bin übrigens bereit, Ihnen anzugeben, wo Sie Briefe von ihm finden können, die von unbestreitbarer Echtheit sind und vor der Verhaftung meines Bruders geschrieben wurden.

Ich kann nicht daran zweifeln, Herr Minister, daß Sie der Gerechtigkeit sofort ihren Lauf lassen werden, wenn Sie den Urheber des Verrats kennen, für den mein Bruder verurteilt wurde.

Genehmigen Sie, Herr Minister, den Ausdruck meines tiefen Respekts.

Mathieu Dreyfus

[75] Esterhazy ist unschuldig, Picquart schuldig

Am 16. November 1897 war der General de Pellieux mit der Untersuchung gegen Esterhazy betraut worden, und am 20. November lieferte er dem Militärgouverneur von Paris seinen ersten Bericht, in dem es heißt:

... Ich begab mich zum Ministerium, wo ich zuerst den General de Boisdeffre sah, der mich über die Frage Picquart aufklärte, dann den General Gonse, der mir wieder das famose Aktenstück zeigte, das Picquart zusammengestellt hat. So sah ich das so wichtige und entscheidende Dokument, von dem Maître Leblois gesprochen hat [das ›Petit bleu‹]. Es trägt keinerlei Zeichen der Wahrscheinlichkeit, es hat keinen Charakter der Echtheit, und es scheint mir, daß es schwer gewesen wäre, eine Strafverfolgung zu beginnen, indem man sich auf ein solches Dokument stützte.

Man zeigte mir gleichfalls ein Aktenstück Picquart, und ich habe feststellen können, in welchem Maße man recht hatte, diesem Offizier zu mißtrauen, und wie nachsichtig man gewesen ist, indem man ihn nur entfernte. Wie es auch sei, da sich nun eine unvermeidliche Frage Picquart stellt, ergibt sich aus folgendem ein klar umrissener Tatbestand.

Ein Offizier, der Chef des Nachrichtendienstes des Kriegsministeriums, macht sich unbewußt, wie man hoffen möchte, zum Agenten der Verteidiger von Dreyfus – im guten oder schlechten Glauben, was wenig bedeutet. Er liefert ihnen ein Drittel der dienstlichen Briefe seines unmittelbaren Vorgesetzten aus, wahrscheinlich auch geheime Dokumente, die ihm nicht gehören. Er verstößt schwer gegen seine Dienstpflicht und muß bestraft werden. In welcher Absicht hat er das Aktenstück Esterhazy zusammengestellt? Es ist nicht meine Aufgabe, es herauszufinden, aber ich kann sagen, daß er das Aktenstück Leblois gegen seine Vorgesetzten, gegen den Minister zusammengestellt hat. Dieser Zusammenhang macht aus der ganzen Affäre eine Frage Dreyfus-Esterhazy-Picquart, und sie scheint mir eine schnelle und radikale Lösung zu verlangen. Nach meinem besten Gewissen sage ich, Esterhazy scheint mir über jedem Verdacht zu stehen, wie wenig er auch einer größeren Beachtung würdig sein mag in Anbetracht der schweren Unregelmäßigkeiten seines Privatlebens. Meiner Ansicht nach kann er nicht des Verrats angeklagt werden, so wie die Dinge liegen. Picquart erscheint mir schuldig.

Ich bedaure, daß die Dokumente, die der Generalstab hat, daran keinen Zweifel lassen. (Beschlagnahmte Briefe und Telegramme.) Soll man die Untersuchung fortsetzen oder unterbrechen? Wenn man Picquart in Tunis verhört, wird man sagen, daß man Furcht hat, ihn kommen zu lassen. Wenn man ihn hier als Zeuge vernimmt, wird es schwierig sein, ihn von seinen Rechtsberatern zu isolieren.

[76] Der Freispruch

Heute, am 11. Januar 1898, beriet das Kriegsgericht des militärischen Gouvernements von Paris unter Ausschluß der Öffentlichkeit über die folgende Frage des Präsidenten:

Ist Walsin-Esterhazy (Marie-Charles-Ferdinand) schuldig, Machenschaften unternommen oder Verbindungen gepflegt zu haben mit einer fremden Macht oder ihren Vertretern, um diese dahin zu bringen, Krieg gegen Frankreich zu führen oder ihnen für diesen Zweck Mittel zu verschaffen?

Das Verbrechen fällt unter die Artikel 2 und 76 des Strafgesetzbuches ...

Die Stimmen wurden einzeln abgegeben, beginnend mit dem niedrigsten Grade, der Präsident gab seine Meinung als letzter. Das Urteil des Kriegsgerichts lautet:

Monsieur Walsin-Esterhazy wird einstimmig für nichtschuldig erklärt.

Folglich spricht das Kriegsgericht den oben genannten Esterhazy (Marie-Charles-Ferdinand) von der Anklage, die gegen ihn erhoben wurde, frei und der Präsident befiehlt seine Freilassung ...

›J'accuse!‹

Zolas Manifest schlug wie eine Bombe ein, weil der berühmteste, gelesenste und umstrittenste Schriftsteller dem Publikum die erste abgerundete Darstellung der Affäre lieferte. Vorher waren nur Einzelheiten bekannt gewesen, nun hatte man ein dramatisches Bild des Ganzen. Da es nicht an Figuren des öffentlichen Interesses, nicht an sonderbaren Begebenheiten und vor allem nicht an starken Farben fehlte, wurden die Leser aufgerüttelt. Viele fühlten sich begeistert und erleuchtet, weil sie mit Zolas Augen sahen und seinen Glauben an Wahrheit und Gerechtigkeit teilten. [77]

Nun hatten die Dreyfusisten ihr Credo. Die »Teile der Wahrheit« waren zu einer »ganzen Wahrheit« vereinigt und damit dem Dreyfusismus die Doktrin gegeben, die ihn für immer festgelegt hat. Zur Aufklärung der Affäre hat Zola keinen persönlichen Beitrag geliefert. Die Elemente seiner Darstellung und sogar die wesentlichen Zusammenhänge wurden ihm von eingeweihten Personen vermittelt. Es handelt sich also um eine Darstellung aus zweiter Hand, nirgendwo erscheint eine originale Erkenntnis, die sich aus der Untersuchung der Dokumente und der offiziellen oder offiziösen Erklärungen hätte ergeben können. Um so erstaunlicher ist der Anspruch, die ganze Wahrheit der Affäre zu besitzen und im Namen der Wahrheit zu sprechen. Sie erscheint auch Zola als eine wirkende Kraft – wie eine Göttin. »Die Wahrheit marschiert, und nichts wird sie aufhalten«, schreibt er.

Die Materie, die ›J'accuse‹ behandelt, ist aber komplex, mit einem Schleier des Geheimnisses bedeckt, und es gibt von ihr nur eine teilweise, unsichere Kenntnis. Und die teilweise Eingeweihten, die Zola unterrichtet haben, sind befangen in fundamentale Irrtümer, weil ihre Kritik nicht weit und tief genug reicht. Im blinden Vertrauen auf seine Quellen, übernahm Zola nicht nur Wahres und Falsches, sondern gestaltete es auch zu einem sehr persönlichen Bild, das die Ordnung der

Tatsachen einem künstlerischen Prinzip unterwirft. Sicherlich hat dadurch die Wirkung auf die Menge nur gewonnen. Aber um so größer ist die Entfernung der Erzählung von der geschichtlichen Begebenheit geworden. In Wahrheit ist ›J'accuse‹ ein Zerrspiegel, der vor allem die Proportionen erstaunlich verändert.

Zolas Stärke ist nicht die Sachlichkeit. Aber man verweilt nie gerne bei den Schwächen seiner Darstellung, weil man lieber von ihrer moralischen Wirkung spricht. Die Kodifizierung von Irrtümern im dreyfusistischen Credo konnte jedoch nicht ohne dauernde schlimme Folgen sein. Es ist nicht nötig, diese Irrtümer im einzelnen aufzuzählen, weil die wichtigsten als die Thesen der Gruppe Picquart, Scheurer-Kestner, Leblois bekannt sind. Durch Zola haben sie dem Dreyfusismus endgültig eine falsche Richtung gegeben. Er hat auch mächtig dazu beigetragen, daß die Auseinandersetzung eine Art Religionskrieg wurde.

Als einen Propheten hat ihn Anatole France, in einer Grabrede am 5. Oktober 1902, gefeiert:

»In jenen Tagen des Verbrechens verzweifelte der gute Bürger am Vaterland und an der Moral Frankreichs ... Gerechtigkeit, Ehre und Vernunft, alles schien verloren.

Alles war gerettet. Zola hatte nicht nur einen Justizirrtum angeprangert, er hatte auch die Verschwörung der gewalttätigen, tyrannischen Mächte aufgezeigt, welche die soziale Idee und die Freiheit des Gedankens ersticken wollten. Zolas mutige Worte weckten Frankreich auf.

Die Folgen seiner Tat sind unabsehbar, sie wirken sich heute aus – groß und gewaltig. Und so wird es in aller Zukunft sein. Diese Tat hat eine Bewegung der sozialen Gerechtigkeit ausgelöst, die unaufhaltsam ist. Es geht aus ihr eine neue Ordnung der Dinge hervor, die auf eine höhere Gerechtigkeit und tiefere Erkenntnis der Rechte aller Menschen gegründet ist ... Beneiden wir ihn, er hat sein Vaterland und die Welt durch ein ungeheures Werk und eine große Tat gerettet. Beneiden wir ihn, seine Bestimmung und sein Herz zwangen ihm die größte Rolle auf, für einen Augenblick verkörperte er das Gewissen der Menschheit.« [78]

Was Zola schuf, war nicht eine dreyfusistische Gegen-Demagogie, sondern ein populärer Idealismus, der den Fall Dreyfus zu einer Angelegenheit der persönlichen Moral, der republikanischen Religion und ihrer drei Tugenden Freiheit, Brüderlichkeit, Gleichheit machte. Zola zog einen tiefen Graben zwischen den amoralischen, einer falschen Staatsräson verschriebenen Nationalisten und den Vorkämpfern für ein besseres Frankreich und eine bessere Menschheit. ›Den besseren Zeiten entgegen‹ nannte Anatole France die Sammlung seiner eignen politischen Reden und Schriften, unter denen sich auch die Grabrede über Zola befindet.

»Revolutionär« möchte das ›J'accuse‹ sein, obwohl es die Republik, ihre Gesetze und idealen Grundlagen gegen die tatsächlichen Hochverräter verteidigt, die ihre amtliche Autorität und ihre außerordentlichen Befugnisse mißbrauchen und sich mit den Feinden der bestehenden Ordnung verbünden. Aber ist auch das ›J'accuse‹ sowohl in der Form, da es sich an das Staatsoberhaupt wendet, als auch in der Sache eine loyale Tat, so wirkt es dennoch revolutionär, weil es die öffentliche Meinung in einer Angelegenheit der Justiz anruft und sich gegen das Kriegsministerium, den Generalstab, die militärische Gerichtsbarkeit und mittelbar auch gegen die Regierung richtet, die durch Duldung die Verantwortung an den Unregelmäßigkeiten der Affäre Dreyfus-Esterhazy trägt. Zola glaubt nicht und gibt nicht vor zu glauben, daß die zuständigen Einrichtungen der Republik den Willen und die Fähigkeit besitzen, die Verbrechen wiedergutzumachen, die durch den Mißbrauch der amtlichen Autorität begangen wurden. Er hat es erlebt, daß z. B. das Kriegsministerium und mit ihm die Regierung die Missetäter schützten und ihre Komplicen waren. Da die Republik im Stiche gelassen ist von den Trägern der Staatsautorität, wendet sich Zola an das Volk.

Die künstlich verwickelte, undurchsichtige Affäre formt er zu einem erregenden Drama, vereinfacht sie gröblich und erklärt sie – koste es, was es wolle – psychologisch. Deshalb wird ›J'accuse‹ gelesen und als »die Wahrheit« festgehalten. Zola als Prophet der Freiheit erdrückt vor der Weltmeinung seine nationalistischen Gegner, die Sieger der Pyrrhusschlachten im engen Raum. Sie haben im Augenblick der Kampfansage des ›J'accuse‹ noch das französische Volk für sich, aber sehr bald die Welt gegen sich. Zola mit seinen Millionen Lesern kommandiert die stärkere Armee.

Und er siegt vor der Geschichte. Die Nationalisten triumphieren zwar in ihrer Presse, solange der Kampf dauert, aber sie müssen sich selbst eingestehen, daß ihre Taten nicht den Stoff eines Epos sondern nur eines Kriminalromans bilden. Keiner ihrer nicht wenigen literarischen Mitkämpfer hat es gewagt oder es als eine verlockende Aufgabe betrachtet, der Affäre ein Denkmal zu setzen.

Die Affäre konnte nicht beendet und entschieden werden durch die öffentliche Meinung allein. Es bedurfte dazu der politischen Instanzen und vor allem der Justiz. Aber das ›J'accuse‹ war nur für die große Zahl geschrieben; für sie war es eine meisterliche Darstellung der dreyfusistischen »Wahrheit«. Diese unkritische Bewunderung ist von nicht wenigen Historikern übernommen worden, aber Joseph Reinach, der ein unmittelbarer Zeuge der Umstände ist, unter denen der offene Brief geschrieben wurde, ist voller Vorbehalte gegenüber einem Bild, das mit einem allzu groben Pinsel hingestrichen wurde. Dabei teilt er die meisten Irrtümer mit Zola, aber er spürt die Verzerrung der Wirklichkeit, und der Stil ist nicht nach seinem Geschmack. Auch Clemenceau, der doch die von Zola angefertigte Bombe geworfen hat, ist nicht zufrieden. Er findet es absonderlich, daß ein loyaler Bürger die Gesetze verletzt, um einen politischen Streit vor dem Assisengericht auszutragen. Tatsächlich sagt Zola am Ende seines Briefes, daß er sich wissentlich der Verfolgung wegen übler Nachrede aussetze. Wer aber die ganze Wahrheit einer Angelegenheit zu besitzen glaubt und sie ausspricht will nicht verleumden. Gewiß erklärt sich dieser Widerspruch aus der Annahme Zolas, daß die Regierung die Wahrheit als Lüge hinstellen wird. Damit konnte gerechnet werden. Doch handelt es sich für Zola nicht um die Regierung sondern um Recht und Gerechtigkeit. Wenn sein Wunsch, sich vor einem Gericht zu verantworten in Erfüllung ging, so wollte er ja als Unschuldiger aus dem Prozeß hervorgehen. [79]

Um der Sache willen mußte er triumphieren. Vor den Richtern und den Geschworenen erschien nicht Dreyfus, sondern Zola. Den Gegenstand der Anklage bestimmten seine Gegner. Unter seinen vielen schonungslosen Beschuldigungen wurden die Sätze oder Halbsätze als verleumderisch ausgesucht, die dem Kriegsgericht über Esterhazy vorwarfen, es habe auf Befehl wissentlich einen Schuldigen freigesprochen und damit ein Rechtsverbrechen begangen. Das Assisengericht mußte also entscheiden, ob das Kriegsgericht in Freiheit oder in Abhängigkeit und ob es im guten Glauben oder wider besseres Wissen geurteilt hatte. [80]

Die klar begrenzte Anklage erzwang tatsächlich die Verurteilung Zolas, aber die Verhandlungen konnten nicht in den

Grenzen der Fragen der Abhängigkeit oder Freiheit, des guten oder schlechten Glaubens des Kriegsgerichts bleiben. Ohne die Vorgeschichte des Prozesses Esterhazy war es nicht möglich, die Berechtigung oder Richtigkeit der Behauptung Zolas zum Vorschein zu bringen. Delegorgue, der Präsident des Assisengerichts, versuchte trotzdem mit einer immer rücksichtsloseren Parteilichkeit die Verteidigung auf die Anklagepunkte einzuschränken, während er den Belastungszeugen jede Freiheit gewährte. Diese skandalöse Begünstigung der Anklage machte nun die Erörterung wirklich uferlos und erfüllte damit Zolas Wunsch nach der größtmöglichen Ausweitung der Verhandlungen. Die Verurteilung Zolas zur Höchststrafe von einem Jahr Gefängnis erklärt sich nicht nur aus der Parteileidenschaft sondern auch aus seiner Vernachlässigung oder Geringschätzung der eigentlichen Anklagepunkte, die es immerhin ermöglicht hätten, eine der wichtigsten Seiten der Affäre Dreyfus, nämlich die Rolle der militärischen Justiz und ihre Abhängigkeit von den Kriegsministern, zu beleuchten. Aber es lag weder im Charakter Zolas noch Laboris einzelne Fragen zu vertiefen, sie glänzten beide in der dramatisierenden, die Gefühle aufwühlenden Darstellung.

So waren es die militärischen Zeugen, die in erster Linie die Sache des Hauptmanns Dreyfus förderten. Die Parteinahme des Präsidenten Delegorgue für sie war um so peinlicher, als sie dem Publikum im Gerichtssaal entgegenkam, das mit lärmenden Kundgebungen für die Armee eingriff. Das Gerichtsgebäude war belagert von einer erregten Menge, die gegen Zola und seine Verteidiger tobte und ihnen schließlich ernstlich gefährlich wurde. In einem wahren Aufruhr fand der Prozeß statt, und er wurde in der Furcht vor der »Volksstimme« geführt.

Die Neigung der Soldaten, gordische Knoten zu durchhauen, ließ sie große Fehler begehen. Der Anführer der militärischen Zeugen war der General de Pellieux, der in dem unerschütterlichen Glauben an die Schuld des Hauptmanns Dreyfus die Untersuchung gegen Esterhazy zum Ziele geführt hatte. Dessen Freispruch durch das Kriegsgericht bedeutete für ihn einen persönlichen Triumph. Der allzu gläubige und selbstsichere General spielte mit offensichtlicher Befriedigung die Hauptrolle. Als freimütiger und eleganter Redner gewann er sogar die Sympathie seiner Gegner, aber die Sache, die er vertrat, vertrug nicht seine unbekümmerte Zuversicht. Die zögernden, hinterhältigen und verschlagenen Aussagen der Generale Mercier, de Boisdeffre und Gonse waren der Lage besser angepaßt. Der Prozeß bewies, daß die Passivität die beste Verteidigung der Verschwörer war. Jede Initiative und jede Äußerung mußte ihnen schaden. Aber da sie tatsächlich in der Verteidigung waren und Zola im Angriff, konnten sie nicht einfach schweigen.

Zolas Prozeß

Das ›J'accuse‹ war eine einmalige, fortwirkende Tat; es machte Zola nicht zu einem politischen Kämpfer. Selbst sein Prozeß ist keine Fortsetzung der persönlichen Leistung, sondern nur ihre Auswirkung. Er ist viel mehr der Gegenstand der Gerichtsverhandlungen als einer der Wortführer. Wenn er sich gewünscht hat, als Redner vor dem Assisengericht seine Sache zu vertreten, so mußte er sich vom ersten Tage an eingestehen, daß er diese Rolle nicht spielen konnte. Was er vor dem ›J'accuse‹ über die Affäre geschrieben hatte und noch über sie zu schreiben haben wird, bedeutet nichts neben diesem einen Zeitungsartikel. So ist Zola der große Mann der Affäre auf Grund einer raschen Tat, einer Arbeit von einigen Tagen. Gewiß gab es die schweren Folgen des Prozesses, die maßlosen Beschimpfungen, die Strafen, die Bußen, das Exil und die Erschütterung seines arbeitsreichen Daseins. Alles das erlitt er mit Würde, aber der aktive Kampf war für ihn beendet seit dem Augenblick, da er begann.

Der Zola-Prozeß dauerte vom 7. bis zum 23. Februar 1898. Die Verhandlungen erforderten fünfzehn Sitzungen, die alle erregend, reich an dramatischer Spannung, an Zwischenfällen und sonderbaren Kundgebungen waren. In mancherlei Hinsicht ist der Prozeß der Gipfel der Affäre. Er ist es sicherlich als die größte Entfaltung des Dreyfusismus. Nie wieder wird sich die Bewegung auf einer solchen Höhe des Geistes, des Willens und der lauteren Absicht zeigen. Nie wieder wird sie in einer Kampfhandlung über so viele und bedeutende Streiter verfügen. Nie wieder werden die Streiter denselben Mut und dieselbe Zuversicht aufbringen.

Der Held dieses schönen Dramas spielt allerdings eine beinahe stumme Rolle. Wenn er sprechen muß, ist er nicht glücklich in der Wahl seiner Worte. Man fühlt, daß er sich nicht an seine Lage als Angeklagter gewöhnen kann und gelähmt ist von den einengenden juristischen Formen. Es ist umso besser, daß er schweigt und Labori redet. Denn der Kampf, für den er in keiner Weise gerüstet war, wäre zu hart gewesen für den ermüdeten, beinahe sechzig Jahre alten Mann. Das Wortgefecht betäubte ihn, der an die Stille seines Arbeitszimmers gewöhnt war.

Für den achtunddreißigjährigen Labori dagegen war der Augenblick der größten Prüfung seiner Kraft und seines Talents gekommen. Es erscheint wie ein Wunder, daß der forensische Redner die Aktion des ›J'accuse‹ ohne Abschwächung fortsetzen konnte. Der Glanz dieser Leistung überstrahlt die Schwächen seiner Verteidigung, die denen Zolas allzu ähnlich sind. Bei beiden gibt es zu viel Donner und zu wenig Blitz. Péguy sagte ironisch vom ›J'accuse‹: »Mein Gott, wir wissen alle, daß die Militärmusik die Schlachten gewinnt und insbesondere die große Trommel mehr bewirkt als die Artillerie, um die Karrees zu sprengen . . .«

Zola wie Labori erregten, bewegten und übertönten, aber sie waren nicht begabt, mit einem sicher gezielten Stoß einen Gegner zu erledigen. Die dröhnende und wuchtige Rhetorik des jungen Rechtsanwalts, seine nie erlahmende Angriffslust ließen nicht den Verdacht aufkommen, daß sein Charakter weich und sein Geist nicht stark waren. Man übersah, daß seine Zielsetzung verzagt war und er eine Neigung hatte, eine Stellung vorzeitig oder gar von vornherein zu räumen. Es besteht ein offensichtlicher Widerspruch zwischen seiner Streitbarkeit und seiner geringen Fähigkeit, eine Sache zu durchleuchten und durchzufechten. Georges Clemenceau kritisierte ihn mit Recht, weil er die entscheidende Tatsache der Mitteilung des geheimen Aktenstücks nicht ihrer Bedeutung gemäß behandelt hatte. Laboris weiteres Verhalten in der Affäre bestätigt den Eindruck einer verdeckten Schwäche, den seine Verteidigung im Zola-Prozeß auf den kritischen Beobachter bereits machen mußte.

Ergebnisse

Es ergaben sich in den Verhandlungen vor allem eine Bestätigung und drei Enthüllungen, alle von großer Wichtigkeit für die Sache des Hauptmanns Dreyfus.

Der General Mercier mußte sein Rechtsverbrechen bestätigen – wenn auch nicht ausdrücklich, so durch Schweigen. Was sich daraus ergab, ist von einem früheren Justizminister, dem Rechtsanwalt Thévénet, einem der Zeugen, auseinandergesetzt worden:

»Wenn die Ungesetzlichkeit begangen worden ist, muß der Justizminister den Kassationshof mit der Angelegenheit befassen. Das Gesetz macht es ihm zur Pflicht ... Ich erkläre hiermit feierlich: hätte der General Mercier, der damals Kriegsminister war, hier unter Eid und auf Ehrenwort ganz klar behauptet, daß dem Verteidiger des Hauptmanns Dreyfus kein Dokument verheimlicht wurde, so würde ich mich vor einer solchen Erklärung gebeugt haben, aber unglücklicherweise schweigt er sich aus. Hat Dreyfus Dokumente, die ihn belasteten, gekannt oder hat er sie nicht gekannt, konnte er sie widerlegen, sie frei erörtern? Wenn er sie nicht gekannt hat, welchen Grund gab es, sie vor ihm zu verbergen, das Gesetz seinetwegen zu verletzen?«

In dieser kurzen Bemerkung sind zwei Fragen enthalten, deren klare und vollständige Beantwortung das Verbrechen an Dreyfus bewiesen hätte. Aber sie wurden nicht einmal von den Freunden und den Verteidigern des Hauptmanns ihrer Bedeutung gemäß gestellt und vertieft. Labori war weit davon entfernt, das Schweigen des Generals Mercier als einen ausreichenden Grund zur Annullation des Urteils von 1894 zu behandeln, obwohl es auch für die Verteidigung Zolas ein fast entscheidendes Argument gewesen wäre. Diese vielleicht unbewußte Scheu, die Rolle des Kriegsministers Mercier im Prozeß Dreyfus zu ergründen, erklärt sich aus der Furchtbarkeit des Verdachts, den bereits die Frage nach dem Grunde der Hintergehung des Angeklagten unabweisbar machte. Das geheime Aktenstück vertrug keine Diskussion, weil es eine heimtückische Fälschung war – von einer ganz anderen Tragweite als die berühmte des Obersten Henry.

Das stumme Eingeständnis Merciers war auf folgende Weise erzwungen worden:

Labori: »... ich bin nicht ganz sicher, richtig verstanden zu haben. Sagt der General Mercier, daß es nicht wahr sei, daß ein geheimes Aktenstück mitgeteilt wurde? Oder sagt der General Mercier, daß er nicht irgendwelchen Leuten davon erzählt hat? Ich bitte ihn, eine unzweideutige Antwort zu geben.«

Mercier: »Ich brauche auf die erste Frage nicht zu antworten. (Bewegung.) Was die zweite Frage betrifft, so sage ich, es ist nicht wahr.«

Präsident: »Haben Sie noch etwas hinzuzufügen, Herr General?«

Mercier: »Herr Präsident, ich darf nicht auf den Prozeß Dreyfus zurückkommen, doch wäre ich dazu gezwungen, so wäre es nur um zu sagen, da man mein Ehrenwort von mir als Soldaten verlangt, daß Dreyfus ein Verräter war, der gerecht und gemäß dem Gesetz verurteilt wurde.«

Unmittelbar auf das Geständnis folgte die meineidige Behauptung, die der General Mercier zu wiederholen nicht mehr wagen wird. Die Mitteilung des geheimen Aktenstücks im Beratungszimmer der Richter sollte in den kommenden Revisionsverfahren wie eine allgemein bekannte Tatsache behandelt werden, und der Kassationshof wird groteskerweise in der heimtückischen Fälschung – allerdings vergeblich – nach dem Beweis für den Verrat des Hauptmanns Dreyfus suchen.

Es gab noch eine neue Tatsache, die das Urteil des Kriegsgerichts von 1894 in seinen Grundlagen vernichtete. Der Generalstab änderte plötzlich das Datum des Bordereaus. Er verlegte es vom April auf den September 1894. Demnach hätte die Anklage gegen Dreyfus einen wesentlichen Irrtum zur Voraussetzung gehabt. Die Datierung besaß selbstverständlich eine entscheidende Bedeutung für die Auslegung des angeblichen Corpus delicti. Dreyfus hatte z. B. den Satz: »Ich fahre zu den Manövern«, für unbedingt beweiskräftig gehalten, was die Widerlegung der Zuschreibung des Bordereaus an ihn betraf. Der »Irrtum«, den der Generalstab nun bekannte, hatte ohne Zweifel bezweckt, dem Angeklagten die Verteidigung zu erschweren. Er würde vielleicht wirkungsvollere, ja entscheidende Mittel der Verteidigung gefunden haben, wenn er das »richtige« Datum gekannt hätte.

Die Veränderung des Datums machte nun vor allem die »technische Analyse« des Bordereaus lächerlich, mit der im Jahre 1894 Mercier seine Kollegen, die Minister, beeindruckt hatte. Die im Bordereau aufgezählten Dokumente, hatte er ihnen gesagt, ließen keinen Zweifel an der Tatsache, daß nur Dreyfus sie geliefert haben konnte. Seit der neuen Datierung mußte man aber von anderen Dokumenten ausgehen, und so zwingt sich die Schlußfolgerung auf, daß die »technische Analyse« eine Gaukelei war, die Dreyfus als Verräter entdecken ließ, ob man sich bezüglich der gelieferten Dokumente irrte oder nicht.

Die Datierung einer Fälschung ist selbstverständlich willkürlich, und die Schlußfolgerungen aus dem Wechsel des Datums beruhen auf der falschen Hypothese der Echtheit des Bordereaus, die stets allgemein angenommen wurde. Die Ankläger selber behandelten es nie als ein echtes Dokument und verlegten es einfach auf den April 1894, obwohl die Ankunft im September allen Offizieren des Generalstabs bekannt war. Diese »Verfälschung der Fälschung« war eine nachträgliche Korrektur, die es erleichterte, auf das Opfer Verdächtigungen und Beschuldigungen zu häufen. Aber der Oberstleutnant Cordier, der im Range zweite Offizier des Nachrichtenbüros, zweifelte an dem guten Glauben der Ankläger, als er die willkürliche Datierung erfuhr. Er ging nicht soweit, das Corpus delicti für ein Machwerk zu halten, aber er mußte wissen, daß entweder die Herkunft, die dem Dokument gegeben wurde, erfunden oder das Alter des Dokuments gefälscht war.

1899 nahm der Generalstaatsanwalt Manau das veränderte Datum des Bordereaus an zweiter Stelle unter seinen Revisionsgründen auf, weil in den Prozessen Dreyfus und Esterhazy angenommen worden war, das Bordereau sei vom April 1894, was der Verurteilung des Hauptmanns Dreyfus die gesetzliche Grundlage entzöge. Die Ungültigkeit des Freispruchs Esterhazys war nur eine moralische, denn Freisprüche können nicht revidiert werden.

Die Sache des Hauptmanns Dreyfus machte gewaltige Fortschritte – dank der militärischen Zeugen. Dagegen verschlechterte sich die moralische Lage der Anklage im Laufe des Prozesses stetig und unaufhaltsam. Angesichts dieser Tatsachen waren die Sympathie und der Beifall des Publikums ein geringer Trost für die Offiziere, die als Belastungszeugen die tatsächlichen Ankläger waren und unter ihrer Hilflosigkeit litten. Insbesondere der General de Pellieux wünschte, daß der Generalstab, den er im Besitze einer unfehlbaren Waffe wußte, von ihr Gebrauch machte.

Was sich in der zehnten Sitzung, am 17. Februar, ereignete, war nicht ein unüberlegter Streich, sondern die sorgfältig geplante Inszenierung eines Zwischenfalls. Wie hätte ein Brigadegeneral es wagen können, ohne den ausdrücklichen Befehl der höchsten Vorgesetzten von einem sehr geheimen Dokument zu sprechen! Die Tatsache, daß er de Boisdeffre als Bürgen der Wahrheit herbeirufen ließ, ist ein zusätzlicher Hinweis auf die Planung. Es widerspricht den militärischen Regeln, daß ein Untergebener einen Vorgesetzten holen läßt, um ihn in der Öffentlichkeit vor eine vollendete Tatsache zu stellen. Die

Täuschung des Publikums bezweckte, es an eine Zwangslage des Generals de Boisdeffre glauben zu lassen, in der er wohl das enthüllte Dokument bestätigen, aber nicht vorlegen mußte.

Nach der Mittagspause der zehnten Sitzung erbat der General de Pellieux das Wort zu einer Erklärung. [81]

»... Ich möchte das bezeichnende Wort des Obersten Henry wiederholen: Man will Klarheit, hier ist sie!

Im Augenblick der Anfrage des Abgeordneten Castelin hat sich etwas ereignet, das ich Ihnen berichten möchte. Man erhielt im Kriegsministerium ... den unbedingten Beweis der Schuld des Hauptmanns Dreyfus, den unbedingten, und diesen Beweis habe ich gesehen! ... es tauchte ein Schriftstück auf, dessen Ursprung nicht bestritten werden kann und in dem es heißt: ›Es wird eine Anfrage über die Affäre Dreyfus geben. Sagen Sie nichts von den Beziehungen, die wir zu dem Juden gehabt haben.‹

Nun wohl, man hat die Revision des Prozesses auf einem Umwege erreichen wollen. Ich liefere Ihnen diese Tatsache. Ich verbürge mich für sie mit meiner Ehre, und ich berufe mich auf den General de Boisdeffre, damit er meine Aussage bekräftige ...

Ich ersuche darum, daß man den General de Boisdeffre ruft ...«

Dieser neue Zwischenfall lieferte ein drittes Mittel der Revision, das man ein halbes Jahr später die ›Fälschung Henry‹ nennen wird.

De Boisdeffres Rolle in dieser Komödie der Täuschungen beschränkte sich nicht auf die Bestätigung des Machwerks, es wurde ihm auch aufgetragen, eine Kundgebung der militärischen Autorität an die Geschworenen zu richten. Sein Auftritt vor dem Assisengericht verzögerte sich noch um einen Tag, weil der Präsident Delegorgue nach dem Zwischenfall, den der General de Pellieux hervorgerufen hatte, die Verhandlungen vertagte. Offensichtlich, um dem Kriegsminister Gelegenheit zu geben einzugreifen.

Der General de Boisdeffre richtete also an jenem denkwürdigen 18. Februar 1898, am elften Verhandlungstage des Zola-Prozesses, das Wort an die Geschworenen. Nicht als Zeuge trat er auf, sondern als eine höhere Macht, die ihren Willen auferlegt. Die Geschworenen redete er als »die Nation« an. Solange er im Saale war, hörte das Gericht auf zu tagen; es verwandelte sich in eine nationale Delegation, die eingeladen war, eine Entscheidung zu vernehmen. In demütiger Unterwerfung stellte der Präsident des Assisengerichts dem General seinen

Machtbereich für die Gewalttat zur Verfügung und übernahm es auch noch, jeden möglichen Widerstand zu unterdrücken. [82]

Die Szene entbehrt nicht der Komik. Der Chef des Generalstabs verlangte auf eine erpresserische Art von »der Nation« blindes Vertrauen zu seinen Behauptungen. Sein Soldatenwort stellte sich der Untersuchung eines Dokuments in den Weg, das bereits unter Verdacht war, d. h. die mißbräuchliche, das Recht verachtende, meuterische Vertrauensfrage schützte die Fälschung. Da »die Nation« nun einmal auf der Bank der Geschworenen das Richteramt ausübte, bedeutete die Forderung des Generals, daß die Pflicht der unparteiischen Prüfung zum Schaden des Angeklagten verletzt werden sollte. Der Rechtsbruch war Merciers altes Rezept, das hier von Boisdeffre angewandt wurde, um eine Fälschung durch die Bürgschaft der amtlichen Autorität zu einer legalen Wahrheit zu machen. Zeigte sich der ordentliche Gerichtshof weniger gefügig als ein Kriegsgericht?

Der Präsident des Assisengerichts ist in dieser Szene eine ebenso wichtige Figur wie der General. Schon vorher war seine Führung der Verhandlungen befremdlich gewesen, aber sie konnte – wenn auch mit einiger Mühe – wohlwollend erklärt werden. Die Anklage in ihrer künstlichen Begrenzung schuf die größten Schwierigkeiten, was den Rahmen der Verhandlungen betraf, zumal die Verteidigung entschlossen war, nicht den eigentlichen Gegenstand der Auseinandersetzung zu behandeln, sondern den Fall Dreyfus in vollem Umfange aufzurollen. Die Beleidigung als solche hatte ihren klaren begrenzten Sinn, aber die Frage des guten Glaubens öffnete das Tor zu einer uferlosen Erörterung. Laboris Stil der Verteidigung stellte auch sicherlich die Geduld des Präsidenten auf eine harte Probe, der es nicht verstand, den zwar heftigen, aber durch Höflichkeit sehr lenksamen Anwalt zu behandeln. Es fehlte auf der einen wie auf der anderen Seite an überlegener Sicherheit und Klarheit. Das Auftreten der Generale zerstreute nun auch den letzten Zweifel, den man an der voreingenommenen, schließlich skandalösen Führung der Verhandlung haben konnte.

In dieser Szene sind alle Figuren repräsentativ. Der Präsident verkörpert die Autorität des Staates, und er tut es genau auf die Weise, die dem Charakter der Republik entspricht. Er macht sich zum Werkzeug derjenigen, die das Gesetz verachten und mißbrauchen. Nicht nur läßt er die militärischen Kundgebungen im Widerspruch zu den feierlich verkündeten eigenen Gerichtsentscheidungen zu, die er unerbittlich gegen die Angeklagten zur Geltung bringt, er macht auch die Verteidigung mundtot, um dem General de Boisdeffre einen unbehelligten Rückzug zu sichern.

Der Richter des Kassationshofs Chambareaud sagte später in seinem Bericht an die Strafkammer, die über den Berufungsantrag der Angeklagten Zola und Perrenx zu befinden hatte: »Sie werden die Schwere des Zwischenfalls im Lichte der Grundsätze beurteilen, denen Sie schon häufig Achtung verschafft haben und auf die der Antrag sich stützt. Sie werden gefragt, ob es möglich ist, zweierlei Gewicht und Maß zu haben, nämlich Zeugen das Recht zu geben, alles zu sagen – im Widerspruch zu dem vorausgegangenen Gerichtsbeschluß vom 7. Februar – und dann auf Grund desselben Gerichtsbeschlusses dem Angeklagten das Wort zu verweigern, und das alles vor dem beeindruckbarsten Richter, vor der Jury!«

Die politischen Zustände und die revolutionäre Unmoral erklären das Verhalten des Richters Delegorgue. In einer starken Republik hätte man ihn der Untreue gegenüber Amt und Staat bezichtigt. Aber nichts ist dem Wesen der Demagogie fremder als das Rechtsgefühl, denn alles was echter Wert ist, besteht unabhängig von der Meinung der Masse, ja in der Regel ihr zum Trotz. Die Masse ist ganz ohne Gerechtigkeit. »Du sollst nicht der Menge folgen, um das Böse zu tun, und wenn du in einem Prozeß aussagst, sollst du dich nicht von der Mehrheit bestimmen lassen, das Recht zu beugen.« An dieses Gebot (Exodus XXIII, 2) erinnerte der Generalstaatsanwalt Manau, als er zu der Berufungssache Zola und Perrenx Stellung nahm.

Nachdem der General de Boisdeffre, gedeckt von dem Richter Delegorgue, unbehelligt, d. h. ungefragt von der Verteidigung, sich zurückgezogen hatte, konnte Labori den Obersten Picquart bezüglich des Dokuments befragen, für das sich gerade der Generalstab verbürgt hatte. Mit bewundernswertem Mut enthüllte Picquart den Charakter des »zerschmetternden Beweisstücks« als einer Fälschung. Von nun an bestand keine Möglichkeit mehr, den guten Glauben der hohen Chefs zu verteidigen. Hätten sie vorher an die Echtheit des unwahrscheinlich plumpen Machwerks geglaubt, so müßte ihnen Picquarts Haltung jäh die Augen geöffnet haben, denn er hatte zwei schwerwiegende Gründe seiner Überzeugung angeführt: den

Zeitpunkt des Auftauchens, der auf den Beweggrund der Fälschung hinwies, und den unmöglichen Stil des Textes.

Aber der General de Pellieux, dessen Gutgläubigkeit sich wie ein Kork auf dem stürmischen Gewässer behauptete, unternahm es, mit Picquart abzurechnen. Was konnte er anderes gegen die »Anmaßung eines Oberstleutnants« in die Waagschale legen als die Sterne der Generale! Es habe ein »Herr« drei Generale bezichtigt, behauptete er, eine Fälschung angefertigt oder sich ihrer bedient zu haben. Picquart verwahrte sich nachdrücklich gegen diese Entstellung seiner Worte, die in keiner Weise den guten Glauben der Generale in Zweifel gezogen hatten. Labori folgte ihm sofort, um zu beteuern, daß er keinerlei Zweifel an dem »vollkommensten« guten Glauben der Generale hätte.

Diese Beflissenheit, einen höchst tadelnswerten Gewaltakt der Generale zum Anlaß zu nehmen, ebenso unbedingte wie ungerechtfertigte Ehrenerklärungen abzugeben, zieht sich wie ein roter Faden durch die Affäre. Man billigte den Generalen eine Vorzugsstellung zu, die man keinem anderen Sterblichen gewährte – am wenigsten dem Unschuldigen, den man retten wollte. Die leichtfertigsten und böswilligsten Verdächtigungen, welche die »gutgläubigen« Generale mit tierischer Unempfindlichkeit gegen den gefolterten Hauptmann vorbrachten, wurden mit der Achtung behandelt, welche die »irrige Überzeugung« in den Augen der Dreyfusisten verdiente. Und das Recht, sich zu irren, erweiterte sich bis ins Grenzenlose mit dem höheren militärischen Rang.

Fünf Tage vor der Bekanntgabe des »zerschmetternden« Beweisstücks, hatte der Oberst Henry dem Gerichtshof eine höchst sonderbare Geschichte erzählt, die keine ernste Bedeutung zu haben schien und nicht beachtet wurde. Die Verteidigung verzichtete auch auf eine Erörterung und stellte keine Fragen.

Henry, immer bemüht, Material für die falsche Anklage gegen Picquart zu schaffen, schilderte, wie er diesen mit seinem Freunde Leblois in dem Augenblick überraschte, da zwischen ihnen auf dem Tisch ein geöffneter Umschlag lag, aus dem das Dokument ›Ce canaille de D . . .‹ hervorschaute. Dieser kleine Meineid war bestimmt, einer Anklage gegen Picquart wegen Verletzung des Spionagegesetzes zur Grundlage zu dienen. Zola fühlte sich veranlaßt, eine Frage zu stellen, was bis dahin nur sehr selten geschehen war. Er wollte wissen, um was für ein Aktenstück es sich gehandelt hätte. Henry stiftete nun absichtlich eine Verwirrung zwischen den offiziellen Prozeßakten, die zu Beginn des Jahres 1895 versiegelt worden waren, und dem berühmten geheimen Aktenstück Merciers. Niemals hätte es einen Zusammenhang zwischen dem Dokument ›Ce canaille de D . . .‹ und dem Aktenstück Dreyfus gegeben. Verwirrende Halbwahrheiten und Sophismen gehörten zu den Gewohnheiten der Zeugen des Generalstabs, die sich vor einem zivilen Gericht wie in Feindesland fühlten.

Ohne einen erkennbaren Grund und ohne Zusammenhang mit der Frage, die zur Erörterung stand, berichtete Henry von einem angeblichen Erlebnis in den letzten Wochen vor dem Prozeß Dreyfus. Die Geschichte war sicherlich erfunden, um später dunklen Zwecken zu dienen. Ihr wesentlicher Inhalt war dieser:

Vor Mitte November 1894 befahl Sandherr Henry, alle Dokumente in einem Aktenstück zu vereinigen, die sich auf die Spionagefälle der letzten zwei Jahre bezogen. Es gab etwa acht oder neun dieser Schriftstücke, unter ihnen ein »allergeheimstes«. Sandherr nahm das Aktenstück an sich und behielt es einen Monat. Als er es am 15. oder 16. Dezember, vier oder drei Tage vor der Eröffnung des Prozesses zurückgab, verwunderte sich Henry, der geglaubt hatte, es werde der Anklage nützen. Aber Sandherr versicherte ihm, er habe ein wichtigeres Beweisstück. Nachdem er ihm einen Eid abgenommen hatte, niemandem davon zu sprechen, ließ er ihn einen Brief lesen, der tatsächlich an Bedeutung alles andere übertraf. Sandherr hatte außerdem noch Dokumente, die er aber für sich behielt.

Henry nahm das zurückgegebene Aktenstück, legte es in einen Umschlag, den er mit seinem Namen oder seinen Initialen zeichnete, und verwahrte es in der Schublade seines Geheimschranks, wo es blieb, bis um den 1. September 1896 der Oberst Picquart es von dem Archivar Gribelin verlangte.

Niemand im Gerichtssaal außer den Komplicen Henrys konnte den Sinn dieses Lügengespinstes ergründen. Man schenkte ihm auch nicht die Aufmerksamkeit, die es verdient hätte. Denn es ist von Bedeutung, weil es die Entwicklung der falschen Anklage gegen Dreyfus zur reinen Fabulierung d. h. zur Unabhängigkeit von falschen oder gefälschten Dokumenten ankündigt. Das geschah in dem Augenblick, da Henry wußte, daß sein »zerschmetterndes Beweisstück« bekannt gemacht werden würde. Unter den Komplicen war er ohne Zweifel derjenige, der bezüglich des geplanten Gewaltstreichs die größten Bedenken und Befürchtungen haben mußte. Seine Fälschung war nur zur Verwendung innerhalb des Kriegsministeriums gedacht gewesen, ihre Veröffentlichung brachte nun ihren Urheber oder Hersteller in ernste Gefahr. Es ist tragikomisch, daß die unerschütterlichen Überzeugungen, die das Machwerk schuf, ihm zum Verhängnis wurden, denn sie erzwangen seine Bekanntgabe.

Henry wußte längst, daß in der Öffentlichkeit die reine Fabel ihre großen Vorzüge hat gegenüber der materiellen Fälschung. Jene ist ebenso unwiderleglich wie wirksam, während diese, weil sie nachweisbar ist, furchtbare Rückschläge auslösen kann. Hatte nicht gerade das Bordereau gezeigt, in welche Gefahr eine Fälschung ihren Hersteller bringen kann. Henry war durch diese Erfahrung sicherlich belehrt, aber er war ohnmächtig gegenüber der Verkettung der Ereignisse. Immerhin wollte er einen sicheren Weg in die Zukunft vorbereiten und mit seiner Geschichte »feststellen«, daß alle vorhandenen Schuldbeweise nichts bedeuteten im Vergleich zu den »verschwundenen« des Obersten Sandherr. Zwei Jahre später wird der General Mercier als der tatsächliche Hauptankläger in dem Prozeß gegen Dreyfus vor dem Kriegsgericht in Rennes das Mittel der reinen Fabulierung anwenden, ohne deshalb auf Fälschungen und Meineide zu verzichten, und die Wiederverurteilung des Hauptmanns erreichen.

Ahnte Henry dunkel, welches Verhängnis sich über ihm zusammenzog? Die Folgen der Entdeckung Esterhazys waren trotz des Freispruchs nicht abzusehen. Das halbe Jahr, das Henry noch bis zu seinem gewaltsamen Tode zu leben hatte, muß voller Unruhe gewesen sein. Seine Katastrophe bereitete sich langsam vor, dennoch überraschte sie ihn in ihrer Furchtbarkeit.

Sein Tod war die Rettung der Generale. Die Fälschung, die seinen Namen trägt, war sicherlich nicht die einzige und wahrscheinlich nicht die hauptsächliche Ursache seines Untergangs. Die vorgetäuschte Entdeckung seines Machwerks und sein apokryphes Geständnis, das der Kriegsminister Cavaignac und sein Kabinettschef, der General Roget, verfaßten, bewirkten eine solche Umwälzung, daß niemand an Betrug und Mord dachte. Esterhazy allerdings erfaßte die Wahrheit dieser Preisgabe und dieses Opfertodes. Er versäumte nicht eine Minute, sich vor seinen mächtigen Komplicen in Sicherheit zu bringen.

Es war nötig, den Ereignissen etwas vorzugreifen, um zu

zeigen, wie das »zerschmetternde Beweisstück« die Revision des Prozesses Dreyfus unvermeidlich machte. Aber die Gerichte haben in ihren Urteilen nie erkennen lassen, daß die Rolle Henrys die Anklage gegen Dreyfus von vornherein mit dem schwersten Verdacht schlug. Denn die Fabel will, daß er das Bordereau empfangen und im Nachrichtenbüro vorgezeigt hätte. Da seine Rolle in der Affäre von Anfang bis zum Ende die eines Meineidigen und Fälschers ist, darf sein Zeugnis nicht gelten. Das Bordereau ist völlig unglaubhaft; alles weist darauf hin, daß es nicht ein Dokument des Verrats, sondern das Mittel einer falschen Anklage war.

Zolas Verurteilung

Der Staatsanwalt hatte eine leichte Aufgabe, da die Verteidigung sich nicht bemüht hatte, die eigentlichen Anklagepunkte zu widerlegen. Laboris Ziel war gewesen, die Affäre Dreyfus in einem möglichst großen Umfange aufzurollen, aber nicht Zola vor Strafe zu schützen.

»Hat Monsieur Zola bewiesen«, rief der Staatsanwalt aus, »daß das Kriegsgericht auf Befehl geurteilt hat? Nein, er hat es nicht einmal versucht, er hatte also nicht das Recht, es zu sagen.« Gewiß war der Ausdruck »auf Befehl« stark und herausfordernd, aber Zola hätte trotzdem zu ihm stehen sollen, denn es gab nicht wenige skandalöse Tatsachen, die das Eingreifen der militärischen Befehlsstellen in die schwebenden Verfahren bewiesen. Wer dachte nicht an den Präzedenzfall des ersten Kriegsgerichts, das Dreyfus verurteilt hatte und dem von Mercier der »moralische« Befehl erteilt worden war, das geheime Aktenstück im Beratungszimmer zur Kenntnis zu nehmen! Und unter welchen Einflüssen hatte der General de Pellieux seine Untersuchung gegen Esterhazy geführt! Hatte nicht auch der General Billot als Kriegsminister von der Tribüne der Kammer, durch seine falsche Erklärung, die Verurteilung des Hauptmanns Dreyfus sei auf gerechte und rechtmäßige Weise herbeigeführt worden, auf die Entscheidung des Kriegsgerichts den stärksten Einfluß genommen! Wenn die hohen Chefs der Armee es für nötig hielten, machten sie die Justiz zu ihrem Werkzeug. Das war auch im Prozeß gegen Zola mit allen Mitteln von den Generalen de Boisdeffre und de Pellieux versucht worden.

Laboris heimliche Schwäche, die durch ein feuriges Temperament, großen Mut und tönende Beredsamkeit verdeckt war, entsprach dem ›J'accuse‹, das man für eine überaus kraftvolle Kampfansage hielt, nur weil es maßlos im Ausdruck war. Es fehlte an einem klaren Ziel. An der Unschuld des Hauptmanns Dreyfus konnte seit der Entdeckung Esterhazys kein Zweifel bestehen. Nun kam es darauf an, die Schuld der Ankläger aufzudecken. Das war es aber gerade, was Labori auf jede Weise vermied. Man braucht nur die Sätze seines Plädoyers zu lesen, die dem General Mercier gewidmet sind:

»Ein Mann ganz allein – er mag ein tapferer Soldat sein, und ich muß sagen, das ist der Eindruck, den er hier auf mich gemacht hat – ein einziger Mann, ich spreche vom General Mercier . . . hat alles auf sich genommen. An Stelle der fehlenden Beweise setzt er seinen persönlichen Eindruck. Einen Eindruck, der auf was beruht? Auf einer naiven Leichtgläubigkeit, ja, Sie sehen, auf einer unfaßbaren Leichtgläubigkeit, was die Methoden der Untersuchung angeht, Methoden, die zwar aus einer ehrlichen Überzeugung, wie ich glauben will, hervorgingen, die aber, man erlaube mir das Wort, einer kindischen Phantasie, um nicht zu sagen einer krankhaften Phantasie, entsprangen, von der die Untergebenen manche Probe abgelegt haben . . .«

Das ist die Beurteilung eines Mannes, der jederzeit durch einen kaltrechnenden Verstand, durch Zynismus und Entschlossenheit Eindruck machte, der immer genau wußte, was er sich seinen schwachen Gegnern gegenüber erlauben konnte. Davon hatte er während der Verhandlungen gerade eine Probe geliefert.

Was antwortete der Staatsanwalt in seiner Replik?

». . . Wir erleben hier seit zwei Tagen ein unbegreifliches Schauspiel. Um sich nicht ganz unmöglich zu machen, ist man gezwungen zu sagen, daß es nur gutgläubige Soldaten, einen gutgläubigen Generalstab, nur brave Soldaten und ehrenhafte Generale gibt, daß alle Generale guten Glaubens sind. Ich habe das Recht, dieses Geständnis ausdrücklich festzustellen. Ich verlange auf das entschiedenste ein gerechtes Urteil über dieses widerspruchsvolle Verhalten und die Verurteilung des revolutionären Aktes, der nichts anderes als ein Mittel der Zerstörung ist. Es ist notwendig, daß die Sühne der Schwere der Beleidigung entspricht.« [83, 84]

Die Geschworenen entschieden gemäß der einfachen Logik des Staatsanwalts. Zola erhielt die Höchststrafe von einem Jahr Gefängnis und eine Buße von dreitausend Francs auferlegt,

Perrenx, der Geschäftsführer der ›Aurore‹, vier Monate und die gleiche Geldbuße. Dieses Urteil wurde von der Strafkammer des Kassationshofs aufgehoben, weil der Kriegsminister nicht legitimiert war, an die Stelle des Kriegsgerichts zu treten. Dessen sieben Mitglieder erhoben auf diese Entscheidung hin Klage gegen Zola und Perrenx, weil sie sich durch den folgenden Satz des ›J'accuse‹ in ihrer Ehre verletzt betrachteten: »Ein Kriegsgericht hat es gerade gewagt, auf Befehl einen Esterhazy freizusprechen, – die äußerste Verhöhnung aller Wahrheit, allen Rechts.« Es ist bezeichnend, daß die Behauptung der ersten Anklage, sie hätten wissentlich einen Schuldigen freigesprochen, fallen gelassen wurde, damit auch die letzte Spur einer Verbindung mit der Sache verschwände. Es gab nur noch die Frage der Abhängigkeit oder der Freiheit des Kriegsgerichts.

Der neue Prozeß fand vor dem Assisengericht in Versailles am 18. Juli 1898 statt. Zola wurde wieder zur Höchststrafe verurteilt. Um sich der Verbüßung der Strafe zu entziehen, floh er nach England, Perrenx verbarg sich. Am 26. Juli wurde Zola der Ehrenlegion für unwürdig erklärt.

Die Justiz, die sich im Sturm der politischen Leidenschaften wie ein Schilfrohr beugte, bewies auf eine fast komische Weise ihren Eifer als Hüterin der nationalistischen Interessen, indem sie den drei gefälligen und sehr komischen Schriftsachverständigen des Esterhazy-Prozesses, Couard, Varinard und Belhomme, dreißigtausend Francs Schadenersatz zusprach, die zu zahlen Zola und Perrenx solidarisch verurteilt wurden. Tatsächlich empfing jeder der Experten zehntausend Francs. Sie beleidigt zu haben kostete Zola außerdem einen Monat Gefängnis ohne Aufschub.

Zusammenbruch der falschen Anklage

Der Zola-Prozeß zog einige der wichtigsten Elemente des Anschlags auf Dreyfus ans Tageslicht. Die Partei des Generalstabs, die Nationalisten, mußten sich eingestehen, daß ihre Sache sich vor der aufmerksam zuschauenden und von dem Drama ergriffenen Welt nicht behaupten konnte. Aber sie beherrschten die öffentliche Meinung in Frankreich, die leidenschaftlich und kritiklos für die Soldaten eintrat. Die Verschwörung als die Angelegenheit des Generalstabs verschmolz vollständig mit dem Interesse der Armee. Die meisten Franzosen sahen in der Bewegung für Dreyfus eine gegen die nationale Sicherheit gerichtete Aktion.

So ging der Generalstab aus dem Zola-Prozeß sowohl geschwächt wie gestärkt hervor. Im Bunde mit der nationalistischen Demagogie war er mächtig genug geworden, seinen Willen der Republik zu diktieren. Aber die Verurteilung des Hauptmanns Dreyfus, von deren Aufrechterhaltung der gute Ruf und die Sicherheit einiger hoher Generale abhing, war in ihrer Grundlosigkeit und Unvertretbarkeit enthüllt. Es gab nur noch den Ausweg, sich mit Gewalt der lästigen Gegner zu entledigen. Doch fehlte den militärischen Chefs der politische Sinn und die Entschlossenheit, auf diesem Wege bis ans Ende zu gehen; es hätte dazu der Glaube an das eigene Führertum gehört, das keiner der Generale besaß.

Dennoch hatte ihr Bündnis mit der nationalistischen Demagogie zur Folge, daß sie wider Willen an die Spitze der Bewegung getragen wurden und für diese eine Verantwortung auf sich luden. Sie waren jedoch keineswegs bereit, diese Lage anzuerkennen. In ihren Augen erfüllte die nationalistische Bewegung ihren Zweck, wenn sie die Armee zu einem Heiligtum machte, dem gegenüber Zweifel und Kritik nicht erlaubt waren. Die Demagogen wollten aber den Staatsstreich und setzten ihre ganze Hoffnung auf die Generale oder vielmehr auf irgendeinen von ihnen, welcher der parlamentarischen Republik den Gnadenstoß versetzen würde. So war am Ende die Enttäuschung groß, als sich zeigte, daß die Soldaten nie etwas anderes im Sinn gehabt hatten, als sich unbeschädigt aus der Affäre zu ziehen.

Emile Zolas ›J'accuse‹ und sein Prozeß bewirkten, daß der Generalstab bezüglich der umstrittenen Sache auf eine peinliche Verteidigung zurückgeworfen wurde. In dem Kampf um die öffentliche Meinung dagegen erlaubten ihm die Erfolge der nationalistischen Demagogie, immer gewalttätigere Maßnahmen zur Durchsetzung der falschen Anklage zu ergreifen. Ohne auf die alten Mittel der Fälschungen und falschen Zeugnisse gänzlich zu verzichten, sahen die Verschwörer ihre Rettung in den Fabeln, in den »militärwissenschaftlichen« Sophismen, kurz, in der Mystifizierung des Publikums, der Politiker und der Gerichte. Solche Mittel sind zwar ohne Einfluß auf kühle und denkende Köpfe, aber sie vermögen alles über die erhitzten

Hirne haßerfüllter Parteigänger. Und von der Minderheit, die noch kritischen Denkens fähig war, unterwarf sich der weitaus größere Teil dem Diktat der Masse in der Furcht vor den Fanatikern. [85]

Im Zola-Prozeß hatte es der Generalstab nicht wagen können, den »zerschmetternden Schuldbeweis« im Original dem Assisengericht vorzulegen oder wenigstens den Text im Wortlaut zu liefern. Der General de Pellieux gab nur den wesentlichen Inhalt wieder und ließ aus, was den Schreiber und den Empfänger bezeichnet hätte. Doch konnte niemand im Zweifel sein, daß es sich um die Militärattachés Schwartzkoppen und Panizzardi handelte. Die Beschreibung des Dokuments gab den Dreyfusisten die Vorfreude des Triumphs, da jeder absolute Schuldbeweis a priori ein Machwerk sein mußte. Es bedurfte, um das festzustellen, nicht der Autorität Picquarts. Labori dürfte allerdings von der Fälschung gewußt und ihre Verwendung im Prozeß für möglich gehalten haben. Seine Antwort überraschte wegen der Vollständigkeit und der Durchschlagskraft seiner Argumente, auch wegen ihres maßvollen Tons – trotz dem Jubel, den er nicht ganz unterdrücken konnte.

Der weder mutwillige noch freiwillige Gewaltstreich des Generalstabs, sein Einbruch in den Bereich der Justiz, wurde nicht »gerechtfertigt« durch den Erfolg. Das »Beweisstück« stärkte die Dreyfusisten statt sie zu schwächen. Recht gefährlich sollte für die Verschwörer die Haltung der italienischen Diplomaten werden, die sich die freche Zuschreibung der Fälschung an ihren Militärattaché nicht gefallen lassen wollten. Schon am 27. November 1897, mehr als zwei Monate vor dem Zola-Prozeß, hatte der Botschafter Graf Tornielli den französischen Außenminister Hanoteaux über die Unmöglichkeit des Dokuments aufgeklärt und ihm dann noch am 15. Januar 1898 schriftlich bestätigt, daß der Oberst Panizzardi niemals weder mittelbar noch unmittelbar Beziehungen zu Alfred Dreyfus gehabt hätte und daher den Brief nicht geschrieben haben könnte. Über diese Proteste setzte sich der Generalstab ebenso unklug wie unbedenklich hinweg, was die Italiener als eine schwere Beleidigung betrachteten. Sie rächten sich, indem sie die Dreyfusisten so vollständig wie möglich unterrichteten, und sannen auf Mittel, das Eingeständnis der Fälschung zu erzwingen. [86, 87]

Wenn diese diplomatischen Zwischenfälle die französische Regierung nicht veranlaßten, auf einer scharfen Prüfung des Dokuments zu bestehen, so beweist diese Angst vor der Wahrheit, in welchem Maße sie durch die nationalistische Demagogie eingeschüchtert war. Der Außenminister Gabriel Hanoteaux, ein Historiker, konnte die Fälschung nicht verkennen, aber er vermied es, sie kennenzulernen. Zur Zeit des Prozesses Dreyfus war er Kollege des Kriegsministers Mercier gewesen und kannte besser als irgendein anderer die ersten Umtriebe des Generals, denen er sich energisch widersetzt hatte. Er wußte, daß die Italiener die Wahrheit sagten, aber er war ein Gegner der Revision. Im Januar 1898 sagte er zu Paléologue: »Diese Intellektuellen, die bisher meine Freunde waren, sind mir verhaßt geworden. Der Kampf den sie führen ... ist abscheulich.« (Baumont, Aux sources de l'Affaire, Paris 1959, 191)

Dokumente zum vierten Kapitel

[77] ›J'accuse!‹

Offener Brief Emile Zolas an den Präsidenten der Republik, veröffentlicht in ›L'Aurore‹ vom 13. Januar 1898:

Herr Präsident,

in dankbarem Gedenken des wohlwollenden Empfangs, den Sie mir einmal gewährt haben, erlaube ich mir, in der Besorgnis um Ihren verdienten Ruhm, zu sagen, daß Ihr bisher so glücklicher Stern von dem schmählichsten, von dem unauslöschlichsten Schandfleck bedroht ist.

Sie sind heil und gesund aus den niedrigen Verleumdungen hervorgegangen, Sie haben die Herzen erobert. Sie sind umstrahlt von dem Glanz des patriotischen Festes, das für Frankreich das russische Bündnis gewesen ist. Sie sehen dem großartigen Triumph unserer allgemeinen Ausstellung entgegen, welche die Krönung unseres großen Jahrhunderts der Arbeit, der Wahrheit und der Freiheit sein wird. Aber welch eine Befleckung Ihres Namens – ich hätte fast gesagt Ihrer Regierungszeit – ist diese abscheuliche Affäre Dreyfus! Ein Kriegsgericht hat es gerade gewagt, auf Befehl einen Esterhazy freizusprechen, und das ist die äußerste Schändung aller Wahrheit, aller Gerechtigkeit. Nun ist es geschehen, Frankreich hat auf seiner Wange diesen Schandfleck, die Geschichte wird schreiben, daß ein solches Verbrechen gegen die Gesellschaft unter Ihrer Präsidentschaft begangen werden konnte.

Da sie es gewagt haben, werde ich es auch wagen. Ich werde die Wahrheit sagen, denn ich habe versprochen, sie zu sagen, wenn die Justiz, die regelrecht angerufen wurde, sie nicht ganz und vollständig zum Vorschein brächte. Es ist meine Pflicht zu sprechen, ich will nicht Komplice sein. Meine Nächte würden gestört sein von dem Geist des Unschuldigen, der dort unten unter den furchtbarsten Qualen für ein Verbrechen büßt, das er nicht begangen hat.

Für Sie, Herr Präsident, schreie ich diese Wahrheit in die Welt – mit der ganzen Gewalt der Empörung eines ehrlichen Mannes. Im Interesse Ihrer Ehre bin ich überzeugt, daß Sie nichts davon wissen. Vor wem soll ich den Haufen schuldiger Übeltäter anklagen, wenn nicht vor Ihnen, der ersten Autorität des Landes?

Zuerst die Wahrheit über den Prozeß und über Dreyfus' Verurteilung.

Ein verhängnisvoller Mensch hat alles angestiftet, alles getan; es ist der Oberstleutnant du Paty de Clam, damals noch Major. Er verkörpert die ganze Affäre Dreyfus. Man wird sie erst kennen, nachdem eine ehrliche Untersuchung mit aller Klarheit seine Handlungen und seine Verantwortlichkeiten festgestellt hat. Er erscheint als der nebelhafteste, als der komplizierteste Geist, den Vorstellungen von romantischen Anzettelungen erfüllen, der die Dinge im Stile von Schundromanen sieht. Es gibt bei ihm gestohlene Dokumente, anonyme Briefe, Begegnungen an verlassenen Plätzen, geheimnisvolle Frauen, die mitten in der Nacht mit niederschmetternden Schuldbeweisen hausieren. Seiner Phantasie entsprang das Diktat des Bordereaus, nach dem man Dreyfus schreiben ließ, er träumte davon, ihn in einem Raum mit Spiegeln an allen Wänden zu ergründen. Der Major Forzinetti zeigt ihn uns, wie er, bewaffnet mit einer Blendlaterne, sich bei dem schlafenden Angeklagten einschleichen wollte, um einen plötzlichen Lichtstrahl auf sein Gesicht zu werfen und das Verbrechen in dem Erschrecken des plötzlich Erwachenden zu lesen ... Ich erkläre einfach, daß der Major du Paty de Clam als Untersuchungsoffizier in der zeitlichen Folge und nach der Schwere der Verantwortung der erste unter den Schuldigen an dem furchtbaren Justizirrtum ist, der begangen wurde ...

... Der Major du Paty de Clam tritt auf, sobald der Verdacht auf Dreyfus fällt. Von diesem Augenblick an ist Dreyfus seine Angelegenheit, die Affäre wird seine Affäre. Er macht sich stark, den Verräter zu überführen, ihn zu einem vollständigen Geständnis zu bringen. Es hat zwar auch der Kriegsminister, der General Mercier, mitzureden, dessen Intelligenz aber mittelmäßig zu sein scheint. Es gibt zwar auch den Chef des Generalstabs, den General de Boisdeffre, der seinem leidenschaftlichen Klerikalismus nachgegeben zu haben scheint, und es gibt seinen Stellvertreter, den General Gonse mit dem dehnbaren Gewissen. Aber im Grunde gibt es zunächst nur den Major du Paty de Clam, der sie alle anführt, der sie hypnotisiert, denn er beschäftigt sich auch mit Spiritismus und Okkultismus; er verkehrt mit den Geistern. Man wird niemals glauben, welchen Proben er den unglücklichen Dreyfus unterworfen hat, welche Fallen er ihm stellte. Seine verrückten Untersuchungsmethoden, seine ungeheuerlichen Phantasien, das alles war der Ausbruch eines irrsinnigen Triebes zu foltern.

Oh, diese erste Affäre! Sie ist ein Alpdruck für denjenigen, der sie in ihren wahren Einzelheiten kennt. Der Major du Paty de Clam verhaftet Dreyfus und hält ihn in geheimer Haft. Er begibt sich zu Madame Dreyfus, terrorisiert sie und sagt ihr, daß ihr Mann verloren ist, wenn sie redet. Zu derselben Zeit war der Unglückliche tobsüchtig vor Verzweiflung und heulte seine Unschuld hinaus. So ist die Untersuchung geführt worden – wie nach einer Chronik des 15. Jahrhunderts, in der Stille des vollständigen Geheimnisses, unter Anwendung barbarischer Mittel und das alles auf der Grundlage der kindischen Beschuldigung, die das blöde Bordereau liefert, das nicht nur ein gemeiner Verrat, sondern auch der schamloseste Schwindel ist, denn diese berühmten Geheimnisse, die verraten wurden, waren fast alle ohne Wert. Ich betone es, weil wir hier das Ei haben, aus dem später das ganze Verbrechen erwächst, die schreckliche Rechtsverweigerung, unter der Frankreich leidet. Ich möchte sichtbar und fühlbar machen, wie dieser Justizirrtum möglich war, wie er aus den Umtrieben des Majors du Paty de Clam entstand, wie der General Mercier, die Generale de Boisdeffre und Gonse sich haben in die Irre führen lassen und allmählich mitverantwortlich wurden an diesem Irrtum, den sie dann wie eine heilige Wahrheit, eine unbestreitbare Wahrheit uns aufzwingen zu müssen glaubten. Zu Beginn gab es also bei ihnen nichts als Nachlässigkeit und Einsichtslosigkeit. Höchstens, so fühlt man, gaben sie dem religiösen Eifer ihrer Umgebung und den Vorurteilen des Korpsgeistes nach. So haben sie die Dummheit geschehen lassen.

Aber hier erscheint nun Dreyfus vor dem Kriegsgericht. Das absolute Geheimnis wird erzwungen. Hätte man nicht die Maßnahmen ergriffen, um die Stille und das Geheimnis zu sichern, würde ein Verräter die Grenzen dem Feinde geöffnet und den deutschen Kaiser bis nach Notre-Dame geführt haben. Das Volk ist vom Schrecken gelähmt, man erzählt sich furchtbare Tatsachen, spricht von ungeheuerlichen Verrätereien, die ihresgleichen in der Geschichte suchen, und natürlich glaubt man alles. Keine Strafe wäre zu hart, die Nation billigt die öffentliche Degradation, sie möchte, daß der Schuldige auf seinem Felsen der Schande bliebe, verzehrt von Gewissensbissen. Sind sie wahr, diese unsagbaren Dinge, diese gefährlichen Dinge, die Europa in Flammen aufgehen lassen können und die man sorgfältig in dem Geheimnis des Ausschlusses der Öffentlichkeit begraben mußte. Nein, es gab nichts dahinter als die romantischen und irrsinnigen Phantasien des Majors du Paty de Clam. Das alles geschah nur, um den lächerlichsten Schundroman zu verbergen. Es genügt, um sich davon zu überzeugen, aufmerksam die Anklageschrift zu studieren, die vor dem Kriegsgericht verlesen wurde.

Oh, die Leere dieser Anklageschrift! Daß ein Mann auf dieser Grundlage verurteilt werden konnte, ist ein Gipfel der Ungerechtigkeit. Kein ehrlicher Mensch kann sie lesen, ohne sich zu entrüsten und zu empören – im Gedanken an die maßlose Folter dort unten auf der Teufelsinsel . . .

Man erzählt, daß die Richter in ihrem Beratungszimmer natürlich bereit waren, den Angeklagten freizusprechen. Heute versichert man, es hätte ein unbedingt belastendes geheimes Dokument gegeben, das man nicht vorzeigen kann und das alles rechtfertigt. Vor diesem müssen wir uns beugen wie vor dem unsichtbaren und unbekannten lieben Gott . . . Ich bestreite das Dasein dieses Dokuments, ich bestreite es mit meiner ganzen Kraft. Ja, ein lächerliches Dokument mag es geben, vielleicht eins von denen, wo man von kleinen Frauen spricht und wo von einem gewissen D. . . . die Rede ist, der zu unverschämt wird. Offenbar ein Ehemann, der findet, daß man nicht genug für seine Frau bezahlt. Aber ein Dokument, das die Landesverteidigung angeht, das man nicht vorzeigen könnte, ohne daß der Krieg morgen erklärt würde, nein, das ist eine Lüge. Und das ist um so abscheulicher und zynischer, weil sie ungehemmt lügen dürfen, ohne fürchten zu müssen, daß man sie überführen kann. Sie wiegeln das französische Volk auf und schirmen sich hinter der legitimen Sorge für das Vaterland, sie unterdrücken die Meinungen, verwirren die Gefühle und verfälschen die Ideen. Ich kenne kein größeres Verbrechen gegen die Gesellschaft.

Das sind, Herr Präsident, die Tatsachen, die erklären, wie ein Justizirrtum begangen werden konnte ...

Und nun kommen wir zu der Affäre Esterhazy. Drei Jahre sind vergangen, viele Gewissen sind tief beunruhigt, suchen die Wahrheit und überzeugen sich schließlich von Dreyfus' Unschuld.

Ich werde nicht die Entwicklung der Zweifel und dann der Überzeugung Scheurer-Kestners beschreiben. Aber während er allein für sich nachforschte, gab es wichtige Vorkommnisse im Generalstab selber. Der Oberst Sandherr starb, und der Oberstleutnant Picquart wurde sein Nachfolger als Chef des Nachrichtendienstes. In dieser Stellung und in Ausübung seiner Pflichten nahm er eines Tages einen Rohrpostbrief in Empfang, der von dem Vertreter einer fremden Macht an den Major Esterhazy gerichtet war. Seine Pflicht schrieb ihm vor, eine Untersuchung zu eröffnen. Es ist gewiß, daß er niemals gegen den Willen seiner Vorgesetzten gehandelt hat. Er unterbreitete also seine Verdachtsgründe seinen hierarchischen Chefs, dem General Gonse, dann dem General de Boisdeffre und schließlich dem General Billot, der als Kriegsminister auf den General Mercier gefolgt war ... Die Nachforschungen dauerten von Mai bis September 1896. Man kann nicht genug betonen, daß der General Gonse von der Schuld Esterhazys überzeugt war, daß der General de Boisdeffre und der General Billot keinen Zweifel an dem Bordereau als Esterhazys Werk hatten. Die Untersuchung des Oberstleutnants Picquart war zu dieser sicheren Schlußfolgerung gelangt. Aber die Erregung war groß, denn die Verurteilung Esterhazys zog unvermeidlich die Revision des Prozesses Dreyfus nach sich, und das war es, was der Generalstab um keinen Preis zulassen wollte.

...

Man hat sich voller Erstaunen gefragt, wer die Beschützer des Majors Esterhazy waren. Da ist zunächst, im Schatten, der

Oberstleutnant du Paty de Clam, der alles angezettelt hat und alles lenkt. Seine Hand verrät sich durch die absonderlichen Mittel, die er gebraucht; dann finden wir den General de Boisdeffre, den General Gonse und sogar den General Billot, die ja gezwungen sind, den Major freisprechen zu lassen, da sie unmöglich Dreyfus' Unschuld zulassen können, ohne daß die Büros des Kriegsministeriums sich der allgemeinen Verachtung aussetzen. Und aus dieser wunderlichen Lage ergibt sich, daß der ehrbare Mann, der Oberstleutnant Picquart, der allein seine Pflicht getan hat, das Opfer sein wird, derjenige, den man anschwärzen und bestrafen wird. Oh, Gerechtigkeit! Welche furchtbare Verzweiflung bedrückt das Herz! Man geht so weit, zu sagen, daß er den Rohrpostbrief gefälscht hat, um Esterhazy ins Verderben zu stürzen. Aber, großer Gott!, warum? Mit welchem Ziel? Geben Sie einen Beweggrund! Ist auch Picquart von den Juden bezahlt worden? Das Schöne an der Geschichte ist, daß er Antisemit war. Ja, wir erleben dieses schändliche Schauspiel: Männer, die tief in Schulden und Verbrechen stecken, werden zu Unschuldigen proklamiert, und einen Mann fleckenlosen Lebens greift man in seiner Ehre an. Wenn eine Gesellschaft so tief sinkt, ist sie dem Verfall ausgeliefert.

Das also, Herr Präsident, ist die Affäre Esterhazy: ein Schuldiger mußte weißgewaschen werden. Seit beinahe zwei Monaten können wir Stunde für Stunde dieses schöne Geschäft beobachten ... Wir haben nun den General de Pellieux, dann den Major Ravary eine verbrecherische Untersuchung führen sehen, aus der die Schurken verklärt und die ehrenhaften Leute beschmutzt hervorgingen. Dann hat man das Kriegsgericht zusammengerufen.

Wie hat man erwarten können, daß ein Kriegsgericht sich einem anderen entgegensetzen würde. Die beherrschende Idee der Disziplin, die diese Soldaten in ihrem Blute haben, genügt, ihre Fähigkeit zu gerechtem Urteil zu lähmen. Wer von Disziplin spricht, spricht von Gehorsam. Als der Kriegsminister, der große Chef, unter dem Beifall der Volksvertreter die unbedingte Autorität der einmal abgeurteilten Sache behauptete, wie können Sie verlangen, daß ihn ein Kriegsgericht in aller Form, durch sein Urteil, widerlegt! In einer Hierarchie ist das unmöglich. Der General Billot hat durch seine Erklärung die Richter in eine moralische Zwangslage gebracht. Sie haben geurteilt, so wie sie ins Feuer gehen müssen – ohne nachzudenken. Die vorgefaßte Meinung, die sie auf die Richterbank mitgebracht haben, ist offensichtlich diese: »Dreyfus ist von einem Kriegsgericht wegen Landesverrats verurteilt worden, er ist also schuldig. Wir als ein Kriegsgericht können ihn nicht für unschuldig erklären, denn Esterhazy schuldig sprechen würde bedeuten, Dreyfus' Unschuld offenkundig zu machen.« Nichts konnte sie aus dieser Zwangslage befreien.

Sie haben ein ungerechtes Urteil gefällt, das für immer das Ansehen unserer Kriegsgerichte schädigt und von nun an alle ihre Urteile mit Verdacht schlägt. Das erste Kriegsgericht war vielleicht nicht einsichtig, das zweite ist unausweichlich verbrecherisch. Seine Entschuldigung ist, ich wiederhole es, daß der große Chef die einmal abgeurteilte Sache für unangreifbar, für heilig und über den Menschen stehend erklärt hatte. Und dem konnten die Untergebenen nicht widersprechen. Man redet von der Ehre der Armee, man will, daß wir sie lieben, daß wir sie achten. Oh gewiß, wir haben für die Armee nur Liebe und Achtung, denn sie ist das ganze Volk, sie würde sich bei der ersten Drohung in Bewegung setzen und das Vaterland verteidigen. Aber es handelt sich nicht um sie, um deren Ruhm wir in unserem Bedürfnis nach Gerechtigkeit besorgt sind, es handelt sich um den Säbel, den Zwingherrn, den man uns vielleicht morgen geben wird. Und sollen wir lammfromm den Säbelknauf küssen – wie einen Götzen! Nein!

...

Das also ist die einfache Wahrheit, Herr Präsident, und sie ist furchtbar. Sie wird eine Befleckung Ihrer Präsidentschaft bleiben. Ich ahne sehr wohl, daß Sie keinerlei Möglichkeit der Einwirkung in dieser Affäre haben, denn Sie sind der Gefangene der Verfassung und Ihrer Umgebung. Sie haben nichtsdestoweniger eine menschliche Pflicht, an die Sie denken und die Sie erfüllen werden. Ich zweifle übrigens keineswegs an dem Triumph der Sache, und ich wiederhole es noch einmal mit einer ganz unerschütterlichen Gewißheit: die Wahrheit ist auf dem Wege und nichts wird sie aufhalten. Heute erst beginnt die Affäre, weil heute erst völlig klar geworden ist, wer sich im Gegensatz befindet: auf der einen Seite die Schuldigen, die sich der Gerechtigkeit in den Weg stellen, auf der anderen Seite die Vorkämpfer der Gerechtigkeit, die ihr Leben für den Sieg ihrer Sache einsetzen. Wenn man die Wahrheit eingräbt, so entwickelt sie eine solche Sprengkraft, daß sie an dem Tage, da sie durchbricht, alles zerstört. Man wird noch erfahren, ob man nicht gerade jetzt die Voraussetzungen für den kommenden, in der ganzen Welt widerhallenden Zusammenbruch geschaffen hat.

Aber dieser Brief ist lang, Herr Präsident, und es ist Zeit ihn abzuschließen.

Ich klage den Oberstleutnant du Paty de Clam an, der teuflische Urheber des Justizirrtums – ich will glauben, der unbewußte – gewesen zu sein, und in der Folge sein verhängnisvolles Werk drei Jahre lang durch die absonderlichsten und sträflichsten Machenschaften verteidigt zu haben.

Ich klage den General Mercier an, sich zum Mitschuldigen an einer der größten Ungerechtigkeiten des Jahrhunderts gemacht zu haben – wenn auch vielleicht nur aus Geistesschwäche.

Ich klage den General Billot an, die sicheren Beweise der Unschuld des Hauptmanns Dreyfus in Händen gehabt zu haben. Indem er diese Beweise unterdrückte, machte er sich der Verbrechen gegen die Menschheit und gegen die Gerechtigkeit aus politischer Berechnung schuldig, um den bloßgestellten Generalstab zu retten.

Ich klage den General de Boisdeffre und den General Gonse an, sich zu Mitschuldigen desselben Verbrechens gemacht zu haben. Der eine ohne Zweifel aus leidenschaftlichem klerikalem Eifer, der andere im Gehorsam gegenüber dem Korpsgeist, der ihm das Kriegsministerium wie ein unangreifbares Heiligtum erscheinen läßt.

Ich klage den General de Pellieux und den Major Ravary an, eine verbrecherische Untersuchung angestellt zu haben. Ich verstehe darunter eine Untersuchung der ungeheuerlichsten Parteilichkeit, von der wir in dem Bericht des Majors Ravary das unvergängliche Denkmal naiver Unverfrorenheit besitzen.

Ich klage die drei Schriftsachverständigen Belhomme, Varinard und Couard an, lügnerische und betrügerische Gutachten geliefert zu haben, wenn sie nicht durch eine ärztliche Untersuchung für augen- und geisteskrank erklärt werden sollten.

Ich klage das Kriegsministerium an, in der Presse, insbesondere in den Zeitungen ›L'Eclair‹ und ›L'Echo de Paris‹, eine ungeheuerliche Propaganda unternommen zu haben, um die öffentliche Meinung irrezuführen und seinen schuldhaften Irrtum zu verdecken.

Schließlich klage ich das erste Kriegsgericht an, das Recht verletzt zu haben, indem es einen Angeklagten auf Grund eines Dokuments verurteilte, das vor ihm geheim gehalten wurde, und ich klage das zweite Kriegsgericht an, diese Ungesetzlichkeit auf Befehl gedeckt zu haben, indem es seinerseits das Rechtsverbrechen beging, wissentlich einen Schuldigen freizusprechen.

Indem ich diese Anklagen erhebe, bin ich mir bewußt, daß ich mich der Verfolgung auf Grund der Artikel 30 und 31 des Pressegesetzes vom 20. Juli 1881 aussetze, das die Vergehen der üblen Nachrede betrifft. Das nehme ich absichtlich auf mich. Was die Leute, die ich anklage, angeht, so kenne ich sie nicht, ich habe sie niemals gesehen, ich habe ihnen gegenüber weder Rachegefühle noch Haß. Sie sind für mich nur Einheiten, Schädlinge der Gesellschaft. Und die Tat, die ich vollbringe, ist nur ein revolutionäres Mittel, um den Durchbruch der Wahrheit und der Gerechtigkeit zu beschleunigen.

Ich habe nur eine Leidenschaft, die der Aufklärung im Namen der Menschheit, die so viel gelitten hat und die ein Recht auf Glück besitzt. Mein glühender Protest ist nur der Schrei meiner Seele. Wage man es, mich vor das Assisengericht zu bringen, und möge die Erörterung in aller Öffentlichkeit stattfinden.

Ich warte!

Genehmigen Sie, Herr Präsident, die Versicherung meines tiefen Respekts.

Emile Zola

[78] Anatole France am Grabe Zolas

Die Worte, die Anatole France am 5. Oktober 1902 am Grabe Zolas sprach, spiegeln sehr treu wider, was aus dem Dreyfusismus letzten Endes geworden war:

Das literarische Werk Zolas ist gewaltig; . . . als man es sich Stein für Stein erheben sah, nahm man überrascht sein Ausmaß wahr. Man bewunderte, man lobte, man tadelte. Lob und Tadel wurden mit gleicher Leidenschaftlichkeit erteilt. Man machte zuweilen dem wuchtigen Schriftsteller aufrichtig gemeinte Vorwürfe (das weiß ich aus eigener Erfahrung), und sie waren doch ungerecht. Die Beschimpfungen und die Rechtfertigungen begleiteten das Werk, während es wuchs.

Heute, da man das kolossale Gebilde in seiner Ganzheit zu sehen vermag, erkennt man auch den Geist, von dem es erfüllt ist. Es ist ein guter Geist. Zola war gut. Er hatte die Größe und die Einfachheit der großen Seelen. Er war tief moralisch. Er hat das Laster mit einer harten und tugendhaften Hand gemalt. Sein scheinbarer Pessimismus, die finstere Stimmung vieler seiner Seiten, verbergen kaum einen wirklichen Optimismus, einen Glauben an den Fortschritt der Intelligenz und der Gerechtigkeit. Er verfolgte in seinen Romanen, die soziale Studien sind, mit kraftvollem Haß eine müßige und frivole Gesellschaft, eine niedrige und schuldige Aristokratie, er bekämpfte das Übel der Zeit, die Macht des Geldes. Obwohl er Demokrat war, schmeichelte er nie dem Volk, er bemühte sich, ihm zu zeigen, wie es, durch Unwissenheit und durch den Alkohol blöde und wehrlos gemacht, der Unterdrückung, dem Elend und der Schande ausgeliefert ist. Er bekämpfte das gesellschaftliche Übel, wo immer er es antraf. Das war das Wesen seines Hasses. In seinen letzten Büchern zeigte er seine ganze Liebe zur Menschheit.

Er war bestrebt, sich eine bessere Gesellschaft vorzustellen und sie anzukündigen.

Er wollte, daß auf Erden unaufhörlich eine immer größere Zahl von Menschen am Glück teilnähmen. Er setzte seine Hoffnung auf das Denken, auf die Wissenschaft. Er erwartete von der neuen Macht der Maschine die allmähliche Befreiung der arbeitenden Menschen.

Dieser überzeugte Realist war ein glühender Idealist. Sein Werk ist, was die Größe betrifft, dem Werke Tolstois vergleichbar. Es sind zwei große ideale Ordnungen, die der dichterische Geist an den Polen des europäischen Denkens geschaffen hat. Sie sind beide voller Großmut und Friedensliebe, aber die Ordnung Tolstois ist die des Verzichts, die Zolas ist die Ordnung der Arbeit.

Zola hat schon in seiner Jugend den Ruhm gekannt. In der Sicherheit und im Genuß seines großen Namens, erfreute er sich der Frucht seiner Arbeit, als er sich plötzlich von seinem ruhigen Dasein, von der Arbeit, die er liebte, von den friedlichen Freuden seiner Lebensweise losriß. Man soll über einem Sarge nur ernste und abgeklärte Worte sprechen, die dem Frieden und der Verständigung dienen. Sie wissen aber, meine Herren, daß es Ruhe nur in der Gerechtigkeit und Frieden nur in der Wahrheit gibt. Ich spreche nicht von der philosophischen Wahrheit, die ewig umstritten sein wird, sondern von der moralischen Wahrheit, die wir alle begreifen, weil sie eine relative, spürbare und unserem Charakter gemäße ist. Sie ist uns so nahe, daß ein Kind sie mit der Hand greifen kann. Ich verrate nicht die Gerechtigkeit, die es mir zur Pflicht macht, zu loben, was lobenswert ist, und ich verberge nicht die Wahrheit durch feiges Schweigen. Warum sollten wir schweigen? Schweigen etwa sie, die Verleumder? Ich sage nur, was man an diesem Sarge sagen muß, und ich sage alles, was gesagt werden muß.

...

Sie alle wissen, mit welcher Wut Zola damals von den Verbrechern und ihren interessierten Verteidigern, von ihren ahnungslosen Komplicen, von den verbündeten Parteien der Reaktion und von der getäuschten Menge angefallen wurde, Sie, meine Herren, haben die harmlosen Seelen im Bunde mit der abscheulichen Bande der bezahlten Hetzer gesehen. Sie haben das Wutgeschrei und die mörderischen Rufe gehört, mit denen man Zola bis in das Gerichtsgebäude verfolgte, so lange die Verhandlungen dauerten. Diese Verhandlungen gingen am Kern der Sache vorbei und endeten mit einem Spruch, der sich auf falsche Aussagen gründete und unter dem Lärm der rasselnden Säbel erfolgte.

Ich sehe hier einige Männer, die Zola damals zur Seite standen und die Gefahren mit ihm teilten. Sie mögen Zeugnis ablegen, ob jemals ein Gerechter schlimmeren Anwürfen ausgesetzt war. Sie mögen auch sagen, mit welcher Standhaftigkeit Zola alles das ertrug. Sie mögen uns sagen, ob seine nie versagende Güte, sein männliches Erbarmen, seine Sanftmut sich ein einziges Mal verleugneten und ob sein Mut erschüttert wurde!

In jenen Tagen des Verbrechens verzweifelte der gute Bürger am Vaterland und an der Moral Frankreichs. Nicht nur die Verteidiger der Republik waren niedergedrückt. Man hörte einen der entschlossensten Feinde des Systems, einen unversöhnlichen Sozialisten, voller Bitterkeit sagen: »Wenn die Gesellschaft bis zu diesem Grade verderbt ist, dann können nicht einmal ihre verfaulten Reste die Grundlage einer neuen Gesellschaft bilden.« Gerechtigkeit, Ehre und Vernunft, alles schien verloren.

Alles war gerettet. Zola hatte nicht nur einen Justizirrtum angeprangert, er hatte auch die Verschwörung der gewalttätigen, tyrannischen Mächte aufgezeigt, welche die soziale Idee und die Freiheit des Gedankens ersticken wollten. Zolas mutige Worte weckten Frankreich auf.

Die Folgen seiner Tat sind unabsehbar. Sie wirken sich heute aus – groß und gewaltig. Und so wird es in aller Zukunft sein. Diese Tat hat eine Bewegung der sozialen Gerechtigkeit ausgelöst, die unaufhaltsam ist. Es geht aus ihr eine neue Ordnung der Dinge hervor, die auf eine höhere Gerechtigkeit und eine tiefere Kenntnis der Rechte aller Menschen gegründet ist.

Meine Herren, es gibt nur ein Land, in dem sich diese großen Dinge vollenden konnten. Wie wunderbar ist der Geist unseres Vaterlandes, wie schön ist diese Seele Frankreichs, die in vergangenen Jahrhunderten Europa und die Welt das Recht lehrte. Frankreich ist das Land der schönen Vernunft und der das Gute schaffenden Ideen, das Land der gerechten Richter und der menschlichen Philosophen, das Vaterland Turgots, Montesquieus, Malesherbes ...

Beklagen wir Zola nicht, weil er geduldet und gelitten hat. Beneiden wir ihn. Eine nie dagewesene Flut von Beschimpfungen, die der Unwissenheit und der Bosheit entsprang, hat seinen Ruhm zu unerreichbaren Höhen emporgetragen.

Beneiden wir ihn. Er hat sein Vaterland und die Welt durch sein ungeheures Werk und eine große Tat gerettet. Beneiden wir ihn! Seine Bestimmung und sein Herz zwangen ihm die größte Rolle auf. Für einen Augenblick verkörperte er das Gewissen der Menschheit.

[79] Emile Zolas Asche im Pantheon

Sitzungen des Senats am 20. November und 12. Dezember 1906

Zur Diskussion steht der Gesetzesvorschlag, die Asche Emile Zolas in das Pantheon zu überführen.

Boissy d'Anglas als Berichterstatter der Kommission, die über den Gesetzesvorschlag zu beraten hatte, führte unter anderem aus:

Meine Herren, Ihre Kommission empfiehlt Ihnen, für die Ehrung Zolas ... zu stimmen. Nicht wegen seiner übrigens gewaltigen literarischen Verdienste wird Ihnen dieser Vorschlag gemacht, sondern ausschließlich wegen einer Tat bürgerlichen Mutes von tragischer Größe angesichts der Umstände, unter denen sie ausgeführt wurde. Ein schwacher Mann hat in das Drama eingegriffen, um sich gegen die Ungesetzlichkeiten, gegen die siegreiche Lüge und die Fälschungen zu erheben, welche die Wahrheit verdunkelten und die Justiz knebelten. Er hat den großen Schrei des Protestes ausgestoßen – ohne Rücksicht auf seine Ruhe, sein Vermögen, seine Freiheit und sein Leben – gegen die verirrte und tobende Menge, mit einem Wort, er ist der beredsame und heroische Vorkämpfer der Wahrheit und der Gerechtigkeit gewesen.

Gewiß war er nicht der einzige, der sich gegen die Untat erhob. Es genügt, die ruhmreichen Namen Scheurer-Kestners und Trarieuxs ins Gedächtnis zu rufen, um nur von den Toten zu sprechen ... Aber sein Auftritt ereignete sich im entscheidenden, im psychologischen Augenblick, wenn ich so sagen darf, und so erschien er als der große Rächer des Unrechts ...«

Der Senator de Las Cases (sich für einen Aufschub der Entscheidung einsetzend): »... Ist nicht der Abstand in der Zeit nötig, um die Größe eines Mannes und die Dauer seines Werkes beurteilen zu können? Ist nicht dieser Abstand nötig, um zu erkennen, ob man sich einem wahrhaft großen Mann gegenüber befindet, der oft zu seinen Lebzeiten verkannt wird, gerade weil ... sein Genie überragend war; oder auch, ob man sich, im Gegenteil, einem falschen großen Mann gegenüber befindet, der seinen Ruf nur dem Eifer und Geschick verdankt, mit denen er die Gunst des Publikums und seinen Ruhm pflegte ...

Ich werde Ihnen die Meinung Ihres Berichterstatters in einem Wort zusammenfassen: man verlangt von Ihnen, Monsieur Zola ins Pantheon zu bringen – wegen seines Briefes ›J'accuse‹ und seiner Rolle, die er in der Revision gespielt hat.

Das ist die Frage.

... Ist die Rolle Zolas so bedeutend gewesen, wie man heute denkt? Zola war zu seinen Lebzeiten sehr bereit, erste Rollen zu spielen. Das war ein wenig in seinem Charakter, und seine Bescheidenheit litt nicht darunter.

Nach seinem Tode stellten diejenigen, die mit ihm zusammengearbeitet hatten, mit einem seltenen Feingefühl ihre eigenen Verdienste in den Schatten zugunsten seiner Verdienste.

War Zolas Tätigkeit wirklich überragend? Das möchte ich, meine Herren, vor Ihnen untersuchen ... Zunächst gilt es eine Sache klarzustellen: das ist die Frage der Reihenfolge. Zola war nicht der erste, der an die Revision dachte. Ich will nicht von Mathieu Dreyfus sprechen, der sich in einer über alles Lob erhabenen Gesinnung und aus brüderlicher Liebe am ersten Tage geschworen hatte, ans Tageslicht zu bringen, was seiner Meinung nach ein Justizirrtum gewesen war. Und Bernard-Lazare hatte alle die Elemente vereinigt, die später dazu dienten, die Revision durchzusetzen. Vor Zola und seinem Brief vom 13. Januar 1898 gab es also zwei Männer, die durch ihre persönliche Lage, ihren Charakter und ihren Namen dazu gebracht wurden, Dreyfus' Unschuld zu verkünden.

Trarieux hatte vor ›J'accuse‹ dem Kriegsminister geschrieben, dem er mit der Klarheit und mit der Nüchternheit seines Geistes die Gründe auseinandersetzte, die ihn an Dreyfus' Unschuld glauben ließen. Und in dem Prozeß des Majors Esterhazy hat Scheurer-Kestner auf der Zeugenbank dieselben Gründe vorgetragen.

Sie haben geglaubt, daß es gerecht wäre, der Haltung ihrer Kollegen Trarieux und Scheurer-Kestner Ehre zu erweisen, und Sie haben am Tage nach der Revision beschlossen, daß von jedem der beiden eine Marmorbüste in Ihrer Galerie aufgestellt werden sollte. Sie werden den Platz von zwei älteren Büsten einnehmen, die dann in Ihrer Garderobe die langweilige Rolle von Hausgöttern, von gutartigen Geistern spielen, die unsere Hüte, unsere Regenschirme und unsere Mäntel behüten.

Ist es nicht übertrieben, Zola, der erst nach ihnen gekommen ist, die so viel größeren Ehren des Pantheons zu gewähren? ...

Dieser Brief [›J'accuse‹] war heftig und voller Feuer, und, wagen wir das Wort, er war brutal. Aber hat diese Brutalität das Land aufgeklärt? Hat es sich gesagt: wir haben uns getäuscht? War Zola ein Verteidiger, der seiner Sache Sympathien gewinnt und erreicht, daß man sie prüft, sich in sie vertieft und sie bereinigt?

Die Brutalitäten Zolas hatten für die Sache, die er verteidigte, das schlimmste Ergebnis. Sie schufen die Bewegung der öffentlichen Meinung, welche die Revision so erschwerte und eine so große Verwirrung in unserem unglücklichen Lande stiftete. Wollen Sie den Beweis?

Ich möchte nicht die zahlreichen Zeitungsartikel anführen, sondern nur einen einzigen, der in einer sehr verbreiteten Zeitung, in ›La Dépêche‹, erschien und aus der Feder eines Redakteurs stammt, der Mitglied der gegenwärtigen Regierung ist.

Am Tage nach dem Erscheinen des ›J'accuse‹ schrieb Albert Sarraut: ›Dieser Mann (er sprach von Zola) möchte gerne seinen Nabel für den Mittelpunkt der Welt halten ... Er wird nicht müde, sich zu überzeugen, daß er ein großer Mann ist, oder er zählt die Säcke voller Taler, die ihm seine Werke einbringen ... Zola sah in der Affäre Dreyfus eine gewaltige, eine kolossale Reklame. Aus Dreyfus macht er sich im Grunde gar nichts. Was ihn interessiert ist Zola.‹

[Der Ministerpräsident:] Monsieur Sarraut ist heute mit den Schlußfolgerungen des Berichts einverstanden.

[Der Senator de Las Cases:] Ich sage nicht, daß Monsieur Sarraut sich nicht getäuscht hätte ... Ich zweifle nicht daran, daß Monsieur Sarraut heute seinen Artikel bedauert, aber ich behaupte, daß Zola mit seinem ›J'accuse‹ die Sache, die er verteidigte, schlecht verteidigte, da er für sie keine Sympathien erweckte. Das war die Meinung nicht nur einer Zeitung sondern aller Zeitungen und auch der Volksvertreter ...

Warum hat sich das Land von dem Brief ›J'accuse‹ nicht gewinnen lassen? Weil man nicht selber eine Ungerechtigkeit begehen darf, wenn man eine Ungerechtigkeit wiedergutmachen will. Wenn man von der öffentlichen Meinung verlangt, einen Justizirrtum aus der Welt zu schaffen, darf man nicht mit einer Verleumdung beginnen. Das ist es, warum das Land sich gegen den Brief ›J'accuse‹ aufgelehnt hat, denn dieser Brief erhob gegen das Kriegsgericht, das gerade sein Urteil über den Major Esterhazy gefällt hatte, eine ebenso falsche wie schwerwiegende Beschuldigung.

Ich habe gewiß nicht die Absicht, die Auseinandersetzung zu verschärfen, und ich bin auch überzeugt, daß niemand von Ihnen mir widersprechen wird, wenn ich Ihnen nun sage, daß Zola mit seiner Beschuldigung die Grenze überschritt, die der Diskussion und der Kritik gezogen sind, und sich der Verleumdung schuldig machte, indem er dem Kriegsgericht, das wenige Tage vorher Esterhazy freigesprochen hatte, vorwarf, die abscheulichste Handlung begangen zu haben, die ein Richter begehen kann, nämlich wissentlich einen Schuldigen freizusprechen, um einen Unschuldigen verurteilen zu lassen.

Das Kriegsgericht hatte über die Beschuldigung des Majors Esterhazy durch Mathieu Dreyfus zu entscheiden. Aber es befand sich in der Unmöglichkeit, Esterhazy zu verurteilen. Ich kenne diese Angelegenheit ein wenig, ich habe sie in allen Einzelheiten verfolgt, und ich darf behaupten, daß es im Senat nicht einen einzigen ehrenhaften Mann gibt – und es gibt nur ehrenhafte Leute im Senat –, der unter den Bedingungen, wie die Frage gestellt war, den Major Esterhazy verurteilt hätte ...

Es ist von wirklich schwerwiegender Bedeutung, daß Zola in seinem Brief ›J'accuse‹ ehrenhafte Männer eines wirklichen Verbrechens anklagt, das sie nicht begangen hatten und das sie nicht begangen haben konnten, statt sich darauf zu beschränken, die Gründe und die Beweggründe seiner Meinung, daß Dreyfus unschuldig sei, darzustellen ...

[80] Der Gegenstand der Anklage gegen Zola

Die inkriminierten Sätze des ›J'accuse‹:

... und ich klage das zweite Kriegsgericht an, diese Ungesetzlichkeit auf Befehl gedeckt zu haben, indem es seinerseits das Rechtsverbrechen beging, wissentlich einen Schuldigen freizusprechen.

Die Beleidigung des Kriegsgerichts war außerdem in zwei anderen Ausführungen des Briefes ›J'accuse‹ enthalten, die vom Kriegsminister in seiner Klageschrift angeführt wurden:

1. Ein Kriegsgericht hat es gerade gewagt, auf Befehl einen Esterhazy freizusprechen, und das ist die äußerste Beschimpfung aller Wahrheit und aller Gerechtigkeit. Es ist geschehen, und Frankreich hat auf seiner Wange das Schandmal. Und die Geschichte wird schreiben, daß unter Ihrer Präsidentschaft ein solches Verbrechen gegen die Gesellschaft begangen worden ist.
2. Sie haben diesen ungerechten Spruch gefällt, der für immer alle Kriegsgerichte belasten und alle ihre Urteile verdächtig machen wird. Das erste Kriegsgericht mag nicht intelligent gewesen sein, das zweite ist notwendigerweise verbrecherisch.

[81] Verkündigung des ›zerschmetternden Schuldbeweises‹

Zwischenfall während der zehnten Sitzung des Zola-Prozesses:

[De Pellieux:] Herr Präsident, ich bitte noch eine Aussage machen zu dürfen. Meine Herren Geschworenen, ich muß eine Bemerkung machen über das, was gerade geschehen ist. Bis jetzt haben wir uns sorgfältig in den Grenzen der Gesetzmäßigkeit gehalten. Wir haben in keiner Weise von der Affäre Dreyfus gesprochen, und ich will nicht von ihr reden. Aber ich möchte bemerken, daß die Verteidiger gerade in aller Öffentlichkeit eine Stelle des Berichts des Majors d'Ormescheville angeführt haben, der 1894 nur unter Ausschluß der Öffentlichkeit vorgelesen werden konnte. Ich verlange also, daß man mich sprechen läßt ... nicht über den Prozeß Dreyfus ... aber ich möchte das so bezeichnende Wort des Obersten Henry wiederholen: »Man will Klarheit, hier ist sie!«

Im Augenblick der Interpellation Castelin in der Kammer ist etwas geschehen, was ich nun bekanntmachen möchte. Bitte merken Sie sich, daß ich nicht von der Affäre Dreyfus spreche. Damals ist im Kriegsministerium der absolute Beweis der Schuld des Hauptmanns Dreyfus aufgetaucht, und diesen absoluten Beweis habe ich gesehen! In jenem Augenblick ist also ein Schriftstück im Kriegsministerium angekommen, dessen Ursprung unzweifelhaft ist. Ich will Ihnen sagen, was es ententhält: »Es wird eine Interpellation über den Fall Dreyfus geben. Reden Sie niemals von der Beziehung, die wir zu diesem Juden unterhalten haben.«

Und, meine Herren, diese Mitteilung ist unterzeichnet. Sie trägt keinen bekannten Namen, aber es gibt einen Hinweis in Form einer Visitenkarte, die auf der Rückseite ein gleichgültiges Rendezvous angibt, das mit einem Decknamen unterschrieben ist, der identisch ist mit der Unterschrift des Dokuments. Die Visitenkarte enthüllt den Namen des Schreibers.

Nun, meine Herren, man hat die Revision des Prozesses Dreyfus auf Umwegen zu erreichen versucht. Hier ist eine Tatsache, die ich Ihnen liefere. Ich bekräftige sie mit meinem Ehrenwort, und ich berufe mich auf den General de Boisdeffre, damit er meine Aussage bestätige. Das ist es, was ich zu sagen hatte. (Beifall).

[Labori:] Wir kommen weiter, wir kommen weiter ... Der General de Pellieux hat nicht von der Affäre Dreyfus gesprochen, er sprach von einer späteren Begebenheit. Es ist nicht möglich, daß die Tatsache, um die es sich dabei handelt, nicht erörtert wird, hier oder anderswo. Nach diesem Zwischenfall ist es sinnlos geworden, die Verhandlungen vor den Assisen zu begrenzen und einzuschränken. Möge der General de Pellieux mir erlauben, daß ich ihn sehr respektvoll darauf hinweise, daß kein Dokument, welcher Art auch immer, irgendeinen Wert besitzt ..., bevor es nicht zwischen den Parteien erörtert worden ist. Er möge mir erlauben hinzuzufügen, daß wir uns nun inmitten einer Angelegenheit befinden, welche die Ausmaße einer Staatsaffäre annimmt ...

Wie groß auch mein Respekt für das Soldatenwort des Generals de Pellieux ist, ich kann dem Schriftstück nicht die geringste Bedeutung geben. Solange wir es nicht kennen, solange wir es nicht geprüft haben, solange es unveröffentlicht ist, wird es kein Gewicht haben. Das sage ich im Namen des ewigen Rechts, im Namen der Grundsätze, welche die Welt seit Urzeiten geachtet hat, seitdem es eine Zivilisation gibt! (Sehr gut) ...

Ob Dreyfus schuldig oder unschuldig, ob Esterhazy schuldig oder unschuldig ist, das sind ohne Zweifel Fragen von höchster Bedeutung. Wir können in dieser Hinsicht Überzeugungen haben ... und ewig bei ihnen beharren, wenn die vollständige Aufklärung nicht stattfindet und die ganze Wahrheit nicht zum Vorschein kommt. Aber was unbedingt vermieden werden muß, das ist die Steigerung der Unruhe im Lande.

Nun, da der Ausschluß der Öffentlichkeit nicht mehr verlangt werden kann und die Gerichtsbeschlüsse kein Hindernis mehr bilden, haben wir ein Mittel, einen Teil der Wahrheit zu enthüllen. Denn, was sich auch immer ereignet, die Revision des Prozesses Dreyfus wird sich nicht mehr vermeiden lassen ...

Wenn Dreyfus schuldig ist und die Versicherung der Generale stimmt, deren guter Glaube mich erschüttert, wenn ihre Behauptung den Tatsachen entspricht und den rechtlichen Formen genügt, so werden sie den Beweis dafür in einem unparteiischen, regelrechten, eine vollständige Erörterung zulassenden Gerichtsverfahren erbringen. Wenn sie sich, im Gegenteil, getäuscht haben, so werden die anderen ihren Beweis antreten. Und, sehen Sie, wenn alles vollständig aufgeklärt ist und nichts mehr im Dunkel bleibt, wird es vielleicht in Frankreich einen oder zwei Schuldige geben, die verantwortlich sind für das ganze Übel. Ob sie nun von der einen oder der anderen Partei sind, man wird sie kennen, man wird sie anprangern. Und wir werden uns dann wieder ruhig an unsere Arbeit begeben ...

[Gonse:] Ich bestätige durchaus, was der General de Pellieux gesagt hat. Der General de Pellieux hat die Initiative ergriffen, und er hat gut daran getan. Ich würde an seiner Stelle ebenso gehandelt haben, um alle Zweideutigkeit zu vermeiden.

Die Armee fürchtet in keiner Weise das Licht, sie hat keinerlei Angst, um ihrer Ehre willen zu sagen, wo die Wahrheit ist. Aber es bedarf der Vorsicht, und ich glaube nicht, daß man hier in der Öffentlichkeit Dokumente dieser Art vorlegen kann, die da sind, die wirklich sind, die absolut sind ...

[De Pellieux:] Ich ersuche, daß man den General de Boisdeffre herbeiruft, damit er meine Worte bestätige.

[Präsident:] Wollen Sie ihm sagen lassen, daß er morgen kommen soll?

[De Pellieux, in den Zuschauerraum hineinrufend:] Major Ducassé, wollen Sie den General de Boisdeffre holen – mit dem Wagen, sofort!

[82] Die Kundgebung der militärischen Autorität vor den Geschworenen des Assisengerichts am 18. Februar 1898

Am andern Tage konnte der Genral de Boisdeffre seine angeblich nun erst reiflich überlegte und vom Kriegsminister gebilligte Erklärung vor dem Assisengericht abgeben, die darum nur um so grotesker, herausfordernder und um so mehr als eine Verhöhnung der Republik erschien. Er sagte:

Ich werde kurz sein. Ich bestätige in allen Punkten die Aussage des Generals de Pellieux, sowohl was ihre Richtigkeit wie die Echtheit (des mitgeteilten Dokuments) angeht. Ich kann nicht ein Wort mehr dazu sagen. Ich habe nicht das Recht, und ich wiederhole es, meine Herren Geschworenen, ich habe nicht das Recht. Und nun, meine Herren, gestatten Sie mir, Ihnen zum Schluß eine Sache zu sagen. Sie sind die Geschworenen, Sie sind die Nation; wenn die Nation kein Vertrauen zu den Chefs ihrer Armee hat, zu denjenigen, welche die Verantwortung für die nationale Verteidigung haben, so sind sie bereit, die schwere Last andern abzugeben, Sie brauchen nur zu sprechen. Ich werde nicht ein Wort mehr sagen.

Herr Präsident, ich bitte um die Erlaubnis, mich zurückzuziehen.

[Präsident:] Sie können sich zurückziehen, Herr General. (Zum Gerichtsdiener:) Lassen Sie den nächsten Zeugen kommen!

[Labori:] Verzeihung, Herr Präsident, was mich betrifft, so habe ich Fragen zu stellen. (Murren und Beifall.)

[Präsident:] Sie haben nicht das Wort. Der Zwischenfall ist erledigt.

[83] »Nur gutgläubige Soldaten«

Der Staatsanwalt verlangt Zolas Bestrafung

Aus der Replik des Staatsanwalts auf das Plädoyer Laboris:

Hat das Kriegsgericht von 1898 auf Befehl geurteilt und gegen seine Überzeugung? Ist es verbrecherisch? Hat es eine ungerechte Entscheidung gefällt, die auf alle künftigen Kriegsgerichte einen Schatten wirft? Hat es auf Befehl das Rechtsverbrechen begangen, einen Schuldigen wissentlich freizusprechen? Hat man ihm diese ungeheure Beleidigung in der lärmenden Weise und mit der erbitterten Nachdrücklichkeit zugefügt, die auch in diesen übermäßig ausgedehnten Verhandlungen zum Vorschein gekommen ist? Man hat nicht einmal versucht, die üble Nachrede zu beweisen, weil sie sich nicht einen Augenblick aufrechterhalten ließ. (Beifall bei den Zuhörern.)

... Und wir erleben hier seit zwei Tagen das unbegreifliche Schauspiel, daß man, um sich nicht ganz unmöglich zu machen, nun gezwungen ist, zu sagen, daß es nur gutgläubige Soldaten, einen gutgläubigen Generalstab, nur brave Soldaten und ehrenhafte Generale gibt, daß alle Generale guten Glaubens sind. Ich habe das Recht, dieses Geständnis ausdrücklich festzustellen und Ihnen zu sagen: ich verlange auf das entschiedenste ein gerechtes Urteil über dieses widerspruchsvolle Verhalten und die Verurteilung des revolutionären Akts, der nichts anderes als ein Mittel der Zerstörung ist. Es ist notwendig, daß die Sühne der Schwere der Beleidigung entspricht.

... Ich habe es Ihnen bereits gesagt. Wollen Sie, daß ich noch einen überzeugenden Beweis bringe? Er hat sich in den Verhandlungen selber ergeben. Die Verleumder sind gezwungen, sich hinter der Armee zu verstecken und zu rufen: »Es lebe die Armee!« (Bravorufe und langanhaltender Beifall. Rufe »Es lebe die Armee!«).

[84] »Gutgläubige, leichtgläubige Soldaten«, sagt der Verteidiger Zolas

Die These der Dreyfusisten hat Labori in seinem Plädoyer in dieser Form vorgetragen:

Ein Justizirrtum ist begangen worden. Dieser Irrtum wurde verursacht durch die Sorglosigkeit oder durch die Leichtgläubigkeit von wenigen – keineswegs durch einen schlechten Willen oder durch ein Verbrechen, das hat Zola nie behauptet –, und der Irrtum wurde verstärkt durch den Mangel an gutem Willen und die Blindheit von einigen anderen. Der Justizirrtum wurde auch verteidigt von den Ansprüchen des Korpsgeistes und besiegelt durch eine Gesetzesverletzung, das wissen Sie . . .

Die Psychologie Zolas war naiv; sein Verteidiger Labori war auf diesem Gebiet, wenn möglich, noch naiver. Von Mercier, dem für den Anschlag auf Dreyfus verantwortlichen Kriegsminister, sagte er:

Ein Mann ganz allein – er mag ein tapferer Soldat sein, und ich muß sagen, das ist der Eindruck, den er hier auf mich gemacht hat – ein einziger Mann, ich spreche vom General Mercier . . . hat alles auf sich genommen. An Stelle der fehlenden Beweise setzt er seinen persönlichen Eindruck, einen Eindruck, der auf was beruht? Auf einer naiven Leichtgläubigkeit, ja, Sie sehen, auf einer unfaßbaren Leichtgläubigkeit, was die Methoden der Untersuchung angeht, Methoden, die zwar aus einer ehrlichen Überzeugung, wie ich glauben will, hervorgingen, die aber, man erlaube mir das Wort, einer kindischen Phantasie, um nicht zu sagen einer krankhaften Phantasie entsprangen, von der die Untergebenen manche Probe abgelegt haben . . .

[85] Ausnahmegesetze gegen die Dreyfusisten

Der Ministerpräsident Méline sprach am 24. Februar 1898 vor der Kammer von Agitatoren, welche den inneren Frieden des Landes störten und gegen die man unter Umständen außerordentliche Maßnahmen ergreifen müßte:

Wir sind der Ansicht, daß von nun an alle diejenigen, die den Kampf hartnäckig fortsetzen, sich nicht mehr auf ihren guten Glauben berufen können. Sie würden mit vollem Bewußtsein den inneren Frieden des Landes stören, sie würden mit vollem Bewußtsein uns außenpolitische Schwierigkeiten bereiten. Wir werden gegen sie die ganze Strenge der Gesetze anwenden, und wenn die Waffen, die wir in Händen haben, nicht genügen, so werden wir von Ihnen andere verlangen.

Die Sprache der Nationalisten in der Kammer war noch brutaler; als ein Beispiel sei hier ein Antrag angeführt, der damals von einigen Abgeordneten gestellt wurde:

Die Kammer fordert die Regierung auf, mit Energie die abscheuliche Kampagne zu unterdrücken, die ein kosmopolitisches Syndikat mit dem Gelde des Auslandes unternommen hat, um den Verräter Dreyfus zu rehabilitieren, der einstimmig auf Grund der Aussagen von siebenundzwanzig französischen Offizieren verurteilt wurde und sein Verbrechen eingestanden hat.

[86] Diplomaten protestieren gegen die ›Fälschung Henry‹

In dem Brief des Grafen Tornielli vom 15. Januar 1898 an den Außenminister Hanotaux heißt es:

Ich nehme zum Anlaß meiner Ausführungen, was in einem offiziellen gerichtlichen Dokument in den letzten Tagen veröffentlicht worden ist. Auch wiederholen die meisten Zeitungen die Erzählungen von den Briefen, die der Oberst Panizzardi, Militärattaché der Königlichen Botschaft Italiens, mit einem seiner ausländischen Kollegen bezüglich des früheren Hauptmanns Dreyfus ausgetauscht hätte.

Die Sorge um die freundschaftliche Entwicklung der Beziehungen unserer beiden Länder hat mich bereits veranlaßt, Euer Exzellenz zweimal mit diesem Gegenstand zu befassen. Am 27. November vorigen Jahres habe ich Ihnen eine verbindliche und ausdrückliche Erklärung des Obersten Panizzardi vorgelegt, die diesen Erzählungen unbedingt widerspricht. Ich hatte dann Gelegenheit, Euer Exzellenz zu bitten, sich davon Rechenschaft geben zu wollen, daß diese Erzählungen nicht undementiert bleiben könnten, denn nicht allein die korrekte Haltung des Militärattachés, sondern sogar seine persönliche Rechtschaffenheit wären sonst in Gefahr, angegriffen zu werden.

Aus diesem Grunde und in demselben freundlichen Geiste denke ich, daß es nicht überflüssig ist, wenn ich Euer Exzellenz nochmals erkläre, daß der Oberst Panizzardi niemals, weder mittelbar noch unmittelbar, weder von nah noch von fern Beziehungen zu Alfred Dreyfus gehabt hat, dessen Existenz er ausschließlich durch den Prozeß, von dem alle Welt weiß, kennengelernt hat.

[87] Panizzardi schreibt Schwartzkoppen: »Was zwischen Ihnen und Esterhazy war . . .«

In einem Brief vom 8. Dezember 1897 heißt es:

Was die bewußte Affäre angeht, so haben Sie gesehen, welche Wendung sie genommen hat. Was ich nicht begreife, ist, warum E. (Esterhazy) es nötig hatte, zu seiner Verteidigung mich mit hineinzuziehen, der ich ihm nichts getan habe und der ich ihn nicht einmal kenne . . . Es sind vertrauliche Briefe, die Sie in der Tasche Ihrer Kleidungsstücke gelassen haben und die man nachher mit apokryphen Nachschriften gefälscht hat. Wenn Charles morgens fortging, um die Zeitungen zu holen, kam die Portiersfrau herauf, durchstöberte Ihre Taschen und nahm Ihre Briefe an sich. Das weiß ich ganz genau. Es ist überflüssig, jetzt noch auf diese Sache zurückzukommen, aber es ist auch sehr bedauerlich, denken zu können, daß man sich gefälschter Briefe bedient, um einen Unschuldigen zu verurteilen, und alles dies, weil man diese Papiere nicht verbrannt hat. Man weiß nicht, wie dies alles noch enden soll, und kann nicht einmal Mutmaßungen darüber anstellen, denn die öffentliche Meinung ist derartig erregt, daß sie imstande ist, aufsässig zu werden, und so kann es dahin kommen, daß man den Prozeß wird revidieren wollen. Ich habe viel Schwierigkeiten damit gehabt, Sie zu verteidigen, aber das war meine Pflicht als Freund. Man darf aber nicht annehmen, daß man hier (in Paris) von nichts weiß. Das Syndikat Scheurer-Kestner hat nach allen Seiten Mitteilungen gemacht, und jetzt wissen viele Personen alles, was zwischen Ihnen und E. vorgefallen ist. Aber da man lebhaft wünscht, die Verurteilung des Dreyfus bestätigt zu sehen, hält sich alle Welt zurück. Das hindert nicht, daß von Zeit zu Zeit irgend jemand seine Meinung äußert und erkennen läßt, wie gut er unterrichtet ist, woraus dann wieder hervorgeht, daß das Syndikat gesprochen hat . . . Ich bin sehr erregt; ich habe einen Urlaub nötig, den ich erst beim Abschluß dieser ganzen Affäre werde nehmen können.

In Panizzardis Brief vom 22. Februar 1898, vier Tage nach dem grotesken Auftreten Boisdeffres vor der Jury des Assisengerichts, lesen wir:

. . . die Regierungen, wir, unsere Botschafter haben ihr Wort dafür gegeben, daß Dreyfus uns durchaus nichts anginge; trotzdem hat der Chef des Generalstabes, Boisdeffre, den Mut gehabt, trotz allem vor dem Gerichtshof zu sagen, daß man den Beweis für die Schuld des Dre. zwei Jahre nach seiner Verurteilung durch einen Brief erhalten habe...

Allerdings hat er die Sorgfalt geübt, unsere Namen nicht zu nennen und auf uns nicht näher anzuspielen, aber alle Welt weiß, daß es sich um uns beide handelt. Hätte er lediglich behauptet, daß dieser Brief existiert, so wäre nichts Übles dabei, denn man kann sich immer irgendein beliebiges Dokument fabrizieren lassen, aber er hat sein Wort gegeben und auf die Authentizität dieses Briefes geschworen, als wenn er es gewesen wäre, der ihn bei mir oder bei Ihnen beschlagnahmt hätte. Auf diese Weise hat er nicht nur die Erklärungen unserer Regierungen und unsere eigenen desavouiert, sondern uns in der Rolle von Ehrlosen, ja von Lügnern erscheinen lassen.

Alles dies wird Ihnen vielleicht als unwichtig erscheinen! Zu meinem Bedauern muß ich Ihnen sagen, daß ich in bezug auf diesen Punkt nicht nur nicht Ihrer Meinung bin, sondern daß ich die Überzeugung habe, daß man etwas tun müßte. Aber gegenwärtig handelt es sich nicht mehr darum, einen zu retten, um den wahren Schuldigen verurteilen zu lassen, es handelt sich vielmehr darum, unsere Würde zu wahren und zu gleicher Zeit diesem Herrn Boisdeffre eine Lektion zu erteilen, ihn auf seinen Platz zurückzuweisen und die Welt und vor allem die Franzosen erkennen zu lassen, in welchem Maße dieser Mann lügt, denn in diesem Punkte glaube ich nicht mehr an seinen guten Glauben. Er weiß alles, alles, und in Spekulation auf die uns obliegende Schweigepflicht richtet er die schärfsten Angriffe gegen uns, indem er öffentlich sagt, er besitze ein Dokument, obwohl er selbst weiß, daß es falsch ist...

Nun könnten Sie sagen, daß die anderen nichts wüßten. Man könnte auch sagen, daß, seit Sie uns verlassen haben, Sie keine Zeitung mehr lesen. Es gibt nicht einen einzigen Menschen, der an Esterhazys Unschuld glaubt...

Fünftes Kapitel: Cavaignac

Die Pyrrhus-Schlacht

Im Mai 1898 wurde eine neue Kammer gewählt. Die Rechtsparteien verloren beträchtlich. Aus der Affäre konnten sie keinen Nutzen ziehen, weil noch alle Parteien gegen die Revision des Prozesses Dreyfus waren. Die beiden Abgeordneten, die sich öffentlich zugunsten des jüdischen Hauptmanns hervorgewagt hatten, Jean Jaurés und Joseph Reinach, wurden nicht wiedergewählt. Dagegen triumphierte der Antisemitenführer Edouard Drumont in Algier zum ersten Male in einer Wahl.

Am 15. Juni 1898 trat die Regierung Méline zurück, die sechsundzwanzig Monate gedauert hatte. Die neue Regierung mit Henri Brisson als Ministerpräsidenten gab das Prinzip des passiven Widerstands auf, das ihre Vorgängerin gegenüber den Dreyfusisten angewandt hatte, und es schien, als ob sie auf gewalttätige Weise die Affäre aus der Welt schaffen wollte. Diese nationalistische Offensive wurde von dem neuen Kriegsminister Godefroy Cavaignac, einem Radikalen, unternommen. Als Träger eines berühmten republikanischen Namens – er war der vierte Cavaignac, der mit Eifer und Talent die Ideale der großen Revolution hochhielt – genoß er großes Ansehen. Er war noch verhältnismäßig jung, fünfundvierzig Jahre alt; seine bewährte Prinzipientreue hatte ihm den Ruf eines neuen Robespierre geschaffen. Sein jakobinischer Patriotismus trieb ihn in das Lager der Nationalisten. Mit Mercier war er befreundet und verwandt mit du Paty de Clam.

Seine Rolle in dem Streit, die nun erst beginnt, ist die eines Fanatikers. Leidenschaft und Selbstherrlichkeit machten ihn gewalttätig. Solange er die Machtmittel eines Ministers besaß, nützte er sie aufs äußerste aus, um die Affäre im nationalistischen Sinne zu bereinigen, und es ist sicher, daß er sich dabei durch keine Rücksichten auf Recht, Gesetz und Moral einschränken ließ. Er wünschte Ausnahmegesetze gegen die Dreyfusisten und würde eine Schreckensherrschaft ausgeübt haben, wenn er nicht bereits in seinen ersten Unternehmungen gescheitert wäre.

Fanatisch, überheblich, rücksichtslos – so erscheint sein politischer Charakter. Offenbar war er einer Staatsräson verschrieben, die in seinen Augen die verwerflichsten Handlungen rechtfertigte. Aber die allgemeine Überzeugung von seinem unbestechlichen, makellosen Charakter war unerschütterlich, und niemand traute ihm finstere Machenschaften zu. Er täuschte die Mit- und die Nachwelt. Den katastrophalen Fehlschlag seines Versuchs, die Affäre mit einem vollständigen Siege der Nationalisten zu beenden, erklärt Joseph Reinach aus der Narrheit und aus der Beschränktheit. Aber Cavaignac hatte einen außerordentlichen Verstand und große Fähigkeiten. Es ist immer dieselbe falsche Psychologie, die den Dreyfusisten dient, den Dingen nicht auf den Grund zu gehen. Im ›J'accuse‹ ist sie wie ein dicker Mörtel, der die ungeformten, sich nicht zusammenfügenden Steine verbindet.

Die große Rede Cavaignacs vor der Kammer am 7. Juli 1898 war der für einen Augenblick erfolgreiche Versuch, die Abgeordneten durch Terror gefügig zu machen und den Dreyfusismus zu unterwerfen. Die Erstickung der Bewegung für die Revision durch Ausnahmegesetze wurde als letzter Ausweg und möglicher nächster Schritt angekündigt und festgestellt, daß die Aufregung im Lande den »Notstand« rechtfertigte. Diese Drohung, die demokratischen Freiheiten aufzuheben, sollte eine andere Form der Gewalttätigkeit, das Diktat des nationalistischen Dogmas, als das kleinere Übel annehmbar machen. Und die Erpressung gelang in der Kammer dank der Feigheit der republikanischen Parteien.

Sicherlich erschien Cavaignac aufrichtig und ehrlich überzeugt. Aber der Erfolg der Maske hätte nicht dauern dürfen, denn die Tatsachen bewiesen den Zynismus und die Heuchelei, die dem Typus des Jakobiners nicht fremd sind.

Von Esterhazy haben wir ein stark karikiertes Porträt Cavaignacs, das ein Klassenkamerad der Ecole Polytechnique von ihm gegeben hat: »Ein Esel mit der Miene eines Tugendbolds, der seinen Eigensinn für Energie hält, ein Sektierer aus Karton, voller Ehrgeiz und Mißgunst, ein Schwächling, der bei der ersten Gelegenheit den Kopf verliert.« Esterhazy meinte, daß dieser »Hanswurst-Robespierre« den General Billot schmerzlich vermissen lassen würde.

Cavaignac hatte einen Plan, aber es war nicht seine Gabe,

das Maß der Dinge zu nehmen. Er übernahm das Kriegsministerium, als das unförmige Gebäude der falschen Anklage vor dem Einsturz stand. Doktrinär, wie er war, wollte er durch ein neues System der Anklage das Schicksal wenden. Er war verführt von der schönen Verkettung seiner Argumente und ihrer scheinbaren Unwiderleglichkeit, aber er vertraute in Wahrheit nur auf die Macht der nationalistischen Demagogie, deren Leidenschaften ihm wie ein Hauch der großen Revolution erschienen. Die Lage verlangte nach einem Diktator, glaubte er, und diese Rolle begann er nicht ohne Talent zu spielen. Er sagte der Kammer:

»... Vielleicht hätte die Regierung hier ihren festen Willen bekunden sollen, nicht vor der entschlossensten Unterdrückung zurückzuweichen, um die Achtung vor der abgeurteilten Sache zu sichern. Ich denke, daß die öffentliche Meinung gegenwärtig derartig von der Notwendigkeit durchdrungen ist, die wesentliche Voraussetzung der Sicherheit und der Ruhe der Nation zu schützen, daß sie mit der Unterdrückung zufrieden wäre. Morgen könnte das unsere Aufgabe sein, doch meinen wir, daß wir heute etwas anderes zu tun haben. Wir haben zunächst die Pflicht, der Kammer und dem Lande mitzuteilen, was wir von der Wahrheit enthüllen können.«

Aber diese Wahrheit ist die alte, die kaum vor fünf Monaten die Generale de Pellieux und de Boisdeffre »der Nation«, vertreten durch die Geschworenen des Assisengerichts, kundgegeben hatten, ohne andere Wirkungen als Rückschläge zu erzielen. Personen, die es ohne Zweifel wissen mußten, bestätigten, daß die Wunderwaffe als Fälschung erkannt war. Unmöglich konnte ein ehrlicher Verstand das Machwerk nicht verdächtigen. Wenn es Cavaignac trotzdem benutzte, zeigte er, daß er sich im Besitze der Macht glaubte, jedes Dogma, ob Lüge oder Wahrheit, aufzuzwingen.

Sein System der Beschuldigung des Hauptmanns Dreyfus war selbstverständlich und unvermeidlich eine bewußte Irreführung. Das ist unwiderleglich bewiesen durch die spätere vorgetäuschte Entdeckung der Fälschung. Als er sich einen Monat nach seiner Kammerrede vor die Notwendigkeit gestellt sah, den Eckstein seines Systems preiszugeben, blieb seine »Überzeugung« selbstverständlich unerschüttert, weil sie eine vom politischen Zweck diktierte Lüge ohne jede Beziehung zur Wirklichkeit war.

Irgendwelchen guten Glauben Cavaignac zuzubilligen ist

unmöglich, und es ist schwer, ihn gegen den Vorwurf zu verteidigen, einen Narrenstreich verübt zu haben, als er ein bereits erkanntes Machwerk zum Kernstück seiner »Wahrheit« machte. In der Logik der falschen Anklage war aber die hartnäckige Durchsetzung und Behauptung dieses fundamentalen, unentbehrlichen »Beweisstücks« beinahe ein Zwang, und schließlich hatte man ja nie etwas anderes getan, als mit Gewalt das Falsche zur Anerkennung zu bringen; es wird auch nie etwas anderes getan werden. Cavaignac traf nur das Mißgeschick, selber den katastrophalen Zusammenbruch seines Systems herbeiführen zu müssen, um eine weit größere Katastrophe für die Verschwörung zu vermeiden. Mancherlei spricht dafür, daß er die falsche Anklage und ihre hauptsächlichen Urheber vor der Entdeckung rettete, indem er die Stabsoffiziere, welche die von den Generalen gewünschten Schandtaten ausgeführt hatten, wie einen Überschuß an Ballast über Bord warf.

In seiner Rede vor der Kammer zerschnitt er schon das Band zwischen dem unmöglichen Esterhazy und dessen Beschützern im Generalstab. Das geschah in einem Nebensatz. Er sagte: »Die ehrenhaften Männer, die das erste Kriegsgericht bildeten, haben nach bestem Gewissen und ohne Leidenschaft geurteilt. Man hat versucht, ihr Urteil zu entkräften, indem man an Stelle von Dreyfus einen Offizier setzte, der morgen disziplinarisch bestraft werden wird, wie er es verdient. Die Richter des zweiten Kriegsgerichts haben sich nach bestem Gewissen die Meinung gebildet, daß man ihnen nicht den Beweis des Verbrechens vorlegte, dessen dieser Offizier beschuldigt wurde und das übrigens Dreyfus nicht entlastet hätte.«

Die Stimmung des Landes erlaubte es dem Kriegsminister, nach Belieben zu fabulieren. Esterhazy ist nun plötzlich nicht mehr das unschuldige Opfer der Juden, sondern ihr Werkzeug und der Komplice des »Verräters«. Der gute Einfall entlastet die falsche Anklage vom Bordereau und machte es belanglos, ob es von Dreyfus, von Esterhazy oder von beiden geschrieben wurde. Das Corpus delicti spielt keine Rolle mehr. Cavaignac erwähnt es nicht einmal unter seinen Schuldbeweisen. Aber Dreyfus bleibt um so mehr verurteilt.

Unter den etwa tausend Stücken der Korrespondenz zwischen den beiden Militärattachés, die das Nachrichtenbüro besaß, wählte Cavaignac nur drei aus. Abgesehen von dem

»zerschmetternden Beweisstück« und dem stark verbrauchten Brief ›Ce canaille de D....‹, das der Generalstab Esterhazy als Erpressungsmittel gegen den Präsidenten der Republik zur Verfügung gestellt hatte, gab es noch eine Mitteilung Schwartzkoppens an Panizzardi, nach der ein Agent, bezeichnet mit der Initiale D., »viele sehr interessante Sachen« gebracht hätte. Für Cavaignac bestand kein Zweifel, daß D. immer Dreyfus bedeutete. Aber nach einigen Jahren wird man festgestellt haben, daß dieses D. ein beinahe ausgelöschtes originales P bedeckt. So ist also das dokumentarische Fundament der »Wahrheit« beschaffen, die der Kriegsminister der Kammer und dem Lande zu schulden glaubt.

Doch gibt es noch einen weiteren Schuldbeweis, der für einige der Ankläger nach dem Eingeständnis der ›Fälschung Henry‹ als der nunmehr »zerschmetternde« an erster Stelle stehen wird. Es handelt sich um das sogenannte Geständnis des Hauptmanns Dreyfus, das er dem Hauptmann der Gendarmerie Lebrun-Renault gegenüber abgelegt hätte, als er seine öffentliche Degradation erwartete. Unter keinen Umständen darf aber von einem Geständnis gesprochen werden, da Lebrun-Renault selbst nur einen Halbsatz aus einem Monolog wiedergab, der als eine Selbstbeschuldigung ausgelegt werden konnte. Dreyfus soll gesagt haben: »Wenn ich Dokumente geliefert habe ...«. In keinem gleichzeitigen offiziellen Bericht hat dieser angebliche Zwischenfall einen Niederschlag gefunden, obwohl das pflichtwidrige Gerede des Gendarmeriehauptmanns eine gewisse Bewegung hervorrief, die auch in Zeitungen eine Spur hinterließ. Der Sache lag nur ein wenig Schwatzhaftigkeit zugrunde. Der Offizier wurde auch deshalb von dem Präsidenten der Republik Casimir-Perier persönlich gerügt.

Dreyfus selber hat vor dem Kriegsgericht in Rennes diesen lächerlichen »Schuldbeweis« zurückgewiesen. Er sagte zu dem präsidierenden Offizier:

»Erlauben Sie, Herr Oberst, daß ich meiner Erschütterung Ausdruck gebe. Heute, nach fünf Jahren, sehe ich, daß man meine Worte den Vorgesetzten gegenüber entstellt hat, weil man sie nicht begriff. Sie enthielten am Anfang eine Beteuerung der Unschuld und am Ende eine Beteuerung der Unschuld. Man hat es nicht für nötig gehalten, von mir eine klare und freimütige Erklärung zu verlangen. Das ist ein Verhalten, über das sich alle ehrlichen Menschen nur entrüsten können.«

In Rennes bezeugten auch der Hauptmann Lebrun-Renault, der das Gerücht von dem Geständnis verursacht hatte, und der Major Forzinetti die Nichtigkeit des »Geständnisses«:

Major Forzinetti: »Im November 1897 habe ich den Hauptmann Lebrun-Renault getroffen. Ich fragte ihn, ob es richtig sei, daß Dreyfus ihm gestanden hätte. Er sagte mir, daß dieser niemals ein Geständnis abgelegt habe, sondern im Gegenteil seine Unschuld beteuert habe.

Er sagte mir ausdrücklich: ›Niemals hat Dreyfus mir ein Geständnis gemacht. Ich hatte sogar großen Ärger, weil ich zum Kriegsministerium und zur Residenz des Präsidenten befohlen wurde, wo ich gesagt habe, daß Dreyfus vor mir kein Geständnis abgelegt hat.‹«

Hauptmann Lebrun-Renault: »Die Erklärung des Majors Forzinetti ist richtig. Ich habe ihm in der Tat gesagt: ›Ich weiß nichts, ich kann Ihnen nicht sagen, ob Dreyfus Geständnisse abgelegt hat.‹«

Im Januar 1895 wußte niemand besser als der Kriegsminister Mercier, daß es kein Geständnis geben konnte, und er bekümmerte sich auch in keiner Weise um das Gerücht, das Lebrun-Renault verursacht hatte. Man muß sich vorstellen, was eine wirkliche Bereitschaft zu gestehen in einem Falle des echten Verrats bedeutet. Eine überaus wertvolle Quelle von Mitteilungen und Aufklärungen wäre zu erschließen gewesen. Der Kriegsminister, der Generalstab und das Nachrichtenbüro würden in große Bewegung geraten sein – in der Erwartung des kommenden, vielleicht vollständigen und aufschlußreichen Geständnisses, da man von Dreyfus als Verräter gar nichts wußte und ihm nicht einmal einen Beweggrund des Verrats unterstellen konnte.

Nehmen wir einen Augenblick an, Dreyfus sei ein Verräter gewesen und habe den Halbsatz gesprochen, den Lebrun-Renault gehört haben wollte, so wäre das vielleicht der Anfang oder die Ankündigung eines Geständnisses gewesen, aber unter keinen Umständen das Geständnis selber. Der Kriegsminister hätte sich der gröbsten Pflichtverletzung schuldig gemacht, eine für die Landesverteidigung so wichtige Gelegenheit versäumt zu haben. Aber es gab keine gleichzeitige amtliche Bekundung des Vorfalls, was ein positiver und schlüssiger Beweis seiner Nichtigkeit ist.

Der Historiker, für den der Angeklagte der Ankläger und die Ankläger die Angeklagten sind, stellt sich die Frage, welches Gewicht die »Schuldbeweise« Cavaignacs gegen ihn selber haben. Seine vorgetäuschte »unerschütterliche Überzeugung« beruht auf zwei Fälschungen, einem unzweifelhaft falsch gedeuteten Dokument und einem fabulierten »Geständnis«, das nicht einmal, wenn es ernst genommen werden könnte, irgendwelche Bedeutung haben würde. Der vernichtende Widerspruch zwischen der apodiktischen Behauptung der Schuld und ihren falschen Beweisen macht den Willen zur Täuschung unzweifelhaft.

Die Rede Cavaignas war ein Meisterstück diabolischer Geschicklichkeit und Betörungskunst. Sie war eines großen Bösewichts von der Art gewisser Gestalten Shakespeares würdig. Reinachs Versuch ist kindisch, den guten Glauben Cavaignacs zu retten, indem er ihn für dumm erklärt.

Die Wirkung der Rede entsprach ihrer meisterlichen Vollendung. Die Kammer war terrorisiert; fast einstimmig beschloß sie den öffentlichen Anschlag der Rede an den 26000 Rathäusern Frankreichs. Die Tapfersten enthielten sich der Stimme: fünfzehn Sozialisten und Méline, der Präsident des abgetretenen Ministeriums. Dieser wußte, daß die ungeheure Seifenblase bald platzen werde. Nicht ein einziger Abgeordneter wagte es, seine Stimme gegen Cavaignac abzugeben.

Die Parteien und die Nation

So vollständig der Erfolg Cavaignacs in der Kammer war, so kurz dauerte er. Die zivile Gewalttätigkeit vor dem Parlament war nicht »überzeugender« als die militärische vor dem Assisengericht. Niemand von den Dreyfusisten wurde »bekehrt«, aber alle fühlten sich gestärkt, weil die Ankläger des Hauptmanns Dreyfus offensichtlich nichts anderes vorzuweisen hatten als Fälschungen. In dem leidenschaftlichen Streit, der nicht einfach eine Meinungsverschiedenheit bezüglich einer bestimmten Frage bedeutete, sondern durch einen Gegensatz des »Glaubens« unbedingt unversöhnlich war, gab es zwischen den Parteien ein vollständiges Mißverständnis und keine gemeinsame Sprache. Jede Partei hatte ihre eigenen Kategorien des Denkens, die unanwendbar waren auf den Feind. Die Dreyfusisten mit ihrem Glauben an die Gerechtigkeit und Wahrheit ihrer Sache setzten bei ihren Gegnern, verblendet wie sie ihnen erschienen, einen entsprechenden Glauben an die Schuld des Hauptmanns und an die Gerechtigkeit seiner Verurteilung voraus.

Die Nationalisten dachten aber nicht an die Wahrheit und die Gerechtigkeit ihrer Sache, der sie zum Siege verhelfen müßten, sondern an eine autoritäre politische Ordnung, die der Anarchie der parlamentarischen Republik ein Ende machen sollte. In ihren Augen waren die Dreyfusisten »Anarchisten«, d. h. Zerstörer der Gesellschaft und der Nation, weil sie die Armee angriffen, indem sie die Verurteilung des Hauptmanns Dreyfus nicht gelten ließen. Die Armee war für sie nicht nur die bewaffnete Macht des Vaterlandes, sondern auch das Vorbild einer besseren, einer autoritären Ordnung. Der Streit um die Schuld oder Unschuld des Hauptmanns bedeutete ihnen ein Vorwand oder eine gute Gelegenheit, einen politischen Umsturz herbeizuführen, solange sie sich vor der öffentlichen Meinung als die Sieger fühlen durften. In den zeitgeschichtlichen Romanen, die Anatole France während der Affäre schrieb, ist das nationalistische Denken gründlich und trotz aller Ironie nicht ohne Einfühlung analysiert.

Das gegenseitige Unverständnis erklärt, warum z. B. die Dreyfusisten ihre Feinde hartnäckig harmloser sahen, als sie waren. Es ist so, als ob sie vor der Wahrheit zurückschreckten, auch wenn sie beinahe offensichtlich war. Die beste Tarnung der falschen Anklage ist es gewesen, daß die Dreyfusisten sie unter keinen Umständen wahrhaben wollten. Die Nationalisten dagegen hielten die Dreyfusisten für die Mitglieder eines »internationalen Syndikats« mit geheimnisvollen revolutionären Zielen, weil das ihren Vorstellungen von einer wirksamen politischen Aktion entsprach. International und jüdisch waren für sie synonym.

Die Nationalisten besaßen eine politische Sprache; sie verstanden es, alle ihre besonderen Interessen in Beziehung zu setzen zur Nation. Die ursprünglichen Dreyfusisten waren eher eine Sekte, welche die Grundsätze einer individuellen Moral gegen die Staatsräson ausspielte. Ihre menschlich-persönliche Sprache wurde in der ganzen Welt ohne weiteres von denen verstanden, deren Dasein und deren Interessen nicht im Kampfbereich lagen. Es ist ein wesentlicher Unterschied, ob man über eine Angelegenheit liest oder an ihr beteiligt ist. Im ersten Falle urteilt die Vernunft, im anderen Falle wird die Stellungnahme bestimmt von dem Lebenskreis, in dem man sich befindet.

Man kann der Frage nicht ausweichen, warum das Gefühl des Volkes einen so großen Unterschied machte, was die »Legitimität« der beiden Parteien des Bürgerkriegs anging. Unter »Legitimität« verstehen wir hier natürlich nichts Formales, sondern die innere Berechtigung einer Sache. Die Streitfrage der Schuld oder Unschuld des Hauptmanns war eher der Anlaß als der Grund des kalten Bürgerkrieges. Das Bekenntnis zu der einen oder der anderen These war nur der unvollständige Ausdruck eines tieferen Bewußtseins. Nicht wenige von denen, die sich für Dreyfus einsetzten, fühlten eine beträchtliche Unsicherheit, was ihre Parteinahme anging. Aber nicht einer von diesen Dreyfusisten »mit dem schlechten Gewissen« hatte den schwächsten Zweifel an der Unschuld des Hauptmanns; ja, so muß man sich fragen, wer von seinen Verfolgern und Feinden glaubte ernsthaft an seinen Verrat! Offenbar hatte die Unsicherheit in der Vertretung der guten Sache keinen Zusammenhang mit der Schuldfrage, sondern kam von der falschen Einordnung der dreyfusistischen Sache in die Politik.

Auf den ersten Blick erscheint es widersinnig, daß unter denjenigen, die für Recht und Gesetz eintraten, die moralische Einschüchterung durch den Gegner und die Schwäche des Selbstbewußtseins ihr Verhalten in einem hohen Maße bestimmten. Bei den Parteigängern des Generalstabs, die ein Verbrechen zu ihrer Sache gemacht hatten, gab es dagegen keinerlei moralische Bedenken, keinerlei Zweifel an der Richtigkeit ihres Handelns, nicht einmal Hemmungen. Das schlechte Gewissen der Vorkämpfer für die Gerechtigkeit und das gute Gewissen derer, die sich zu Mitschuldigen einer Schandtat machten, wären unerklärlich und müßten zum schwärzesten Pessimismus bezüglich der menschlichen Natur führen, wenn es sich nur um das Schicksal des jüdischen Offiziers gehandelt hätte.

Was aber lag dieser höchst sonderbaren und wichtigen Erscheinung zugrunde? Die beiden Parteien bildeten sich auf eine Weise, daß die eine die Interessen des Vaterlandes zu verkörpern schien, während die andere »dagegen« die persönliche Moral und die Rettung eines einzelnen ausspielte. Diese Art der Kristallisation der Vorstellungen ist verursacht worden durch den Geist, in dem die Dreyfusisten ihren politischen Kampf eröffneten. Ihre schlechte politische Philosophie machte es ihnen zu einem inneren Zwang, das Individuum dem Staat entgegenzusetzen, so wie es seitdem in allen Kämpfen der Demokratie gegen die autoritären Systeme geschehen ist.

Der Verlauf der Affäre Dreyfus beweist nun, daß dieses Prinzip nicht nur vom Volke abgelehnt wird, sondern sogar bei denen, die es vertreten, nicht das Kernstück einer tieferen Überzeugung ist, denn wie hätten sie sonst ein »schlechtes Gewissen«, d.h. eine heimliche moralische Unsicherheit haben können!

»Schöne Ideen« vermögen zwar kürzere oder längere Zeit den natürlichen Sinn des Volkes für seine Interessen zu beirren, aber in einer Krise werden die unmittelbaren Bedürfnisse und Notwendigkeiten alle Idole über den Haufen werfen. Dann gilt das Individuum nur wenig gegenüber den großen allgemeinen Interessen, denn die Gemeinschaft will den Daseinskampf bestehen und fortleben.

In der großen Krise Frankreichs haben die Dreyfusisten, beherrscht von ihren individualistischen Vorstellungen, ein falsches politisches Ziel aufgestellt. Von welchem Standpunkt man auch immer die Affäre betrachtet, es ergibt sich, daß die Übelstände letzten Endes ihre Wurzel in dem beinahe anarchischen Zustand der parlamentarischen Republik hatten. Die Dreyfusisten ließen den Staat aus dem Spiel, sie erkannten nicht, daß ihr Kampfziel die starke Republik, der Rechtsstaat mit Autorität über den Parteien, hätte sein müssen; es genügte ihnen, daß ihr Kampf gerechtfertigt war durch die Untaten der Feinde. Sie verharrten in der Abhängigkeit des Gegensatzes zu ihnen und dachten über die Verteidigung nicht hinaus. Das ist die Ursache ihrer politischen Unfruchtbarkeit.

Henrys Ende

Unmittelbar nach Cavaignacs Rede, schrieb Picquart dem Ministerpräsidenten Brisson, er sei bereit, die Fälschung des entscheidenden Beweisstücks, das der Kriegsminister zitiert hatte, vor jedem Gericht nachzuweisen. Der Brief erschien in der Presse und erregte im nationalistischen Lager einen Sturm der Entrüstung. Der ›Gaulois‹ drückte vollkommen den Gedanken aus, der die erhitzten Gemüter beherrschte: »Wenn Picquart nicht verhaftet wird, so bedeutet das eine vernichtende Antwort auf die Rede Cavaignacs.« Die Regierung wurde von der Presse aufs heftigste angegriffen, man verlangte die Verhaftung des Mannes, der die unbequeme Wahrheit ausgesprochen hatte – vor Ablauf von vierundzwanzig Stunden! Die Regierung gehorchte. Cavaignac umging die Herausforderung Picquarts und erhob Anklage gegen ihn und Leblois wegen Verletzung des Spionagegesetzes auf Grund der Meineide des Nachrichtenbüros im Zola-Prozeß. Am 12. Juli 1898, fünf Tage nach der Rede, nahmen der Untersuchungsrichter Fabre und der Staatsanwalt Feuilloley eine Haussuchung bei Picquart vor und verhafteten ihn am anderen Tage.

Man konnte nicht rücksichtsloser zu erkennen geben, daß die politischen Interessen allein die Wahl der rechtlichen Mittel bestimmten. Aber die Mißhandlung des mutigen Bekenners zur Wahrheit machte die Fälschung nicht echt. Cavaignac und seine Komplicen, in erster Linie die Generale Mercier und Roget, waren zu gute Strategen, um das nicht zu erkennen. Daher machte man zwar den Kritiker der amtlichen Lüge eine Zeitlang unschädlich und verdächtig, aber gleichzeitig bereitete man das unvermeidliche Eingeständnis der Fälschung vor. Die diabolische Geschicklichkeit dieses schwierigen Manövers wurde ausgedacht und ausgeführt von dem neuen Führungsstab der Verschwörung.

Nach der Preisgabe Esterhazys mußte auch die Trennung von Henry und du Paty de Clam erfolgen. Wahrscheinlich ergab sich nun erst die Notwendigkeit, Henry als den Sündenbock für die Fälschung und vor allem als den gefährlichsten Zeugen ganz zu beseitigen, um seiner Verfolgung durch die zivile Justiz zuvorzukommen. Die »Werkzeuge«, die den Generalstab mit den entdeckten Schandtaten verketteten, mußten zerbrochen werden.

Der Hauptmann Cuignet erhielt den Befehl, das geheime Aktenstück Stück für Stück »kritisch« zu untersuchen. Dieser Komplice war mit sicherem Blick ausgewählt worden. Cuignet bewährte sich als ein fanatischer Parteigänger. Ihm fiel die Aufgabe zu, die ›Fälschung Henry‹ zu »entdecken«.

Picquart war nun wirklich ein gefährlicher Feind für die Verschwörer geworden. Wir fragen uns, ob sie es nun bereuten, diesen unbeugsamen und entschlossenen Mann aus der Armee gestoßen zu haben. Die Dreyfusisten hatten in ihm einen Helden und einen Märtyrer gefunden, den die ganze

Welt bewunderte, und seine Verfolger mußten in ihm einen Gegner entdecken, der mit überlegener Moral und Intelligenz zu kämpfen verstand. Seine alte Anzeige gegen Unbekannt wegen der Fälschung der Telegramme ›Speranza‹ und ›Blanche‹ veranlaßte am Vortage seiner eigenen Verhaftung, am 11. Juli 1898, eine Haussuchung bei Madame Pays, mit der Esterhazy lebte, und die Verhaftung des Paares. Zwei Wochen später wurde du Paty de Clam als der Mittäterschaft verdächtig zur Anzeige gebracht. Diese Affären lagen in den Händen des Untersuchungsrichters Bertulus, der nun durch die beschlagnahmten Papiere Esterhazys wichtige, den Generalstab bloßstellende Tatsachen erfuhr.

Diese Einmischung der zivilen Justiz war sehr gefährlich für Henry, dessen Rolle in der Affäre Esterhazy zum Vorschein kam. Der Untersuchungsrichter brachte Henry, der ihn wegen dienstlicher Angelegenheiten besuchte, durch seine Fragen zu einem halben Geständnis, das in einem Zustande des vollständigen moralischen Zusammenbruchs abgelegt wurde. Er selbst besiegelte sein Schicksal, indem er dem General Roget von der Begebenheit berichtete, der ihn zwar wieder mit Vertrauen und Zuversicht erfüllte, aber für sich persönlich die Schlußfolgerung zog, daß in der Person Henrys die hohen Chefs entscheidend getroffen werden konnten. Die Annahme, daß Bertulus unwissentlich den Untergang Henrys verursachte, wird gestützt durch die wahrhaft abscheulichen Angriffe und Beschimpfungen, denen sich der Untersuchungsrichter von seiten des Generals Roget und der Witwe Henrys in den Revisionsverfahren ausgesetzt sah. Nur der Haß und die Rachsucht erklären die Niedertracht dieser Attentate. [88]

Die Aufopferung Henrys war in jeder Hinsicht das schwerste und das schmerzlichste Unternehmen. Es ist heute unmöglich, alle Beweggründe aufzudecken, die eine so furchtbare Tat den hohen Chefs als unvermeidlich erscheinen ließen. Was ohne weiteres einleuchtet, ist die besondere Gefährlichkeit Henrys als des wichtigsten Vertrauensmannes, der alles wußte. Wenn er in die Justizmaschine geriet, so war die Sache der falschen Ankläger verloren. Die Behandlung Henrys durch Cavaignac war daher bestimmt von dem Gedanken, den Zeugen für immer zum Schweigen zu bringen.

Das Unternehmen, den Generalstab durch die Aufopferung Henrys, Esterhazys und du Patys von der Verkettung mit den

Verbrechen des Anschlags auf Dreyfus, der Verwendung und Verteidigung Esterhazys und der falschen Beweisstücke gegen Picquart zu befreien, erforderte Eigenschaften und Fähigkeiten, welche die alten Chefs, die Generale de Boisdeffre und Gonse, nicht besaßen.

Sie verschwanden in den Hintergrund der Szene. Der große Protektor Henrys war immer der General de Boisdeffre gewesen, und so war es nun ganz folgerichtig, daß er seinen Gefolgsmann zum wenigsten nicht »dienstlich« überleben und seinen Abschied nehmen sollte. Der General Gonse, der wahrscheinlich der unmittelbare Anstifter der meisten Fälschungen war, durfte noch kurze Zeit in seiner Stellung bleiben, weil sein plötzliches Verschwinden einem Eingeständnis der Verantwortung des Generalstabs gleichgekommen wäre. Außerdem hielt man ihn wegen seiner Skrupellosigkeit immer noch für ein gefügiges und brauchbares Werkzeug. Aus demselben Grunde blieben die Offiziere des Nachrichtenbüros in ihren Stellungen: Lauth, der nächste Freund und Mitarbeiter Henrys, der Hauptmann Junck und der Archivar Gribelin. Die neuen Figuren in beherrschender Stellung waren außer Cavaignac der General Roget und sein hauptsächlicher Helfer, der Hauptmann Cuignet, den das Studium des geheimen Aktenstücks zu einem Meister der Scholastik der falschen Anklage gemacht hatte.

Cavaignacs Verhalten in allen seinen Einzelheiten erlaubt keinen Zweifel an dem wahren Zweck der »Entlarvung« Henrys. Die »Entdeckung« Cuignets hätte am 13. August stattgefunden, als Henry sich auf einer Urlaubsreise befand. Der Kriegsminister soll siebzehn Tage gewartet haben, ehe er zu dem angeblichen Verhör Henrys schritt, dem als Zeugen die Generale de Boisdeffre, Gonse und Roget beiwohnten. Roget habe die Fragen und die Antworten wie ein Gerichtsschreiber aufgezeichnet, wurde behauptet. Aber Roget gestand später, erst nach dem Tode Henrys das Verhör verfaßt zu haben. Die im Wortlaut als direkte Rede geschriebenen Antworten Henrys sind in Wahrheit die Worte des Generals Roget.

Dieses »Verhör« oder vielmehr diese Verurteilung im engsten Kreise der Generalität ist ebenso ungewöhnlich wie verdächtig. Wenn Cavaignac die »absolute Gewißheit« des Verbrechens Henrys besaß, so hätte er ihn nicht im geschlossenen Kreise der Komplicen zu einem »Geständnis« gebracht

d. h. ihm nicht die Rolle des Sündenbocks aufgezwungen. Der ordentliche Dienstweg machte es ihm zur Pflicht, den Gouverneur von Paris um einen Haftbefehl zu ersuchen und Henry in das Militärgefängnis des Cherche-Midi abführen zu lassen. Wenn er gegen die Regel verstieß, so geschah es nur aus dem zwingenden Grunde, die Einmischung der nichteingeweihten zuständigen Autoritäten zu verhindern.

Was in jenem geschlossenen Kreise vorging, können wir unmöglich wissen. Die Zeugen der Szene wirkten ohne Ausnahme an einer Täuschung mit und sind daher als Mittäter zu betrachten. Man könnte in jeder Einzelheit der späteren Erzählungen und Aussagen den Charakter der Erfindung zum Vorschein bringen. Aber es gab einen wahren Kern – nämlich die Tatsache der Fälschung Henrys und den Verrat des treuesten Helfers durch seine Auftraggeber. Man darf annehmen, daß Henry sich nicht stumm und wehrlos zum Opfer für die Generale hat machen lassen. Aber gleich allen Bravi konnte er nicht die Befehle vorweisen, die Meineide, Fälschungen und wahrscheinlich noch manche andere Untat vorgeschrieben hatten. Ob man ihm zynisch seine Ohnmacht d. h. die Unmöglichkeit seiner Verteidigung vor Augen hielt oder ihn von der Notwendigkeit zu überzeugen suchte, alles auf sich zu nehmen, ist eine offene Frage. Wahrscheinlich beschuldigte man ihn, Fehler begangen und seine Aufträge überschritten zu haben, wie es später du Paty gegenüber geschah.

Die wenigen Äußerungen Henrys aus der kurzen Zeitspanne zwischen dem Verhör und seinem gewaltsamen Tode beweisen, daß er sich verraten fühlte. Auf dem Wege zum Fort Mont-Valérien, das nicht als Gefängnis sondern als Arresthaus diente, sagte er zu seinem Begleiter, dem Obersten Féry: »Welch ein Unglück, daß ich mit so elenden Menschen zu tun hatte! Sie sind die Ursache meines Unglücks!« [89; 90]

Wir wollen nicht den Versuch machen, nach fünfundsechzig Jahren auf Grund der bekannten Tatsachen und angesichts der Unmöglichkeit, der amtlichen Darstellung zu vertrauen, das Ende Henrys in den Einzelheiten zu enträtseln. Aber eine Gewißheit besteht, daß seine Verhaftung und sein Tod von einer Kette regelwidriger, höchst verdächtiger Umstände und Maßnahmen begleitet wurden. Die Leiche zeigte zwei tiefe Einschnitte am Hals, das Rasiermesser befand sich zusammengeklappt in der linken Hand. Die Ärzte stellten zwar den Tod durch Verblutung fest, aber die in solchen Fällen vorgeschriebene und unumgängliche Obduktion, die im Lazarett des Val de Grâce hätte stattfinden müssen, wurde vom Kriegsminister als überflüssig verhindert. Man schaffte die Leiche am 2. September in das Heimatdorf Henrys, nach Pogny. [91]

Der gewaltsame Tod Henrys ist eines der nicht wenigen großen Geheimnisse der Affäre. Aber eine genaue Kenntnis des Vorgangs würde keinen wesentlichen Beitrag zur Entdeckung der Wahrheit bedeuten. Obwohl wir den Mord, wie übrigens du Paty de Clam, für wahrscheinlicher halten als einen Selbstmord (wir glauben, daß Henry ermordet wurde, nachdem man ihn vorher durch ein Gift betäubt hatte), kann die offene Frage nichts an der Tatsache ändern, daß auch der Selbstmord ein moralischer Mord gewesen wäre, den man durch irgendwelche furchtbaren Druckmittel erzwungen hätte. Das war z. B. die Ansicht Clemenceaus und Esterhazys, die weniger wußten als der Historiker, und meinten, daß man den Obersten vor die Wahl gestellt hätte zwischen Schande und Not für Frau und Kind oder den freiwilligen Tod. Es ist aber schwer, an eine solche Erpressung zu glauben, weil Henry wußte, daß man es nie wagen würde, seinen Fall auch nur in einer kriegsgerichtlichen Verhandlung unter Ausschluß der Öffentlichkeit zu erörtern. Die Chefs konnten erst beruhigt sein, wenn er unmittelbar verschwand. [92]

Cavaignacs Illusion, er werde als Tugendheld die allgemeine Bewunderung erregen, weil er unnachsichtig das Verbrechen verfolgt hätte, obwohl es im Interesse der eigenen Partei begangen wurde, überlebte Henrys Tod nur um drei Tage. Am 3. September trat er zurück. Der Ministerpräsident Brisson wählte zu seinem Nachfolger den Gouverneur von Paris, den General Zurlinden. Dieser hatte die Vorsicht, seine schöne Dauerstellung nicht für das ungewisse Amt eines parlamentarischen Ministers aufs Spiel zu setzen, und erreichte es, daß an seiner Stelle als Platzhalter der General Borius ernannt wurde. Tatsächlich dauerte die Amtszeit des Nachfolgers Cavaignacs nur zwei Wochen. Nach einer scheinbaren Bedenkzeit, die er verlangt hatte, um sich durch das Studium der Akten eine Meinung über den Fall Dreyfus zu bilden, erklärte er, daß er zurücktreten werde, wenn die Regierung die Revision des Prozesses von 1894 beschließe.

Zurlinden wurde ersetzt durch den General Chanoine, der sich beeilte, seinen Vorgänger wieder als Gouverneur von Paris zu bestätigen. Die beiden Generale sahen es als ihre wichtigste Aufgabe an, die Verfolgung Picquarts zum Ziele zu führen, dessen Verurteilung als Fälscher das Eingeständnis der Fälschung Henrys ausgleichen sollte. Tatsächlich wurde Picquart wegen der angeblichen Fälschung des ›Petit bleu‹ angeklagt. Das geschah genau drei Wochen nach Henrys Ende.

Die Regierung, die sich solche Kriegsminister gefallen ließ und die rachsüchtige Verfolgung Picquarts als Ausgleich für das Eingeständnis der Fälschung Henrys erlaubte, war immerhin einsichtig genug, die Unabwendbarkeit der Revision hinzunehmen. Insbesondere der Ministerpräsident Brisson machte es zu seiner persönlichen Angelegenheit, die Klärung des Falles Dreyfus in die Wege zu leiten. Er stieß in seinem Bemühen überall auf Widerstand – nicht zuletzt bei seinem Justizminister. Auch der beratende Ausschuß, der in einem Revisionsfall gehört werden mußte, sprach sich mit Stimmenmehrheit gegen die Untersuchung des Prozesses von 1894 aus, was wieder eine Rechtsverweigerung bedeutete. Trotzdem setzte Brisson die Revision durch. So wurde am 27. September 1898 der Kassationshof mit der Revision des Prozesses Dreyfus von einem Justizminister befaßt, der persönlich ihr Gegner war.

Die beiden Revisionsgründe, die er geltend machte, waren die verdächtig gewordene zweite Aussage Henrys im Prozeß Dreyfus und der Widerspruch zwischen den Schriftsachverständigen, die Dreyfus belasteten, und denen, die Esterhazy entlasteten. Sarrien, Brissons Justizminister, wählte unter den zahlreichen Gründen der Annullierung oder der Revision keineswegs die entscheidenden, sondern zwei der schwächsten. Ob die zweite Aussage Henrys das Urteil beträchtlich beeinflußt hat, ist recht zweifelhaft. Der Widerspruch der Schriftsachverständigen warf einfach die Frage der Zuschreibung des Bordereaus wieder auf, obwohl es nur Esterhazys Werk sein konnte. Da die Gründe des Revisionsantrags dem Kassationshof in seiner Untersuchung keine Grenze zogen, bedeuten sie nicht viel, aber sie kennzeichnen einen außerordentlichen Mangel an gutem Willen, der den Generalstaatsanwalt Manau behinderte.

Sarrien wagte es nicht, die Ungesetzlichkeit des Verfahrens, an der kein Zweifel mehr bestehen konnte, als zwingenden Grund der Annullierung anzuführen. Diese das Recht beugende Umgehung des wichtigsten Teils des Prozesses, die noch während des schwebenden Revisionsverfahrens durch ein Ausnahmegesetz gegen Dreyfus gesichert wurde, hatte zur Folge, daß die Revision aus den Fugen geriet und die Wahrheit nicht zum Vorschein bringen konnte. Um den General Mercier vor der Strafverfolgung zu bewahren, wurde das eingestandene und bezeugte Rechtsverbrechen zu einem Tabu der Justiz gemacht, denn eine ernsthafte Untersuchung hätte den Anschlag auf Dreyfus enthüllt.

Die Strafkammer war nicht gezwungen, an der Verdunkelung der Wahrheit mitzuwirken. Aber alle an der Revision beteiligten Parteien waren übereingekommen, daß die Wiedergutmachung des Unrechts – gleich auf welche künstliche Weise – durch einen neuen Prozeß vor einem Kriegsgericht erfolgen müßte. Die Gründe, die zur Rechtfertigung dieser Lösung gebraucht wurden, sind sachlich, rechtlich und moralisch schief. Und die Politiker werden nicht davor zurückschrecken, durch skandalöse Beeinflussungen und ein Gelegenheitsgesetz die Justiz aus dem Geleise zu bringen.

Keine vier Wochen waren seit dem Tode Henrys vergangen. Das Eingeständnis der Fälschung hatte nur eine kurze Panik unter den Nationalisten verursacht. In wenigen Tagen wurde aus dem Fälscher Henry ein nationaler Held, der das Opfer seines Lebens für die gute Sache gebracht hätte. Sogar die Fälschung selber wurde als eine patriotische Tat gefeiert. Henry wäre der mutige Soldat gewesen, der durch ein Dokument, das andere entscheidende aber nicht vorzeigbare Beweisstücke vertreten hätte, die letzten Zweifel an der Schuld des Hauptmanns Dreyfus besiegen wollte. Man verglich das Machwerk mit einer Banknote, die an Stelle des Goldes gegeben wird. [93–96]

Dokumente zum fünften Kapitel

[88] Henry unrettbar verloren

Der Untersuchungsrichter Bertulus hat die Unterhaltung mit Henry dem Kassationshof am 6. Dezember 1898 geschildert:

Da mir der Generalstaatsanwalt befohlen hatte, dem Ersuchen des Kriegsministers stattzugeben, begann ich mit dem

Obersten Henry, über die beschlagnahmten Papiere in meinem Amtszimmer zu sprechen. Ich zeigte ihm vorerst das versiegelte Paket Nr. 1, die Aufzeichnung des Maître Jeanmaire, das englische Dokument und schließlich die Notiz, in der sich das Wort ›Basel‹ und der Name ›C . . .‹ befinden. Angesichts dieser Dokumente geriet der Oberst in eine wirkliche Erregung. Er sagte mir, daß ich die Ehre der Armee retten könnte, und daß ich es tun müßte. Ich machte ihn darauf aufmerksam, daß ich mich niemals einer solchen Aufforderung verschließen würde. Ich entwickelte ihm die erdrückenden Beweise, welche die beschlagnahmten Papiere gegen Esterhazy und du Paty de Clam enthielten. Dann lenkte ich seine Aufmerksamkeit auf das Wort ›Basel‹ und auf den Namen ›C . . .‹. Diese beiden Worte waren für mich eine wahre Offenbarung. Sie bedeuteten den Beweis, daß Esterhazy im Nachrichtenbüro gewissenlose Helfer gefunden hatte. Henry, der begriff, daß mir alles klar geworden war, brach die Diskussion der Dokumente ab und gab zu, daß ›Basel‹ sich auf eine gewisse Reise bezog, die er mit dem Hauptmann Lauth gemacht hätte, um den gewissen ›C . . .‹ anzuhören. Schließlich gestand er mir, daß die Urheber der Telegramme ›Blanche‹ und ›Speranza‹ niemand anders als Esterhazy und du Paty de Clam wären.

Er bat mich, nichts zu unternehmen, bevor er nicht im Ministerium dem General Roget Bericht erstattet hätte. Er versicherte mir, daß der General mich unverzüglich besuchen würde. Ich sagte, ich wollte bis sechseinhalb Uhr abends in meinen Amtsräumen warten, und fügte noch hinzu: »Sie dürfen dem General sagen, daß alles, was hier vorgefallen ist, unbedingt zwischen Ihnen und mir bleiben wird.«

Henry erhob sich, um sich zu verabschieden. In diesem Augenblick erinnerte ich mich an unsere bereits alten freundlichen Beziehungen und glaubte, es wäre meine Pflicht, ihn noch zurückzuhalten und ihm zu sagen: »Das ist nicht alles. Esterhazy und du Paty haben sich schuldig gemacht. Mag du Paty sich heute abend eine Kugel in den Kopf schießen, und nehme die Gerechtigkeit ihren Lauf, was Esterhazy, den Fälscher, nicht den Verräter, betrifft. Aber es gibt noch eine Gefahr, und in dieser Gefahr sind Sie. Seit zwei Tagen habe ich einen Brief Esterhazys in Händen, und es ist nicht der einzige Brief dieser Art. In diesem Brief, der an M. Jules Roche gerichtet ist, zeichnet Esterhazy, der diesem Abgeordneten bis ins einzelne gehende Informationen über gewisse Mißstände im Kriegsministerium gibt, ein Bild Ihres Charakters und Ihrer Fähigkeiten, das abscheulich ist. Er sagt auch, daß Sie sich in Geldnot befänden und sein Schuldner geblieben wären. Alles das ginge zurück auf eine Zeit lange vor dem Dreyfus-Prozeß.

Ich machte ihn darauf aufmerksam, daß dergleichen Dokumente für ihn die schlimmsten Folgen haben könnten, wenn sie in die Hände seiner Feinde fielen. Gewisse Leute könnten ohne weiteres so weit gehen, zu behaupten, daß niemand anders als er Esterhazy dokumentiert hätte. Angesichts einer solchen Hypothese brach Henry in seinem Sessel zusammen, ohne ein Wort zu sagen. Dann begann er plötzlich laut zu weinen, erhob sich und umarmte mich, nahm meinen Kopf in beide Hände, küßte mich auf die Stirn, auf die Wangen, auf den Mund und wiederholte immer wieder: »Retten Sie uns!« Ich stieß Henry in seinen Sessel zurück und wartete, bis sein Schluchzen nachließ. Als ob er aus einem Traum erwachte, sagte er mir plötzlich: »Esterhazy ist ein Bandit.« Ohne ihm Zeit zu lassen, seinen Gedanken zu entwickeln, wenn er überhaupt dazu bereit war, erwiderte ich: »Ist Esterhazy der Autor des Bordereaus?« Henry sagte weder ja noch nein. Er begnügte sich damit, immer wieder zu sagen: »Lassen Sie mich, lassen Sie mich, die Ehre der Armee steht über allem!« Ich glaubte, nicht weiter aus seiner Lage Vorteil ziehen zu dürfen. Henry war in einem solchen Zustand der Verwirrung und Erregung, daß ich ihn bemitleidete. Er flehte mich an, so wie nur jemand flehen kann. Ich war tatsächlich nur befaßt mit den Fälschungen ›Speranza‹ und ›Blanche‹. Ich durfte über diese Angelegenheit nicht hinausgehen.

Als Henry mein Zimmer verlassen wollte, ging er an meinem Gerichtsschreiber vorbei, dann führte er mich zurück in mein privates Zimmer und ersuchte mich, als ob es sich um eine außerordentliche Gunst handelte, ihn bis zu dem Korridor zu begleiten, wo die Zeugen warten, damit alle Leute sähen, welcher Art unsere Beziehungen wären und daß ich ihn nicht verhaftete. Ich gebe zu, daß ich diese letzten Worte seiner Bitte nie verstanden habe, denn die Frage der Verhaftung hat sich mir gar nicht gestellt. Ich spreche auch nur davon, um zu zeigen, in welchem Gemütszustand sich Henry befand, als er mich verließ. Ich erfüllte seinen Wunsch. Ich blieb in meinen Amtsräumen bis sieben Uhr abends. Niemand vom Ministerium kam.

Ich sah Henry erst am 21. Juli wieder, an dem Tage, der festgesetzt war, um die Siegel abzunehmen. Ich ließ ihn sofort in mein persönliches Arbeitszimmer eintreten und fragte ihn nach dem General Roget. Henry war ein ganz anderer Mann geworden. Er zeigte weder Erregung noch Befangenheit und sagte mir, daß alles, was in meinen Akten wäre, keine Schlüsse zuließe. Ich ging darauf nicht ein und begann mit der Abnahme der Siegel. Henry verlangte kein Dokument für das Kriegsministerium, nicht einmal das englische Schriftstück oder die Aufzeichnung, in der von ›Basel‹ die Rede ist. Esterhazy machte sich das boshafte Vergnügen, ihn auf diese beiden Dokumente aufmerksam zu machen. Henry entschuldigte sich und verlangte die beiden Dokumente, die ich ihm übergab.

Einige Tage später ersuchte das Kriegsministerium um eine neue Prüfung der beschlagnahmten Dokumente durch den Obersten Henry und den Hauptmann Junck. Im Einverständnis mit den Angeklagten gab ich meine Zustimmung.

Eine eingehende und vollständige Prüfung fand statt, aber weder Henry noch Junck erhoben auf irgendein Dokument einen Anspruch. Nachdem sich beide Offiziere verabschiedet hatten, sagte ich meinem Gerichtsschreiber: »Was mögen sie wohl suchen?« Darauf erwiderte mir Esterhazy: »Oh, ich weiß es ganz genau. Sie suchen ›la garde impériale‹. Aber sie werden sie nicht finden, sie ist an einem sicheren Ort.« Indem Esterhazy sich dieses Ausdrucks ›garde impériale‹ bediente, spielte er auf ein Dokument an, das er als sein letztes Verteidigungsmittel betrachtete, das nehme ich jedenfalls an. Ich habe inzwischen von einer Demoiselle Barbier erfahren, daß sich dieses Dokument, als ich bei Madame Pays die Hausdurchsuchung machte, in einer Mütze Esterhazys befand. Ich hatte diese Mütze in der Hand gehabt und das Futter sogar gelöst, aber ich bin nicht so weit gegangen, den Karton des Dekkels zu entfernen. Dort hätte sich ›la garde impériale‹ befunden. Demoiselle Barbier hat auch gesagt, daß Madame Pays beinahe in Ohnmacht gefallen wäre, als ich die Mütze in die Hand nahm.

[89] Letzte Äußerungen Henrys

Am Tage nach seiner Einlieferung schrieb Henry drei Briefe: den ersten an Gonse, der nichts anderes als die Bitte enthielt, ihn zu besuchen, weil er ihn »absolut« sprechen müßte. Der zweite und der dritte Brief waren an seine Frau gerichtet. Der eine lautete:

Meine liebste Berthe, ich sehe, daß alle außer Dir mich verlassen haben. Aber Du weißt, in wessen Interesse ich gehandelt habe. Mein Brief ist nichts als eine Kopie und in keiner Weise eine Fälschung. Er bestätigt nur mündliche Mitteilungen, die mir einige Tage vorher gemacht wurden. Ich bin absolut unschuldig, man weiß es, und später werden es alle wissen. Aber in diesem Augenblick kann ich nicht reden. Behüte unseren kleinen Joseph gut, liebe ihn immer, so wie ich ihn liebe und wie ich Dich liebe. Auf Wiedersehen, mein Liebling, ich hoffe, daß Du mich bald besuchen kannst. Ich umarme Euch beide von ganzem Herzen.

Am interessantesten ist der dritte Brief, der nur ein Fragment geblieben ist, weil er nach dem zweiten Satz abbricht:

Meine geliebte Berthe, ich bin wie verrückt. Ein furchtbarer Schmerz zwängt mein Gehirn ein, und ich werde in der Seine baden ...

Jeder Zweifel ist erlaubt hinsichtlich der Vollständigkeit der Papiere, die im Zimmer Henrys auf dem Mont-Valérien gefunden wurden. Der Brief an Gonse war am Vormittag befördert worden, und weil es Zeugen gab, konnte er nicht unterdrückt werden. Die beiden an Madame Henry gerichteten Texte sollen also die einzigen schriftlichen Äußerungen sein, die man nach dem Tode des Obersten gefunden hätte. Unser berechtigtes Mißtrauen gegen die offizielle Darstellung der Begebenheiten führt uns zu der Frage, warum gerade diese Briefe, insbesondere das Fragment, aufbewahrt wurden.

[90] Die Preisgabe Henrys

Der Generalstaatsanwalt Baudouin vor dem Kassationshof (1906):

Wer könnte den Blitzstrahl vergessen haben, der niederfuhr, als das Verbrechen der Fälschung Henrys plötzlich enthüllt wurde! Der Schuldige machte ein Geständnis, sein Selbstmord bestätigte es. Der Kriegsminister Cavaignac hatte kurz vorher das absonderliche Schriftstück von der Tribüne der Kammer verlesen, obwohl es auf den ersten Blick als eine Fälschung erkennbar war – nicht weniger an seinem Aussehen als an seinem barbarischen Stil. Aber mit einem großen Aufwand von Gründen, gestützt auf gleichfalls falsche Dokumente, versicherte der Minister die unbedingte Echtheit des Dokuments. War die Aufdeckung des Verbrechens dem Zufall zu verdanken, wie es uns der Major Cuignet erzählt? Es genügt, das Schriftstück zu betrachten, um zu erkennen, daß dieser Bericht in allen Punkten unmöglich ist. Cuignet sagt uns, daß er alle Mühe gehabt hätte, die Tatsache der Fälschung festzustellen. Den Unterschied der Farbe zwischen den Linien des oberen Teils und den Linien der Stücke, die nachträglich zusammengefügt worden waren, hätte er nur nach wiederholter Prüfung, und zwar nicht bei Tageslicht, sondern nur bei Lampenlicht bemerken können.

Das ist widersinnig. Betrachten Sie das Dokument, meine Herren! Sie werden auf den ersten Blick erkennen, daß die Farben der Linien bei Tageslicht auffälliger sind als bei künstlichem Licht und daß nur der allerschlechteste Wille der Grund sein kann, wenn jemand nicht sieht, was offensichtlich ist. Man sage nicht, daß der Unterschied der Farben seit dem 13. August 1898 größer geworden wäre! Geringer? Das wäre möglich. Aber größer, das ist absurd. Ich habe also die Überzeugung, daß die Erzählung des Majors Cuignet und des Monsieur Cavaignac in bezug auf diesen Punkt nicht richtig ist und daß sie das Schriftstück nur zu sehen brauchten, um zu entdecken, was auch wir auf den ersten Blick erkennen und was übrigens der Stil ebenso laut verkündet wie das konkrete Dokument. Sie haben die Fälschung entdeckt, weil sie nicht anders konnten, weil seit der Verlesung des Machwerks in der Kammer und seinem öffentlichen Anschlag von allen Seiten die Proteste kamen, weil Italien ein Dementi ankündigte, das Aufsehen erregt haben würde, weil man Verwicklungen fürchtete, deshalb hat man es vorgezogen, über Bord zu werfen, was unmöglich noch zu verteidigen war und gefährlich wurde. Das ist meiner Meinung nach die Erklärung für die Entdeckung der Fälschung Henrys.

»Meine liebste Berthe«, schrieb Henry in seiner letzten Stunde, »ich sehe, daß alle außer Dir mich verlassen haben, und Du weißt, in wessen Interesse ich gehandelt habe ... Ich bin absolut unschuldig, und eines Tages werden es alle wissen. Aber in diesem Augenblick kann ich nicht sprechen.«

In wessen Interesse hat er also gehandelt?

Und über welchen »Elenden« beklagte er sich gegenüber dem Obersten Féry?

Wer von uns, meine Herren, ahnt es nicht, hat nicht ihre Namen auf der Zunge nach der einfachen Aufzählung der Tatsachen, die ich Ihnen gerade ins Gedächtnis zurückgerufen habe?

Der Generalstab hat den Sinn der Worte sehr wohl verstanden und nicht versäumt, sich von dem Manne ein Zeugnis der Unschuld ausstellen zu lassen, der ihn aus dem Grabe anklagt.

»Haben Sie das allein angefertigt?« fragte ihn der Minister.

»Ja.«

»Hat Gribelin nichts davon gewußt?«

»Niemand hat es gewußt, niemand in der Welt!«

Und weil das noch nicht ausreichend erschien – in dem Protokoll, das der General Roget drei Tage nach dem Tode Henrys abzufassen auf sich nahm und das er allein unterschrieben hat – läßt er den Toten noch einmal reden:

»Henry erklärt mehrmals mit dem größten Nachdruck, daß er keine Mittäter gehabt hat und niemand in der Welt wußte, was er gemacht hatte.«

Der General Roget gibt übrigens zu, daß er alles das aus dem Gedächtnis nach Ablauf von mehreren Tagen geschrieben hat. Schließlich fügte er noch diesen Satz hinzu, den ich allen Untersuchungsrichtern, die ein Protokoll aufnehmen, empfehle. »Diese Worte (jede andere Erklärung des Auftauchens des Bordereaus ist unmöglich) sind eine Behauptung von mir. Ich kann nicht versichern, daß es sich um einen Satz Henrys handelt.«

Und dennoch legt er diese Worte Henry in den Mund.

[91] Esterhazy über Henrys Ende

Esterhazy läßt es keineswegs an klarem Urteil über Zusammenhänge fehlen, die sonst fast allen Beteiligten und den Historikern dunkel geblieben sind. Er wußte sofort, um was es sich bei der angeblichen Entdeckung der Fälschung Henrys, dessen sogenannten Geständnissen und dem gewaltsamen Tod Henrys handelte:

Die dumme, abscheuliche Verhaftung Henrys wäre für mich die beste Aufklärung über den Plan des Kriegsministers gewesen, wenn ich ihn nicht bereits lange vorher durch ebenso vertrauenswürdige wie vollständige Mitteilungen gekannt hätte. Man versetzte den Unglücklichen in eine solche Zwangslage, daß er Selbstmord begehen mußte, wenn man ihn nicht tatsächlich ermordet hat. Und es ist unmöglich, daß man das berüchtigte Dokument nicht von Anfang an als falsch erkannt hat, für das Henry mit seinem Leben bezahlte . . . In anderen Worten, ich wußte, daß man den Obersten Henry auf dem

Altar der Staatsräson geopfert hatte, und ich konnte nicht zweifeln, daß ich sofort an die Reihe kommen würde.

[92] Der General de Pellieux als Opfer der ›Fälschung Henry‹

Am 31. August, am Tage des gewaltsamen Todes Henrys, schrieb der General de Pellieux einen wütend anklagenden Brief, in dem er seinen Abschied verlangte. Cavaignac verheimlichte diesen Brief gegenüber seinen Ministerkollegen, und es gelang auf irgendeine Weise, den General zu beruhigen. Der Brief des Generals de Pellieux lautete:

Herr Minister, genarrt von ehrlosen Leuten, ohne Hoffnung, mir das Vertrauen meiner Untergebenen bewahren zu können, ohne das keine Befehlsgewalt möglich ist, ohne eigenes Vertrauen zu denjenigen meiner Chefs, die mich auf Grund von Fälschungen haben arbeiten lassen, habe ich die Ehre, um die Pensionierung zu bitten, zu der mich mein Dienstalter berechtigt.

In der Kammersitzung vom 6. April 1903 hat Jean Jaurès die Bedeutung dieses Abschiedsgesuches des Generals de Pellieux hervorgehoben, als er Cavaignac antwortete, der vorgab, daß er von diesem Brief niemand Kenntnis zu geben gehabt hätte:

Diese Angelegenheit verdient wahrhaftig aufgeklärt zu werden. Es handelt sich darum, zu wissen, wer in dieser Krise es auf sich genommen hat, ein Dokument für sich zu behalten, das meiner Ansicht nach das Problem auf eine entscheidende Weise erhellt hätte. Was denjenigen vollkommen entgangen zu sein scheint (wenn sie es nicht allzu deutlich erkannt haben), die das Dokument für sich behalten haben, ist die Tatsache, daß es außerordentlich schwerwiegend ist, da der General de Pellieux die Untersuchung gegen Esterhazy geführt hatte, welche die ganze weitere Entwicklung der Affäre bestimmte, und daß der General de Pellieux rückblickend im Lichte des Geständnisses Henrys gewisse seiner Chefs anklagt, ihn systematisch und absichtlich getäuscht zu haben.

Wenn er sagt: »genarrt von ehrlosen Leuten« und wenn er hinzufügt, daß er kein Vertrauen in diejenigen seiner Chefs setzen kann, die ihn auf der Grundlage von Fälschungen haben arbeiten lassen, so ist das die klare Anklage der moralischen Mittäterschaft an dem Verbrechen Henrys, und diese Anklage wird vom General de Pellieux erhoben.

Und merken Sie sich, daß er sagt: »Man hat mich auf Grund von Fälschungen arbeiten lassen.« Das bedeutet, daß man die Untersuchungen mit den falschen Dokumenten in die Irre führte, obwohl sie für unser Land die Wahrheit und die Befriedung hätte herbeiführen sollen.

... bezüglich des Verbrechens Henrys war es wichtig zu wissen, ob es sich um einen vereinzelten Akt oder ob es sich um ein ganzes System der Lügen und Fälschungen handelte. Dieses Dokument konnte eine wesentliche Bedeutung haben. Auf jeden Fall war es die Pflicht derjenigen, die es empfangen hatten, den General de Pellieux aufzufordern, seinen Inhalt zu erklären, nicht allein ihnen selber, sondern der Regierung ...

Cavaignac hatte sich in jedem Augenblick als Agent der falschen Anklage gezeigt – unbedenklich in der Wahl seiner Mittel und entschlossen, die Wahrheit zu unterdrücken.

[93] Die Fälschung ist wie eine Banknote

›La Patrie‹ schrieb am 3. September 1898:

Wir verdanken einer Indiskretion die Kenntnis der folgenden Erklärung, die der Oberst Henry abgegeben haben soll: »Ich war verzweifelt über die Unmöglichkeit, die Dokumente zu veröffentlichen, die unbestreitbar die Schuld des Hauptmanns Dreyfus offenkundig machten. Eine solche Veröffentlichung würde ausländische Mächte in die Affäre hineingezogen haben und schwere Folgen für Frankreich gehabt haben. Aber man mußte etwas gegen die Agitation zugunsten des Hauptmanns Dreyfus tun. Angesichts dieser unausweichlichen Notwendigkeit fertigte ich ein Dokument, eine Fälschung, an. Ich habe es nach bestem Gewissen im Interesse der Gerechtigkeit getan, die sich in einer Sackgasse befand – infolge der Unmöglichkeit, die geheimen Dokumente zu veröffentlichen.«

Im ›Petit Journal‹ von demselben Tage schrieb der nationalistische Publizist Judet:

Die Fälschung, die auf eine so unheimliche Weise eine Laufbahn, die nur Pflichterfüllung und Tapferkeit kannte, zerbrach, erklärt sich aus einem übertriebenen Gefühl persönlicher Verantwortung angesichts der drohenden Revision. Er wußte, daß die Akten des Falles Dreyfus Dokumente enthielten, die internationale Verwicklungen und den Krieg herbeiführen mußten, wenn man sie veröffentlichte. Deshalb wollte er Dokumente in Umlauf bringen, die es ersparten, auf die anderen, die gefährlichen, zurückzugreifen. Diese neuen Dokumente waren wie Banknoten, deren Wert auf dem Dasein des Goldes beruht, das klugerweise verborgen bleibt.

Die Erklärung Judets fands den freudigen Beifall der ›Libre Parole‹, in der ein Redakteur schrieb:

»Ich glaube nicht, daß bisher irgend jemand die Fälschung so treffend und so erschöpfend erklärt hat.«

In ›La Patrie‹ vom 3. September 1898 findet sich auch ein genauerer Hinweis auf den Charakter des eigentlichen Beweises der Schuld des Hauptmanns Dreyfus:

Wir glauben zu wissen, daß ein General, der eine führende Rolle in der neueren Entwicklung der Affäre gespielt hat, bereit wäre, seinen Abschied zu nehmen, wenn er es nicht bereits getan hat, und den Schleier zu zerreißen. Der Gedanke, daß eine Gruppe von Stabsoffizieren und Generalen den Dienst verlassen und dann die Wahrheit verkünden sollten, nimmt festere Gestalt an. Diese Offiziere kennen das Geheimnis der Affäre Dreyfus. Sie sind der Meinung, daß im Falle der Revision die neuen Verhandlungen nicht unter Ausschluß der Öffentlichkeit stattfinden dürften und daß Frankreich die ganze Wahrheit kennenlernen müßte. – »Das ist der sichere Krieg«, sagte uns einer von ihnen heute morgen. Warum bedeutet es den Krieg, so fragen wir uns, wenn der Grund nicht ist, daß dieses Dokument einen ausländischen Monarchen persönlich bloßstellt?

[94] »Der Brief des deutschen Kaisers«

Immerhin wurde die nationalistische Legende von der deutschen Regierung ernst genug genommen, um sie – allerdings ironisch – in der offiziösen ›Kölnischen Zeitung‹ dementieren zu lassen. In der Ausgabe vom 7. September heißt es (zurückübersetzt aus dem Französischen):

Die sogenannte Presse des französischen Generalstabs hört nicht auf zu verbreiten, daß Frankreich durch die vollständige Enthüllung der Akten des Prozesses Dreyfus einen Krieg mit Deutschland heraufbeschwören würde. Heute weiß man durch die Veröffentlichungen einiger Zeitungen ungefähr, auf welche Dokumente angespielt wird. Es handelt sich sicher um den sogenannten Brief des deutschen Kaisers. Wir können hier mit der größten Ruhe auf diese Veröffentlichungen warten. Ist es nötig, zu sagen, daß es sich nur um Fälschungen handeln kann, denn ein deutscher Kaiser wechselt keine Briefe mit Spionen. Sollte irgendein kleiner Agent oder gar ein Stabsoffizier den Namen des Kaisers gefälscht haben, so sehen wir darin keinen Grund für Deutschland, Frankreich den Krieg zu erklären. Höchstens wäre die Angelegenheit peinlich für die Offiziere, die auf eine ebenso grobe wie lächerliche Fälschung hereingefallen sind.

[95] Charles Maurras über Henry

Seine Fälschung, eine der besten Kriegstaten ...

Der energische Plebejer hat das Dokument im allgemeinen Interesse gefälscht ... Unsere schlechte, halb protestantische Erziehung ist unfähig, einen solchen Adel der Gesinnung richtig einzuschätzen. Wir konnten dem Obersten nicht die große Leichenfeier bereiten, die wir seinem Martyrium schuldig waren. Wir hätten über die Boulevards seine blutige Uniform und das befleckte Messer tragen, seinen Sarg zeigen und das Leichentuch als schwarze Fahne wehen lassen sollen. Es ist eine Schande für uns, daß wir es nicht gewagt haben ... Die Fälschung wird als eine der besten Kriegstaten des Obersten fortleben.

[96] »Bis auf den Grund der antisemitischen Seele ...«

Jean Jaurès über die Rechtfertigungen der ›Fälschung Henry‹:

So wie die Fälschungen Henrys, des wichtigsten Zeugen im Prozeß Dreyfus, diesen Prozeß selber unheilbar verdächtig machen, so haben wir das Recht, die schamlose Verteidigung der Fälschung als einen neuen und entscheidenden Grund gegen die Verhandlung unter Ausschluß der Öffentlichkeit geltend zu machen.

Was wäre ein neuer Prozeß unter Ausschluß der Öffentlichkeit mit Leuten, denen vielleicht die jesuitische und militärische Verschwörung ihre abscheulichen Sophistereien eingäbe? Wenn es nach Drumont wahr ist, daß es erlaubt, ja selbst rühmlich ist, ein falsches Dokument anzufertigen, das angeblich echte Stücke vertritt, dann muß es erlaubt und selbst rühmlich sein, einen unschuldigen Juden zu verurteilen, wenn das Verbrechen, das man ihm fälschlich zuschreibt, das wahre Symbol anderer Verbrechen seines Volkes ist, die man nicht bestrafen kann ...

Was bedeutet es, daß dieses Stück eine Fälschung ist, da man versichert, es gebe echte desselben Sinnes?

Was bedeutet es schließlich, daß Dreyfus unschuldig ist, da der Verrat, den er nicht begangen hat, in seinem ganzen Volke verborgen liegt und es nur die höhere Gerechtigkeit bedeutet, ihn auf Grund einer falschen Anklage zu verurteilen ... Und wenn das Verbrechen Henrys das Ergebnis gehabt hat, den Prozeß Dreyfus in seiner Grundlage zu erschüttern, so haben die Rechtfertigungen, die ihm gefolgt sind, zum Ergebnis gehabt, bis auf den Grund die antisemitische Seele zu erhellen, die sich mit der Seele der Fälscher durchaus im Einklang fühlt.

Sechstes Kapitel: Die Revision durch den Kassationshof

Die Untersuchung der Strafkammer

Drei Entwicklungsstufen der falschen Anklage vermögen wir zu unterscheiden:

die erste, die des Bordereaus, beginnt mit der Verhaftung des Hauptmanns am 15. Oktober 1894 und endet mit der unvollständigen Entlarvung Esterhazys durch Picquart im Herbst 1896;

die zweite Stufe steht im Zeichen der ›Fälschung Henry‹, die am 2. November 1896 im Kriegsministerium auftaucht und mit der Preisgabe des Obersten Henry am 30. August 1898 ihre Rolle beendet;

die dritte und letzte Stufe ist gekennzeichnet durch »mysteriöse Schuldbeweise« und unverhüllte Gewalttätigkeit, die den geordneten Rückzug und die Rettung der führenden Verschwörer sichern.

Die letzte Phase bringt eine neue Phalanx falscher Ankläger in die vorderste Reihe, aber der General Mercier bleibt das Haupt und die Seele der Verschwörung. Die alten Werkzeuge Henry, Esterhazy, du Paty de Clam sind verschwunden – der erste aus dem Leben, der zweite aus Frankreich, der dritte aus dem Heere –, der General de Boisdeffre, der Chef des Generalstabs, nimmt seinen Abschied, der General Gonse wird verabschiedet. Die neuen Leute sind der über die ›Fälschung Henry‹ gestürzte Kriegsminister Cavaignac, sein ehemaliger Kabinettschef, der General Roget, und dessen Gehilfe, der Hauptmann Cuignet, der die ›Fälschung Henry‹ »zufällig entdeckte«. Diese drei Männer hatten die Verschwörung im Auftrage Merciers reformiert und spielten nun wichtige Rollen im letzten Akt.

Die Regierung Brisson, die wegen der Revision des Prozesses Dreyfus drei Rücktritte von Kriegsministern zu erdulden hatte, überlebte nicht den letzten, den Streich des Generals Chanoine, der die Regierung verächtlich zu machen versuchte, indem er in der Öffentlichkeit einer Kammersitzung seinen Ministersessel aufgab. Die neue Regierung bildete Dupuy, der Ministerpräsident des Prozesses Dreyfus im Jahre 1894. Er zeigte sehr bald seine Bereitschaft, den nationalistischen Feinden des Staates bis an die Grenze des Verrats entgegenzukommen. Seine Amtszeit, die acht Monate dauerte, fällt zusammen mit der größten Entwürdigung der Republik während der ganzen Affäre.

Unmittelbar vor dem Regierungswechsel beschloß die Strafkammer des Kassationshofs, dem Ersuchen der Regierung stattzugeben und die Revision des Prozesses Dreyfus einzuleiten. Eine Woche später begann sie mit der Vernehmung der Zeugen, die nicht öffentlich war.

Der Beschluß der Revision und der Beginn der Untersuchung lösten den wahrscheinlich größten Skandal der Affäre aus. Die Strafkammer des obersten Gerichtshofs wurde die Zielscheibe der nationalistischen Presse und der Politiker des Parlaments. Auf das kleinste Zeichen hin, daß eine Person oder Institution, welchen Ranges auch immer, willens war, Recht und Gesetz im Falle Dreyfus zur Geltung zu bringen, brach eine Flut maßloser Verleumdungen und Beschimpfungen hervor. Die höchsten Richter des Landes waren schutzlos den unsinnigsten Verdächtigungen ausgesetzt. Die Regierung förderte die Hetze, statt ihr zu widerstehen. Der verschlagene Dupuy tat alles, um den Tobenden Genugtuung zu verschaffen. [97]

Die Parteileidenschaft ergriff auch den obersten Gerichtshof. Zwei Mitglieder der Strafkammer waren entschlossene nationalistische Parteigänger, und der Präsident einer Zivilkammer, Quesnay de Beaurepaire, nahm seinen Abschied, um sich als einer der gehässigsten und gleichzeitig närrischsten Verleumder seiner früheren Kollegen betätigen zu können. Der Erste Präsident des Kassationshofs, Mazeau, war kein starker Charakter und sehr beeinflußt von dem Ausbruch der Feindseligkeit gegen die Richter. Er half schließlich der Regierung, die Strafkammer, den ganzen obersten Gerichtshof und die Justiz des Landes zu demütigen.

Die Richter der Strafkammer hätten übermenschliche Kräfte besitzen müssen, um unbeeinflußt zu bleiben von dem Aufruhr der öffentlichen Meinung, dem Verrat der Politiker und sogar der Kollegen an der Institution einer unabhängigen Rechtspflege. Trotzdem bewies die Mehrheit der Strafkammer eine wirkliche Charakterstärke, indem sie – vielleicht nicht unbeirrbar, aber voller Mut – ihre Untersuchung fortsetzte. Ein ungeheurer Druck lastete auf den Richtern, der zur Folge hatte, daß eine allzu bemühte Objektivität sich gegen das Opfer der falschen Anklage auswirkte.

Der Präsident der Strafkammer, Loew, schrieb einige Jahre später: »Wenn die Strafkammer gesündigt hat, so tat sie es aus Parteilichkeit gegen Dreyfus.« Die moralische Preisgabe der Strafkammer des Kassationshofs durch die Regierungsorgane der Republik hatte zur Folge, daß trotz des besten Willens der Richter Abweichungen von Recht und Wahrheit stattfanden. Vor allem wurden die Zeugen, die für die Aufrechterhaltung der falschen Anklage gegen Dreyfus kämpften, mit einer durch nichts gerechtfertigten Rücksicht behandelt.

Die Untersuchung der Strafkammer des Kassationshofs begann am 8. November 1898 mit der Vernehmung des Generals Mercier, des Hauptschuldigen an der falschen Anklage, der nun wieder offen als der Führer der Verschwörer hervortrat. Seine Aussage ist trotz ihres dürftigen Inhalts die wichtigste von allen und setzt das Beispiel der Sabotage der Justiz durch die als Zeugen auftretenden Ankläger. Sie kündigt auch alle Schwächen, Fehler und Irrtümer an, welche die Richter gegenüber der Phalanx dieser entschlossenen Rechtsbrecher begingen.

Die verwandelte falsche Anklage, die sie nun vortrugen, glich dem irreführenden Gutachten des untreuen Sachverständigen, das dem Laien mit Hilfe eines Blendwerks von Induktionen und Deduktionen eine angebliche wissenschaftliche Erkenntnis vorgaukelt und sich der Entdeckung seiner Lügen durch eine unverständliche technische Sprache entzieht. Waren die Richter gezwungen, solchen Zeugen unbegrenzte Freiheit zu gewähren? Zweifellos konnte die Untersuchung zu keinem nützlichen Ergebnis gelangen, wenn sie nicht in einer durch die Sache bestimmten Ordnung stattfand. Aber die Strafkammer, wie später das Kriegsgericht in Rennes, ließ die böswilligen und meineidigen Zeugen ein sophistisches System der Anklage auf Grund einer falschen Dokumentation vortragen statt sie auf Tatsachen aus unmittelbarer Kenntnis zu beschränken. In Rennes rief der Verteidiger Demange aus: »Zum ersten Male in meinem Leben sehe ich Zeugen als Ankläger auftreten!« Dieser Skandal hatte sich aber bereits ein Jahr früher bei den nichtöffentlichen Vernehmungen durch die obersten Richter des Landes ereignet.

Die allerwichtigste, die Anklage vernichtende Tatsache wurde umgangen. Das war das Rechtsverbrechen des Generals

Mercier. Er durfte es sogar wiederholen, in dem er in seiner Aussage von den zahlreichen schlüssigen Beweisen der Schuld des Hauptmanns Dreyfus sprach, die sich in den Akten des Kriegsministeriums befänden:

»Es gibt ein diplomatisches Aktenstück, das zahlreiche Dokumente enthält, von denen die meisten neue Gründe zur Annahme der Schuld beitragen. Eins von ihnen enthält den Namen Dreyfus voll ausgeschrieben und bestätigt seine Schuld. Dieses Dokument stammt von einer Persönlichkeit, die nicht umstritten ist; es ist nicht angefertigt worden, um der Sache zu dienen, es wird in ihm nur beiläufig von Dreyfus gesprochen. Übrigens ist es jünger als die Fälschung Henrys.«

Mercier, der meineidige Zeuge, schloß wieder die Lücke, welche das Eingeständnis der Fälschung des Obersten Henry gerissen hatte. Er füllte sie aus mit einer Aussage, die in ihrem Inhalt und ihrem Wesen genau dasselbe bedeutete wie das enthüllte Machwerk. Vielleicht war der Wunsch, diesen herausfordernden und lügenden Zeugen nun in die Schranken zu weisen, der Grund, endlich die Mitteilung des geheimen Aktenstücks zu erörtern. Einer der Richter fragte:

»Hat es nicht außerhalb des gerichtlichen Verfahrens Geschehnisse oder Dokumente gegeben, die ohne Wissen des Angeklagten vor seiner Verurteilung den Richtern bekanntgemacht wurden?«

Mercier antwortete: »Ich glaube nicht, daß ich mich über diesen Punkt zu äußern habe. Der Antrag der Revision beschränkt sich auf die Gründe der Fälschung Henrys und des Widerspruchs der Expertisen, und der Justizminister hat absichtlich nicht die Mitteilung des geheimen Aktenstücks, die angeblich stattgefunden hat, erwähnt, obwohl Madame Dreyfus sich in ihrem Gesuch darauf stützt.«

Auf diese erstaunliche Anmaßung des Zeugen, die Richter zurechtzuweisen und ihrer Untersuchung Grenzen zu ziehen, wurde ihm erwidert:

»Der Kassationshof hat die Aufgabe, die Wahrheit vollständig zum Vorschein zu bringen. Wenn er nur die beiden Revisionsgründe in Betracht zöge, so würde er gewisse Elemente der Schuld ausschließen, denn es könnte auch solche geben, die ausreichen, den Antrag abzuweisen, und über diese anderen Elemente muß der Kassationshof aufgeklärt werden und wissen, ob sie dem Kriegsgericht vorgelegt wurden.«

Diese rechtswidrige, eines unparteiischen Richters unwürdige Belehrung wurde mit dem Satz beantwortet:

»Ich bleibe bei meiner Erklärung ...«

Wäre der Richter, der auf so beschämende Weise Mercier befragte, im Besitze seiner moralischen Freiheit gewesen, so hätte er dem General etwa die folgende Belehrung erteilen müssen:

»General, es ist durch Aussagen vor Gericht und anderswo, auch durch das nicht weniger beweiskräftige Schweigen einiger Zeugen offensichtlich geworden, daß Sie durch eine Mitteilung hinter dem Rücken des Angeklagten auf das Kriegsgericht eingewirkt haben. Die Handlung ist strafbar, sie ist ein Mißbrauch des Amtes, sie macht das Verfahren gegen den Hauptmann Dreyfus ungültig, wenn auch noch nicht rechtlich, so doch moralisch. Ein Verbrechen, das nicht bestraft werden kann, weil der Täter dem Gericht entzogen ist, sei es durch Tod oder auf andere Weise, bleibt ein Verbrechen. Ihre Tat hat eine wesentliche Bedeutung für die Enthüllung der Wahrheit, weil sie nicht ohne einen starken Beweggrund gewesen sein kann. Da nun das Verfahren gegen den Hauptmann Dreyfus auch sonst mit Verdacht geschlagen ist, wird das Gericht gezwungen sein, eine Antwort auf diese Frage zu finden, in welchem Interesse Sie eine solche Verletzung des Gesetzes und, sagen wir, der einfachen Regeln und Pflichten menschlichen Verhaltens begangen haben. Die Dokumente, die heimlich vorgelegt wurden, bedürfen nicht anders als das Bordereau der Prüfung, zumal die Fälschung Henrys nicht als ein Zwischenfall ohne irgendwelchen Zusammenhang, als ein Fremdkörper in dem Gewebe der Anklage hingenommen werden kann. Sie als Zeuge erheben auf eine befremdliche Weise den Anspruch, das Gericht dahin belehren zu dürfen, daß seiner Untersuchung Grenzen gezogen sind. Abgesehen davon, daß Sie nicht das Recht haben, in den Bereich der richterlichen Autorität einzudringen, befinden Sie sich in einem vollständigen Irrtum. Der Grund, den Sie für Ihr Schweigen angegeben haben, verdient keine Erörterung. Sie hätten jedoch einen Grund gehabt, der zwingend gewesen wäre. Sie konnten sagen, daß Sie die Aussage verweigern, weil Sie sich sonst selbst beschuldigen würden.« [98, 99]

Die Aussage Merciers vom 8. November 1898 war kurz und kategorisch gewesen. Sie umfaßt im stenographischen Bericht nur sieben Seiten. Ihm folgten unmittelbar vier ehemalige Kriegsminister: der General Billot, Cavaignac, die Generale Zurlinden und Chanoine. Alle versicherten mit Nachdruck ihre Überzeugung von der Schuld des Hauptmanns Dreyfus. [100, 101]

Die Strafkammer wich erheblich vom geraden Wege des Rechts ab, als sie erlaubte, daß den neuen Tatsachen, welche die Revision des Prozesses Dreyfus erzwangen, andere »neue Tatsachen« von den anklagenden Zeugen entgegengesetzt wurden, als ob sie Elemente der Gerichtsentscheidung hätten bilden dürfen. Aber belastende Aussagen und Beweisstücke können nur ins Gewicht fallen, wenn der Angeklagte Gelegenheit hat, sie zu erörtern.

Dreyfus war auf Grund eines einzigen Beweisstückes, des Bordereaus, verurteilt worden. Nichts sonst hatte noch irgendwelche Bedeutung. Wenn das Bordereau als Corpus delicti ausfiel, so gab es keinerlei Möglichkeit – auch wenn man inzwischen tausend ernsthafte Indizien gegen Dreyfus gesammelt hätte –, das Urteil aufrechtzuerhalten.

Unter keinen Umständen durfte die Strafkammer Dokumente, die das geheime Aktenstück Merciers gebildet hatten, zur Kenntnis nehmen, zumal sie nicht bereit war, das Urteil wegen der Unrechtmäßigkeit des Verfahrens zu annullieren. Trotzdem werden die Vereinigten Kammern des Kassationshofs unter ihren Revisionsgründen das Dokument ›Ce canaille de D . . .‹ anführen, weil es sich nicht auf den Hauptmann beziehe und daher für seine Unschuld spreche. Dieser nichtssagende Revisionsgrund wurde hervorgezogen, um das Corpus delicti gerichtskundig zu machen, das die Waffe des Rechtsverbrechens gewesen war.

Die Strafkammer verwickelte sich in einen juristischen Widersinn, als sie die als Ankläger auftretenden Zeugen einlud oder nicht verhinderte, den Inhalt des geheimen Aktenstücks, das der verurteilte Hauptmann nicht kannte, als Schuldbeweise vorzutragen. Denn die belastenden »neuen Tatsachen« waren nicht bestimmt, die Grundlage der Verurteilung des Hauptmanns Dreyfus zu festigen, sondern sie zu ersetzen, so wie die Verteidiger einer Festung den durch die Rammstöße des Feindes erschütterten Teil der Mauer entbehrlich machen, indem sie ein neues Mauerwerk hinter dem alten errichten. Die Ankläger wollten die Richter überzeugen, daß Dreyfus schuldig bliebe, auch wenn das Bordereau nicht von ihm, sondern von Esterhazy stammte. Sie ließen auch durchblicken, daß es nicht vorzeigbare »eigentliche Schuldbeweise« gebe, was nur die Wiederholung der alten Fabel war, daß gegen Dreyfus ein stellvertretendes Beweisstück, d. h. eine Fälschung, vorgelegt wurde. Daß es auf jeden Fall ein Verbrechen ist, selbst einen Schuldigen auf Grund einer Fälschung verurteilen zu lassen, schien niemand zu bemerken.

Der Hauptmann Cuignet hat das Verdienst, das klarste Bild des neuen Anschlags gegen Dreyfus geliefert zu haben. Die Verschwörer sahen nun das Heil ihrer Sache in der Entlastung von den groben Machenschaften des Nachrichtenbüros. Sie glaubten, das Opfer mit größerer Sicherheit und vor allem auf eine für sie selbst gefahrlosere Weise in einem Netz theoretisch-technischer Argumente gefangenhalten zu können. Man nahm der Anklage ihre konkrete Grundlage, um eine klare Entscheidung, d. h. den Beweis der Unschuld zu verhindern.

Die Aufopferung Henrys als des Sündenbocks für die Fälschung, die seinen Namen trägt, entlastete die hohen Befehlsstellen nicht ausreichend, was gewisse Missetaten betraf, die nicht mehr verteidigt werden konnten. Aus vielen Gründen mußte das Andenken Henrys geschont, ja verklärt werden. Wir wollen glauben, daß seine früheren Chefs ihn aufrichtig betrauerten und unter dem Diktat der Notwendigkeit seines Todes noch litten. Einige von ihnen, in erster Linie der General de Boisdeffre, hätten nicht geduldet, daß Henry als Verbrecher hingestellt wurde. Es gab auch die junge Frau Henrys, die alle seine Geheimnisse kannte und gefährlich werden konnte, aber in seinem Geiste den Verschwörern die Treue hielt. Es ist unmöglich, zu ahnen, in welchem Lichte ihr der Tod ihres Mannes erschien. Wahrscheinlich machte sie Cavaignac verantwortlich, und das war sicherlich ein Teil der Wahrheit. Die Generale de Boisdeffre und Gonse hatten sich vielleicht vor ihr reinwaschen können. Sie besuchten sie unmittelbar nach dem Tode des Oberstleutnants, um ihr Beileid auszudrücken, aber sicherlich gab es noch einiges mehr zu sagen.

Der Zwang, noch einen anderen Sündenbock zu bestimmen, war unbedingt. Du Paty de Clam erschien den Verschwörern als das ideale Opfer, da die Dreyfusisten »nach seinem Blute lechzten«. Er war auch das billigste Opfer, denn er bedeutete ihnen nicht viel. Es vergingen keine zwei Wochen seit dem Eingeständnis der Fälschung, und er war ebenso »über Bord geworfen« wie Esterhazy und Henry. Seine Beseitigung erforderte keine Gewalt; er schied als »nicht verwendbar« aus dem aktiven Dienst. Es besteht kein Zweifel, daß auch er schmählich verraten wurde, denn im Vertrauen auf die Treue der Chefs hatte er alles auf sich genommen. Wie Henry war er wehrlos und durfte sich noch glücklich schätzen, daß seine Verwandtschaft mit de Boisdeffre und Cavaignac ihn vor Schlimmerem schützte.

Ein gewisses Maß an Schamgefühl hielt die Chefs zurück, ihn unmittelbar der Umtriebe und Missetaten anzuklagen, deren Urheber sie selber gewesen waren. Aber kaum weniger verwerflich war es, ihn von dem Hauptmann Cuignet auf das tückischste anschwärzen zu lassen. Es war eine Art Henkersarbeit, die Cuignet besorgte. Gegen alle Wahrscheinlichkeit, im Widerspruch zu offensichtlichen Tatsachen, beschuldigte er du Paty de Clam, der moralische und geistige Urheber der ›Fälschung Henry‹ gewesen zu sein. Er gab ihm auch noch die Verantwortung für andere Machwerke, die bekannt geworden waren und die Henry zum Urheber hatten.

Die Exekution du Patys de Clam durch Cuignet war diabolisch. Wir werden nicht den Fehler begehen, das Werkzeug mit den Anstiftern zu verwechseln. Immerhin war in diesem Falle das Werkzeug nicht blind. In allen Aussagen Cuignets gibt es ein besonderes Gift, das seinen persönlichen Beitrag darstellt. Das allgemeine Vorurteil gegen du Paty de Clam war so groß, daß man auch seinem böswilligsten Ankläger aufs Wort glaubte, obwohl es unverkennbar war, daß du Paty, wie Esterhazy und Henry, nur auf Befehl, mit Wissen und Mitwirkung der hohen Vorgesetzten, die Schändlichkeiten begangen haben konnte. Esterhazy, über den der Generalstab keine Macht mehr hatte, führte in seinen Enthüllungen und Aussagen den überzeugenden Beweis – nicht etwa für die Mittäterschaft, sondern für die ganze und ungeteilte Verantwortung der Chefs des Generalstabs. Man glaubte ihm nicht, um nicht die Folgerungen ziehen zu müssen. Und diese Tatsache führt zurück zu der falschen Einleitung der Revision des Falles Dreyfus. Die Sündenböcke wurden vom Generalstab ausgesucht und mit Hilfe der Dreyfusisten geopfert.

Der Hauptmann Cuignet nährte auch sorgfältig die dreyfusistischen Irrtümer, die dem Generalstab dienten. Wie gut ihm das gelang, beweisen die vielen und langen Zitate aus seinen Aussagen in den Denkschriften und Reden der Berichterstatter, der Generalstaatsanwälte und der Verteidiger in allen Revisionsverfahren. Man muß die Begabung und die Verschlagenheit dieses Sprachrohrs der Verschwörer anerkennen, der als kleiner Offizier einen so großen Einfluß auf die Diskussion nahm. Er übertraf seine beiden Patrone, Cavaignac und Roget, nicht nur an Scharfsinn, sondern vor allem auch an Verstellungskunst. Natürlich wurde er von den Dreyfusisten für einen »ehrlichen Fanatiker« gehalten. Sie glaubten in seinen Aussagen tatsächlich die Merkmale naiver Gutgläubigkeit zu entdecken. Diese Täuschung beweist die überlegene Geschicklichkeit des erneuerten engsten Kreises der Verschwörung. Sie waren klug genug, die Rollen zwar aufeinander abzustimmen, aber doch so zu individualisieren, daß ein Schein der persönlichen Überzeugung entstand.

Unter den militärischen Zeugen gehörte Picquart zu den nicht zahlreichen echten, die ihren Eid ernstnahmen. Der wertvollste Teil seiner Aussagen enthält seine Erfahrungen als Offizier des Generalstabs, wo er sich längere Zeit im Herzen der Angelegenheiten befunden hatte. Als die Affäre Dreyfus sich zu entwickeln begann, war er stellvertretender Chef des wichtigen Büros der Operationen, und wir sehen ihn in ständiger unmittelbarer Verbindung mit den hohen Generalen und dem Kriegsminister. Sein Bericht ist daher eine Quelle für den Ursprung der Affäre, für den es außer ihm nur noch Esterhazy und für kleine Ausschnitte Forzinetti und Cordier als glaubhafte Zeugen gibt.

Die Entstehung des Falles Dreyfus erlebte Picquart wie ein Zuschauer aus nächster Nähe. Er gehörte in keiner Weise zu den Eingeweihten. Er hatte auch nicht den schwächsten Verdacht, daß die Anklage gegen den Hauptmann eine Machenschaft sein könnte, sondern glaubte bis zum Sommer 1896 fest an die Schuld des verurteilten Offiziers.

Immerhin war er kritisch genug gegenüber der offiziellen Anklage. Was ihn beruhigte war das ihm in seinem Inhalt und Wesen unbekannte ungesetzliche Element, das geheime Aktenstück. Picquart fand seine Verwendung durchaus in der Ordnung – gleich allen anderen Offizieren, die als die Aufgabe eines Kriegsgerichts die feierliche Sanktionierung der Anklage betrachteten.

Allerdings war im Falle Dreyfus die Anklage auf eine so skandalöse Weise fragwürdig, daß die »Gefahr« eines Freispruchs drohte. Für gewisse Leute, insbesondere für den Kriegsminister, war es eine wirkliche Gefahr, und es gab niemand, der das nicht ohne weiteres begriff. Picquart sprach es vor der Strafkammer mit der ihm eigenen Offenheit aus und erzählte, daß er den General Mercier warnte und ihm riet, das geheime Aktenstück zu verwenden.

Picquart war und blieb weit entfernt davon, die rücksichtslose Entschlossenheit der Männer zu durchschauen, die ihm gegenüber genau dieselben Mittel anwandten wie gegen Dreyfus. Als er seine Aussage vor der Strafkammer machte, die sieben Sitzungen in Anspruch nahm, befand er sich im Gefängnis unter der Anklage der Fälschung des ›Petit bleu‹ und mußte als Häftling von einem Gendarmerieoffizier begleitet werden. In Anbetracht dieser persönlichen Lage war sein Zeugenbericht erstaunlich abgeklärt, zurückhaltend und nachsichtig. Diese Fähigkeit, gleichsam aus einer großen Entfernung die bittersten eigenen Erfahrungen zu betrachten, ist mit Recht viel bewundert worden. Sie zeigt Picquart von seiner besten Seite – als einen unbeugsamen Charakter und einen hochfliegenden Geist, den das Niedrige nicht erreichen konnte. Diese Qualitäten waren begleitet von einer Scheu, in die Gemeinheiten, denen er ausgesetzt war, innerlich verwickelt zu werden, und daher sind seine so kühlen und in übertriebenem Maße zurückhaltenden Urteile bestimmt von der Abwehr einer häßlichen Wirklichkeit. Es war nicht im Interesse der Enthüllung der Wahrheit, daß Picquart unter einem inneren Zwang die Bösartigkeit seiner Verfolger nicht ergründen und ihre Taten nur unzulänglich kennzeichnen konnte.

Diese wirklichkeitsferne Haltung begegnet sich mit der politischen Zaghaftigkeit und Lähmung der Dreyfusisten. Picquart, ein mutiger, ja kühner Mann, den die üblichen Kompromisse der Politiker anwiderten, lieferte diesen nichtsdestoweniger ein gemildertes und verschwommenes Bild von der Affäre, das ihren Berechnungen vorzüglich diente.

Der Mangel an sachlicher Schärfe und die Abneigung gegen Schlußfolgerungen, die für die Gegner allzu peinlich oder gar vernichtend gewesen wären, ziehen sich wie ein roter Faden durch das Leben Picquarts. Dieser Mann, der fast ein Sonderling war, hatte ein großes Bedürfnis, mit seiner Umgebung konform zu sein. Als Offizier widerstrebte es ihm, sich die Skandale des Generalstabs in ihrem ganzen Umfange und ihrer ganzen Tiefe klar zu machen. Wie die Verteidiger des Hauptmanns Dreyfus – wenn auch aus anderen Beweggründen – bemühte er sich, die begangenen Verbrechen den Werkzeugen allein zuzuschreiben und die Generale zu entlasten, so daß schließlich die absurde Vorstellung entstand, daß ein paar Stabsoffiziere Henry, Esterhazy und du Paty die unerhörten Machenschaften allein ins Werk gesetzt hätten. Bei den Verteidigern des Hauptmanns Dreyfus entstand diese Konstruktion aus der Furcht vor einer Auseinandersetzung, in der alles gewagt werden mußte, bei Picquart aus dem Gefühl der Solidarität mit der Armee.

Ein großer Teil der Aussage Picquarts ist der Diskussion der sogenannten Schuldbeweise gewidmet. Als ehemaliger Chef des Nachrichtendienstes war er in die Lage geraten, sich mit dem geheimen Aktenstück und dem Bordereau auseinandersetzen zu müssen, und es war eine Selbstverständlichkeit, daß er deshalb befragt wurde, weil er allein den falschen Anklägern mit der Autorität seiner militärischen Wissenschaft begegnen konnte.

Picquart war ein unbequemer, aber kein gefährlicher Kritiker. Er ging den Dingen weder auf den Grund, noch verstand er es, die einzelnen Tatsachen in einen sinnvollen Zusammenhang zu bringen. Das erklärt seine Irrtümer, trotz der Haltung seiner Chefs Esterhazy für einen Verräter und das Bordereau für ein echtes Dokument des Verrats zu halten. Die eigentümliche Unbestimmtheit seiner Ausdrucksweise macht es unmöglich zu wissen, ob er die Dokumente des geheimen Aktenstücks für böswillige Fälschungen oder nur für mißverstandene Schriftstücke hielt. Diese Unsicherheit, in der er uns läßt, ist recht bezeichnend für die Art seiner Kritik. Obwohl er selber das Opfer von Fälschungen war, hat er nie den Gedanken auf eine klare und bestimmte Weise geäußert, daß die Anklage gegen Dreyfus nicht weniger eine freie Erfindung sein könnte wie die, welche gegen ihn erhoben worden war.

Picquart berichtete von dem Brauch im Nachrichtenbüro, den Tag des Eingangs auf dem Dokument nicht zu vermerken, und erklärte, daß er als Chef diese höchst befremdliche Unterlassung duldete, obwohl ihm ihr Beweggrund entgangen sei. Immerhin ist das Datum ein wesentlicher Teil des Dokuments, und man braucht kein Gelehrter zu sein, um das zu wissen. Am Beispiel des Bordereaus konnte man den infamen Beweggrund erkennen, warum das Datum auf den Dokumenten offengelassen oder gar entfernt wurde. Picquart hatte selbst das Spiel mit dem Datum des Bordereaus erlebt. Es war also unmöglich, daß er sich über die arglistige Willkür in der Behandlung der Schriftstücke d. h. über ihre Verfälschung täuschen konnte. Trotzdem scheinen alle Erfahrungen ihn nicht über den Charakter gewisser Einrichtungen und Personen belehrt zu haben. Er erörterte mit unbeirrbarem Ernst die Fälschungen des Generalstabs, als ob es sich um einen gelehrten Meinungsstreit über einen klassischen Text gehandelt hätte.

Esterhazy war in jeder Hinsicht ein wichtigerer Entlastungszeuge als Picquart, weil er rücksichtslos seine Komplicen belastete. Die Aussage des Bravo ist nicht weniger echt und glaubwürdig als die des Tugendhelden. Das ist so offenkundig und in den wichtigsten Punkten so unzweifelhaft bestätigt, daß nur politische Beweggründe die Entschlossenheit aller Parteien erklären, dem Zeugnis Esterhazys nicht Rechnung zu tragen. Wenn auch seine Aussage unvollständig war – er bezeichnete sich als einen tatsächlichen Angeklagten, der zu seinem Schutz nur unter Vorbehalt den Zeugeneid ablegen könnte –, genügten seine Enthüllungen, um den Anschlag gegen Dreyfus erkennen zu lassen. Diese Wahrheit hätte aber die Legende vom Justizirrtum zerstört und die Rettung der Generale unmöglich gemacht. Daher durfte sie sich nicht durchsetzen, und so sagte man, weil sie aus dem Munde Esterhazys käme, könnte sie nur Lüge sein.

Die Absicht, die Esterhazy mit seiner Aussage verfolgte, war, die Verantwortung der Chefs des Generalstabs für alle Umtriebe und Machenschaften nachzuweisen. Das ist ihm vollkommen gelungen, nicht nur, weil er eine ausreichende, wenn auch sparsam benutzte Dokumentation zur Verfügung hatte, sondern nicht weniger durch die klare Ordnung und scharfsinnige Deutung der Tatsachen. In der langen Reihe der Zeugen, die vor dem Kassationshof erschienen, ist Esterhazy bemerkenswert durch die Festigkeit in der Vertretung seines Standpunktes, durch seine intelligente Kritik und seine Gabe des glücklichen Ausdrucks. So schändlich seine Rolle war, die er im Anschlag gegen Dreyfus gespielt hat, als Zeuge hat er nicht die Laster der Ankläger. Er war weder so verlogen wie Mercier, noch ein Heuchler wie Cavaignac, noch so arglistig und brutal wie Roget. Alles, was er sagte, war sorgfältig abgewogen. Den Richtern gegenüber behauptete er sich wie ein guter Fechter. Er war in seinen Antworten nie unhöflich, anmaßend oder dumm. Während er klar und bestimmt seine Gründe vorbrachte, wenn er Fragen nicht beantworten oder die Lücken seines Berichts nicht ausfüllen wollte, blieb er respektvoll und höflich. In der Auseinandersetzung mit einzelnen Richtern, die ihn ihre Voreingenommenheit fühlen ließen, zeigte er sich keineswegs als ein schuldbewußter oder eingeschüchterter Angeklagter.

Die Unvollständigkeit der Erklärungen Esterhazys ist allzu begreiflich, um sie als einen Grund anerkennen zu können, seine Glaubwürdigkeit abzustreiten. Sie spricht, im Gegenteil, für die Wahrheit seiner Behauptungen, die in entscheidenden Punkten durch andere Zeugen, vor allem durch du Paty und dreißig Jahre später durch die Veröffentlichung der Aufzeichnungen Schwartzkoppens, bestätigt wurden. Es konnte von Esterhazy nicht erwartet werden, daß er die Schandtat, deren hauptsächliches Werkzeug er gewesen war, ausführlich schilderte. Doch gestand er so viel, daß seine Rolle sich deutlich genug erkennen ließ. Da es unmöglich war, ihn als einen Verräter anzusehen, denn sonst hätte man die höchsten Generale, die Offiziere des Kriegsgerichts von 1898 und den Offiziersrat von 1899 für seine Komplicen halten müssen, ergibt sich die Gewißheit, daß er sich bei Schwartzkoppen als Lockspitzel im Auftrage des Nachrichtenbüros betätigt hat. Aus dieser Verwendung entwickelte sich der Anschlag auf den Hauptmann Dreyfus. Das Bordereau konnte von gewissen Offizieren des Nachrichtenbüros nicht verkannt werden, denn es war eine dort in Gemeinschaft ausgeführte Arbeit. Diese Überlegungen mußten sich den Parteien des Revisionsverfahrens aufdrängen. Später hat Esterhazy weitere Enthüllungen gemacht, die bestätigen, was ohnedies nicht bezweifelt werden kann. [102]

Am 31. Mai 1899 gestand Esterhazy dem Journalisten Serge Basset, das Bordereau geschrieben zu haben. Wir wollen nicht in den Fehler jener Juristen verfallen, die den schlüssigen Beweis schwächten, indem sie unermüdlich nach immer neuen Bestätigungen ausblickten. Esterhazys Enthüllungen verdienen die größte Aufmerksamkeit, keineswegs weil sie die Unschuld des Hauptmanns Dreyfus erhärten, die nie in Frage gestellt werden konnte, sondern weil sie helfen, dem Verbrechen der falschen Ankläger auf den Grund zu kommen. Vor dem Kassationshof hatte Esterhazy nichts vorgebracht, was er nicht beweisen oder wahrscheinlich machen konnte. Seine vorsichtige und abgewogene Ausdrucksweise, die so auffällig im Gegensatz zu seiner gewöhnlich unbeherrschten Sprache steht, zeigt, in welchem Grade er bemüht war, sich einen Anspruch auf Glaubwürdigkeit zu erringen. Das war nach den vielen Lügen seiner früheren öffentlichen Erklärungen keine leichte Aufgabe. [103]

Die Zeugenvernehmungen der Strafkammer des Kassationshofs füllen über achthundert Druckseiten. Sie sind die Grundlage des Urteils, das von den Vereinigten Kammern schließlich gefällt wurde. Der weitaus größere Teil der Aussagen wurde hervorgerufen durch die Erfindungen der Ankläger und sind daher keiner Beachtung wert. So übersehen wir alles, was sich auf das sogenannte Geständnis des Hauptmanns Dreyfus, auf die technische Analyse des Bordereaus und auf die Handschriften bezieht. Es gab einige mutige Zeugen, welche die Fabeln und Sophismen zerstörten. Aber die Affäre hatte die Franzosen zu leidenschaftlichen Parteigängern gemacht, und es war nicht die Vernunft, welche die Auseinandersetzung beherrschte.

Die Abweichung der Justiz von dem geraden Wege des Rechts und der Sachlichkeit hatte zum Ergebnis, daß die Aussagen vor der Strafkammer noch einmal wiederholt und sogar erweitert wurden vor dem Kriegsgericht in Rennes, vor das die Vereinigten Kammern Dreyfus nach der Aufhebung des Urteils von 1894 wieder als Angeklagten schickten. Diese neuen Verhandlungen füllen über siebzehnhundert Druckseiten. Die Verdoppelung des Umfangs der Aussagen gibt eine unmittelbare Vorstellung von der Entfesselung der falschen Anklage, die der Kassationshof durch seine politisch beeinflußte Entscheidung verschuldete. Der Prozeß von Rennes zeigt die Verschwörer ganz ohne Maske. Die Untersuchung der Strafkammer hatte unter dem Druck der öffentlichen Meinung bereits auf die bedenklichste Weise die Grenzen überschritten, die durch die Aufgabe, über die Revision des Prozesses von 1894 zu beschließen, gezogen waren. In Rennes fielen alle Schranken, Gesetz und Recht galten nichts.

Das Ausnahmegesetz, das der Strafkammer des Kassationshofs die Entscheidung über die Revision abnahm und den Vereinigten Kammern übertrug, war ein Sieg der nationalistischen Demagogie.

Der Entwurf des Gesetzes, den die Regierung vorlegte, nannte natürlich nicht den Fall Dreyfus als Beweggrund, sondern schien eine allgemeine neue Regelung zu wollen. Aber die Absicht war so offensichtlich, daß niemand sich die Mühe gab, den Charakter des politischen Gelegenheitsgesetzes abzuleugnen.

Die Strafkammer hatte, während der Sturm um sie tobte, unbeirrt ihre Aufgabe verfolgt und führte die Untersuchung zu Ende, bevor die Abgeordneten das Gesetz mit 324 gegen 207 Stimmen annahmen. Zwei Wochen später, am 1. März, folgte der Senat mit 158 gegen 118 Stimmen.

Die Opposition war stark gewesen, und sie stützte sich auf unanfechtbare Gründe. Aber die politische Feigheit und die Unverantwortlichkeit der Mehrheit überwanden die schwersten Bedenken. Der Gipfel parlamentarischer Verkommenheit fand seinen Ausdruck in einem Wort des Justizministers Lebret, der, um die letzten Widerstände zu besiegen, den Abgeordneten zurief: »Denken Sie an Ihre Wahlbezirke!« Schamloser konnte nicht bekannt werden, daß der oberste Gesichtspunkt des Volksvertreters in der Behandlung öffentlicher Angelegenheiten die Sicherung seiner Wiederwahl ist. [104]

Was die Regierung der Kammer und dem Senat zumutete, war ein gegen Dreyfus gerichtetes Gesetz. Er wurde eines Rechts beraubt, das für seine Sache von entscheidender Bedeutung war. Da man unter Verletzung eines immer geachteten Rechtsgrundsatzes die Regeln des bereits begonnenen Revisionsverfahrens änderte, wurde Dreyfus ausgesondert und tatsächlich unter ein Ausnahmegesetz gestellt. Die sich aufzwingende Annullierung machte man unmöglich, indem man den Vereinigten Kammern des Kassationshofs zwar die Entscheidung über die Revision übertrug, ihnen aber nicht das Recht der Annullierung gewährte. Dieser die Wahrheit und die Gerechtigkeit verkümmernde Gewaltstreich hatte keinen anderen Beweggrund, als den General Mercier vor der Strafverfolgung zu schützen.

Das Ausnahmegesetz stellte den Hauptmann Dreyfus auf einen Platz außerhalb der Ordnung, in der selbst der schlimmste Verbrecher bleibt.

Am 29. und 30. Mai 1899 versammelten sich die Vereinigten Kammern des Kassationshofs, um in feierlicher Sitzung zunächst ihren Berichterstatter Ballot-Beaupré anzuhören.

Dieser glaubte den Grad höchster richterlicher Unparteilichkeit erreicht zu haben, indem er zuerst das System der Belastungszeugen d. h. der arglistigen Ankläger darstellte, dann die entlastenden Tatsachen vorbrachte und aus der Gegenüberstellung seine persönliche Schlußfolgerung zog. Da er zu dem Ergebnis kam, daß Esterhazy das Bordereau geschrieben hätte, wurde er von den Dreyfusisten sehr gelobt und als mutiger Bekenner gepriesen.

Vom Standpunkt des Rechts gab es keineswegs zwei Parteien, sondern nur eine fast vier Jahre zurückliegende Verurteilung, deren Ungesetzlichkeit und Ungerechtigkeit zum Vorschein gekommen war. Dem Kassationshof war allein aufgegeben, den Prozeß von 1894 zu untersuchen. Neue Elemente durften nicht in Betracht gezogen werden. Wenn sie bestanden, konnten sie die Grundlage einer neuen Anklage bilden. Aber Ballot-Beaupré bestätigte die als Ankläger auftretenden Zeugen in ihrer angemaßten Rolle. Das ergab sich allerdings aus der abwegigen Untersuchung. [105]

Das Ausnahmegesetz hatte zur Folge, daß nicht der wirkliche Fall Dreyfus behandelt wurde, sondern ein durch juristische Konstruktion entstellter Fall Dreyfus, der von der geschichtlichen Begebenheit wesentlich verschieden ist. Die Auslöschung der Mitteilung des geheimen Aktenstücks an die Richter, »als ob sie nicht stattgefunden hätte«, beraubte den Unschuldigen eines entscheidenden Mittels der Verteidigung, zumal die Erörterung des geheimen Aktenstücks in der Untersuchung zugelassen und gewisse Zeugen sogar eingeladen worden waren, aus ihm angebliche Schuldbeweise gegen Dreyfus zu ziehen! Sein Dasein war also anerkannt und niemand bestritt den Zweck, den es im Prozeß erfüllt hatte.

Die Verurteilung des Hauptmanns Dreyfus war allein aus diesem Grund rechtlich, sachlich und moralisch nicht zu rechtfertigen. Vor allem mußten vernichtende Schlußfolgerungen hinsichtlich der Anklage gezogen werden.

Der Generalstaatsanwalt Manau hat die Fragen, die der Fall Dreyfus stellt, bestimmt und klar formuliert. Für ihn ist das Bordereau die Achse der ganzen Angelegenheit. Die Zuschreibung des Corpus delicti ist allein entscheidend, denn alles andere, was noch vorgebracht werden könnte, wäre in der Abhängigkeit von der Antwort, die man auf die erste Frage gibt. Wenn das Bordereau nicht von Dreyfus ist, erledigen sich alle Indizien, die man gegen ihn gesammelt hat.

Über die Mitteilung des geheimen Aktenstücks sagte Manau:

»Man hat viel über geheime und entscheidende Dokumente gesprochen, die dem Kriegsgericht im Beratungszimmer mitgeteilt worden und der Verteidigung nicht bekannt gewesen wären. Rechtlich wissen wir nichts davon, und was auch immer die Untersuchung in dieser Hinsicht hervorgebracht hat, darf uns nicht beschäftigen, selbst nicht unter dem Gesichtspunkt einer Annullierung aus Gründen der Form, da wir nicht den Auftrag erhalten haben, Sie damit zu befassen. Wir haben das Recht zu sagen, daß, wenn die Mitteilung stattgefunden hätte, Sie die Tatsache nicht berücksichtigen dürften. Sie darf hinsichtlich der Revision keine Rolle spielen.«

Der Zweifel, den Manau bezüglich des geheimen Aktenstücks einführt, ist ein »Kunstgriff« um die Wirklichkeit der Rechtslage anzupassen, denn die Untersuchung hatte das Rechtsverbrechen Merciers bewiesen. Dieses war zwar als Gewalttat bekannt, aber sein Charakter und seine Bedeutung waren bei weitem nicht ergründet. Man wußte nicht einmal, daß Mercier das Corpus delicti seines Verbrechens in seinen entscheidenden Teilen zerstört hatte, um den Beweis der Fälschung möglich zu machen, und der erhaltene Rest, den Picquart kannte, wenig bedeutete. Wenn das geheime Aktenstück auch nicht mehr einen Grund der Annullierung bilden konnte, so blieb es jedenfalls die bedeutendste »neue Tatsache«.

Die Ausführungen Manaus über die Echtheit des Bordereaus sind ohne jede Grundlage und berühren in keiner Weise den Zweifel, den Henry als einziger Zeuge für seinen Ursprung hervorruft. Aber es gab noch gewichtigere Gründe, es für falsch zu halten, vor allem einen, den der Generalstaatsanwalt ausführlich behandelte, ohne seine Bedeutung für die Frage der Echtheit zu erkennen. Er bemühte sich, die Folgen zu erörtern, die sich aus dem Wechsel des Datums des Bordereaus ergaben, denn die Verjüngung um ein halbes Jahr bedeutete eine wahre Substanzverwandlung, welche die Verhandlungen des Prozesses Dreyfus gegenstandslos machte. Aber die Veränderung des Datums wäre nicht möglich gewesen, wenn die Verschwörer das Bordereau als ein echtes Dokument behandelt hätten. Gegen dieses Indiz der Fälschung gab es kein Argument, aber es ist nie vor den Gerichtshöfen erörtert worden. Manau hat es übersehen.

Es waren zehn Gründe, auf die der Generalstaatsanwalt seinen Antrag auf Revision des Prozesses Dreyfus stützte. Sie waren Indizien der Unschuld, aber nur drei konnten entscheidend ins Gewicht fallen, und diese waren offenbar absichtlich nicht in ihrer Bedeutung als Unschuldsbeweise erschöpft worden, um einen künstlichen Zweifel an der Unschuld des Verurteilten bestehen zu lassen und den Fall an ein Kriegsgericht zurückverweisen zu können.

Die drei wichtigsten der zehn Gründe Manaus waren:

1. die zwei Daten des Bordereaus – April 1894 in den Prozessen Dreyfus und Esterhazy, August 1894 im Zola-Prozeß. Der Wechsel des Datums wird von Manau wohl als Substanzveränderung behandelt, nicht aber als Hinweis auf die Fälschung.
2. Der Widerspruch zwischen den Experten des Prozesses Dreyfus und denen des Prozesses Esterhazy. Die zwingende Schlußfolgerung, daß die Zuschreibung des Bordereaus an Dreyfus falsch war, wird von Manau nicht gezogen, obwohl inzwischen ein Experte der Anklage, Charavay, widerrufen und das Bordereau Esterhazy gegeben hat.
3. Die Gleichheit des Papiers des Bordereaus und der Korrespondenz Esterhazys. Das ist, wenn man will, nur ein starker Hinweis auf Esterhazy als den Schreiber. Aber zusammen mit dem zweiten Grund ergibt sich ein schlüssiger Beweis, der nicht erlaubte, einen Zweifel an dem Urheber des Bordereaus offen zu lassen.

Es könnten noch wenigstens zehn andere und gewichtigere Gründe der Revision angeführt werden als die Manaus, die auf eine sachlich ungerechtfertigte Weise einen kleinen Zweifel an der Unschuld des Hauptmanns Dreyfus offen ließen, damit ein Kriegsgericht die Wiedergutmachung des Unrechts vollende. Die Vorstellung, daß die Sanktionierung der Unschuld durch die Armee ein nationales Bedürfnis wäre, beherrschte, wie gesagt, alle Parteien der Revision.

Alfred Dreyfus – oder vielmehr Madame Lucie Dreyfus als sein Vormund – wurde vor dem Kassationshof von dem Rechtsanwalt Mornard vertreten. Dieser war vielleicht der beste Jurist unter den Verteidigern des Hauptmanns. Aber er war an gewisse Weisungen der Familie gebunden, die nicht immer mit einer streng sachlichen und rechtlichen Behandlung des Falles im Einklang standen. Obwohl Dreyfus sich noch auf der Teufelsinsel befand, machte sich seine Persönlichkeit zum ersten Male in der Auseinandersetzung um die Revision bemerkbar. Wahrscheinlich konnte er durch seine Briefe einen starken Einfluß nehmen. Die Familie teilte jedenfalls seine Ideen. Sie alle waren unpolitische Menschen. Ihr betonter Patriotismus kannte nur das ideale Vaterland; der wirkliche Staat befand sich außerhalb ihres Gesichtskreises. Nichts lag ihnen ferner als Kritik an öffentlichen Verhältnissen oder gar Revolte.

Das unpolitische Wesen der Familie Dreyfus war eine Tatsache von großer Konsequenz in der Affäre. Als nach Jahren innerhalb der dreyfusistischen Bewegung die inneren Gegensätze zum Vorschein kamen, machten einige der Enttäuschten die privaten Gesichtspunkte der Brüder Dreyfus für den politischen Mißerfolg verantwortlich. Das war zwar eine Übertreibung, die sich aus der natürlichen Neigung der Menschen erklärt, ihre eigene Schuld auf andere abzuwälzen, aber der Vorwurf enthielt eine große und traurige Wahrheit.

Das fatale Leitmotiv, das von Anfang bis zum Ende die Verteidigung des Hauptmanns peinlich macht, erklingt schon in den einleitenden Sätzen des Schriftsatzes, den Mornard am 24. April 1899 dem Kassationshof einreichte:

»Es ist überflüssig zu betonen, daß meine Mandantin als treue Vollstreckerin der Wünsche ihres Gatten unter keinen Umständen die Männer beschuldigen will, die zu den Irrtümern beigetragen haben. Im übrigen fühlt sie ganz mit allen, welche die Armee verehren, der ihr Gatte den besten Teil seines Lebens geopfert hat.«

Ein weiser Mann hat gesagt, das politische Verhalten beginne mit dem Erkennen des Feindes. Wenn man dieses Wort als ein Kriterium nimmt, so verkörpern Dreyfus und seine Nächsten das absolut unpolitische Wesen. Sie werden nie aufhören, die grausamsten und böswilligsten Feinde versöhnen und gewinnen zu wollen. In diesem Bestreben finden sie sich bereit, Verbrechen, Arglist und Lügen zu übersehen und so zu handeln, als ob sie sich nur irrenden oder getäuschten, aber gutgläubigen Menschen gegenüber befänden. Ihre Schwäche lädt die Feinde ein, ohne jede Gefahr für sich selber die Gewalttaten zu vervielfältigen. Wenn aber Dreyfus selber nicht mit der äußersten Entschlossenheit seinen Feinden gegenübertrat, so verriet er – ohne es zu wissen und zu wollen – die tapferen Männer, die für ihn kämpften.

Der volle Sinn dieser Einleitung Mornards wird deutlich, wenn man sie zusammen mit der Begründung der Schlußfolgerung betrachtet. Diese lautet:

»Eine einzige Frage stellt sich: wird der Gerichtshof selber entscheiden oder die Rehabilitierung des Hauptmanns Dreyfus dem Urteil eines neuen Kriegsgerichts überlassen?

Der Wunsch meiner Mandantin zwingt mich, den Antrag auf Zurückverweisung an ein Kriegsgericht zu stellen, und ich gestehe, daß ich es nicht ohne schwere Beklemmung tue, denn ich frage mich, ob man nicht zuviel Rücksicht auf gewisse Empfindlichkeiten nimmt, indem man dem unglücklichen Offizier noch Wochen des Martyriums auferlegt ... Aber zum wenigsten möchte ich feststellen, daß ich die Rückverweisung an ein Kriegsgericht beantrage, weil ich mich den Wünschen des Hauptmanns Dreyfus fügen muß . . .«

Man hat guten Grund, sich über die Rechtsanwälte zu verwundern, die den Kundgebungen eines verkrampften und falschen Ehrgefühls nachgaben, denn sie kannten die menschliche Justiz als gefährlichen Feind des Angeklagten, insbesondere des unschuldigen Angeklagten. Einem solchen übermächtigen und erbarmungslosen Feind gegenüber nicht alle Mittel der Verteidigung anzuwenden war Torheit. Da es sich um das Gesetz handelt, besteht auch eine moralische Verpflichtung, daß ihm gemäß verfahren wird und nicht persönliche Gefühle seine uneingeschränkte Anwendung verhindern. Die entscheidende Lücke im sozialen Bewußtsein des Hauptmanns Dreyfus war aber das Unverständnis für die Stellung des Individuums im Staat, die Verkennung des bösen Charakters dieser unpersönlichen Macht, kurz der Mangel an einem unmittelbaren wahren Begriff des Politischen. Er fühlte in keiner Weise, daß er in dem Augenblick, da er angeklagt wurde, sich einem Feind gegenüber befand, den aufs härteste und rücksichtsloseste zu bekämpfen seine persönliche Ehre verlangte.

Obwohl Mornard sich den Wünschen seiner Auftraggeber nur widerstrebend fügte, paßte er seine Darstellung des Sachverhalts der politischen Übereinkunft an, die dahin zielte, die Hypothese des Justizirrtums aufrecht zu erhalten, die Generale zu schonen, ihnen zu helfen, alle Verbrechen den Sündenböcken aufzubürden, und Dreyfus von einem neuen Kriegsgericht rehabilitieren (oder wieder verurteilen) zu lassen.

Das Urteil des Kassationshofs soll das Ergebnis heftiger Auseinandersetzungen zwischen den hohen Richtern gewesen sein. Die Politik beherrschte die Geister, und jeder einzelne Richter galt, ob er es war oder nicht, als ein Parteigänger. Der Erste Präsident des Kassationshofs, Mazeau, der sich bereits bei Gelegenheit des Ausnahmegesetzes gegen Dreyfus als ein allzu schmiegsamer Politiker gezeigt hatte, vertrat den rein politischen Standpunkt, daß der Spruch von den Vereinigten Kammern einstimmig gefällt werden müßte. Das bedeutete die Notwendigkeit eines Kompromisses, der nur zum Schaden einer sachlichen und gerechten Bereinigung des Falles erreicht werden konnte.

Joseph Reinach behauptete, die Gegner der Revision unter

den Richtern hätten durchgesetzt, daß unter den Gründen der Revision das heimlich mitgeteilte Schriftstück ›Ce canaille de D...‹ genannt wurde. Die Mehrheit hätte aber in diesem Verlangen eine Falle gesehen, um das Kriegsgericht vor die Wahl zwischen dem General Mercier und Dreyfus zu stellen. Der Historiker bedauert tief, daß den »feindlichen Richtern« ihr Anschlag gelang.

Reinachs richtige oder falsche Annahme bezeichnet jedenfalls die konstitutionelle Schwäche der meisten Dreyfusisten. Das Dilemma zwischen Mercier und Dreyfus war gegeben und gewiß alles andere als »furchtbar«. Selbst wenn es von den Nationalisten nicht bewußt an die erste Stelle gerückt worden wäre, hätten es die Dreyfusisten unter allen Umständen schaffen und die unausweichliche Entscheidung erzwingen müssen. Der Rückzug vor einem verschiedener Verbrechen überführten General läßt alle Rückschläge, denen die Dreyfusisten von nun an ausgesetzt sind, als wohlverdient erscheinen.

In der Furcht, die falsche Anklage zu enthüllen, verzichtete der Kassationshof auf die »neue Tatsache« der ›Fälschung Henry‹ vollständig. Da man nur einen Justizirrtum feststellen wollte, konnte man die brutalen Rückschlüsse nicht gebrauchen, die sich aus dem gewaltsamen Tode des Chefs des Nachrichtendienstes ergaben. Man schwieg sich also vollkommen aus.

Das Bordereau wurde Dreyfus nicht abgesprochen und Esterhazy nicht zugeschrieben, um dem Kriegsgericht zu erlauben, den Fall in vollem Umfange wieder aufzurollen. Denn das Bordereau war das Corpus delicti. Die Richter handelten, als ob sie dem neuen Kriegsgericht volle Freiheit geben wollten, die falsche Anklage gestärkt und bereichert zu Worte kommen zu lassen.

Die einzige unbedingt positive Erklärung des Urteils betrifft das sogenannte Geständnis des Hauptmanns Dreyfus, das als belastendes Element ausgeschaltet wird.

Der Kassationshof erfüllte die Aufgabe, welche die Politik ihm gestellt hatte. Das Urteil des Kriegsgerichts von 1894 wurde aufgehoben, und Alfred Dreyfus war wieder des Landesverrats vor dem Kriegsgericht in Rennes angeklagt.

[97] Die Hetze gegen die Strafkammer

Henri Rochefort in ›L'Intransigeant‹ vom 18. Oktober 1898:

Man sollte die Richter des Kassationshofs wie Zuchthäusler aneinanderfesseln, und ein geübter Folterknecht müßte ihnen mit einer Schere die Augenlider wegschneiden ... Wenn sie derart unfähig gemacht worden wären, die Augen zu schließen, würde man große Spinnen der giftigsten Art in Nußschalen setzen und diese auf den Augäpfeln mit am Hinterkopf zusammengeknüpften Fäden sorgfältig befestigen. Die ausgehungerten Spinnen, die hinsichtlich der Nahrung nicht wählerisch sind, würden allmählich die Iris und die Linse zerfressen, bis nichts mehr in den blicklosen Augenhöhlen übrigbliebe. Dann würde man alle diese scheußlichen Blinden zu Schandpfählen vor den Justizpalast schleppen, wo das Verbrechen begangen wurde und jedem von ihnen auf die Brust eine Tafel heften mit der Inschrift: »So bestraft Frankreich die Verräter, die es an den Feind verkaufen wollen!«

[98] Mercier trumpft auf

Vor dem Kriegsgericht in Rennes am 12. August 1899:

Ich habe mich nicht geweigert zu antworten, im Gegenteil, ich habe der Strafkammer geantwortet. Höflich, aber sehr bestimmt erwiderte ich, daß ich auf diese Frage nicht antworten wollte, weil ich dem Kassationshof nicht das Recht zuerkannte, mir die Frage zu stellen. Ich war der erste Zeuge, den die Strafkammer vorlud, und ich hoffte, daß die Gründe, die ich vorbrachte, sie bestimmen würden, sich in den Grenzen zu halten, die der Justizminister ihr gezogen hatte, das heißt, daß sie sich auf die neuen Tatsachen beschränken würde – nämlich auf Meinungsverschiedenheiten der Schriftsachverständigen und auf die Fälschung Henrys. Ich bemerkte, daß der Justizminister die Strafkammer nicht mit der Mitteilung des geheimen Aktenstücks befaßt hatte, obwohl dieser Punkt in dem Gesuch der Madame Dreyfus angeführt war. Infolgedessen war es nicht irrtümlich, sondern absichtlich, daß der Justizminister es unterließ, die Strafkammer deswegen zu befassen. Daher räumte ich ihr nicht das Recht ein, mich über diese Angelegenheit zu befragen, und mein Schweigen war also nicht ein Schweigen, das die Sache betraf, zum wenigsten hatte man nicht das Recht, es so zu deuten, wie man es getan hat. Ich wollte nicht antworten, weil ich die Revision als eine Gefahr betrachtete, der man unser Land aussetzte. Und ich wollte nicht einmal einen Vorwand geben, um es in diese Gefahr zu bringen. Nun, da die Sache geschehen ist, habe ich keinen Grund mehr zu schweigen ...

[99] »Nichts als die Wahrheit«

Aussprüche des Zeugen Mercier vor der Strafkammer:

In diesem Augenblick (der Ankunft des Bordereaus) kannte der Oberst Henry Dreyfus nicht; – man mußte schnell handeln, um weitere Enthüllungen zu verhindern.

Dreyfus zeigte eine offensichtliche Verwirrung, die dem Major du Paty de Clam und M. Cochefort ausreichend verdächtig erschien, um seine Verhaftung zu rechtfertigen.

Das Bordereau enthält verschiedene Dokumente, die es erlauben, ihm ein Datum zu geben. Danach würde es aus der zweiten Hälfte des Monats August (1894) stammen. Ich glaube, daß der Major d'Ormescheville sich geirrt hat, als er ihm in seinem Bericht ein anderes Datum gab,

In den verschiedenen Verhören durch du Paty de Clam anerkannte Dreyfus die Ähnlichkeit seiner Handschrift mit der des Bordereaus auf eine Weise, daß er ausrief: »Aber man hat mir meine Handschrift gestohlen!« Von diesem Augenblick an brauchte ich mich nicht mehr mit der Affäre zu beschäftigen.

Als einer der Richter den General fragte, warum er das »Geständnis« nicht protokollieren ließ, das Dreyfus vor der Degradation abgelegt hätte, antwortete er:

Es handelte sich um eine erledigte Angelegenheit. Man konnte nicht voraussehen, daß eine ganze Rasse sich später mit Dreyfus solidarisch erklären würde.

Es ist gänzlich unmöglich, daß Esterhazy der Autor des Bordereaus ist, selbst wenn er es geschrieben hätte. Er konnte tatsächlich nicht die Dokumente kennen, die geliefert worden sind. Der General Roget hat darüber eine Arbeit gemacht und wird Sie mit ihr bekannt machen.

Ich bin überzeugt ... daß Dreyfus schuldig ist.

Vorher, im Prozeß Zola, hieß es:

Dreyfus war ein Verräter, der gerecht und gemäß dem Gesetz verurteilt worden ist.

[100] Dreyfus, Esterhazy & Co.

Cavaignac wurde gefragt: »Die Grundlage des Verfahrens soll nach den Mitteilungen des Generals Zurlinden das Bordereau gewesen sein, das gegen Ende September 1894 im Kriegsministerium auftauchte. Wenn also das Bordereau verschwände, so müßte man zu dem Schluß gelangen, daß eins der hauptsächlichen Elemente der Schuld ausfiele?«

Die Antwort Cavaignacs wirft ein scharfes Licht auf den Plan der Verschwörer, die alte Anklage durch eine neue zu ersetzen. Er sagte:

... Ich glaube nicht, daß man vom Bordereau behaupten kann, es wäre das einzige Element des ersten Prozesses gewesen. Aber ohne Zweifel war es eines der wesentlichen Elemente. Man muß also prüfen, in welchem Maße der Widerspruch der Expertisen es entwerten kann. Ich gebe der Diskussion der Sachverständigen, was die Handschrift des Bordereaus betrifft, auf jeden Fall nur eine relative Bedeutung ... Es scheint mir, daß es bezüglich dieses Punktes selbst bei den Expertisen, die man als im Widerspruch zueinander stehend ansieht, einen gemeinsamen Zug gibt. Fast alle sind zu dem Schluß gelangt, daß es sich beim Bordereau um eine unechte Handschrift handelt. Aber was eine sehr viel größere Bedeutung in meinen Augen hat, ist die Tatsache, daß die Beweiskraft des Bordereaus nicht allein in der Handschrift, sondern in der Art der Dokumente liegt, die dort aufgezählt sind. Man hat darauf in allen Diskussionen bedeutenden Wert gelegt, die sich bemühten, Esterhazy als den Autor des Bordereaus hinzustellen. Eine der wesentlichen Beweisführungen Picquarts in seiner Denkschrift versucht zu zeigen, daß die Mitteilungen in der

Aufzählung des Bordereaus keine wirkliche Bedeutung gehabt haben konnten, um dann darzulegen, daß Esterhazy, der nicht in der Lage war, wichtige Informationen zu geben, sehr wohl der Autor des Bordereaus ist.

[101] Ein General als Zeuge

Die Generale waren im Genusse einer Immunität, die ihnen jede Art Hemmungslosigkeit erlaubte. Was soll man von einem Zeugen denken, der ohne den Schatten eines Beweises von einem Richter sagen kann: »Alles, was Monsieur Bertulus vorgebracht hat, macht seiner Einbildungskraft mehr Ehre als seiner Wahrhaftigkeit. Ich bin entrüstet darüber, daß ein Richter derartige Aussagen machen kann.« Und etwas später: »Ich bemerkte sehr schnell, daß Monsieur Bertulus ihm gerade eine Komödie vorgespielt hatte, was zu seinen Gewohnheiten gehört.« Aber solche Bemerkungen sind noch milde im Vergleich zu den Verleumdungen, die der General als angebliche Äußerungen eines ungenannten Dritten vortrug. Glücklicherweise war der Untersuchungsrichter Bertulus ein Mann, der einer Beleidigung zu begegnen wußte. Er erwiderte:

Bevor ich auf die verschiedenen Einwendungen des Generals Roget antworte, die er gegen meine Aussage vorgebracht hat, muß ich mich mit äußerster Energie gegen die Methode auflehnen, die dieser französische General angewandt hat, um mein Zeugnis zu entwerten. Die Verleumdung ist die Waffe der niedrigen Gesinnung, die man nicht bei einem Mann antreffen sollte, der auf seinen Epauletten die Sterne hoher Befehlsgewalt trägt. Und es ist nicht einmal die brutale direkte Verleumdung, deren sich mir gegenüber dieser Verteidiger von Fälschern und Meineidigen, die sich früher um Esterhazy sammelten, bedient, sondern er gebraucht die schlimmste Art der Verleumdung, indem er sich hinter einem Ungenannten versteckt.

[102] Der kostbarste Zeuge

Esterhazy vor dem Kassationshof am 23., 24., 30. Januar 1899:

Er begann, indem er erklärte, unter welchen Bedingungen er seine Aussage machte (er war unter ›sauf-conduit‹ von London gekommen):

Da ich unter ungewöhnlichen Umständen als Zeuge vorgeladen bin, glaube ich das Recht zu haben, mich so zu äußern, wie ich es für richtig halte. Mit dem größten Schmerz und Bedauern entschloß ich mich, den Gerichtshof zu ersuchen, mich anzuhören. Solange ich offen oder stillschweigend von meinen Chefs gedeckt wurde, habe ich nichts gesagt. Gemäß ihren Befehlen habe ich alles ertragen und alles erlitten im Geiste der soldatischen Disziplin, wie sie vor zweihundert Jahren bestand und noch in mir lebt. Die dreyfusistischen Zeitungen nennen mich Söldner, Landsknecht, Condottiere. Es ist möglich, daß ich das alles bin, und ich rühme mich dessen. Mit Soldaten meiner Art gewann man Schlachten, und Soldaten meiner Art verließen ihre Kameraden nicht im Handgemenge. An dem Tage, da ich unwürdigerweise im Stich gelassen und geopfert wurde – ebenso aus Feigheit wie aus Dummheit, habe ich diese Haltung noch bewahrt ... Wenn ich heute nach schweren inneren Kämpfen bereit bin, diesem Gericht zu sagen, was ihm von anderer Seite längst hätte mitgeteilt werden müssen, so tue ich es, weil ich ein Recht hatte, zu erwarten, daß meine Chefs sprechen würden. Ich bin der Meinung, daß ich diesem Gericht meinen ersten Bericht und meine Beweise schuldig bin, bevor ich mich an die öffentliche Meinung wende, deshalb will ich reden.

Esterhazy behauptete, in der Notwehr seine Enthüllungen zu machen, weil seine Vorgesetzten ihn durch ihre falschen Darstellungen nicht nur im Stiche gelassen, sondern zum Sündenbock gemacht hätten. In der ausführlichen und überzeugenden Geschichte seiner Verteidigung durch den Generalstab gibt es nicht einen wichtigen Punkt, der bestritten werden könnte. Wir begnügen uns hier mit der Zusammenfassung, die Esterhazy am zweiten Vernehmungstage, am 24. Januar 1899, den Richtern vortrug.

Ich glaube, gestern durch meinen Bericht bewiesen zu haben, daß ich von den hohen Chefs der Armee gedeckt worden bin, daß nicht ich es war, der sich an sie wandte, sondern daß sie mir zu Hilfe gekommen sind. Nicht ich habe den Chef des Generalstabs oder die Generale unter seinem Befehl um Unterstützung oder Hilfe gebeten, nicht ich habe sie ersucht, mir meinen Verteidiger auszuwählen, damit sie, in ständiger Verbindung mit mir, mich lenken könnten, nicht ich habe Befehle und Weisungen bezüglich meines Verhaltens erbeten. Bis zum Juli 1898 ist mir alles vorgeschrieben worden, und ich habe in gewissenhaftem Gehorsam alles ausgeführt.

Wenn ich mich jemals schuldig gemacht oder auch nur unerlaubt gehandelt hätte (und ich wehre mich gegen diese Unterstellung mit aller Energie), so wären sie meine Mittäter, und sollte es notwendig sein, dafür noch Beweise zu liefern, so will ich es tun, sofern man mich dazu zwingt.

Ich habe Ihnen gestern geschworen, ohne Haß und ohne Furcht zu sprechen. Ich werde die Wahrheit sagen, denn ich will nichts vorbringen, was ich nicht beweisen kann. Ich spreche ohne Furcht, denn ich habe vor niemand in der Welt Angst. Wenn Sie die Tatsachen kennenlernen, die ich nun berichte, so werden Sie verstehen, daß ich über Monsieur Cavaignac nicht ohne Haß sprechen kann.

Bis zum Juli 1898 wurde ich von meinen Chefs unbedingt gedeckt. Als das Ministerium Brisson gebildet wurde, warnte man mich, daß einer der ersten Punkte des Programms der Regierung die Preisgabe meiner Person wäre. Meine Freunde unter den Antidreyfusisten erblickten aber in Monsieur Cavaignac den Messias. Einer seiner Klassenkameraden von der Ecole Polytechnique hatte mir von ihm eine Charakterzeichnung gegeben, die alles andere als beruhigend war. Bei seinem Amtsantritt dachte ich noch, daß man ihm vieles verheimlichen würde, da ich den Schrecken kannte, den er im Kriegsministerium verbreitete, wo man ihn für Robespierre oder Saint-Just hielt. Ich ersuchte ihn um eine Audienz, weil ich natürlich annahm, daß es für ihn nützlich und interessant sein würde, mich zu sehen, zu wissen, wer ich bin, und mir auf den Zahn zu fühlen. Ich erhielt keine Antwort. Ich ging dann zum General de Pellieux und sagte ihm, daß es eine Menge schwerwiegender Umstände gäbe, über die ich nie gesprochen hätte, weil ich meinen Verpflichtungen Dritten gegenüber treugeblieben wäre (von denen in der Mitteilung des Obersten du Paty die Rede ist, die ich gestern dem Gericht übergeben habe).

Ich traf den General de Pellieux in einer Verfassung an, die es mir unmöglich machte, mit ihm viele Einzelheiten zu erörtern. Immerhin machte er mir den Vorschlag, die Angelegenheit mit dem General de Boisdeffre zu besprechen. Ich ging darauf ein und sagte ihm, es wäre notwendig, die Lage zu klären. Ich wäre am Ende meiner Geduld und verlangte nichts Besseres, als den General de Boisdeffre zu sehen. Diese Unterhaltung mit dem General de Pellieux fand am 3. Juli statt.

Um diese Zeit fragte mich Maître Tézenas, ob er Monsieur Cavaignac besuchen sollte. Ich nahm dankbar seinen Vorschlag an, und Maître Tézenas wurde von Monsieur Cavaignac empfangen. Das Ergebnis war, daß am 7. Juli Monsieur Cavaignac von der Tribüne der Kammer verkündete, ich würde die Disziplinarstrafe erhalten, die ich verdient hätte. So griff er der Entscheidung der Richter vor, die noch nicht einmal bestimmt worden waren.

Der General de Boisdeffre und der General Roget, der Kabinettschef des Ministers, wußten aber ganz genau, daß ich nicht der verantwortliche Autor der Briefe an den Präsidenten der Republik, des Artikels ›Dixi‹ in der ›Libre Parole‹, der Mitteilungen an die Presse und aller der Handlungen war, wegen deren ich vor einen Offiziersrat gestellt wurde. Man erweckte den Anschein, als ob man glaubte, daß ich alles aus eigener Initiative getan und gegen die Disziplin verstoßen hätte. Man dachte ohne Zweifel, daß ich nichts sagen würde, da ich bis dahin nur passiven Gehorsam gezeigt hatte. Aber ich bewies, was in Wahrheit geschehen war, und der Offiziersrat entschied einstimmig, daß ich keinerlei Verstöße gegen die Disziplin begangen hätte.

Der Offiziersrat erklärte auch einstimmig, daß ich nicht die Ehre verletzt hätte, aber trotz des Druckes, den man auf ihn ausübte und den ich noch vor dem Verwaltungsgericht nachweisen werde, wurde ich der schlechten Führung mit drei Stimmen gegen zwei für schuldig befunden, das heißt, gegen einen Widerspruch, der gemäß einer ständigen Gewohnheit noch niemals vorher die schlichte Verabschiedung zugelassen hatte. Ich durfte also auf Grund des Widerspruchs dieser wohlwollenden Minderheit (minorité de faveur) eine nachsichtige Behandlung erwarten. Ich habe auch gegen die schlichte Verabschiedung Berufung eingelegt und auf die regelwidrigen Mittel hingewiesen, die man anwandte, um meine Maßregelung zu erlangen.

Ich war durch einen Brief, in dem ich »Commandant« angeredet wurde, vor den Offiziersrat geladen worden. Zwischen zwei Sitzungen (denn die Verhandlungen dauerten vier Tage, was noch nie vorgekommen war), am 26. August 1898, erhielt ich einen Brief des Berichterstatters. In der Sitzung vom 24. hatte ich verlangt, daß Maître Tézenas gehört würde, und angekündigt, daß ich ein Dokument vorlegen würde, in dem der General de Boisdeffre genannt wird und das zeigt, auf welche Weise meine Schritte vom Generalstab gelenkt wurden. Den Brief überreiche ich hier. In ihm werde ich »Mon cher Commandant« angeredet. Es wird mir mitgeteilt, daß Maître Tézenas nur vernommen würde, wenn ich vor seiner Aussage dieses Dokument dem Präsidenten des Offiziersrates aushändigte. Ich wollte Maître Tézenas vorladen lassen, damit er die Beziehungen zwischen den Generalen des Generalstabs und mir bezeugte und die Richtigkeit eines Satzes bestätigte, der von einer Sache handelte, die entweder gemeinsam gewonnen oder gemeinsam verloren werden sollte.

Ich weigerte mich, dieses Dokument aus der Hand zu geben, dagegen erklärte ich mich bereit, es zu verlesen und die photographische Wiedergabe zu zeigen. Offensichtlich bemühte man sich, mich wehrlos zu machen, um von gewissen Persönlichkeiten die Verantwortung abzuwälzen. Unter solchen Umständen wurde der schlichte Abschied verfügt, nachdem man unlautere und ungesetzliche Mittel angewandt und auf mich in einer Weise eingewirkt hatte, für die der Ausdruck ›unter Druck setzen‹ zu milde ist.

Ich muß sagen, daß ich gewarnt worden war, denn während meiner Haft in der Santé hatte Monsieur Cavaignac zu Maître Tézenas gesagt, daß er unbedingt entschlossen wäre, mich unschädlich zu machen.

Der unter solchen Umständen ausgesprochene schlichte Abschied ist eine um so abscheulichere Maßnahme, als er mich nicht nur entehrt, sondern mir auch die Pension genommen hat, auf die mir neunundzwanzig Dienstjahre einen Anspruch gaben ... Was wäre geschehen, wenn ich der Forderung, die zwischen den beiden Sitzungen des Offiziersrates an mich gestellt wurde, nachgegeben und mich selber wehrlos gemacht hätte?

Ich weiß es nicht. Aber jedenfalls hätte ich Ihnen gestern nicht das Schriftstück vorlegen und Ihnen nicht beweisen können, daß die Offiziere des Generalstabs und der General de Boisdeffre, der dort genannt wird, sich verpflichtet fühlten, mich gegen die ungeheuerliche Anklage Picquarts zu verteidigen, die, wie ich bereits gesagt habe, die Generale zu meinen Mittätern machen würde, wenn ich schuldig wäre.

[Einer der Richter fragte Esterhazy:] Sie wissen, daß Dreyfus vor allem auf Grund eines Bordereaus verurteilt wurde, das eine gewisse Zahl von Dokumenten erwähnt, die er einer ausländischen Macht geliefert haben soll. Was können Sie uns über dieses Bordereau sagen?

[Esterhazy antwortete:] Das erste Kriegsgericht hat es Dreyfus zugeschrieben. Das zweite Kriegsgericht hat es nicht mir zugeschrieben, man erklärte, es stammte nicht von mir.

[Weitere Frage:] Sie schienen aber zuzugeben . . ., daß die Schrift des Bordereaus Ihre eigene wäre, die Dreyfus durchgepaust hätte. Was wollten Sie damit sagen?

[Die Antwort lautete:] Die Frage des Bordereaus gehört zu denen, die durch das Kriegsgericht von 1898 entschieden wurden. Ich glaube, daß ich die Frage nicht zu beantworten brauche.

[Frage:] Das Bordereau ist auf ein Blatt Papier von besonderer Art geschrieben. Kennen Sie dieses Papier wieder? Ist es Ihnen jemals gezeigt worden? Was Sie hier sehen, ist das Original des Bordereaus.

[Antwort:] Ich erkenne es wieder, aber es hat sich verfärbt.

[Frage:] Hatten Sie zu der Zeit, als dieses Bordereau geschrieben wurde, das heißt, zufolge dem Datum, das man ihm gibt, im Laufe des Sommers 1894, Papier, das dem des Bordereaus ähnlich ist?

[Antwort:] Ich habe gelesen, daß man Briefe von mir beschlagnahmt hat, die auf einem Papier geschrieben sind, das dem des Bordereaus entspricht. Ich weiß nicht, ob die Tatsache stimmt. Ich habe stets sehr dünnes Papier gebraucht und gebrauche es noch. Für einen Soldaten sind diese dünnen Blätter mit ihren Quadraten sehr bequem. Sie sind auch billig und nehmen nicht viel Raum in Anspruch. Die Quadrate können als Maßeinheiten dienen, und die Durchsichtigkeit erlaubt es, während der Manöver den Ausschnitt einer Landkarte durchzupausen oder eine ähnliche Arbeit zu machen . . . Ich möchte bemerken, daß ich fast immer auf dünnem Papier schreibe, und wenn man zufällig die Idee gehabt hätte, sich meines Papiers zu bedienen, es leicht gewesen wäre, es sich zu besorgen.

[Frage:] Ich zeige Ihnen hier einen Brief, datiert in Courbevoie, den 17. April 1892, von Ihnen unterschrieben und an M. Rieu, Schneider, 21 rue Richelieu, gerichtet. Erkennen Sie ihn wieder?

[Antwort:] Ja, ich erkenne diesen Brief wieder.

[Frage:] Ich lege Ihnen hier einen zweiten Brief vor, datiert in Rouen, den 17. August 1894, gleichfalls von Ihnen unterschrieben, der bei Maître Callé beschlagnahmt worden ist. Erkennen Sie ihn wieder?

[Antwort:] Ja, ich glaube, daß dieser Brief von mir ist.

[Frage:] Diese beiden Briefe sind auf durchsichtigem Papier mit horizontalen und vertikalen Linien, die Quadrate bilden, geschrieben worden. Sie wurden drei Sachverständigen zur Untersuchung vorgelegt, die am 26. November 1898 ihren Bericht erstatteten und deren Schlußfolgerungen ich Ihnen verlese, von denen ich diese Zusammenfassung zu Protokoll gebe:

»Das Schriftstück, Bordereau genannt, der Brief vom 17. August 1894 und der Brief vom 17. April 1892 zeigen die größte Ähnlichkeit.«

Haben Sie bezüglich dieses Punktes des Berichts Einwendungen zu machen?

[Antwort:] Was diesen Punkt betrifft, so beziehe ich mich auf die Erklärung in meinen Briefen (an das Gericht), das heißt auf die beiden Entscheidungen des Kriegsgerichts. Was die Behauptungen der Experten betrifft, so verstehe ich davon nichts. Ich kann nur sagen, daß es sich bei meinem Papier um eine billige und gewöhnliche Ware handelt, wie man sie überall findet...

Diese Aussagen, zusammen mit den Erklärungen, die in dem im Auszug folgenden Brief vom 13. Januar 1899 an den Ersten Präsidenten des Kassationshofs enthalten sind, lassen keinen ernsten Zweifel an der Rolle zu, die Esterhazy im Jahre 1894 gespielt hat.

In der Form von eidesstattlichen Versicherungen stellte Esterhazy in diesem Brief folgende Behauptungen auf:

1. Ich habe während einer Periode von achtzehn Monaten mit dem Vertreter einer ausländischen Macht auf die Bitte des Obersten Sandherr, des Chefs des Nachrichtendienstes, den ich in Tunis kennengelernt habe, Beziehungen unterhalten, deren Charakter ich Ihnen genau beschreiben würde, wenn man mich vom Berufsgeheimnis entbände.

Dank dieser Beziehungen, die meinen Chefs bekannt und von ihnen autorisiert waren, wie es die Untersuchung gegen Monsieur Picquart bewiesen hat, konnte ich dem Obersten Sandherr Mitteilungen von höchstem Interesse machen und mit Erfolg gewissen Machenschaften entgegenwirken, deren Urheber wohlbekannt ist, aber gegen den man nicht offen vorgehen konnte. Seit 1893 gab es im Kriegsministerium »undichte Stellen«, von denen mir der Oberst Sandherr sprach, und ich konnte ihm auf Grund meiner Beziehungen wertvolle Angaben über den Ursprung machen, die sich als richtig herausstellten.

2. Einen Monat, bevor ich von Mathieu Dreyfus angezeigt wurde, warnten mich Stabsoffiziere des Generalstabs, auf

Befehl und mit Zustimmung ihrer Vorgesetzten, wie ich beweisen kann, vor den Machenschaften Picquarts. Von diesem Augenblick an hörte ich nicht auf, in ständigen unmittelbaren oder mittelbaren Beziehungen zu meinen Vorgesetzten zu sein, deren Weisungen ich erhielt und nach denen ich mich stets genau gerichtet habe. Diese Weisungen bezweckten – das brauche ich nicht zu verbergen –, die ungeheuerlichen Machenschaften gegen mich zu bekämpfen und die Verurteilung eines Offiziers zu verhindern, dessen unbedingte Unschuld dem Chef des Generalstabs und seinen Untergebenen bekannt war. Alle meine Handlungen und alles, was ich seit dem Monat September 1897 schrieb, wurde mir befohlen oder von meinen Chefs diktiert.

Ich wurde sogar am 26. August 1898 zwischen zwei Sitzungen des Offiziersrates aufgefordert – ich habe den offiziellen Beweis dafür in Händen –, gewisse Dokumente, die ich besitze, auszuhändigen.

Ich wünschte, ich könnte glauben, daß die Weigerung, die ich diesem Ansinnen entgegensetzte, ohne Einfluß auf meine schlichte Verabschiedung war. Doch fürchte ich, daß meine Weigerung Monsieur Cavaignac, den damaligen Kriegsminister, und den Chef des Generalstabs gegen mich eingenommen hat.

3. Von dem Freispruch durch das Kriegsgericht vom 12. Januar 1898 bis zum 1. Juli war ich in ständiger Verbindung mit meinen Chefs, von denen ich weiterhin häufige Weisungen erhielt, die ich immer befolgt habe, ohne mir jemals einen Tadel oder eine Zurechtweisung zuzuziehen. Ich kann dafür die Beweise liefern.

Erst seit dem 1. Juli 1898 hat der Kriegsminister gegen mich Stellung genommen, um gewisse Verantwortungen abzuwälzen (weil ich mich zur Mitwirkung nicht bereitgefunden hatte) . . .

[103] »C'est moi qui ai fait le bordereau«

Esterhazys Geständnis am 23. Mai 1898:

Serge Basset hat als Zeuge in Rennes die Szene des Geständnisses lebendig geschildert:

Ich glaubte also nicht, daß Esterhazy der Autor des Bordereaus wäre. Ich erinnere mich sogar, daß ich einige Zeit, bevor ich die Erklärung Esterhazys von ihm persönlich vernahm, meinen Kollegen Philippe Dubois von der ›Aurore‹ traf, der versuchte, mir mit allen möglichen Gründen zu beweisen, daß Esterhazy das Bordereau geschrieben hätte. Ich gab ihm die Antwort: »Ich kann es nicht glauben, lassen Sie mich in Ruhe!«

Am 23. Mai reiste ich nach London. Der Zufall wollte, daß ich dem Major Esterhazy sehr unangenehme Neuigkeiten überbringen mußte. Monsieur Ballot-Beaupré hatte gerade in seinem Bericht vor dem ganzen Kassationshof erklärt, daß er nach bestem Wissen und Gewissen Esterhazy für den Autor des Bordereaus hielte, und es schien, daß der Kassationshof sich dieser Ansicht anschließen würde. Überdies hatte die Gräfin Esterhazy, wahrscheinlich veranlaßt durch ihre Familie, wie ich vermute, den Antrag auf Scheidung gestellt. Der Major Esterhazy war niedergeschmettert über diese Nachricht und fing an, über das Schicksal seiner Kinder zu jammern und zu klagen. »Ich bin verloren«, sagte er, »ich bin am Ende. Meine Frau läßt sich von mir scheiden, und meine Kinder werden in den Gefühlen des Hasses und des Abscheus gegenüber ihrem Vater erzogen werden. Und diesen letzten Schlag verdanke ich den Generalen, für die ich alles getan und alles geopfert habe, die mich auf unwürdige Weise im Stiche lassen. Das ist genug, um jetzt ein Ende zu machen und sich eine Kugel durch den Kopf zu schießen.«

Ich versichere Ihnen, daß ich tief beeindruckt war, als ich diesen Mann so sprechen hörte, was man auch immer über ihn sagen mag. Und völlig absichtslos, unbeeinflußt von meinem beruflichen Interesse, sprach ich zu ihm: »Wenn die Generale, die auf Ihre Ergebenheit zählten und Ihnen die schwierigsten und gefährlichsten Aufträge gaben, wie Sie behaupten, Sie nun im Stiche lassen, so sind sie große Übeltäter, und Sie haben die Pflicht Ihren Kindern gegenüber, alle Rücksicht auf diese Leute fallen zu lassen. Sie müssen die ganze Wahrheit sagen. Anders werden Sie nicht zur Ruhe kommen und sich gegen die Anklagen verteidigen können, die auf das Leben Ihrer Kinder einen Schatten werfen werden.«

Ich hatte in aller Aufrichtigkeit gesprochen, und der Major verstand mich. Er dachte einige Augenblicke nach und sagte mir plötzlich (ich erinnere mich an den Ort im französischen Viertel, mitten auf dem Piccadilly, vor dem Criterion): »Hören Sie, Ribon [der Schriftstellername Bassets], ich glaube, daß Sie recht haben. Ich will die Wahrheit sagen. Ich werde Ihnen etwas enthüllen, was nur wenige Personen wissen. Ich habe das Bordereau angefertigt.« (»C'est moi qui ai fait le bordereau.«)

Diese unerwartete Erklärung überraschte mich äußerst. Ich rief aus: »Wie, Sie sind es!« Er sagte: »Ja, ich habe im Jahre 1894 das Bordereau auf die Bitte des Obersten Sandherr, meines Vorgesetzten, geschrieben. Es gab im Generalstab einen Offizier, der verriet, dieser Offizier nannte sich Dreyfus. Man mußte ihn fassen. Und so habe ich das Bordereau geschrieben. Was die Gründe angeht, so werde ich sie später enthüllen.« Und er hat sie wirklich später gesagt. Ich gestehe Ihnen, daß ich ganz bestürzt war. Ich schauderte und mußte meine Fassung erst wiedergewinnen, ehe ich ihn fragte: »Wie haben Sie die Last eines solchen Geheimnisses vier Jahre lang tragen können?« Er antwortete mir: »Wenn Sie alle Zumutungen, denen ich ausgesetzt war, kennten, die Bedrängung von seiten der Dreyfusisten, meiner Verwandten, meiner Freunde, meiner Nächsten, der Generale, des Generalstabs ... Vor einem halben Jahr wollte ich mich erklären, der Generalstab befahl mir aber aufs strengste unbedingtes Schweigen. Zu jener Zeit gab es an die hundert Leute, die sich an mich klammerten und mich anflehten, nicht zu reden, und der ergebene Soldat zu bleiben, der ich immer gewesen bin, und würdig der langen Reihe von berühmten Generalen zu handeln, deren letzter Abkömmling ich bin ...«

In großer Aufregung und tief erschüttert ging ich nach Hause, und am andern Tage, nach einigen Stunden der Nachtruhe, schrieb ich in einem Zuge diese Unterhaltung nieder und brachte den Text dem Major Esterhazy. Ich fragte ihn: »Wollen Sie mir die Erlaubnis geben, das meiner Zeitung zu schicken?« Er las das Manuskript und sagte mir: »Lassen Sie mir wenigstens etwas Zeit zum Nachdenken. Sie werden begreifen, daß solche Angelegenheiten nicht an einem Tage erledigt werden können.«

Selbstverständlich gibt es für uns Journalisten eine Gewissenspflicht, Leute nicht gegen ihren Willen zum Reden zu bringen. So ließ ich ihm mein Manuskript zurück und sprach nicht mehr davon.

An dem folgenden Morgen kam er in mein Hotel, um mir zu sagen: »Ich bin zu einem Entschluß gekommen. Ich gebe Ihnen die Erlaubnis, meine Erklärung zu veröffentlichen. Ich schwöre Ihnen, daß ich kein Verräter bin und das Bordereau auf die Bitte des Obersten Sandherr angefertigt habe, daß ich ein Opfer des passiven Gehorsams geworden bin. Ich hoffe, daß man mich nach dieser Erklärung in Ruhe läßt. Setzen Sie sich an diesen Tisch, wir wollen die Erklärung noch einmal schreiben, um sie noch der Wahrheit getreuer zu machen.«

Wir setzten uns also nieder, und, mit der Feder in der Hand, erörterten wir die Abfassung der Erklärung. Voller Eifer unterzeichnete der Major Esterhazy mein Manuskript, um es zu bestätigen, und einige Tage später gab er mir noch eine neue Versicherung in aller Form, datiert und unterschrieben, in der er die vollkommen richtige Wiedergabe der Äußerungen, die ich ihm in den Mund legte, anerkannte ...

Serge Basset versicherte unter Eid, daß er in völliger Unabhängigkeit, ohne Auftrag von irgendeiner Seite, die Unterhaltungen mit Esterhazy geführt hätte und daß dieser ohne den Gedanken an einen finanziellen Vorteil ihn zu seinem Sprachrohr gemacht hätte. Er sagte:

Wenn der Major mir, einem unbekannten und kleinen Berichterstatter, diese Erklärungen gemacht hat, so tat er es aus Entrüstung über die Generale, die ihn im Stich gelassen hatten ... Es war ein psychologischer Augenblick, als ich mich bei ihm befand. Jeder andere, der ihm Vertrauen eingeflößt hätte, würde dieselben Eröffnungen empfangen haben. Was mich betrifft, so muß ich offen gestehen, daß ich an der menschlichen Vernunft verzweifle, wenn Sachverständige nach dieser so spontanen Erklärung noch hartnäckig behaupten, das Bordereau sei von Dreyfus, während Esterhazy immer wieder sagt, es sei von ihm.

[104] Das Ausnahmegesetz gegen Dreyfus

Der Bericht der Gesetzeskommission:

Die Gesetzeskommission der Kammer hatte den Entwurf der Regierung mit 9 gegen 2 Stimmen verworfen und nicht mit scharfen Worten gespart. In ihrem Bericht heißt es:

Wir beschränken uns auf einige allgemeine Einwendungen, um Ihnen in wenigen Worten unsere Überzeugung klarzumachen. Auf der einen Seite sind wir überrascht und tief betroffen gewesen von den Methoden, die man gegen die Richter der Strafkammer angewandt hat. Wir wollen nicht von dem Klatsch der Bürodiener sprechen, den man vielleicht mit zu viel Bereitwilligkeit angehört hat. Wir wollen auch nicht von der widerwärtigen Berücksichtigung anonymer Briefe sprechen und nicht von dem Sicherheitsbeamten, der den Auftrag hatte, einen Häftling zu bewachen, und geglaubt hat, er müßte seine beruflichen Talente außerdem an den ehrenhaften Mitgliedern des Gerichtshofs erproben. Nichts ist beklagenswerter als die Tatsache, daß die Untersuchung der Strafkammer, die der Gerechtigkeit dient, sich in einer Atmosphäre der Schnüffelei und Angeberei vollzogen hat.

Auf der andern Seite ist uns nicht entgangen, daß gewisse Zeugen eine wahrhaft außerordentliche Empfindlichkeit zu zeigen scheinen.

... Ihre Kommission ist einstimmig der Meinung, daß die Ergebnisse der Untersuchung nicht erlauben, die Ehrenhaftigkeit und das Pflichtbewußtsein der Richter der Strafkammer zu verdächtigen. Die Zeugen haben in vollständiger Freiheit aussagen können, und wenn die Fragen zuweilen Schwierigkeiten verursachten, so waren es nur Schwierigkeiten, die in der Sache selbst lagen und die im allgemeinen durch das Berufsgeheimnis erklärt werden. Sie sind auch unvermeidlich bei einem Kollegium von vierzehn Mitgliedern. Die Untersuchung wurde auf normale Weise geführt, und wenn sie kein Disziplinarverfahren rechtfertigt, so rechtfertigt sie noch viel weniger ein Gesetz, das der Strafkammer eine Sache entzieht, mit der sie auf regelrechte Weise befaßt war.

Welche Vorteile könnte man sich von einer so unerhörten Maßnahme versprechen? Man glaubt, daß sie die öffentliche Meinung zufriedenstellen würde. Man glaubt, daß die Geister sich beruhigen und wir schließlich das Ende dieser nicht endenden Affäre Dreyfus erleben würden. Wir möchten es auch glauben, aber wir können diese Illusionen nicht teilen.

Ganz gewiß würde das Gelegenheitsgesetz, das man uns vorschlägt, die ganze Rechtspflege, die ein wesentliches Element der politischen und gesellschaftlichen Ordnung ist, erschüttern. Deshalb ist Ihre Kommission der Meinung, mit 9 Stimmen gegen 2, daß kein Grund besteht, die Artikel des Gesetzesvorschlags zu erörtern.

[105] Die Einschüchterung der Richter

Die Rede des Berichterstatters Ballot-Beaupré:

Der Schluß der Rede des Berichterstatters entsprach dem Anfang; er stellte noch einmal die Verteidiger des Hauptmanns Dreyfus und seine falschen Ankläger mit ihren Anhängern auf eine Stufe. Das war der Tribut, den ein Kammerpräsident des Obersten Gerichtshofes den Demagogen zu zahlen für klug hielt.

Die Sache der Revision hat Verteidiger gehabt, die recht gefährlich für sie waren, weil diese Leute durch ihre verbrecherischen Angriffe gegen die Armee das Nationalgefühl aufs tiefste verletzten und aufs äußerste reizten. Die Sache hat auch Gegner gehabt, die ihrerseits sich in ihrer Polemik zu der rohesten und heftigsten Sprache hinreißen ließen.

Und diese Kampagne, in der die Armee auf der einen Seite und die Justiz auf der andern Seite abscheulichen Beschimpfungen ausgesetzt waren, hat ein doppeltes Ergebnis gehabt. Sie warf zwischen ehrenhafte Menschen, die geschaffen waren, sich zu achten, zwischen Freunde und Verwandte, zwischen die Söhne desselben Vaterlandes einen Anlaß des Zerwürfnisses und des Hasses; sie bewirkte auch eine solche Trübung und Verirrung des Urteils, daß für sehr viele Leute die Frage, ob Dreyfus schuldig oder unschuldig ist, keine Bedeutung mehr hat, sondern nur noch die Frage, ob wir eine Entscheidung für oder gegen die Armee fällen.

Das ist ein Geisteszustand, der sich mit der Idee der Gerechtigkeit nicht verträgt, und in Wahrheit kann man der Armee und uns keine schlimmere Beleidigung zufügen.

Nein, die Armee steht hier nicht zur Erörterung. Sie ist außerhalb unserer Zuständigkeit. Gott sei Dank steht sie über diesen Diskussionen, die sie nicht erreichen können, und ihre Ehre verlangt gewiß nicht, daß man einen Unschuldigen auf der Teufelsinsel festhält.

Ich verlange von Ihnen nicht, meine Herren, die Unschuld des Hauptmanns Dreyfus zu verkünden, aber ich sage, daß eine Tatsache, die den Richtern von 1894 unbekannt war, verspricht, seine Unschuld zu beweisen. Das genügt, um ... die Zurückverweisung an ein neues Kriegsgericht zu rechtfertigen, das in voller Kenntnis des Sachverhalts urteilen wird ...

Die Wiedergutmachung des an Dreyfus verübten Verbrechens hätte nicht zaghafter verlangt werden können.

Waldeck-Rousseau

Der Aufruhr der öffentlichen Meinung zugunsten der Armee beherrschte die ganze Affäre. Nichts geschah, was nicht in einer gewissen Weise verfälscht, verzerrt und verdorben wurde – durch diesen Einfluß der Massenbewegung. Aber in einem bestimmten Augenblick erreichte die Flut ihren Höhepunkt, und von nun an begann ihre Gewalt nachzulassen, wenn sie auch noch lange gefährlich blieb. Doch diese Kulmination, der Wechsel von Steigen und Fallen, bewirkte eine fast plötzliche Veränderung der Stimmung. Während vorher die meisten unter dem Eindruck der Unbesiegbarkeit der nationalistischen Bewegung gestanden hatten, überkam nun alle, sogar die Angreifer, die Ahnung, daß die Niederlage möglich, ja vielleicht nahe war.

Eine fast winzige Begebenheit bezeichnet diesen psychologischen Augenblick. Am Sonntag, den 4. Juni 1899 – einen Tag nach der Entscheidung des Kassationshofs – begab sich Emile Loubet, der Präsident der Republik, zu den Rennen in Auteuil, die ein großes gesellschaftliches Ereignis waren. Die Mitglieder der aristokratischen Clubs, die dort den Ton angaben, empfingen ihn bei seiner Ankunft mit einer Flut von Beschimpfungen; sie wurden dabei von Raufbolden, die in ihrem Solde waren, unterstützt. Die öffentliche Beleidigung des Staatsoberhauptes war ein vorbereiteter Streich.

Aus der heulenden Menge, die an die Tribüne des Präsidenten herandrängte, löste sich plötzlich ein elegant gekleideter Mann, stürmte mit erhobenem Stock die Stufen hinauf und führte einen kräftigen Hieb gegen den Kopf des Präsidenten. Der Stock verbeulte den Zylinderhut, das war alles. Die Offiziere in der Loge warfen den Attentäter die Treppe hinunter – in die Arme der Polizei. Auf die Frage nach seinem Namen und nach seinem Beruf gab er an, er sei der Baron de Christiani, Mitglied des Clubs der Rue Royale.

Der Stockhieb des Dandys veränderte das Gesicht der Dinge.

Er bewirkte ein plötzliches Erwachen des republikanischen Bewußtseins. Das Volk fühlte sich in dem Präsidenten von einem Manne beleidigt, der auf eine fatale Weise die Vorstellung von einem Aristokraten als einem Stutzer bestätigte. Eine politisch sinnlose Handlung, die nur die Entladung eines bitteren Ressentiments war, bewirkte die Bildung neuer Fronten.

Vor allem die Pariser Arbeiter bildeten sich ein, sie hätten den alten Feind der Republik vor sich. Die Parole »Gegen den Säbel und den Weihwedel!« entflammte die Gemüter. Es war als ob ein Nadelstich ein schlafendes Ungeheuer geweckt hätte.

Am folgenden Sonntag riefen die Sozialisten zu einer Gegenkundgebung in Auteuil auf, und Paris erlebte mit einem unbeschreiblichen Erstaunen einen wohlorganisierten und disziplinierten Marsch von hunderttausend Mann zur Place de la République. Der Ministerpräsident Dupuy, der Meister einer zweideutigen republikanischen Politik, hatte die Polizei, die Gendarmerie und sogar Militär in namhafter Stärke aufgeboten, aber es gab keine Zwischenfälle; die sozialistischen Führer hatten ihre Leute fest in der Hand.

Die Wirkung dieser überwältigenden Kundgebung auf die Nationalisten, die bisher die Straße beherrscht hatten, war niederschmetternd. Sie fühlten ihre Ohnmacht, und ganz Paris fühlte die Ohnmacht der Bewegung, die unwiderstehlich erschienen war.

Die Stellung der Regierung Dupuy, die den Verrat an der Republik fast ein Jahr lang betrieben hatte, war durch die beiden Kundgebungen in Auteuil unhaltbar geworden. Die Nationalisten, die das Gefühl hatten, daß ihnen die Macht und die Aussicht auf den Sieg entglitt, schienen zu verzweifelten Aktionen entschlossen, und die Sozialisten, mit denen niemand gerechnet hatte und die kaum in Erscheinung getreten waren, zeigten sich mit einem Male fähig und bereit, jeden Angriff auf die Republik zurückzuschlagen. Ihr Sieg konnte aber nur bedeuten, daß sie sich zu Herren des Staates machen würden.

Diese Alternative, vor der die erschreckten Mittelparteien standen, erklärt die Bildung der Regierung Waldeck-Rousseau. Das Bewußtsein der Staatskrise war scharf und beherrschte alle Überlegungen. Dupuy trat mit seinem Ministerium am 12. Juni 1899, einen Tag nach der großen Kundgebung der Sozialisten, zurück. Die Bildung einer neuen Regierung erwies sich als äußerst schwierig. Nach mehreren vergeblichen Versuchen wandte sich der Präsident der Republik an den Senator Waldeck-

Rousseau, dem es gelang, ein Ministerium »der republikanischen Verteidigung« dem Parlament gegenüber durchzusetzen. Sein Vorgehen kennzeichnet ihn als einen Politiker von wirklicher Kühnheit. Der Armee gegenüber stützte er sich auf den sehr unabhängigen General de Galliffet, den Unterdrücker der Kommune im Jahre 1871. Gleichzeitig sicherte er sich den Beistand der Sozialisten, die im Augenblick unentbehrlich für die Verteidigung der Republik waren. Als ihren Vertreter nahm er Millerand, den kühlsten Kopf der Partei. Die eine oder die andere dieser beiden »unmöglichen« Hauptfiguren erregte flammende Empörung in jeder politischen Gruppe.

Jean Jaurès gelang es, den Genossen einzureden, daß sie Galliffet tolerieren müßten. Er versprach ihnen nicht weniger als die ganze Republik. Sein Argument war einfach und schlagend. Er sagte: Wenn wir den Staat retten, gehört er uns. Unter den bürgerlichen Politikern gab es aber nicht wenige, welche diese wohlbegründete sozialistische Hoffnung als eine wirkliche Gefahr erkannten und im Zweifel waren, ob sie nicht eine Diktatur oder eine Monarchie einem roten Frankreich vorziehen sollten. Der konservative Waldeck-Rousseau begegnete einem sehr viel größeren Mißtrauen bei den Mittelparteien als bei den Sozialisten. Das Vertrauensvotum, das ihm schließlich am 22. Juni mit ganz knapper Mehrheit gegeben wurde, verdankte er nur dem Gefühl der unmittelbaren Gefahr für die Republik. Der ehemalige Ministerpräsident Brisson griff in die Debatte ein, als Waldeck-Rousseaus Sache schon verloren schien, und gab auf der Tribüne der Kammer das geheime Notzeichen der Freimaurer, um die Brüder der Loge zur Rettung der Republik zu sammeln.

Die Wendung zugunsten des Dreyfusismus, die dem Urteil des Kassationshofs und den Kundgebungen in Auteuil folgte, war nicht mehr als ein Umschlag der Stimmung gewesen. Das Kräfteverhältnis der beiden Parteien des Konflikts änderte sich wenig. Die Nationalisten gaben den Gedanken an einen Staatsstreich nicht auf. Aber schon stand die Politik der Regierung und der Parteien, die sie unterstützten, im Zeichen der Befürchtung, ein zu vollständiger Sieg des Dreyfusismus könnte die Anklage und die Verurteilung der schuldigen Generale zur Folge haben. Der Gedanke an einen großen Prozeß, in dem einige der höchsten Offiziere sich wegen schändlicher Verbrechen zu verantworten haben würden, erfüllte die Politiker mit Angst.

In der Republik, die in ihrem Dasein so oft bedroht war, gab es kein größeres Wagnis, als sich selber und den Gesetzen Respekt zu verschaffen. Die hauptsächliche Sorge der Regierung war, das Gleichgewicht zwischen den Parteien, die einander in Schach hielten, nicht zu stören. Ein zu großer Machtverlust der Nationalisten hätte die Sozialisten und die Radikalen gestärkt, und daher durfte die Abwehr der Staatsfeinde nicht deren vernichtende Niederlage werden.

Der Kriegsminister de Galliffet war ein williges Werkzeug dieser Politik. Ihn interessierte der Streit der Parteien in keiner Weise. Er verachtete vielleicht die Generale, die sich mit der falschen Anklage beschmutzt hatten, aber er war auch unfähig, die moralische Entrüstung der Dreyfusisten zu fühlen. Die Parteigänger – gleich welcher Sache – erschienen ihm gefährlich, weil sie die Armee demoralisierten. Er wollte die Affäre ersticken, um die Politisierung des Offizierskorps aufzuhalten.

Dieser militärische Standpunkt des Marquis de Galliffet diente der Politik Waldeck-Rousseaus. Ein Fehler in der Rechnung war die Unterschätzung der Nationalisten. Sie konnten nicht mehr zurückweichen und mußten die schuldigen Generale zu dem äußersten Wagnis in der Verteidigung ihrer Erfindungen und Fälschungen zwingen. Für den General Mercier als tatsächlichen Hauptankläger des Hauptmanns Dreyfus gab es auch keinen anderen Ausweg, als seinem öffentlichen Charakter treu zu bleiben und sein ursprüngliches Verbrechen noch rücksichtsloser zu wiederholen. [106–108]

Wenn die Regierung auch überrascht wurde von der ungebrochenen Heftigkeit der neuen Offensive, so zog sie dennoch einen Erfolg der Anklage bei weitem einem überwältigenden Triumph des Dreyfusismus vor, den zu verhindern sie nichts versäumte. Vor allem überließ sie die Organisation des kommenden Revisionsprozesses den arglistigen Anklägern. Die Regierung verzichtete auf alle Maßnahmen, die der Sabotage des Rechts und des Gesetzes hätten entgegenwirken können. Der Regierungskommissar, der Major Carrière, durfte sogar die Anweisungen des Kriegsministers beiseite schieben und sich unbedingt zum Werkzeug der Verschwörer machen. Zur gleichen Zeit bemühte sich Waldeck-Rousseau, die Freunde des Hauptmanns durch Ratschläge und Versprechungen zu täuschen, damit die Verteidiger die Generale mit der größtmöglichen Mäßigung behandelten. Tatsächlich wurde dann die Sache des Hauptmanns Dreyfus von allen seinen Verbündeten, Nächsten und sogar von ihm selber verraten.

Die opportunistische Weisheit der Regierung Waldeck-Rousseau leuchtete der großen Mehrheit der Dreyfusisten umso mehr ein, als sie seit jeher den Wunsch gehabt hatten, zwar den Unschuldigen zu retten, aber vor allem seinen Verfolgern nicht wehe zu tun.

Dreyfus wurde mit der äußersten Strenge behandelt, die einem Untersuchungsgefangenen gegenüber erlaubt ist. Es entstand keine Bewegung, die seine vorläufige Befreiung verlangte, obwohl es den Präzedenzfall Esterhazy gab, den man unter derselben Anklage in Freiheit gelassen hatte. Abgesehen von der Unmenschlichkeit und Grundlosigkeit der harten Maßnahmen, hatten sie für den Hauptmann eine sehr ungünstige moralische Wirkung auf das Publikum. Die Regierung erweckte wider besseres Wissen den Eindruck, als ob sie Dreyfus immer noch als einen wahrscheinlich Schuldigen betrachtete und nicht als das Opfer eines Rechtsverbrechens. Es war eine Feigheit der Dreyfusisten, ihren Unschuldigen gemäß den Wünschen seiner Verfolger behandeln zu lassen, ohne eine heftige, nachdrückliche Bewegung des Protestes hervorzurufen.

Von noch schlimmeren Folgen war die Rücksichtslosigkeit, mit der Dreyfus zu einem willenlosen Gegenstand der Auseinandersetzung sowohl von seinen Anklägern wie von seinen Verteidigern gemacht wurde. Die Regierung war in so großer Eile, die Affäre zum Abschluß zu bringen, daß die Eröffnung des Revisionsprozesses in Rennes für den 7. August anberaumt wurde, was für die Vorbereitung nur zwei Monate Zeit ließ. Diese Überstürzung war vor allem eine ernste Behinderung der Verteidigung, denn der erneut angeklagte Hauptmann Dreyfus hatte viereinhalb Jahre in vollständiger Unkenntnis der Ereignisse gelebt und wußte nichts von der Affäre. Am 1. Juli 1899, um 2 Uhr morgens, landete er in Port-Houliguen und wurde unmittelbar in das Militärgefängnis von Rennes eingeliefert. [109]

Der Gefangene war von der Folter, der er unmenschlicher und ungesetzlicher Weise während seines ganzen Aufenthalts auf der Insel unterworfen worden war, äußerst erschöpft und tief verstört. Die Einzelhaft und das Sprechverbot hatten ihn des Redens entwöhnt, und es machte ihm Mühe, sich auszudrücken. Sein Magen konnte noch lange Zeit nur die leichteste Nahrung aufnehmen. Diesem so grausam zugerichteten Mann wurde nun zugemutet, sich innerhalb eines Monats auf seine Verteidigung gegen eine ihm wesentlich unbekannte Anklage vorzubereiten, die durch die Bemühungen seiner Verfolger zu einem wahren Labyrinth geworden war.

Man hatte sich daran gewöhnt, Dreyfus nur als Gegenstand der Auseinandersetzung zu betrachten. Den Idealisten erschien das sogar als ein Vorteil; der Prinzipienstreit geriet nicht unter den Einfluß persönlicher Gefühle. Sie rechneten sich diese Fähigkeit der Abstraktion hoch an, aber vergaßen, daß der Mensch Dreyfus vor allen anderen den Kampf zu bestehen hatte.

Wenn man die entscheidende Rolle des Angeklagten in dem kommenden Prozeß so gründlich verkannte, verriet man die mehr oder weniger bewußte Absicht, ihn als einen Vorwand oder als ein Mittel zu gebrauchen. Dieser Fehler bewirkte die Verminderung, wenn nicht gar die Herabwürdigung der Sache, die in der Person des Opfers verkörpert war. Es wäre der Lage nur angemessen gewesen, ihm die hohe Stellung zu geben, die der Bedeutung seiner Rolle entsprach. Es war ein moralisches und ein politisches Gebot, ihn zu stärken, ihn zu ehren, sich um ihn zu scharen und auf jede Weise ihm die Unterstützung zu gewähren, die er in seinem Kampf nötig hatte.

Rennes

Der Prozeß von Rennes ist der fünfte und letzte Akt des Dramas. Das Kriegsgericht von 1894 eröffnet die Affäre, das von 1899 beendet sie. Ein letztes Revisionsverfahren, das 1906 den Hauptmann Dreyfus rehabilitierte, war nur ein verspätetes Nachspiel.

Die beiden Prozesse vor den Kriegsgerichten gleichen einander wie die Skizze dem ausgeführten Bilde. Von der ursprünglichen Anklage war nichts mehr übriggeblieben, was der Kritik standhalten konnte. Dennoch wurde 1899 die Anklageschrift von 1894 wieder hervorgeholt, deren Behauptungen der damalige öffentliche Ankläger, der Major Brisset, als unhaltbar preisgegeben hatte, um allein die Handschrift des Bordereaus als Schuldbeweis gelten zu lassen.

Die militärische Autorität, unter der das zweite kriegsgerichtliche Verfahren gegen Dreyfus stattfand, der Kommandierende General des zehnten Armeekorps, hätte aus rechtlichen und sachlichen Gründen eine neue Anklage erheben müssen. Der Bericht des Majors d'Ormescheville, die Anklageschrift von 1894, war nicht nur widerlegt in allen ihren Teilen, sondern auch mit dem Makel einer arglistigen Täuschung behaftet. Der sechste Revisionsgrund des Generalstaatsanwalts stellt das ausdrücklich fest:

»Der offizielle Bericht der Polizeipräfektur ist in den Verhandlungen von 1894 nicht mitgeteilt worden. Im Gegensatz zu den Auskünften Guénées, die von der Anklage als moralisches Element behandelt wurden, stellte er fest, daß Dreyfus keine Spielclubs besuchte und daß es eine Verwechslung von Namen gegeben hatte.«

Der Dreyfus entlastende Bericht der Polizeipräfektur war von den Verschwörern unterdrückt und an seiner Stelle der falsche Bericht Guénées unterschoben worden.

Die Anklageschrift d'Ormeschevilles war ohne jede Substanz und verdächtig. Sie zur Grundlage des neuen Prozesses zu machen, bedeutete in Wahrheit, Dreyfus ohne jede Begründung des Landesverrats anzuklagen. Es wäre unbedingt notwendig gewesen, daß eine neue Anklageschrift gezeigt hätte, warum die militärische Autorität die Anklage nicht fallenließ, wie es die neue Sach- und Rechtslage verlangte. Diese Vorbedingung eines regelrechten Prozesses wurde in der arglistigen Absicht nicht erfüllt, damit die Belastungszeugen, d. h. die Verschwörer und ihre Komplicen, eine neue fabulierte Anklage in voller Freiheit entwickeln und den Prozeß lenken konnten. Die Verteidiger Demange und Labori fanden sich bereitwillig mit dieser unerhörten und gesetzwidrigen Eröffnung des Prozesses ab. [110]

Gewiß ließ der Kassationshof – ohne Zweifel auf eine künstliche Weise – eine winzige Lücke in seiner Feststellung der Unschuld des Hauptmanns Dreyfus. Aber es ist keine Frage, daß in Wirklichkeit nichts mehr zur Diskussion stand, denn auch das absichtsvoll bedingte und zurückhaltende Urteil der Vereinigten Kammern nahm der ursprünglichen Anklage die Grundlage, weil es unverkennbar das Corpus delicti einem andern als Dreyfus zuschrieb. Millerand hatte völlig recht, als er im Ministerrat verlangte, daß die Regierung dem öffentlichen Ankläger befehlen sollte, die Anklage fallen zu lassen. Das war nicht nur ihr Recht, sondern ihre Pflicht – angesichts der vom Kassationshof geschaffenen Lage. Den Major Carrière ohne diese Instruktion zu lassen, bedeutete, ihn zur Erhebung einer falschen Anklage zu nötigen. Niemand kann den Vorwand Waldeck-Rousseaus ernst nehmen, daß man die persönliche Überzeugung des hilflosen, vierundsechzig Jahre alten Studenten der Rechtswissenschaft achten wollte. Tatsächlich lieferte man Dreyfus einfach seinen Verfolgern aus.

Der Bericht d'Ormescheville war nicht einmal im Sinne der Verschwörer ein ernstes Dokument. Er bedeutete ihnen gar nichts; sie dachten nicht daran, sich auf ihn zu stützen. Seine Aufgabe war einfach, den Anschein zu erwecken, als ob es eine Anklageschrift gäbe.

Die Verhandlungen vor dem Kriegsgericht dauerten vom 7. August bis zum 9. September 1899. Sie nahmen fünfundzwanzig lange Sitzungen in Anspruch. Die wichtigsten Zeugen machten ihre Aussagen zum dritten Mal, denn es standen dieselben Fragen zur Diskussion, die bereits im Prozeß Zola und vor dem Kassationshof erörtert worden waren. Die Ausweitung der Diskussion weist nicht auf eine gründlichere Behandlung des Falles Dreyfus hin, sondern auf die Wucherung der falschen Anklage.

Die Verteidigung, die im Prozeß Zola sehr streitbar, fast herausfordernd gewesen war, zeigte sich in Rennes auf eine so beschämende Weise zaghaft und schwach, daß sie die Würde des Angeklagten verletzte. Labori nicht weniger als Demange waren bemüht, das Wohlwollen der Offiziersrichter zu gewinnen und sogar im guten Einvernehmen mit den unsagbaren Anklägern zu bleiben. Und in keinem Augenblick der Affäre wäre der harte und unerbittliche Kampf gegen diese Justiz und gegen diese unwahren Zeugen notwendiger gewesen! [111]

Die Verteidiger wählten nicht den geraden, den rechtlichen, von der Ehre des unschuldig Angeklagten vorgeschriebenen Weg, nämlich ohne jede Taktik und ohne jede Rücksicht das Gesetz und die Wahrheit zur Geltung zu bringen. Vielleicht hätte dann der Prozeß mit einem Skandal begonnen, da Dreyfus und seine Verteidiger sich hätten weigern müssen, das Verfahren ohne eine Anklageschrift als regelrecht anzuerkennen.

Der einzige politische Kopf unter den Dreyfusisten, Georges Clemenceau, erkannte nach dem Beginn des Prozesses, daß die Taktik der Verteidiger zur unvermeidlichen Niederlage führen mußte. Er gab Labori die besten Ratschläge, aber sie waren an ihm ganz und gar verschwendet. Labori fehlte kämpferische Entschlossenheit, Kritik, Planung und Zielstrebigkeit. Barrès sagte von ihm, er sei mehr ein Temperament als eine Intelligenz. Wenn auch jedes Wort Clemenceaus richtig ist, fehlt die Mahnung, daß für einen Unschuldigen das Recht und das Gesetz ohne Abschwächung zur Geltung gebracht werden muß. Die unbedingte Durchfechtung des Rechtsstandpunktes steht keineswegs im Widerspruch zu den Empfehlungen Clemenceaus. Im Gegenteil, sie hätte dem Angriff nur einen klareren und schöneren Charakter gegeben. Es wäre auch nur der notwendige Ausdruck seiner Unschuld gewesen, wenn Dreyfus den General Mercier als einen Verbrecher behandelt hätte. Jede andere Haltung war ein Verrat an der eigenen Sache. Obwohl Clemenceau selber einer der Verteidiger im Prozeß Zola gewesen war, täuschte er sich gründlich über den Charakter und die Fähigkeiten Laboris.

Den Prozeß beherrschte General Mercier. Seine Aussage, die sofort in Form einer Flugschrift verbreitet wurde, enthält alles Wesentliche, das zu widerlegen der Angeklagte und seine Verteidiger unverzeihlicherweise bereit waren. Dieser tückische Ankläger war auch der Organisator und der heimliche Lenker der Verhandlungen. Er hatte »seinen Prozeß« schon seit Monaten – nicht erst seit der Entscheidung des Kassationshofs – vorbereitet, d. h. die Rollen der Belastungszeugen verteilt und einstudiert.

Welches war nun der Plan Merciers, dessen falsche Anklage in Trümmern lag? Der Kassationshof und schließlich das Geständnis Esterhazys hatten auch die letzten Überreste dieses Gebäudes zerschlagen. Mercier bot sich nur ein rettender Gedanke, den er allerdings seit fünf Jahren als eine letzte Zuflucht hegte. Die Eingeweihten des Generalstabs kannten die alte Geschichte, daß der Fall Dreyfus, so wie er der Welt erschien, nur eine Art Gleichnis darstellte, das eine furchtbare Wahrheit, die nicht enthüllt werden durfte, ungefährlich vertrat. Die geheimnisvolle eigentliche Grundlage der Verurteilung des Hauptmanns wäre, so behauptete man, das originale Bordereau, das der deutsche Kaiser mit Anmerkungen versehen hätte. Das Dokument, das als Corpus delicti diente, wäre nichts als eine Pause des Originals – wahrscheinlich von der Hand Esterhazys. Aber das echte Dokument wäre unter den deutschen Kriegsdrohungen von der französischen Regierung zurückgegeben worden. Die Photographien, die der Generalstab besäße, könnten in keiner Gerichtsverhandlung vorgezeigt werden, weil die Bloßstellung des Kaisers den Krieg zur Folge haben würde.

Niemand, der diese sonderbare Geschichte liest, wird glauben, daß sie Eindruck machte. Doch hinterließ sie zahlreiche

Spuren in der Presse, und vor allem war sie die Substanz der Anklage, die Mercier vertrat. [112–114]

Die Nationalisten, die den Revisionsprozeß mit großen Befürchtungen kommen sahen, waren vom Generalstab beruhigt und gestärkt worden mit dem Versprechen, daß der eigentliche und unwiderlegliche Beweis dem Kriegsgericht vorgelegt werden würde. Wie gesagt, es handelte sich um nichts Neues, sondern eher um die alten Vertröstungen, die bereits ein Jahr vorher eine große Rolle gespielt hatten, als nach der Enthüllung der Fälschung Henrys das Vertrauen zu der Sache der Verschwörer erschüttert war.

Damals, schon drei Tage nach Henrys Tode, schienen alle Zweifel ausgeräumt zu sein, da die Verschwörer der nationalistischen Presse eine überzeugende Erklärung für die Fälschung eingeflüstert hatten. Man wußte, daß die »neuen Dokumente«, wie die Fälschungen schamhaft genannt wurden, wie Banknoten seien, deren Wert auf dem vorhandenen Golde beruht, das klugerweise verborgen bleibt. Dieser erlösende Gedanke wurde zuerst in der ›Patrie‹ vom 3. September 1898 ausgesprochen. Immerhin nahm die deutsche Regierung die Lüge ernst genug, um sie – allerdings ironisch – in der offiziösen ›Kölnischen Zeitung‹ vom 7. September 1898 dementieren zu lassen: »Sollte irgend ein kleiner Agent oder gar ein Stabsoffizier«, schrieb sie, »den Namen des Kaisers gefälscht haben, so sehen wir darin keinen Grund für Deutschland, Frankreich den Krieg zu erklären.« [93–96]

Als Mercier am 12. August 1899, an einem Samstag, seine Aussage vor dem Kriegsgericht in Rennes machte, häufte er die Andeutungen über das Interesse des deutschen Kaisers am Spionagewesen. Am 14. August, an einem Montag, erschien in der Zeitung ›Le Gaulois‹ die Lösung des Mysteriums, die aus dem Munde des früheren Kriegsministers – überdies noch auf dem Zeugenstand – nicht kommen konnte. Wir wissen, daß der Offene Brief an den General Mercier im ›Gaulois‹ den Richtern unmittelbar als die notwendige Ergänzung seiner Aussage vorgelegt wurde (Paléologue, 217). Dort heißt es in Form einer Schlußfolgerung:

»Diese Tatsachen erklären das Rätsel Esterhazy. Um der Anklage gegen Dreyfus eine Grundlage zu geben, ohne den Kaiser von Deutschland hineinzuziehen, beauftragte man Esterhazy, auf dünnem Papier die Photographie des Bordereaus durchzupausen, aber die Anmerkung des Kaisers fortzulassen.

So konnte Esterhazy, ohne zu lügen, sagen, daß er das Bordereau geschrieben hätte und Sie konnten vollkommen richtig behaupten, daß Dreyfus der Urheber des Bordereaus wäre.«

Joseph Reinach wundert sich in seiner ›Geschichte‹ über Mercier und fragt sich, ob ihm auch nur einmal der Gedanke gekommen wäre, durch ein Wort die Affäre zu beenden. Er hätte lediglich zu sagen brauchen: »Ich habe mich geirrt.« Man kann nicht auf naivere Weise die Lage des Generals verkennen, der mehr von seinen Freunden als von seinen Feinden bedroht war. Sein Weg war ihm auf eine Weise aufgezwungen, daß es für ihn keine Wahl und keine Abweichung gab. Ihm wurde das auch von den nationalistischen Wortführern mit brutaler Offenheit gesagt. Wenn Barrès schrieb: »Man muß wählen: Dreyfus oder die großen Chefs«, so bedeutete das, es muß Opfer geben, Dreyfus oder die großen Chefs. Und unter diesen war Mercier der überragende, der am meisten verantwortliche. Überdies befand er sich unter der Drohung einer Anklage vor der Haute Cour wegen Amtsverbrechens. Der Gesetzentwurf war der Kammer unterbreitet, und nur ein Vertagungsbeschluß gewährte dem General eine Frist. Der Freispruch des Hauptmanns Dreyfus würde Mercier als Angeklagten vor die Senatoren als seine Richter gebracht, und sie würden mit ihm als einem Besiegten nicht nachsichtig verfahren haben.

Mercier war also verloren, wenn er seine Rolle nicht folgerichtig zu Ende spielte und Dreyfus nicht mit denselben Mitteln, die er fünf Jahre vorher mit Erfolg angewandt hatte, wieder zu Fall brachte. Die große nationalistische Partei, welche den Umschwung der Stimmung zugunsten der Republikaner spürte, war mehr als je zu einer verzweifelten Aktion entschlossen. Wenn Mercier sie in diesem Augenblick verraten hätte, indem er ihnen den Gegenstand ihres Kampfes, die Schuld des Hauptmanns Dreyfus, entriß, so wäre sie ohne Zweifel über ihn hergefallen, um die Niederlage und die Beschämung an ihm zu rächen. Die Führer veröffentlichten brutale Drohungen gegen den General, die besagten, daß er auf die Teufelsinsel geschickt werden müßte, wenn sich die Unschuld des Juden herausstellte.

Es erscheint gewiß sonderbar, daß Mercier in der absurden Geschichte von dem geheimnisvollen Bordereau mit den kaiserlichen Randbemerkungen sein Heil sah. Reinach, der in diesem Fall ein wertvoller Zeuge ist, gibt der gefährlichen Legende die große Bedeutung, die sie besitzt, und sagt mit Recht, daß sie in Wirklichkeit die ganze Affäre wie ein roter Faden durchzieht – zuweilen sichtbar, zuweilen unsichtbar. Man darf nicht vergessen, daß die Anklage gegen den Hauptmann Dreyfus mit ihren Variationen nichts anderes als einen Roman darstellt, der dem populären Geschmack angepaßt ist. Die Legende von dem »kaiserlichen« Bordereau ist auf geschickte Weise in den »bunten Teppich« verwoben, wie Esterhazy, der Finder treffender Worte, das Lügengespinst genannt hat. Mercier fühlte das Bedürfnis nach einer noch unverbrauchten Waffe im Stile des geheimen Aktenstücks. Jedoch war er durch die Erfahrung klüger geworden, es gab zwar immer noch gefälschte und lächerlich gedeutete Dokumente, aber die Rettung suchte er in der reinen Erfindung und in dem Mysterium.

Von welcher Seite man auch immer seine Rolle in Rennes betrachtet, sie ist die eines angeklagten Missetäters, dessen schwärzeste Tat noch unentdeckt ist, von dem man aber eine Anzahl schwerer Verbrechen kennt. Er steht nicht nur unter Verdacht, sondern ist bereits überführt, und eine um die Wahrheit bemühte Untersuchung müßte ihn vollständig entlarven. Seine Lage als angeklagter Ankläger zwingt ihn, sich zu verteidigen, indem er seine Rolle in der Logik seines ursprünglichen Verbrechens mit Entschlossenheit zu Ende spielt.

Es gab keine Entscheidung zwischen den Mächten, die sich in Dreyfus und Mercier gegenüberstanden. Der General behauptete zwar das Schlachtfeld, aber nur weil seine Feinde es ihm überließen. Der größte Vorteil, den er errang, war die Rettung seiner eigenen Haut, aber seine Partei verlor den Feldzug. Es war unmöglich, sich darüber zu täuschen, daß Mercier sich persönlich aus der Affäre ziehen konnte, weil die Gegner ihre Waffen nicht gebrauchten. Ein wenig Verrat im Lager der besiegten Sieger war seine Rettung. Deshalb wurde Dreyfus zwar wieder verurteilt, aber begnadigt.

Mercier

Die Aussage Merciers wurde mit der größten Spannung erwartet. Für Dreyfus und seine Verteidiger bedeutete sie die Bekanntgabe der Anklage. Die Nationalisten erwarteten von ihr nicht mehr und nicht weniger als das Ende der Affäre, die endliche Enthüllung des ›Beweises‹. Die Enttäuschung war auf beiden Seiten groß, denn der Vortrag war alles andere als eindrucksvoll. Der General, dessen klare und tönende Stimme nicht wenige kannten, sprach so leise, daß er im Zuschauerraum kaum vernommen wurde. Er flüsterte seine Anklagerede den Richtern in die Ohren. Nicht für das Publikum sprach er, sondern für die sieben Offiziere, in deren Hand die Entscheidung lag. [115]

Da er »den eigentlichen Beweis«, ein Phantasiegebilde, nicht vorlegen konnte, mußte er seinen Roman so einfädeln, daß die Richter an die Wirklichkeit dieses originalen Bordereaus mit den kaiserlichen Randbemerkungen fest glaubten und gleichzeitig einsahen, daß die Unmöglichkeit, das Dokument vorzuzeigen, wirklich bestand. Die unentbehrliche Ergänzung der Erfindung war die Lüge von der unmittelbaren Kriegsgefahr, die es in einem bestimmten Augenblick in den ersten Januartagen des Jahres 1895 gegeben hätte. Er wagte es, diese Behauptung aufzustellen, obwohl es eine Anzahl von Personen gab, die es besser wußten als er, daß damals von einer Spannung zwischen Deutschland und Frankreich nicht die Rede sein konnte. Der ehemalige Präsident der Republik Casimir-Perier, der Ministerpräsident Dupuy, der Außenminister Hanotaux, der deutsche Reichskanzler, der Staatssekretär des Äußeren und der Generalstabschef von Schlieffen hätten wenigstens ein Bewußtsein der Krise haben müssen. Aber nirgendwo ist auch nur der schwächste Hinweis zu entdecken. Diese Tatsache hinderte Mercier nicht, als einziger von der »tragischen Nacht« zu sprechen, in der das Schicksal der Welt an einem Faden gehangen hätte. Weil im Sinne der Fabel immer noch der Weltkrieg drohen würde, wenn man den Beweis der kaiserlichen Spionage ans Tageslicht brächte, durfte Mercier nur mit verdeckten Worten von dem furchtbaren Geheimnis sprechen, und diese Vorsicht war für die Richter ein Element ihrer Überzeugung, da sie insgeheim »vollständig aufgeklärt« wurden. Die öffentliche Meinung konnte allerdings mit Anspielungen nicht abgespeist werden, sie brauchte eine gröbere und reichlichere Nahrung.

Mercier handelte ebenso schlau wie folgerichtig, indem er unter keinen Umständen eine Stellung der falschen Anklage räumte, auch wenn sie offensichtlich unhaltbar geworden war. Da wir uns in der Sphäre der romanhaften Erfindung befinden, wo es keinen Widerspruch zu den Tatsachen gibt, kann man ja mit Hilfe phantastisch konstruierter Zusammenhänge auch das Unmögliche als möglich hinstellen. Das Publikum und sogar die Gerichte waren durch die Verschwörer und die nationalistische Demagogie in einem solchen Maße an idiotische Phantasien gewöhnt worden, daß niemand mehr zu bemerken schien, wie vollständig man den Boden unter den Füßen verloren hatte.

Mercier trug seine ›Anklageschrift‹ am Samstag, dem 12. August 1899, als dritter und letzter Zeuge vor. Der Präsident ließ nicht einmal Fragen der Anwälte im Anschluß an die Aussage zu, sondern vertagte die Verhandlungen auf den übernächsten Tag. Die Wahl des Zeitpunktes der Anklage weist auf die sorgfältige Planung der Verschwörer hin, die dank der Regierung den Gang des Prozesses bestimmen konnten. Der Samstag ist immer günstig für politische Aktionen, die eine Frist für die Einflußnahme auf die Presse verlangen. Vor allem gewann Mercier einen Tag der Ruhe, des Nachdenkens und der Beratungen vor dem harten Kampfe, der unvermeidlich folgen mußte. Da er die eigentliche Anklage verlesen hatte, wäre es für die Verteidigung eine Notwendigkeit gewesen, ihn mit der äußersten Energie zu bedrängen und ihn wegen seiner phantastischen Behauptungen anzugreifen. Vielleicht hatte er mehr noch als die Rechtsanwälte die Gegenüberstellung mit Casimir-Pèrier zu befürchten. Tatsächlich wird er aus diesem Duell nicht nur als Besiegter sondern als schmählich Geschlagener hervorgehen. Aber da alles in der Atmosphäre des gegenseitigen Hasses stattfand, konnte nichts einen tieferen Eindruck machen und eine Änderung der Meinungen herbeiführen. Die Sitzung am Montag wurde mit ungeheurer Spannung erwartet, denn sie war die Feuerprobe der Anklage.

Es gab noch einen weiteren geheimen Grund größter Beunruhigung für Mercier. Das war ein Zwischenfall, der sich am Tage der Eröffnung des Prozesses in einer Sitzung unter Ausschluß der Öffentlichkeit ereignet hatte. Dort verlas der General Chamoin die von du Paty de Clam gefälschte Übersetzung eines Telegramms Panizzardis vom 2. Dezember 1894, die tatsächlich aus einem Unschuldsbeweis einen Schuldbeweis machte. Diese Fälschung war dem General Chamoin von Mercier zugesteckt worden.

Dieser hatte das Mißgeschick, in Chamoin einen verständnislosen Vermittler zu wählen. Statt die angebliche Übersetzung in das geheime Aktenstück zu legen, das er als Vertreter des Kriegsministers verwahrte, zog er sie aus der Tasche und gab sie gleichsam als seinen persönlichen Beitrag bekannt.

Labori protestierte gegen diese Unregelmäßigkeit und erfuhr, daß es Mercier gewesen war, der die Fälschung eingeschmuggelt hatte.

Aber ein mysteriöses Ereignis gewährte Mercier eine rettende Frist. Als Labori sich in der Frühe am Montag – die Sitzungen begannen um sechseinhalb Uhr – zum Tagungsort des Kriegsgerichts begab, traf ihn auf offener Straße eine Revolverkugel, die ihm ein Individuum, das sich ihm von hinten näherte, in den Rücken schoß. Der Attentäter verfehlte knapp das Rückgrat. Er entkam. Glücklicherweise war die Verletzung nicht schwer, aber Labori konnte eine Woche lang nicht an den Verhandlungen teilnehmen. Diese Frist genügte den beiden Generalen, um mit Hilfe des Kriegsministers und nicht zuletzt der unverzeihlichen Schwäche der Verteidiger des Hauptmanns die Einschmuggelung der Fälschung als einen harmlosen Vorfall aus der Welt zu schaffen.

Der General Mercier war in großer Gefahr gewesen. Angesichts seiner bereits bewiesenen Verbrechen war die Enthüllung seiner Unverbesserlichkeit, seines Rückfalls in Verbindung mit seiner angemaßten Rolle als Hauptankläger, eine unverhoffte Gelegenheit für den Angeklagten und seine Verteidiger, den Feind vor aller Welt anzuprangern und vielleicht entscheidend zu treffen.

Der Kriegsminister sah sofort die schwersten Folgen für Mercier und seine Mitverschworenen voraus, wenn er den General Chamoin abberief und bestrafte, was zu tun seine Pflicht war. Im Ministerrat wurde er auch ermahnt, den schweren Verstoß seines Beauftragten zu ahnden. Galliffet antwortete mit der Androhung seines Rücktritts, der die Regierung in eine schwierige Lage gebracht haben würde. Der eigenwillige Kriegsminister erfüllte aber, vielleicht ohne es zu wissen, die geheimen Wünsche Waldeck-Rousseaus. [116]

Die ganze Verantwortung für die zynische Politik des Kriegsministers – denn das war sie unter dem höheren Gesichtspunkt des Staatsinteresses – trifft den Ministerpräsidenten. Indem er die Behandlung des kriegsgerichtlichen Verfahrens gegen Dreyfus einem Manne überließ, der sich rühmen wird, von der Affäre weniger zu verstehen als irgendjemand in Frankreich, lieferte er Dreyfus seinen Feinden aus. In seiner Beschränktheit des mittelparteilichen Politikers, sah er nur die Frage: durfte die Armee einer weiteren Erschütterung ausgesetzt werden, um Dreyfus zu retten? Aber in Wahrheit mußte die unendlich wichtigere Frage beantwortet werden, ob ein politischer Zustand dauern durfte, in dem die einfache Anwendung des Gesetzes das Dasein des Staates bedrohte. Die Affäre Dreyfus hatte gezeigt, daß die Republik mit allen ihren Einrichtungen die Beute der Demagogen geworden war, so daß nicht nur die politische Ordnung, sondern die Gesittung der Nation selber in Gefahr schwebte. Das Minimum, das Waldeck-Rousseau mit seiner Politik anstrebte, war die Überwindung einer augenblicklichen Schwierigkeit. Deshalb verspielte er die Hoffnung auf Heilung eines unhaltbaren Zustandes, der den Kräfteverfall der Nation bewirkte. Diese engstirnige parlamentarische Politik fand im General de Galliffet ihr unbewußtes Werkzeug.

Was machte nun Labori aus dem Zwischenfall Chamoin, dem er wahrscheinlich die Kugel des Attentäters verdankte? Wie gewöhnlich verfehlte er den eigentlichen Punkt der Frage und erkannte nicht, daß es sich in Wahrheit um einen Zwischenfall Mercier handelte, der die große Gelegenheit bot, den gefährlichsten Feind, den Organisator der falschen Anklage und des ganzen Prozesses zu entlarven. Da der General Chamoin von Galliffet gedeckt worden war, der die Regierung wiederum gezwungen hatte, dem Zwischenfall keine Folge zu geben, verschwand die unbedeutende Person des ministeriellen Vertreters hinter dem Kriegsminister und dem Ministerpräsidenten. In den zehn Tagen seit dem Attentat war der Zwischenfall in seiner Bedeutung ungeheuer ausgeweitet, denn er war nun ein klarer Fall des Zusammenspiels der Regierung mit dem Haupt der falschen Anklage, dem General Mercier.

Dieser Sinn der höchst wichtigen Angelegenheit entging Labori vollständig. Die Woche der erzwungenen Ruhe hatte ihm keine Erleuchtung gebracht. Für ihn stand die Person des Generals Chamoin im Vordergrund, und nicht einmal diese unbedeutende Seite der Angelegenheit wurde von ihm im Interesse des Angeklagten erschöpft.

Labori setzte sich nicht das Ziel, mit seinen Fragen die Anklage zu entlarven. Ganz bezeichnend für diese unbegreifliche Schwäche ist seine Behandlung des Obersten Maurel, des Präsidenten des Kriegsgerichts von 1894. Dieser war der Komplice Merciers bei der Ausführung des Amts- und Rechtsverbrechens gewesen. Seine unaufrichtige, teilweise falsche Aussage zeigte ihn als den unwürdigen Richter, den wir kennen. Aber nicht ein Wort in den Fragen Laboris stellte die unerhörte Pflichtverletzung fest. Der Verteidiger behandelte diese wichtige Tatsache, die in den Verhandlungen eine beherrschende Rolle hätte spielen müssen, wie eine alte Geschichte, die langweilig geworden war.

Die moralische Einschüchterung der Verteidigung führte dahin, daß die Feinde geschont und die Freunde verraten wurden. Der einzige unter den sieben Offiziersrichtern von 1894, der, seinem Gewissen gehorchend, als ein wahrer und aufrichtiger Zeuge auftrat, war der Hauptmann Freystätter. Er allein gibt uns eine Vorstellung von dem Charakter des geheimen Aktenstücks, so wie das Kriegsgericht es in seinem Beratungszimmer kennenlernte. Er konnte sich noch an vier der Bestandteile erinnern:

1. eine biographische Notiz, die Dreyfus verräterischer Handlungen auf der Schule in Bourges, auf der Kriegsakademie und während seines Dienstes beim Generalstab beschuldigte;
2. ein Dokument, das unter dem Namen ›Ce canaille de D ...‹ bekannt ist;
3. ein Dokument, das als Vergleichsstück diente, den Schreiber des Briefes ›Ce canaille de D ...‹ festzustellen; dieses Dokument ist unter dem Namen ›Brief des Obersten Davignon‹ bekannt;
4. die Depesche eines ausländischen Militärattachés, welche die Schuld des Angeklagten bestätigte. Diese Depesche enthielt folgende Worte: »Dreyfus verhaftet, Verbindungsmann gewarnt.«

Mercier leugnete natürlich alles ab und griff den Hauptmann auf die gemeinste Weise persönlich an. Die Verteidiger dachten nicht daran, diesen kostbaren Zeugen zu schützen. Unbegreiflicherweise hatten sie es für überflüssig gehalten, alle Richter von 1894 kommen zu lassen. So stand die Aussage eines einzigen unmittelbaren Zeugen des Rechtsverbrechens gegen die Behauptungen des Generals Mercier. Wer von beiden war ein Lügner? Auf der einen Seite gab es einen Soldaten, der unter großer Gefahr für seinen persönlichen Frieden und seine Laufbahn, offensichtlich unter dem Druck seines Gewissens, eine Aussage machte, auf der anderen Seite gab es den immer lügenden Verbrecher, der sich verteidigen mußte. Es handelte sich um die heimtückischste aller Fälschungen der Affäre, deren gründliche Untersuchung Mercier des Anschlags auf Dreyfus überführt haben würde.

Die Entscheidung des Kriegsgerichts hing, wie wir noch klarer sehen werden, in erster Linie von der moralischen Bewertung dieses scheinbaren Zeugen und tatsächlichen Hauptanklägers und Lenkers des Prozesses ab, der nun von der Entdeckung des Anschlags bedroht war.

Aber die beiden Verteidiger weigerten sich, zu einem Zwischenfall Stellung zu nehmen, der den Hauptankläger zu entlarven versprach. Die Frage der Depesche vom 2. November 1894 erlaubte es, die Methoden der Anklage bloßzustellen, zumal der Zwischenfall Chamoin die genaue Wiederholung des Unternehmens von 1894 war, durch dieselbe falsche Übersetzung die Richter zu beeinflussen. Um den General Mercier nicht angreifen zu müssen, verzichteten Demange und Labori auf einen entscheidenden Vorteil für die Verteidigung, erlitten eine beschämende Niederlage und machten sich des schlimmsten Fehlers, der in einem Kampf begangen werden kann, schuldig – nämlich der Preisgabe eines tapferen Helfers.

Die guten Verteidiger des Hauptmanns Dreyfus waren nicht selten die besseren Verteidiger seiner Ankläger. Ihre allzu klugen Berechnungen brachten sie in Lagen, in denen sie die Ehre und die Interessen, die ihnen anvertraut waren, zu vergessen schienen.

Um das Plädoyer des Rechtsanwalts Demange zu würdigen, muß man sich vor Augen halten, daß die Dreyfusisten festgelegt waren, auf das widerspruchsvolle Ziel, den Freispruch des Hauptmanns Dreyfus zu erreichen, ohne seine Ankläger in Gefahr zu bringen. Diese Politik hatte einen unmöglichen Standpunkt in der Sache zur Folge: die falsche Anklage sollte als gutgläubig geachtet und gleichzeitig als ein Irrtum bewiesen werden. Da diese Thesen sich im Widerspruch zu den Tatsachen befanden, konnte das Gerüst der Verteidigung nur mit Hilfe konventioneller Lügen errichtet werden.

Man war entschlossen, Dreyfus wie einen gewöhnlichen Angeklagten zu verteidigen. Für Demange, der an die Justiz glaubte, erschien es als ein sicherer Weg des Heils, den Mangel an irgendwelchen Schuldbeweisen herauszustellen. Wirklich hätte kein ordentliches Gericht den Hauptmann Dreyfus verurteilt, da es nichts gab, was eine Überzeugung von seiner Schuld stützen konnte. Aber das Kriegsgericht war unter den obwaltenden Umständen ein politisches Standgericht, das nicht über eine Sache urteilte, sondern zwischen Interessen entschied. Der Kommissar der Regierung, der Major Carrière, brachte das ganz zuletzt in seiner Replik zum Ausdruck. Er sagte:

»Ich möchte dem Gericht einfach folgendes zu bedenken geben: Sie haben sehr viele Aussagen angehört, und ich möchte Ihnen raten, sie in Gedanken in zwei Gruppen zu teilen. Die eine verlangt von Ihnen den Freispruch, die andere die Verurteilung. Wägen Sie diese beiden Gruppen gegeneinander ab, und geben Sie ihnen den moralischen Wert, der ihnen zukommt. Folgen Sie der Gruppe, der Sie den Vorzug geben.«

Diese Aufforderung, nicht über die Sache sondern über die Personen, die sich feindlich gegenüberstanden, zu urteilen, hatte den Sinn, daß die militärischen Richter zwischen den Soldaten und den Zivilisten wählen sollten. Der offizielle Vertreter der Anklage gab zu verstehen, daß ein ganzer Monat ermüdender Auseinandersetzungen verschwendet worden war! Es hätte ihm genügt, die Ankläger und die Verteidiger in zwei Gruppen aufmarschieren zu lassen, und sein geübtes Auge würde sofort ihren Wert erkannt haben!

Der Kommissar der Regierung, der Major Carrière, wagte es, vom Kriegsgericht zu verlangen, das Recht und die Gerechtigkeit zu vergewaltigen und blind für die militärische Autorität zu optieren. Diese Quintessenz seiner juristischen Einsicht wiederholte aber nur die Worte, mit denen der General Mercier bereits die Offiziersrichter vor eine Entscheidung gestellt hatte, als er ihnen sagte:

»Man muß wählen: entweder bin ich eines Amtsverbrechens schuldig, weil ich mit unerlaubten Mitteln einen Unschuldigen habe verurteilen lassen, oder dieser Mann ist ein Verräter, den mit allen Mitteln zu entlarven ich die vaterländische Pflicht hatte. Sie müssen zwischen mir, Ihrem ehemaligen Kriegsminister, zwischen mir, dem Divisionsgeneral, dem Kommandeur eines Armeekorps, dem hohen militärischen Würdenträger und diesem jüdischen Hauptmann entscheiden, der sich in unserem Offizierskorps nur durch eine bedauerliche Toleranz befindet.« (Revision II, 302)

Für den Verteidiger Demange gab es keine schuldigen Ankläger. Selbst der Fälscher Henry, der mehrere Verbrechen begangen hatte, um Dreyfus ins Unglück zu stürzen und seine Rettung zu verhindern, wurde in jeder Hinsicht geschont. Er wäre ein ehrenhafter und treuer Soldat gewesen. Welche Gefühle haben wohl solche Äußerungen in Dreyfus erweckt, der von seinem Verteidiger hören mußte, daß die Leute, die ihn auf die Teufelsinsel geschickt hatten, »treu und ehrenhaft« waren. Keine noch so große Versöhnlichkeit erlaubte eine solche Umkehrung des moralischen Werturteils. Die Schonung der skrupellosen Feinde war ein Verrat an dem Unschuldigen. Nachdem Dreyfus das Opfer seiner Ankläger geworden war, wurde er das Opfer seiner Verteidiger. Aber mit Recht darf man sagen, daß nichts ihn zwang, diese schändliche Rolle zu erdulden. Man kann vielleicht wehrlos sein gegenüber seinen Feinden aber nicht gegenüber seinen Freunden. [117]

Nach Demange war Labori an der Reihe, sein Plädoyer zu halten. Der Präsident lud ihn ein, das Wort zu ergreifen, aber Labori verzichtete, ohne eine Erklärung abzugeben.

Am Tage vorher hatte sich bei ihm zu einer frühen Stunde – es war noch nicht sechs Uhr morgens – eine seltsame Delegation eingefunden. Die bestand aus Jaurès, Bernard-Lazare und dem Professor Basch, der in Rennes lehrte und ein eifriger Dreyfusist war. Jaurès erklärte zunächst den Auftrag, den er und seine Begleiter übernommen hatten. Es handelte sich um die Frage des Plädoyers, das Labori am nächsten Tage zu halten beabsichtigte. Die Regierung glaubte an einen sicheren Freispruch, wenn Labori das Wort nicht ergriffe, während sie im andern Falle die Verurteilung befürchtete.

Dieses Manöver der Regierung ist ein Beweis mehr, daß sie nichts zum Schutze der Generale versäumte. Sie nahm es auf sich, Mathieu Dreyfus, der für seinen Bruder alles entschied, unter Druck zu setzen, um die Schonung der falschen Ankläger zu sichern. Man muß diese Handlungsweise, die einer Erpressung nahekommt, mit den angeblichen Skrupeln vergleichen, welche Waldeck-Rousseau verhindert hätten, die militärische Justiz zur Achtung des Gesetzes und zu einer ordentlichen Durchführung des Prozesses zu zwingen. Nun entwaffnete die Regierung im letzten Augenblick die Verteidigung, indem sie ihr falsche Hoffnungen machte.

Es ist immer ebenso schwierig wie nutzlos, politische Entscheidungen zu kritisieren, die das Ergebnis einer langen Reihe von Fehlern sind. Zu dem schmählichen Ausgang des dreyfusistischen Kampfes führt ein vollkommen gerader Weg, und es gab niemand unter den Führern der Bewegung, der nicht Gefangener der früher begangenen Fehler gewesen wäre. Der Charakter der Bewegung war von Anfang an ausgeprägt, und die wesentlichen Irrtümer, welche die Enttäuschung verursachten, wurden von allen geteilt.

Für diese Tatsache ist ein bezeichnendes Beispiel der von Labori nach dem Prozeß veröffentlichte Entwurf seines Plädoyers, das der Regierung so große und so unnötige Sorgen verursacht hatte. Labori dachte nicht daran, die Verantwortung der Generale anzunehmen oder gar herauszustellen, er gab die Schuld an allen Verbrechen den Werkzeugen: Esterhazy, Henry und du Paty de Clam. Überdies verwarf er die furchtbarsten Wahrheiten als Legenden und, was noch schlimmer war, er weigerte sich, die Legenden, welche das Rückgrat der Anklage bildeten, für gefährlich zu halten. Gleich allen anderen Dreyfusisten wich er der Alternative: Mercier oder Dreyfus, aus. Auch er hielt diese notwendige Entscheidung für eine abscheuliche Kriegslist der Demagogen, welche »mit Hilfe elender Sophismen die bewundernswerte Tugend der militärischen Disziplin« mißbrauchen wollten. Das Plädoyer Laboris hätte in keiner Weise die Entscheidung des Kriegsgerichts beeinflußt.

Dreyfus wurde wieder verurteilt, wie es viele vorausgesehen hatten. Weil die Entscheidung eine politische war, gab die Kampfmoral der Parteien den Ausschlag. Die der Dreyfusisten war schlecht, aber ihre Sache war gut. Die Kampfmoral der falschen Ankläger und ihrer Anhänger war gut, aber ihre Sache war die allerschlechteste. Das alles kam im Urteil zum Ausdruck. Die Richter retteten den General Mercier, indem sie Dreyfus schuldig sprachen. Aber sie wagten es nicht, ihn als einen Verräter zu behandeln. Sie billigten dem Generalstabsoffizier, von dem sie behaupteten, er habe die Geheimnisse der Landesverteidigung »dem Erbfeind« ausgeliefert, mildernde Umstände zu und bestraften ihn mit zehn Jahren Festungshaft. Wie so vieles in der Affäre ist auch dieses Urteil ohne historisches Beispiel. [118]

Die Regierung beeilte sich, den zum zweiten Male verurteilten »Verräter« zu begnadigen, was nur den Sinn haben konnte, daß sie mit politischen Mitteln den Offizier zu rehabilitieren versuchte, den sie von der Justiz hatte verurteilen lassen. Sie scheute sich nicht, die Autorität des Gerichts zu mißachten, indem sie seinen Spruch unmittelbar unwirksam machte. So ist es letzten Endes immer die Politik, die in der Affäre die Entscheidung fällt. Dreyfus durfte nicht hoffen, jemals Gerechtigkeit zu finden.

Die Begnadigung, die fünfzehn Monate später in einer Amnestie ihr Gegenstück und ihre folgerichtige Ergänzung fand, ist der Ausgang der Affäre. Die Maßnahme war diktiert worden von der kleinlichsten und ängstlichsten Berechnung. Die Regierung entschied, daß nichts entschieden werden sollte. [119, 120]

Die Rechtfertigung der Begnadigung, wie sie Reinach in seiner ›Geschichte‹ versucht, zeigt, in welchem Grade die Menschen das Bewußtsein des skandalösen politischen Zustandes verloren hatten. Reinach ist nicht entsetzt, sondern fast begeistert über eine Maßnahme, die ein rechtskräftiges Urteil in dem Augenblick wirkungslos macht, da es gefällt wird. Die Republik selber, sagt er, hätte das Unrecht wiedergutgemacht, das von der Justiz verübt wurde. Der Gedanke streift ihn nicht einmal, daß die Korrektur des Gerichts durch die politische Exekutive das gesunde Verhältnis der Institutionen auf den Kopf stellt. Wie etwas Selbstverständliches wird es hingenommen, daß die Politiker keine Autorität respektieren, daß sie das Gesetz und die Grundlagen der politischen Ordnung ihren jeweiligen Bedürfnissen anpassen. Da es in der Affäre immer so gewesen ist, fügt sich die Begnadigung vollkommen in sie ein.

Es gab eine erste Wahrheit, die Reinach übersieht, an der aber niemand vorbeigehen kann: ein Unschuldiger, der eine Begnadigung, die ihm angeboten wird, nicht mit Entrüstung zurückweist, befleckt seine Ehre, wenn er sich nicht außerhalb der gesellschaftlichen Ordnung befindet. Nur zwischen sich bekämpfenden Ordnungen gibt es weder Recht noch Gnade. Hätte Dreyfus sich als Revolutionär oder Ausgestoßener betrachtet, durfte er die Begnadigung ohne Skrupel als einen Vorteil annehmen, da die Justiz so wenig wie die Politik sein moralisches Wesen berühren konnten.

Dann hätte er allerdings sagen müssen: »Ich nehme die Begnadigung als einen praktischen Vorteil an, den mir der Feind bietet. Sie bedeutet für meine Ehre so wenig wie die zwei kriegsgerichtlichen Urteile. Keine Einrichtung dieser Republik besitzt für mich irgendwelche Autorität.« Aber Dreyfus erstrebte, ganz im Gegenteil, die Wiederaufnahme in die Gesellschaft und betrachtete sie als seine Rehabilitierung. Er verstand seinen Fall keineswegs als eine Angelegenheit der absoluten Moral. Daher verriet er sich selbst, als er dem Rate seines Bruders und gewisser Freunde folgte und die Begnadigung annahm. [121, 122]

Die Affäre entstand aus der Unordnung und sie endete in noch größerer Unordnung. Auf eine phantastische Weise ist alles, was geschieht, falsch, im Widerspruch zur Vernunft und zum sittlichen Gefühl. Unverkennbar sind alle Beteiligten auf eine geheimnisvolle Weise aus der Bahn geworfen. Nichts von dem, was sie sagen und tun, entspricht der Natur eines Menschen, der einer geordneten und gesitteten Gesellschaft angehört. Die einsichtigeren Zeitgenossen waren sich der Tatsache wohl bewußt. Roger Martin du Gard spricht davon, daß die Affäre alles vergiftet hätte, und Charles Péguy schreibt: ». . . in dem Gewebe dieser Affäre gibt es einen besonderen Krankheitserreger, das habe ich selber in einem unerwarteten Maße erfahren . . .«

Nach mehr als einem halben Jahrhundert ist die üble Wirkung noch spürbar. Wer die Affäre in allen ihren Phasen nacherlebt, kann sich der Bedrückung und des Widerwillens nicht erwehren. Es gibt da zwei Phänomene, die den moralischen Ekel hervorrufen. Am Anfang steht ein verborgenes Verbrechen, das nie erkannt wurde, weil es niemand wahrhaben und niemand rächen wollte. An allem schuld war der Hüter der Gerechtigkeit, der Staat, der dem Unrecht nicht auf den Grund ging, weil er als Komplice die Wahrheit unterdrückte und das Recht beugte.

Die Art und Weise, wie die Regierung Waldeck-Rousseau die Affäre Dreyfus abwürgte, erweckte die Vorstellung im Volke, daß es in dem Kampf um die Wiedergutmachung des ungerechten Urteils nichts als Irrtum gegeben hätte. Die Opfer der verbrecherischen Anschläge wurden auf eine Stufe gestellt mit den Attentätern. Die Amnestie behandelte Picquart, der mit Hilfe von Fälschungen und Meineiden unter Anklage gestellt worden war, nicht anders als den General Gonse, der für dieses gemeine Verbrechen die unmittelbare Verantwortung trug.

Die Grenze zwischen Recht und Unrecht wurde vollständig verwischt. Die Staatsautorität, die sich achtet, kann Verbrechen, die als solche erkannt sind, der Vergessenheit überantworten und die Strafen erlassen. Anders war die Amnestie Waldeck-Rousseaus. Sie bezweckte, die Verbrechen und die Verbrecher zu schützen und die Wahrheit für immer zu begraben. [123, 124]

[106] Einer ist schuldig: Dreyfus oder Mercier

Erklärung des Generals Mercier im ›Intransigeant‹ vom 3. August 1899:

Dreyfus wird gewiß von neuem verurteilt werden.

Denn in dieser Affäre gibt es sicherlich einen Schuldigen. Und dieser Schuldige ist entweder er oder ich. Da ich es nicht bin, ist es Dreyfus.

Ob unter Ausschluß der Öffentlichkeit oder vor aller Welt, ich werde sprechen und alles sagen.

Dreyfus ist ein Verräter, ich werde es beweisen.

[107] Dreyfus oder die Kriegsminister

Unzählige Male haben die Nationalisten diesen Gedanken formuliert, den Paul de Cassagnac noch einmal in seiner Zeitung, der ›Autorité‹, am 31. Oktober 1898, während der Untersuchung des Falles Dreyfus durch den Kassationshof, mit besonderer Schärfe zum Ausdruck brachte.

Wenn Dreyfus von der Teufelsinsel zurückkommt, müssen Mercier, Billot, Zurlinden, Cavaignac und Chamoin dort seinen noch warmen Platz einnehmen. Diese Leute repräsentieren die Armee nicht besser als Esterhazy, du Paty und Henry und die anderen Günstlinge der verschiedenen republikanischen Kriegsminister. Wenn sie sich getäuscht haben, so sind sie ohne Entschuldigung. Sie haben Frankreich in die Irre geführt und ein Verbrechen begangen. Es gäbe keine Strafe, die hart genug für sie wäre.

[108] »Dreyfus oder die Minister«

Déroulède, auf den sich schließlich die Feinde der Republik als ihren Führer geeinigt hatten, richtete in einer Rede vom 6. Juli 1899 die folgende Warnung an Mercier:

Sollte es durch ein unzweifelhaftes, schlüssiges und echtes Beweisstück aufgezeigt werden, daß Dreyfus unschuldig ist, sollte dieses Verbrechen gegen die Menschheit festgestellt werden, so würde es keine Ehrungen geben, die für den Märtyrer groß genug wären, und keine Züchtigung, die furchtbar genug wäre, keinen Pranger, der schändlich genug wäre für alle die Minister, die zivilen und die militärischen, die Dreyfus angeklagt haben oder haben anklagen lassen. Jede Art der Bestrafung wäre entschuldbar, alle Qualen wären gerechtfertigt.

Und in einer Rede vom 31. Juli sagte er:

Auch Frankreich müßte für die Verbrechen, die seine Generale und Minister begangen haben, büßen. Wir müßten das Volk Israel um Verzeihung bitten. Es gibt heute zwei Angeklagte: der eine, das ist Frankreich, seine Generale, seine Staatsmänner, kurz, das ganze Staatswesen, und der andere, das ist fast die ganze Gesellschaft, das ganze Volk.

[109] Dreyfus' Rückkehr nach Frankreich

Dreyfus schreibt in seinen Erinnerungen:

Man begreift, wie überrascht, erschüttert, niedergeschlagen, kurz, wie tief verwundet ich von dieser Art Rückkehr in mein Vaterland war. Da, wo ich nur den Gedanken an die Gerechtigkeit und die Wahrheit, den Wunsch nach Wiedergutmachung des entsetzlichen Justizirrtums erwartete, sah ich sorgenvolle Gesichter, die kleinlichsten Vorsichtsmaßnahmen, eine Ausschiffung auf hoher, entfesselter See, und ich litt seelisch wie körperlich. Glücklicherweise hatte ich während der langen und traurigen Monate meiner Gefangenschaft gelernt, meinen Willen, meine Nerven, meinen Körper zu beherrschen, und hatte eine große Widerstandskraft erlangt.

[110] Ein Prozeß ohne Anklageschrift

Aus dem Plädoyer des Rechtsanwalts Mornard vor dem Kassationshof 1906:

Die Tatsache, daß man in Rennes nicht darauf verzichtete, die Anklage aufrechtzuerhalten, erklärt sich auf dieselbe Weise wie die Rettung Esterhazys, die mit betrügerischen Mitteln von Henry, du Paty de Clam und Gribelin unternommen wurde; die militärische Pflicht gebot vor allem die Rettung des Generals Mercier ...

Wenn man aber die militärische Pflicht und die Ehre der Armee so begriff und so mißbrauchte, so mußte man um jeden Preis die alte Anklage wieder erheben und den antisemitischen Glauben an den unvermeidlichen jüdischen Verrat mit den Resten der zusammengebrochenen Anklagesysteme stützen. Doch niemand in Rennes konnte sich der offensichtlichen Unmöglichkeit verschließen, eine neue Anklageschrift in rechtlicher Form zu verfassen.

Man verzichtete also ganz auf eine neue Anklageschrift und verlas einfach bei der Eröffnung der Verhandlungen den Bericht d'Ormescheville, wie falsch er auch immer war. Sogar die Ankläger selber setzten sich zu ihm in vollen Widerspruch, was das Datum des Bordereaus, das Wesen der gelieferten Dokumente und das ganze System ihrer Argumentation betraf. Der Bericht d'Ormescheville stützte sich auf Schriftgutachten, die widerrufen worden waren, auf angebliche Polizeiberichte, von denen man wußte, daß sie erfunden waren. Und das alles wurde bei der Eröffnung der Verhandlungen als Anklageschrift verlesen! Ich glaube, bereits in meinem Schriftsatz bewiesen zu haben, daß die Unterlassung, eine neue Anklageschrift zu verfassen, nicht nur die Vernunft und den guten Glauben herausfordert, sondern auch eine offene Verletzung des Artikels 445 der Strafprozeßordnung und der Artikel 108 und 121 des militärischen Strafgesetzes darstellt.

Die Ungesetzlichkeit hat andere Ungesetzlichkeiten nach sich gezogen; sie hat es ermöglicht, die Autorität eines rechtskräftigen Urteils zu mißachten und vor dem Kriegsgericht zu erörtern, was endgültig durch eine Entscheidung des obersten Gerichtshofs ausgeräumt war.

Ebenso hat die Verachtung des Gesetzes es dem General Mercier und seinen Gehilfen ermöglicht, sich an die Stelle des Regierungskommissars zu setzen. Sie haben unter Eid wahre Anklagereden gehalten, obwohl sie im Range höher waren als der Präsident des Kriegsgerichts, was gegen den Artikel 7 des militärischen Strafgesetzes verstößt.

[111] »Wenn Sie weich werden ...«

Der einzige politische Kopf unter den Dreyfusisten, Georges Clemenceau, erkannte nach diesem Beginn des Prozesses mit vollkommener Klarheit, daß die Taktik der Verteidiger zur unvermeidlichen Niederlage führen mußte. Er schrieb Labori am 11. August 1899, am vierten Tage der Verhandlungen, einen Brief, der eine scharfe Zurechtweisung enthielt. In diesem Brief heißt es:

Ich bin unbedingt für den entschlossenen Angriff und halte den Kampf für verloren, wenn man einen andern Weg wählt. Die Verteidigung von 1899 wird zu dem Ergebnis von 1894 um so sicherer führen, als der Druck des Korpsgeistes und der Kirche auf die Richter ungeheuer ist.

Unser Ziel muß es sein, vor der öffentlichen Meinung zu siegen. Das allein ist wichtig. Die Richter werden folgen, wenn unser Sieg überwältigend genug ist, und wenn diese Richter nicht folgen (was mir unmöglich erscheint), so werden wir andere bekommen. Sagen Sie unseren Freunden, daß man Soldaten nicht durch Sanftmut entwaffnet, die sie nur in ihrer frechen Anmaßung bestärkt. Die Soldaten müssen sich einer unbesiegbaren Entschlossenheit gegenüber sehen, die sich in der höflichsten Form zu erkennen gibt. Sie müssen fühlen, daß sie auf kein Zurückweichen, was auch immer geschieht, rechnen können.

Ich finde, daß man bereits am ersten Tage einen Fehler beging, indem man es geschehen ließ, daß der Präsident sich Dreyfus gegenüber aufspielte, zumal dem Publikum der Unsinn des Verhörs nicht klargemacht wurde. Es ist unbedingt nötig, daß sich von morgen an alles ändert. Kümmern Sie sich um das Publikum, und denken Sie an nichts anderes, denn es ist der höchste Richter! Denken Sie daran, daß alles, was in Rennes gesagt wird, in der ganzen zivilisierten Welt seinen Widerhall findet! Wenn Sie weich werden, können zehn Millionen Zeitungsartikel, die nur von Freunden gelesen werden, das Gleichgewicht nicht wiederherstellen. Die ganze Welt hört Sie! Nehmen Sie diesen Vorteil wahr! Rollen Sie die Affäre bis in die kleinsten Einzelheiten auf! Die Richter wissen offensichtlich nichts, haben nichts gelesen.

Klären Sie die Richter auf, indem Sie alle Gemeinheiten und alle Verbrechen, deren Opfer Dreyfus wurde, zum Vorschein bringen. Greifen Sie die Verbrecher auf dem Zeugenstand an! Sie müssen sie durch Ihre Fragen so bedrängen, daß sie nicht ausweichen können. Das ist der sichere Sieg; jeder andere Weg führt zur Niederlage. Und der Präsident muß fühlen, daß er Leute vor sich hat, die bis zum äußersten kämpfen. Auch Dreyfus muß diese Entschlossenheit zeigen.

Die Ausbrüche seiner Empörung werden das Publikum erleichtern. Denn seine Passivität ist bedrückend. Insbesondere muß seine Haltung Mercier gegenüber heftig sein. Ich wollte sogar, daß sie beleidigend und furchtbar wäre. Die ganze Welt wird seine Worte vernehmen. Er allein hat das Recht, maßlos zu sein. Daß er doch die Haltung verlöre! Man wartet darauf. Wenn keine Ausbrüche kommen, gibt es eine Enttäuschung, und es entsteht der schlechteste Eindruck. Dreyfus soll schreien: »Sie haben gelogen, Sie haben mich durch Lügen verurteilen lassen. Um sich vor der Strafe für Ihre Verbrechen zu retten, kommen Sie mit neuen Lügen. Ich werde beweisen, daß Sie ein Lügner sind.« Das würde für zwei oder drei Tage die Lügen um ihre ganze Wirkung bringen und Ihnen die Möglichkeit geben, die Lügen zu beweisen.

Lieber Freund, wir brauchen den Kampf ohne Gnade und ohne Schonung, wer auch immer der Feind ist. Ich kann kaum begreifen, daß man jetzt noch zögert. Dreyfus ist nur ein symbolischer Einsatz. Man muß die Unschuld retten, die unterdrückt werden soll. Noch ist die Lage von der Art, daß wir nicht besiegt werden können, wenn wir es nicht sein wollen ...

[112] »Nichts als die Wahrheit«

Mercier als »Zeuge« vor dem Kriegsgericht in Rennes:

Ich muß noch hinzufügen, ich bin gezwungen, es an dieser Stelle zu tun, denn es wird in der Folge meiner Aussage eine gewisse Bedeutung haben, daß Seine Majestät der Kaiser von Deutschland sich persönlich mit den Spionageangelegenheiten befaßte und daß in gewissen Ausnahmefällen die Chefs der Spionageorganisationen in Paris, Brüssel und Straßburg sogar unmittelbar und persönlich mit dem Kaiser im Briefwechsel standen.

Ich bin gezwungen, diese Erklärung gleich zu Anfang abzugeben; sie wird notwendig gemacht durch einige Schriftstücke des geheimen Aktenstücks und insbesondere durch einen Brief, der von dem Vorgänger des Obersten von Schwartzkoppen an den deutschen Kaiser gerichtet wurde.

Meine Bemerkung ist nicht überflüssig. Wie gesagt, sie hat ihren Sinn, denn sie wird Sie die Bedeutung der Aussage des Monsieur Mertian de Muller über einen Vorfall erkennen lassen, der sich im November 1894 im Schloß von Potsdam ereignet hat. (Ich werde sogleich darauf zurückkommen.) Diese Aussage wird auch den Brief vom 17. November 1895, den ich später zu den Akten geben will, beleuchten.

Ich lenke Ihre ganze Aufmerksamkeit darauf, [sprach der General Mercier die Richter an] um Ihnen die Wichtigkeit des Zeugnisses des Monsieur Mertian de Muller zu zeigen, denn, wie ich Ihnen gerade gesagt habe, beschäftigte sich der deutsche Kaiser persönlich mit besonderen Spionageangelegenheiten. Es ist also nichts Erstaunliches, daß er damals persönlich benachrichtigt wurde.

Dieser Mertian de Muller war Advokat in Lille und erzählte dem Kriegsgericht tatsächlich in der elften Sitzung am 24. August eine erstaunliche Geschichte:

Am 5. November 1894 besichtigte ich das Schloß in Potsdam ... Ich übergehe meine Eindrücke von den verschiedenen Räumen ... Der Führer sagte uns: »Nun treten wir in das Schlafzimmer des deutschen Kaisers ein.« Auf einem kleinen Tisch, der dem Kaiser als Arbeitstisch diente, befand sich ein Schreibzeug, ein Adreßbuch und ein roter Band. Der Führer erklärte: »Sehen Sie, wie der Kaiser die Offiziere kennt. Dieses Buch ist die Rangliste und ist angefüllt mit Randbemerkungen.« Tatsächlich sah ich, als ich es umblätterte, mit Bleistift geschriebene Anmerkungen. Neben diesem Band lag auseinandergefaltet eine Zeitung, die ›Libre Parole‹, auf der Titelseite war ein blauer Stempel, aber ich habe nicht genauer hingeblickt und weiß nicht, was er bedeutete. Doch las ich dort einen mit Blaustift geschriebenen Hinweis: »Der Kap. Dreyfus ist ...«, und dann kam ein Wort, das dem Sinne nach »gefangen« bedeutete.

Mercier sagte weiter aus:

Um zu begreifen, was ich im Jahre 1894 getan habe, muß man sich die politische Situation jener Zeit ins Gedächtnis zurückrufen. Monsieur Hanotaux hat sie vor der Strafkammer des Kassationshofs geschildert. Er sagte aus, daß die diplomatischen Beziehungen sehr delikat und in einem Augenblick sogar gefährlich wurden.

Monsieur Casimir-Perier sprach vor der Strafkammer von dem ungewöhnlichen Schritt des deutschen Botschafters, des Grafen Münster. Er sprach sogar von der etwas ungewöhnlichen Spaltung seiner Persönlichkeit in eine offizielle Person, die sich hinter ihrer konstitutionellen Unverantwortlichkeit und auch hinter der Staatsräson verschanzt, um die Frage des Grafen Münster nicht zu beantworten, und in eine zweite, private Person, die sich eifrig bemüht, dem Grafen Münster die Auskünfte zu geben, welche die Amtsperson geglaubt hat, ihm verweigern zu müssen.

Aber Monsieur Casimir-Perier hat seine Aussage unvollständig gelassen. Er hat nicht gesagt, daß wir, das heißt, Monsieur Charles Dupuy, der Ministerpräsident, und ich, der Kriegsminister, von acht Uhr abends bis eine halbe Stunde nach Mitternacht in seinem Kabinett im Elysée geblieben sind, um das Ergebnis des telegraphischen Austausches von Mitteilungen zwischen dem deutschen Kaiser und dem Grafen Münster abzuwarten. Wir sind also viereinhalb Stunden in Erwartung der Entscheidung zwischen Krieg und Frieden gewesen, die sich aus diesem Austausch von Mitteilungen ergeben mußte.

An dieser Stelle, so bemerkt der stenographische Bericht, machte Monsieur Casimir-Perier eine Bewegung, die Verneinung ausdrückte und die Aufsehen im Gerichtssaal erregte.

Der General Mercier sagte dann:

Ich war schon am Nachmittage benachrichtigt worden, daß die politische Lage sehr ernst wäre, daß Herr von Münster von seinem Kaiser den Befehl erhalten habe, seine Pässe zu verlangen, wenn man seine Forderungen nicht erfüllte.

Aus diesem Grunde ging ich zum Präsidenten der Republik und gab vorher dem Chef des Generalstabs, dem General de Boisdeffre, den Befehl, mich im Kriegsministerium mit so vielen Offizieren zu erwarten, wie notwendig waren, um unmittelbar die vorbereitenden Maßnahmen für die Mobilmachung zu treffen. Sie sehen, meine Herren, daß wir uns zwei Fingerbreit vom Kriege befanden.

Hier bemerkt der stenographische Bericht, daß Monsieur Casimir-Perier die Hand hob, um das Wort zu verlangen.

Der General Mercier sprach unbeirrt weiter:

Erst eine halbe Stunde nach Mitternacht teilte mir der Präsident der Republik mit, daß der Graf Münster, das heißt der Kaiser, sich mit einer ziemlich unbestimmten amtlichen Veröffentlichung zufriedengegeben habe, welche die diplomatischen Vertretungen aus dem Spiel ließ ...

Daher, meine Herren, mußte ich im Interesse meines Vaterlandes und mit rücksichtslosem Einsatz meiner Person alles tun, um den Krieg zu vermeiden.

Sollte ich aber auf der anderen Seite die militärischen Richter in Unwissenheit der Dokumente lassen, die Dreyfus belasteten? Sie kennen diese Beweisstücke der Anklage. Es sind verschiedene geheime Schriftstücke, die ich hier habe verlesen lassen, um diesen Teil meiner Aussage zu ergänzen. Die Dokumente bildeten damals das sogenannte geheime Aktenstück. Ich ließ sie zu meinem persönlichen Gebrauch kommentieren und war auch der Meinung, daß die Richter unbedingt die Dokumente ebenso wie den Kommentar kennenlernen müßten.

Ich habe Monsieur Lebrun-Renault zum Präsidenten der Republik und zum Ministerpräsidenten geschickt, damit er ihnen die Szene des Geständnisses berichtete. Nun, er hat diese außerordentlichen Begebenheiten ihnen nicht erzählen können. Warum? Weil der Präsident der Republik und der Ministerpräsident noch ganz unter dem Eindruck des diplomatischen Zwischenfalls und der deutschen Kriegsdrohung standen und davon hypnotisiert waren.

Hier bemerkt der stenographische Bericht, daß sich Casimir-Perier erheben will, um das Wort zu verlangen.

Der General Mercier fuhr fort:

Sie waren hypnotisiert durch die Krise, und sie wollten auf jeden Fall das Geständnis unterdrücken, in dem Deutschland genannt war. Ich muß zugeben, daß dieses Geständnis damals ohne jeden Nutzen im Sinne der inneren wie der äußeren Politik war, wenn es auch denjenigen eine moralische Genugtuung gab, die, wie der Präsident der Republik, von ihm erfuhren. In der auswärtigen Politik konnte es große Schwierigkeiten hervorrufen, in der inneren war es ohne jede Bedeutung. Denn die Regierung war damals nicht angegriffen, weil sie sich dem Hauptmann Dreyfus gegenüber zu streng gezeigt hätte ... Das Geständnis war also zu dieser Zeit ganz unwichtig, denn das Gesetz über die Revision war noch nicht in Kraft getreten. Man nahm kein regelrechtes Protokoll auf, denn es wäre ohne jede juristische Nützlichkeit gewesen.

[113] Das vom Kaiser angemerkte Bordereau

Der offene Brief an den General Mercier im ›Gaulois‹ vom 14. August 1899 wurde den Richtern unmittelbar als die notwendige Ergänzung seiner Aussage vorgelegt.

General,

in Ihrer unerschrockenen, geraden und unwiderstehlichen Aussage haben Sie einen großen Teil der Wahrheit gesagt. Aber haben Sie wirklich die ganze Wahrheit gesagt? Ich bezweifle es, und ich sage Ihnen meine Gründe:

Sie erklärten ausdrücklich, daß der Kaiser von Deutschland sich persönlich um die Spionageangelegenheiten bekümmert und daß er wegen des Bordereaus in einen heftigen Zorn ausbrach, der einen solchen Grad erreichte, daß er uns einige Stunden lang an den Rand des Krieges brachte.

Aber Sie erklärten nicht, warum der Kaiser zunächst in dem Maße aufgebracht war, daß er uns mit Krieg bedrohte, und was ihn schließlich wieder beruhigte.

Ihr Schweigen über diesen Punkt hüllt Ihre Aussage und die ganze Affäre in bedauerliche Dunkelheit, die allgemein empfunden wird.

Ein besonders vertrauenswürdiger Mann hat mir das Drama, von dem Sie nur einen kleinen Teil aufgedeckt haben, auf folgende Weise erklärt:

Das Bordereau war von Dreyfus auf starkem Papier geschrieben und dem Chef der deutschen Spionage, dem Kaiser, geschickt worden. Am Rande der Liste, neben jedem einzelnen Angebot, stand der geforderte Preis. Der Kaiser sandte das Bordereau mit einer persönlichen Anmerkung in deutscher Sprache nach Paris zurück, deren Sinn war, daß diese Canaille von Dreyfus recht unverschämt würde und man ihn drängen müßte, so bald wie möglich die angekündigten Dokumente zu liefern. Das Bordereau mit der Anmerkung gelangte an den Obersten Henry. Man begreift ohne weiteres die Aufregung, die in der deutschen Botschaft entstand, als man den Verlust des kostbaren Dokuments entdeckte. Herr von Münster eilt ins Elysée, tobt und droht. Er beruhigt sich erst, als das Bordereau ihm zurückgegeben und unbedingtes Schweigen über den Zwischenfall feierlich versprochen wird.

Aber bevor der Kriegsminister den Ministerkollegen, die es anging, das Bordereau zeigte, hatte er eine Photographie anfertigen lassen.

Sie besitzen einen Abzug dieser Photographie und haben ihn nach Rennes gebracht.

Diese Tatsachen erklären das Rätsel Esterhazy. Um der Anklage gegen Dreyfus eine Grundlage zu geben, ohne den Kaiser von Deutschland hineinzuziehen, beauftragte man Esterhazy, auf dünnem Papier die Photographie des Bordereaus durchzupausen, aber die Anmerkung des Kaisers fortzulassen.

So konnte Esterhazy, ohne zu lügen, sagen, daß er das Bordereau geschrieben hätte, und Sie konnten vollkommen richtig behaupten, daß Dreyfus der Urheber des Bordereaus wäre.

Wenn diese sehr glaubhafte Aufklärung die richtige ist, zögern Sie nicht, sie zu bestätigen. Wenn es Irrtümer in ihr gibt, müßten sie berichtigt werden. Wenn sie falsch ist, wäre es nötig, sie zu dementieren. Was Sie auch immer sagen, alle anständigen und patriotischen Franzosen werden Ihre Erklärungen als die endgültige Wahrheit annehmen.

[114] Der geheime Grund der Verurteilung

Eine Aufzeichnung Paléologues in seinem Tagebuch vom 16. August 1899 berichtet über eine Unterhaltung mit zwei Mitgliedern des Kriegsgerichts von Rennes:

Was vielleicht am schwerwiegendsten ist, als Symptom ihrer eigentlichen Meinung, ist die Frage, die mir Parfait, unterstützt von Beauvais, stellt: »Haben Sie im ›Gaulois‹ von vorgestern den offenen Brief an den General Mercier gelesen?« – »Ja, gewiß, er ist übrigens in den meisten Zeitungen wiedergegeben.« – »Hat er Sie nicht beeindruckt?« – »In keiner Weise! Das ist nur eine neue Abwandlung der ›tragischen Nacht‹, und Sie wissen doch, was ich von dieser Fabel denke. Die Veröffentlichung des ›Gaulois‹ hat immerhin einen Vorteil. Sie fordert den General Mercier heraus, sich offen über das Bordereau zu äußern, das Kaiser Wilhelm angemerkt haben soll und von dem der Kriegsminister eine Photographie hätte machen lassen, bevor er zustimmte, daß es zurückgegeben werde: ›Sie besitzen, Herr General, ein Exemplar dieser Photographie und Sie tragen sie in Rennes bei sich. Wenn diese sehr glaubhafte Nachricht richtig ist, sagen Sie es, wenn sie falsch ist, dementieren Sie! . . .‹ Warum stellen Sie nicht diese Frage dem General Mercier?« – Bauvais und Parfait tauschen Blicke aus, stottern unsicher und gehen nach einem herzlichen Händedruck davon . . .

[115] »Ein Winkeladvokat«

Der nationalistische Publizist Paul de Cassagnac, der gewiß kein Dreyfusist war, sagte über Mercier in Rennes:

Er ist einfach ein Winkeladvokat, ein verbissener Staatsanwalt. Er hat nichts, gar nichts Bestimmtes vorgebracht. Wenn man keine andere Munition besitzt, dann soll man nicht gewisse Prozesse inszenieren . . .

[116] »Keine Ahnung von der Affäre Dreyfus«

Wir besitzen in der Aussage, die General Galliffet 1904 im Prozeß Dautriche machte, ein kostbares Zeugnis für die Politik Waldeck-Rousseaus, die ihre Verkörperung in dem naiv-zynischen Galliffet fand. Der General erschien als Zeuge vor dem Kriegsgericht, das über den Nachfolger Gribelins und einige andere Offiziere im Zusammenhang mit einer gekauften Zeugenaussage in Rennes zu urteilen hatte, und er kam auf den Zwischenfall Chamoin zu sprechen.

Ich hatte den General Chamoin als meinen Vertreter in Rennes. Ich hörte von verschiedenen Seiten, daß der General Chamoin einen Verstoß begangen hätte. Er hatte Glück, daß ich seinen Fehler entdeckte. Ich ließ ihn kommen und wusch ihm wegen seiner Unvorsichtigkeit den Kopf und sagte ihm: »Gehen Sie, ich decke Sie, aber tun Sie es nicht noch einmal!«

Im Ministerrat verlangt man von mir den Kopf Chamoins. Aber ich entgegne, ich habe heute morgen den General Chamoin gedeckt; wenn man ihn bloßstellt, dann trete ich zurück. So wurde diese Sache erledigt . . .

Was die Affäre Dreyfus betrifft, so glaube ich nicht, daß es in Frankreich jemand gibt, der weniger von ihr wußte als ich. Es ist vielleicht erstaunlich, was ich da sage, aber es ist nun einmal eine Tatsache. Als ich das Kriegsministerium übernahm, war das Aktenstück betreffend Dreyfus seit zwei, vier oder fünf Tagen in Rennes, und es gab in Paris nur das andere famose Aktenstück – wie heißt es doch? –, kurz, das besondere Aktenstück für den Ausschluß der Öffentlichkeit, Sie werden schon wissen, was ich meine . . . Dieses wurde mit Hilfe des Generals Chamoin von dem Außenminister und dem Justizminister geprüft, um festzustellen, welche Dokumente den geheimen Sitzungen vorzubehalten wären. Ich scheue mich nicht, Ihnen zu sagen, daß ich vor Lachen beinahe platzte, denn das Aktenstück enthielt nichts. Es hatte nur Wert im

Zusammenhang mit den eigentlichen Prozeßakten. Es leuchtete ein wenig in die Ecken, aber da ich von nichts etwas wußte, sagte es mir gar nichts.

Die Affäre Dreyfus? Ich habe nie irgend etwas von ihr gewußt.

Als Monsieur Picquart, der unter meinem Befehl gestanden und mit dem ich die besten Erfahrungen gemacht hatte, vor dem Offiziersrat erschien, eilte ich zum Mont-Valérien, um für ihn Zeugnis abzulegen. Ich wußte übrigens nicht, was man ihm vorwarf. Es ging mich nichts an, aber mir scheint es die erste Pflicht eines Chefs zu sein, seinen Untergebenen zu helfen ...

Ich nehme einen großen Teil der Verantwortung für das Gnadengesuch des Hauptmanns Dreyfus auf mich. Ich übernehme einen möglichst großen Teil der Verantwortung. Wenn ich sie hätte allein tragen müssen, so würde ich es getan haben. Es war nicht wegen Dreyfus, den ich nicht kannte. Aber ich dachte an Frankreich und an die Zukunft. Das sage ich ganz offen. Daher habe ich in voller Unabhängigkeit und ohne mich mit irgend jemand zu beraten, den Tagesbefehl hinausgeschickt: Der Zwischenfall ist beendet, es wird keinerlei Strafmaßnahmen geben.

Eines Tages (zur Zeit des Prozesses von Rennes) meldete sich bei mir ein Offizier des Generalstabs, ein netter junger Mann, um mir ein Dokument zu zeigen, das mit dem Prozeß Dreyfus einen Zusammenhang hatte. Ich war nicht schlau genug, das Dokument nicht zu lesen, und so sagte ich ihm: »Es ist nichts wert. Aber es gibt einen sehr einfachen Weg, schicken Sie es dem Präsidenten des Kriegsgerichts in Rennes. Er kann damit anfangen, was er will.« Der Offizier entgegnete: »Sie sind doch nicht Dreyfusist?« Ich sagte ihm: »Mein lieber Freund, ich bin gar nichts. Seit dem Tage, da der Kassationshof mit Recht oder Unrecht, das geht uns nichts an, die Verurteilung aufgehoben hat, ist Dreyfus, den ich nicht kenne, kein Verbrecher mehr, sondern ein Angeklagter. Ich muß mich also ihm gegenüber verhalten wie einem Angeklagten gegenüber. Wenden Sie sich an den Präsidenten des Kriegsgerichts.« Was hat er mit dem Dokument gemacht? Ich weiß es nicht. Es gibt keinen Franzosen in der Welt, der weniger weiß als ich, was die Affäre Dreyfus bedeutet. Ich glaube, und es ist vielleicht etwas anmaßend, Ihnen zu sagen, daß mich Monsieur Waldeck-Rousseau so sehr gedrängt hat, das Kriegsministerium zu übernehmen, weil er mich kannte und wußte, daß ich keine Ahnung von der Affäre Dreyfus hatte und infolgedessen weder Dreyfusist noch Antidreyfusist war, was bei mir jede Voreingenommenheit ausschloß. Ein anderer Grund war für ihn . . ., daß er mich als tatkräftig genug kannte, um wen auch immer zur Vernunft zu bringen . . . Ich glaube nicht, daß es irgend jemand gibt, der neutraler ist als ich. Gott sei Dank, wenn ich irgendeinen Wunsch aussprechen darf, so ist es der, daß diese Sache endlich begraben wird, denn wir haben mehr als genug davon . . .!

[117] Zaghafte Verteidigung eines Unschuldigen

Es genügt, den letzten Appell Demanges an die Richter zu hören, um über den Geist seiner Verteidigung ganz aufgeklärt zu sein:

Meine Herren, es drängt mich, abzuschließen und Sie nicht länger zu ermüden. Es sind nun schon zwei Tage, daß Sie mich anhören müssen. Sie werden sich zur Beratung zurückziehen, und welche Frage werden Sie sich vorlegen?

Ob Dreyfus unschuldig ist? Nein! Ich versichere gewiß seine Unschuld, aber Sie brauchen sich nur zu fragen, ob er schuldig ist. Nachdem Sie die Verteidigung gehört haben, die zwar nicht in der Lage ist, alles aufzuklären, die aber ehrlich und überzeugt ist, müssen Sie sich sagen:

Wir haben keine Gewißheit, ein anderer mag verraten haben. Aber er? Nein! Es gibt Dinge, die er nicht begangen haben kann. Und Sie werden sich auch sagen, diese Schrift ist nicht seine Schrift. Wenn Sie überdies noch bedenken, daß es jenseits des Kanals einen Mann gibt, der das Verbrechen begangen haben mag . . .

Es ist nicht unsere Sache, zu behaupten, daß dieser Mann jenseits des Kanals ein Verräter ist . . .

Sie sind im Zweifel. Ich schwöre, Sie sind es . . .

Dieser Zweifel, meine Herren, genügt mir. Dieser Zweifel ist der Freispruch. Dieser Zweifel erlaubt es keinem ehrlichen und aufrichtigen Gewissen, zu sagen, daß dieser Mann hier schuldig ist.

Meine Herren, ich bitte Sie, blicken Sie einen Augenblick zurück! Erinnern Sie sich, daß er auf der Teufelsinsel war, erinnern Sie sich, daß dieser Mann fünf Jahre lang die furchtbarsten Leiden und die grausamsten Qualen erduldet hat. Er war nicht einen Augenblick allein, er war stets bewacht, es war ihm unbedingt verboten, nur ein Wort zu äußern.

Meine Herren, der Mann, den dieses Leiden und diese Qualen nicht beugen konnten, der stolz und aufrecht geblieben ist, kann er ein Verräter sein, ist er nicht ein treuer und ehrlicher Soldat?

Ich frage Sie, ob der Mann, der nur für seine Kinder gelebt hat, weil er ihnen einen ehrlichen Namen geben wollte, ich frage Sie, ob der Mann, der seine Familie liebt, ein Schuft, ein Verräter an unserm Vaterland sein kann!

Dieser Mann, so bekenne ich, ist unschuldig.

[118] Die zweite Verurteilung

Im Namen des französischen Volkes,
heute, am 9. September 1899, beriet das Kriegsgericht der Region des zehnten Armeekorps unter Ausschluß der Öffentlichkeit.

Der Präsident stellte die folgende Frage:

Ist Dreyfus (Alfred), Hauptmann im 14. Artillerie-Regiment, Generalstabsoffizier, abkommandiert zum Großen Generalstab, schuldig, im Jahre 1894 Machenschaften angezettelt oder Beziehungen zu einer fremden Macht oder ihren Vertretern unterhalten zu haben, um Feindseligkeiten oder den Krieg gegen Frankreich hervorzurufen oder ihr dazu Mittel zu verschaffen, indem er ihr die Aufzeichnungen und Dokumente lieferte, die im Bordereau bezeichnet sind?

Die Stimmen wurden einzeln abgegeben, beginnend bei dem untersten Grade und dem Jüngsten jeden Grades; der Präsident gab als letzter seine Stimme ab.

Das Kriegsgericht beantwortet die Frage mit einer Mehrheit von fünf Stimmen gegen zwei: »Ja, der Angeklagte ist schuldig.«

Die Mehrheit erklärt: »Es gibt mildernde Umstände.«

Dann, auf die Anträge des Regierungskommissars hin, stellte der Präsident die Frage (des Strafmaßes) und ließ von neuem, wie oben, abstimmen.

Das Kriegsgericht verurteilt mit einer Mehrheit von fünf Stimmen gegen zwei Dreyfus (Alfred) zu zehn Jahren Haft ...

[119] Die Begnadigung

Bericht des Kriegsministers an den Präsidenten der Republik vom 19. September 1899:

Herr Präsident,

am 9. September hat das Kriegsgericht von Rennes Dreyfus mit fünf Stimmen gegen zwei zu zehn Jahren Haft verurteilt. Die Majorität hat ihm mildernde Umstände zugebilligt.

Den Antrag auf Revision, den Dreyfus gestellt hatte, hat er nunmehr zurückgezogen.

Das Urteil ist endgültig geworden, und jeder muß sich vor ihm beugen, wie es das Gesetz verlangt. Es ist die erhabenste Aufgabe der Regierung, den Entscheidungen der Justiz Achtung zu verschaffen, ohne Ausnahmen und Vorbehalte zu machen. Entschlossen, diese Pflicht zu erfüllen, hat sie aber auch die Sorge für die Menschlichkeit und das öffentliche Interesse. Das kriegsgerichtliche Urteil selbst hat mildernde Umstände zugelassen und damit seinen Wunsch unmittelbar zum Ausdruck gebracht, daß die Strafe weniger hart ausfallen möge. Das sind Hinweise, die beachtet werden müssen.

Infolge des Urteils von 1894 hat Dreyfus fünf Jahre Deportation verbüßt. Dieses Urteil wurde am 3. Juni 1899 aufgehoben, und eine geringere Strafe – bezüglich der Art wie der Dauer – wurde ihm auferlegt. Wenn man von den zehn Jahren Haft die fünf Jahre, die er auf der Teufelsinsel verbüßt hat, abzieht, müßte er noch fünf Jahre in Haft bleiben. Man hat sich die Frage gestellt, ob es nicht möglich wäre, die Deportation der Zuchthausstrafe gleichzusetzen, und in diesem Falle hätte er seine Strafe beinahe vollständig verbüßt. Die Gesetzgebung scheint es nicht zu erlauben. Daraus ergibt sich, daß Dreyfus eine schwerere Strafe verbüßen müßte als die, zu der er verurteilt wurde.

Außerdem ist die Gesundheit des Verurteilten schwer erschüttert, und er würde nicht ohne große Gefahr eine längere Haft ertragen.

Außer diesen Betrachtungen, die zur Rücksichtnahme stimmen, gibt es allgemeinere, die dasselbe empfehlen. Höhere politische Interessen, die Notwendigkeit der Sammlung und der Einigung, haben nach schwierigen Krisen die Regierungen immer genötigt, hinsichtlich gewisser Vorkommnisse Vergebung und Vergessen walten zu lassen. Die Regierung entspräche schlecht dem Bedürfnis des Landes nach Frieden, wenn sie nicht durch Maßnahmen – sei es durch unmittelbare, seien es solche, die dem Parlament vorzuschlagen wären – nicht jede Anstrengung machte, alle Spuren eines so schmerzlichen Streits zu verwischen.

Sie, Herr Präsident, werden durch eine Maßnahme edler Menschlichkeit das Beispiel der Befriedung setzen, nach der die öffentliche Meinung ruft und die das Wohl der Republik verlangt.

Aus diesem Grunde habe ich die Ehre, den hier beigefügten Erlaß Ihrer Unterschrift zu empfehlen. Genehmigen Sie, Herr Präsident, den Ausdruck meiner respektvollen Ergebenheit.

Der Kriegsminister
General Galliffet

[120] »Der Zwischenfall ist erledigt«

Tagesbefehl des Kriegsministers an die Armee vom 21. September 1899:

Der Zwischenfall ist erledigt. Die militärischen Richter, getragen vom Vertrauen der Allgemeinheit, haben in aller Unabhängigkeit gesprochen. – Wir beugen uns ohne jeden Hintergedanken ihrem Urteil. – Ebenso beugen wir uns vor der Maßnahme, die dem Präsidenten der Republik das Gefühl tiefen Mitleids diktiert hat. – Es kann nicht mehr die Rede sein von Ahndungen, welcher Art auch immer.

Ich sage also noch einmal, der Zwischenfall ist erledigt. Ich verlange von Ihnen, notfalls würde ich Ihnen befehlen, die Vergangenheit zu vergessen und nur noch an die Zukunft zu denken.

Mit Ihnen allen, meine Kameraden, rufe ich aus vollem Herzen: »Es lebe die Armee!« Sie gehört keiner Partei, sie gehört Frankreich.

General Galliffet

[121] »Nach dem Sturz hoch erhoben ...«

Joseph Reinach zeigt den Geisteszustand, welcher der allgemeine war. In seiner ›Geschichte‹ finden wir das naive Bekenntnis zu der Maßnahme, die das Schicksal der Affäre besiegelte.

»*Man muß die Ehre Frankreichs retten!*« ist die erstaunliche Überschrift eines Artikels, den Joseph Reinach zwei Tage nach der Wiederverurteilung des Hauptmanns Dreyfus schrieb. Die Zusammenfassung dieses Artikels, der wahrscheinlich einen großen Einfluß auf die Aktion der Regierung hatte, lautet:

Die Schlußfolgerung war, daß allein die Regierung das Übel heilen könnte und daß die Notwendigkeit zum unverzüglichen Eingreifen bestünde. Weil die Initiative des Justizministers, die Revision des Prozesses von Rennes einzuleiten, nicht erwartet werden dürfte, bliebe als Ausweg nur die Begnadigung. Sie zerbräche die Verkettung zwischen den fünf Richtern von Rennes und dem französischen Volke, in dessen Namen sie den Unschuldigen verurteilt hatten.

Ich habe mehrere tausend Artikel geschrieben – aber keinen mit einer solchen inneren Gewißheit, das Wahre getroffen zu haben.

Die unmittelbare Begnadigung, diese beispiellose Maßnahme des Kriegsministers, der ein Gerichtsurteil zerreißt, ehe noch die Tinte getrocknet ist, bedeutet, daß die Republik selber Dreyfus für unschuldig erklärt und Frankreich von jeder Verantwortung an der Ungerechtigkeit entlastet wird.

Mit einem Schlage werden nun die kritischen Stimmen des Auslandes zum Schweigen gebracht, denn welche andere Regierung, welches andere Volk hätte sich nach einem solchen Sturz wieder so hoch erhoben! In diesem Gedanken war ein Stück Poesie, die ihm aber seine Stärke gab.

Clemenceau war sehr erbittert und erklärte, daß man nicht ein ganzes Volk um der Gerechtigkeit willen in Aufruhr bringen könnte, um ihm dann zu sagen, es solle sich mit der Begnadigung eines einzelnen zufriedengeben. Die politische Gefolgschaft würde auseinanderlaufen, und die Fortsetzung des Kampfes wäre undenkbar. Die Begnadigung bedeutete das Ende der Affäre. Und welches Ende! Reinach bemerkt zu der Haltung Clemenceaus:

Was meiner Meinung nach tatsächlich zutraf, war diese unvermeidliche Folge der Begnadigung, welche die heroische Phase der Affäre abschloß. Dreyfus im Gefängnis rührte die Herzen ganz anders als Dreyfus in Freiheit und im Kreise seiner Familie. Ich gab also zu, daß man unseren Argumenten das Element des Mitleids nahm und sie dadurch schwächte. Denn man muß die Menschen nehmen, wie sie sind. Indessen blieb die Aufgabe, wenn sie auch weniger groß war, nicht weniger schön und erhaben, denn nun wurden die unentwegten Kämpfer für die Gerechtigkeit auf die Probe gestellt, und diejenigen fielen aus, die von nichts anderem als von ihrem Gefühl für einen Unglücklichen bewegt worden waren. Der Prüfstein bewies das reine Gold der Liebe zur Gerechtigkeit. Wenn wir auch an Zahl abnahmen, welches Recht hatten wir, die Qualen eines Mannes zu verlängern, damit unsere Artikel tönender und bewegender würden. Dreyfus seinen Henkern zu entreißen, das bedeutete tatsächlich, einen Dorn aus dem Herzen der Menschheit zu ziehen . . .

[122] Dreyfus antwortet auf die Begnadigung

Erklärung vom 21. September 1899:

Die Regierung der Republik gibt mir meine Freiheit zurück. Sie ist nichts für mich ohne die Ehre. Von heute an werde ich nicht aufhören, die Wiedergutmachung des furchtbaren Justizirrtums, dessen Opfer ich noch bin, zu verfolgen.

Ganz Frankreich soll durch ein endgültiges Urteil erfahren, daß ich unschuldig bin. Ich werde nicht zur Ruhe kommen, ehe nicht der letzte Franzose aufhört, mir ein Verbrechen zuzuschreiben, das ein anderer begangen hat.

Alfred Dreyfus

[123] Labori über Dreyfus

Aus einem Brief Laboris an eine Zeitung, 7. März 1904:

Er [Dreyfus] hat aus Gründen, über die ich nicht urteilen will, seine unmittelbare Freiheit der heldenhaften, unermüdlichen Fortsetzung des Kampfes um seine Rehabilitierung vorgezogen. Obwohl er seine Rettung ausschließlich einer Gruppe von Männern verdankt, die im Interesse der für alle geltenden Gerechtigkeit aufgestanden ist und die vor allem den gesellschaftlichen Fortschritt oder vielmehr die Verteidigung der Menschlichkeit im Auge hatte, behauptete er trotzdem den Rechtsstandpunkt eines Privatmannes. Ein einzelner kann sich über die Gerechtigkeit der Menschen stellen, und wer würde Alfred Dreyfus die Berechtigung abstreiten, sie verächtlich zu finden! Er kann sich mit seinem guten Gewissen zufriedengeben und seine Freiheit der gesetzlichen Wiederherstellung seiner Ehre vorziehen – ohne Berücksichtigung des Interesses der Allgemeinheit. Aber er benimmt sich in diesem Falle wie ein unabhängiges und alleinstehendes Wesen, nicht wie ein Mann, der mit der Menschheit fühlt und sich der Schönheit der Verpflichtung gegenüber der Gesellschaft bewußt ist. Er handelt nur als Individuum, nicht als Mitglied der menschlichen Gesellschaft, das sich mit seinesgleichen solidarisch fühlt. So bedeutet er auch nichts mehr, wie groß auch immer die Rolle war, die er hätte spielen können.

[124] Der Triumph der Republik

Anläßlich der Einweihung des Denkmals ›Le Triomphe de la République‹ (von Jules Dalou) auf der Place de la Nation in Paris am 19. November 1899 gab es die andere gewaltige sozialistische Kundgebung des Jahres. Dreihunderttausend Genossen marschierten in dem Zuge. Charles Péguy widmete dem Ereignis im ersten Heft seiner ›Cahiers de la Quinzaine‹ einen Aufsatz (vom 5. Januar 1900), dem wir die folgende Stelle entnehmen:

Als das Fest ungeheure Maße annahm, entsannen wir uns wieder des starken Jaurès und stimmten an: Es lebe Jaurès! Die Menge und das Volk der Zuschauer riefen mit uns in selbstverständlicher und warmer Sympathie. Jaurès hat eine feste, treue, respektvolle und bewundernde Gefolgschaft unter den Parisern. Die Arbeiter lieben ihn als den einfachen und großen Fachmann der Beredsamkeit, der Idee und der Tat. Sein Name erweckt in jeder Brust einen unmittelbaren, freudigen Widerhall. Nun begannen mehrere, um die Sache weiterzutreiben, zu rufen: Es lebe Zola! Dieser Schrei fand eine unmittelbare, laute Antwort in den Reihen der alten Genossen, die seit langem gewohnt waren, sich um den Namen eines Vorkämpfers zusammenzuschließen. Aber in der Menge gab es ein leichtes Zögern. Darum müssen wir Zola unsere Verehrung und besondere Freundschaft bewahren. Wie tief muß dieser Mann die Nation aufgewühlt haben, damit die Schmutzpresse gegen ihn eine solche verleumderische Kraftentfaltung geleistet hat, daß selbst an einem Tage des Triumphs die Menge trotz allem guten Willen diese Spur einer Hemmung fühlte, den Namen zu ehren, den sie viele Monate lang verflucht hatte. Es war bezeichnend. Nun wollten sich einige noch weiter vorwagen und stimmten an: Es lebe Dreyfus!, ein Schrei, der nicht oft selbst in geschlossenen Kundgebungen der Dreyfus-Freunde ertönt ist. Die Menge empfing wahrhaftig einen Stoß, sie zuckte zusammen. Aber sie marschierte weiter, denn sie wußte genau, daß wir recht hatten, daß es so sein mußte. Sie war sogar einverstanden, aber es bedurfte erst eines gewissen Nachdenkens, einer Anerkennung durch die Vernunft. In dem Zuge gab es ein leichtes Zögern. Diejenigen, die den Ruf ausgestoßen hatten, fühlten dunkel, daß er ein Wagnis, fast eine Herausforderung gewesen war. Dann marschierten wir um so entschlossener vorwärts – in dem Wunsch aufzutrumpfen, kundzugeben, denn wir fühlten plötzlich, daß der laute, herausfordernde Ruf des Namens Dreyfus das größte Ereignis des Tages, die entschiedene Abkehr von diesem Jahrhundert war. Kein Schrei, kein Gesang, keine Musik waren so geladen mit endlich losbrechender Empörung wie dieses »Es lebe Dreyfus!«

Abkürzungen
(alphabetisch geordnet)

Cass. I oder II
La revision du procès Dreyfus, enquête de la Cour de Cassation. I. Instruction de la Chambre criminelle. II. Instruction des Chambres réunies. 2 vols. Paris 1899 (Stock).
Cass. III
La revision du procès Dreyfus. Débats de la Cour de Cassation. Rapport de M. Ballot-Beaupré. Réquisitions de M. le procureur général Manau. Mémoire et plaidoirie de Me Mornard. Arrêt de la Cour. (29 mai–3 juin 1899). Paris 1899 (Stock).
Esterhazy: Dépositions
Esterhazy, Marie-Charles-Ferdinand Walsin–: *Dépositions et explications complètes.* Paris 1901 (Siècle).
Esterhazy: Les dessous
Esterhazy, Marie-Charles-Ferdinand Walsin-: *Les dessous de l'affaire Dreyfus.* Paris 1898 (Fayard).
Fabre
L'instruction Fabre et les décisions judiciaires ultérieures. Paris 1901 (Siècle).
Leblois
Leblois, Louis: *L'affaire Dreyfus. L'inquité, la reparation, les principaux documents. Paris 1929 (Quillet).*
Paléologue
Paléologue, Maurice: *Journal de l'affaire Dreyfus 1894–1899, l'affaire Dreyfus et le Quai d'Orsay.* Paris 1955 (Plon). Reinach I oder ff.
Reinach, Joseph: *Histoire de l'affaire Dreyfus.* 6 vols. et un index général. Paris (Fasquelle).
I. *Le procès de 1894.* 1901.
II. *Esterhazy.* 1903.
III. *La crise. Procès Esterhazy – Procès Zola.* 1903.
IV. *Cavaignac et Félix Faure.* 1904.
V. *Rennes.* 1905.
VI. *La revision.* 1908.
VII. *Index général. Additions et corrections.* 1911.
Rennes I oder ff.
Le procès Dreyfus devant le Conseil de guerre de Rennes (7 août–9 septembre 1899). 3 vols. Paris 1900 (Stock).

Rev. E I oder ff.

La revision du procès de Rennes, enquête de la Chambre criminelle de la Cour de Cassation (5 mars–19 novembre 1904). 3 vols. Paris 1908–1909 (Ligue des Droits de l'Homme).

Rev. D

La revision du procès de Rennes. Débats de la Cour de Cassation (3, 4, 5 mars 1904). Rapport de M. le conseiller Boyer. Réquisitoire de M. le procureur général Baudouin. Plaidoirie de Me Mornard. Arrêt de la Cour. Paris 1904 (Société Nouvelle de Librairie et d'Edition).

Revision I oder II

La revision du procès de Rennes. Débats de la Cour de Cassation (Chambres réunies, 15 juin–12 juillet 1906). Rapport de M. le conseiller Moras. Réquisitoire de M. le procureur général Baudouin. Plaidoirie de Me Mornard. L'arrêt de la Cour. 2 vols. Paris 1906 (Ligue des Droits de l'Homme).

Schwartzkoppen

Schwartzkoppen, Max von: *Die Wahrheit über Dreyfus.* Aus dem Nachlaß herausgegeben von Bernhard Schwertfeger. Berlin 1930 (Verlag für Kulturpolitik).

Zola I oder II

Le procès Zola devant la Cour d'Assises de la Seine et la Cour de Cassation (7–23 février et 31 mars, 2 avril 1898). 2 vols. Paris 1898 (Siècle et Stock).

Quellen- und Literaturverzeichnis

I. Quellen

a. Prozesse in chronologischer Reihenfolge:

Le procès Zola devant la Cour d'Assises de la Seine et la Cour de Cassation (7–23 février et 31 mars, 2 avril 1898). 2 vols. Paris 1898 (Siècle et Stock). *Abkürzung: Zola*

L'instruction Fabre et les décisions judiciaires ultérieures. Paris 1901 (Siècle). *Abkürzung: Fabre*

L'affaire Picquart devant la Cour de Cassation. Paris 1899 (Stock).

La revision du procès Dreyfus. Enquête de la Cour de Cassation.
I. Instruction de la Chambre criminelle.
II. Instruction des Chambres réunies.
Paris 1899 (Stock). *Abkürzung: Cass. I oder II*

La revision du procès Dreyfus. Débats de la Cour de Cassation. Rapport de M. Ballot-Beaupré. Réquisitions de M. le procureur général Manau. Mémoire et plaidoirie de Me Mornard. Arrêt de la Cour (29 mai–3 juin 1899). Paris 1899 (Stock). *Abkürzung: Cass. III*

Le procès Dreyfus devant le Conseil de Guerre de Rennes (7 août–9 septembre 1899). 3 vols. Paris 1900 (Stock). *Abkürzung*: *Rennes I, II oder III*

La revision du procès de Rennes. Enquête de la Chambre criminelle de la Cour de Cassation (5 mars–19 novembre 1904). 3 vols. Paris 1908 bis 1909 (Ligue des Droits de l'Homme). *Abkürzung*: *Rev. E I, II oder III*

La revision du procès de Rennes. Débats de la Cour de Cassation (3, 4, 5 mars 1904). Rapport de M. le conseiller Boyer. Réquisitoire de M. le procureur général Baudouin. Plaidoirie de Me Mornard. Arrêt de la Cour. Paris 1904 (Société Nouvelles de Librairie et d'Edition). *Abkürzung*: *Rev. D*

La revision du procès de Rennes. Débats de la Cour de Cassation (Chambres réunies 15 juin–12 juillet 1906). Rapport de M. le conseiller Moras. Réquisitoire de M. le procureur général Baudouin. Plaidoirie de Me Henry Mornard. L'arrêt. 2 vols. Paris 1906 (Ligue des Droits de l'Homme). *Abkürzung*: *Revision I oder II*

Als einen mit der Affäre zusammenhängenden und diese beleuchtenden Prozeß führen wir an

Le procès Dautriche (25 octobre–7 novembre 1904). Paris 1905 (Société Nouvelle de Librairie et d'Edition).

b. Dokumente:

Dreyfus, Alfred: *Lettres d'un innocent*. Paris 1898 (Stock).

Dreyfus, Alfred: *Cinq années de ma vie*. Paris 1901 (Fasquelle).

Dreyfus, Alfred: *Souvenirs et correspondance, publiés par son fils*. Paris 1936 (Grasset).

Esterhazy, Marie-Charles-Ferdinand Walsin-: *Les dessous de l'affaire Dreyfus*. Paris 1898 (Fayard). *Abkürzung: Esterhazy: Les dessous*

Esterhazy, Marie-Charles-Ferdinand Walsin-: *Dépositions et explications complètes*. Paris 1901 (Siècle). *Abkürzung: Esterhazy: Dépositions*

Leyret, Henry: *Lettres d'un coupable*. Paris 1898 (Stock).

Esterhazy, Christian: *La plainte en escroquerie contre le commandant Esterhazy. Mémoire à M. le procureur de la République*. Paris 1899 (Stock).

Labori, Marguerite-Fernand: *Labori*, Ses notes manuscrites, sa vie. Paris-Neuchâtel 1947 (Victor Attinger).

Paléologue, Maurice: *Journal de l'affaire Dreyfus 1894–1899, l'affaire Dreyfus et le Quai d'Orsay*. Paris 1955 (Plon). *Abkürzung: Paléologue*

Schwartzkoppen, Max von: *Die Wahrheit über Dreyfus*. Aus dem Nachlaß herausgegeben von Bernhard Schwertfeger. Berlin 1930 (Verlag für Kulturpolitik). *Abkürzung: Schwartzkoppen*

Die französische Ausgabe ist wertvoll für uns, weil sie die Briefe des italienischen Militärattachés Panizzardi in der originalen Fassung bringt. Sie erschien unter dem Titel:

Les carnets de Schwartzkoppen. La vérité sur Dreyfus. Paris 1930 (Rieder).

Trotz einer gewissen Einseitigkeit ist als eine reiche Auswahl von Dokumenten interessant:

Leblois, Louis: *L'affaire Dreyfus. L'iniquité, la réparation, les principaux faits et les principaux documents.* Paris 1929 (Quillet). *Abkürzung: Leblois*

II. Darstellungen

Baumont, Maurice: *Aux sources de l'affaire.* Paris 1959 (Les Productions de Paris).

Chapman, Guy: *The Dreyfus case. A reassessment.* London 1955 (Rupert Hart-Davis).

Charensol, G.: *L'affaire Dreyfus et la Troisième République.* Paris 1930 (Editions Kra).

Charpentier, Armand: *Les côtés mysterieux de l'affaire Dreyfus.* Paris 1937 (Rieder).

Desachy, Paul: *Louis Leblois.* Paris 1934 (Rieder).

Dutrait-Crozon, Henri: *Précis de l'affaire Dreyfus.* 2e éd. Paris 1938 (Nouvelle Librairie Nationale).

Frank, Walter: *Nationalismus und Demokratie im Frankreich der Dritten Republik 1871–1918.* Hamburg 1933 (Hanseatische Verlagsanstalt).

Halasz, Nicholas: *Captain Dreyfus.* The story of a mass hysteria. New York 1955 (Simon and Schuster).

Herzog, Wilhelm: *Der Kampf einer Republik.* Zürich, Wien, Prag 1932 (Büchergilde Gutenberg).

Kayser, Jacques: *L'affaire Dreyfus.* Paris 1946 (Gallimard).

Leusser, Claus: *Die Affaire Dreyfus.* München 1948 (Verlag Kurt Desch).

Mazel, Henri: *Histoire et psychologie de l'affaire Dreyfus.* Paris 1934 (Boivin et Cie).

Miquel, Pierre: *L'affaire Dreyfus.* Paris 1959 (Presses Universitaires de France).

Reinach, Joseph: *Histoire de l'affaire Dreyfus.* 6 vols. et un index *général.* Paris (Fasquelle). *Abkürzung: Reinach*

R.L.M. (Théodore Reinach): *Histoire sommaire de l'affaire Dreyfus.* Paris 1904 (Bellais).

Steinthal, Walter: *Dreyfus.* Berlin 1930 (Osterheld & Co.).

Thomas, Marcel: *L'affaire sans Dreyfus.* Paris 1961 (Fayard).

Weil, Bruno: *Der Prozeß des Hauptmanns Dreyfus.* Berlin 1930 (Walther Rothschild).

Verzeichnis der abgedruckten Dokumente

Namenverzeichnis